"会展管理核心课程创新系列教材"编委会

顾问: 马 勇
主编: 张河清　张玉明
编委:（按姓氏拼音为序）

陈　玲	陈　辉	方　东	胡　林	姜　倩
李　星	彭思量	茹虹玮	唐文林	吴开军
邬国梅	袁亚忠	于　丹	曾玲芝	张河清
张颖华	张玉明			

会展管理核心课程创新系列教材

张河清　张玉明　主编

会展服务管理

（第二版）

张玉明　主编

中山大学出版社

·广州·

版权所有　翻印必究

图书在版编目（CIP）数据

会展服务管理/张玉明主编. —2版. —广州：中山大学出版社，2016.7
（会展管理核心课程创新系列教材/张河清，张玉明主编）
ISBN 978-7-306-05710-5

Ⅰ.①会…　Ⅱ.①张…　Ⅲ.①展览会—商业服务—高等学校—教材　②展览会—商业管理—高等学校—教材　Ⅳ.①G245

中国版本图书馆CIP数据核字（2016）第117581号

出版人：徐　劲
策划编辑：翁慧怡
责任编辑：翁慧怡
封面设计：林绵华
责任校对：杨文泉
责任技编：何雅涛
出版发行：中山大学出版社
电　　话：编辑部 020-84111996，84113349，84111997，84110779
　　　　　发行部 020-84111998，84111981，84111160
地　　址：广州市新港西路135号
邮　　编：510275　　　　传　真：020-84036565
网　　址：http://www.zsup.com.cn　　E-mail：zdcbs@mail.sysu.edu.cn
印 刷 者：广东虎彩云印刷有限公司
规　　格：787mm×1092mm　1/16　24.25印张　457千字
版次印次：2010年11月第1版　2016年7月第2版　2021年1月第6次印刷
印　　数：9501～10500册
定　　价：39.80元

如发现本书因印装质量影响阅读，请与出版社发行部联系调换

内 容 简 介

本教材是在 2010 年 11 月《会展服务管理》(第一版)的基础上修订的。

会展服务管理是会展管理专业及会展相关专业的一门核心课程。本书的编写跳出了基本按实际操作安排章节和内容的普遍做法,力求内容体系科学完整并达到一定的理论深度,具有明显的创新特色,是目前同类教材中内容最全面的一种。

本书共分为十章,前五章以会展服务的实务与操作为主,后五章以会展服务管理的理论与方法为主,包括会展服务导论、会展前期服务、会展当期服务、会展后期服务、会展辅助服务、会展服务管理的基本理论、会展服务设计、会展服务质量管理、会展服务外包与管理、会展服务人员管理。书中很多内容都是首次在同类教材中出现。

实务与操作部分按会展直接服务和会展辅助服务分类编排,采用"全面点到、重点展开、大项完整、其余概括"的编写方法,使学习者既能全面掌握,又能分清主次;理论与方法部分按学习和理解的顺序进行编排,主要以全面提升会展服务的水准和质量为目标来构思及编写。

本书可以作为会展管理专业本科生、专科生的专业教材,也可以作为广大会展从业人员和会展爱好者的培训与自学用书。

丛书主编简介

 张河清，男，湖南新宁人。现任广州大学旅游学院（中法旅游学院）院长，管理学教授、博士，先后入选教育部"新世纪优秀人才支持计划"、广东省"千百十"人才工程省级培养对象、广州市"羊城学者"中青年学术带头人；主要从事区域旅游经济、城市发展与会展旅游、旅游营销管理等教学与研究工作。

主要社会和学术兼职有："教育部高等学校旅游管理类专业教学指导委员会"委员，"广东省本科院校旅游管理类专业教学指导委员会"副主任，中国自然资源学会资源工程专业委员会副主任，中国人类学民族研究会民族旅游专业委员会副主任，国家自然科学基金、社科基金、教育部社科规划项目通讯评审专家，广东省财政厅、省旅游局旅游发展专家团成员，旅游规划咨询评审专家，广东省首批旅游 A 级景区评定委员；先后被湛江市、梅州市、清远市、韶关市、惠州市、江门市等十多个市（县）聘为旅游发展高级顾问。

曾先后担任湘潭大学党委办公室副主任，湘潭大学旅游管理学院党委书记，湖南省人文社科重点研究基地"红色旅游研究基地"首席专家，广东财经大学（原广东商学院）旅游学院院长等职。

迄今为止，已主持国家自然科学基金项目2项、国家社科基金项目1项、部省级科研课题9项；主持完成30多项地方政府和旅游企事业单位委托的旅游规划与策划横向课题研究工作；在《旅游学刊》《经济地理》等国内外学术期刊发表论文100余篇，出版著作6部。曾获国家旅游局优秀学术成果奖1项、省级优秀教学成果奖1项、其他教学科研奖励20多项。

张玉明,广东揭阳人。营销学教授、硕士生导师。历任南昌大学经济与管理学院副院长、侨联主席,广东财经大学(原广东商学院)旅游与环境学院副院长、校务委员、会展研究中心主任、会展管理专业负责人等。现任广东外语外贸大学南国商学院国际工商管理学院院长、企业创新与发展研究中心主任、会展管理专业负责人。主要研究方向为工商管理和会展管理。

主要学术兼职:中国会展经济研究会会员、中国国际贸易学会会议与展览专业委员会理事、全国国际商务会展管理培训认证考试专家委员会专家、会展管理高级策划师、广东省商业经济学会理事等。

迄今为止,主持或参与完成国家级、省厅级等课题30余项,协助主持世行课题1项;出版专著和教材5部,发表论文70余篇,其中会展方面的课题18项、论文40余篇、教材3部。科研成果获省级社会科学优秀成果二等奖3项;中国会展经济研究会科研成果一等奖1项、二等奖2项;其他奖多项。主讲多门会展课程,连续多年获课堂教学质量优秀奖。

总　　序

我们这套会展管理核心课程创新系列教材是与2010年第一届会展经济与管理专业本科生的毕业论文撰写同步启动。在目前我国会展教材总量并不算少的情况下，我们依然反复酝酿并长期准备编写会展教材，是因为有一个无法放弃、无法割舍的既定目标。这个目标就是：吸收目前已有的所有会展教材（包括本土教材与引进版教材）和会展研究成果的精华，结合我国会展实业和会展教育的发展情况，立足会展专业本科层次的人才培养，兼顾会展专业专科层次的人才培养和会展业从业人员的自学与深造，选择得到公认的主干课程（第一批10种），集会展管理专业教师团队多年的实践教学经验和研究成果，集会展管理专业教师的智慧和心血，打造我国会展专业适用、好用的教材，为会展专业人才的培养和培训贡献我们的绵薄之力。

首先，我们力图实现主干课程之间教学内容的科学分割。目前，我国已经出版的会展教材在不同课程内容上的多处重复是一个令人非常头疼和棘手的问题。对此，本系列教材编著单位进行了多次研讨和认真梳理，提出了各种内容调整方案。例如，将"会展经济学"更名为"会展产业经济"：以产业经济的分析和研究为课程的主干，适当结合微观经济学、城市经济学、地理经济学、信息经济学等课程的相关理论，对会展经济进行阐述；严格地从经济学的角度提出问题、分析问题并解决问题，避免与会展概论、会展导论、会展管理、会展营销等课程冲突与重复。再如，《会展企业管理》教材借鉴了管理学和企业管理等课程的相关理论，从企业的角度来探讨会展的经营管理，内容新颖，对会展企业管理的理论和实务进行了全面系统的阐述，其内容涵盖战略管理、组织与制度管理、项目管理、营销与策划管理、客户关系管理、信息管理、财务管理、危机管理、人力资源管理、企业文化等方面，填补了目前《会展企业管理》教材的空白。

其次，我们力图达到单门课程内容体系的科学完整。具体要求是：每一位编著者必须跳出按实际操作来安排教材章节和内容的窠臼，每门课程都要追溯到有紧密联系、可以为我所用和必须为我所用的理论源头，并将其与新兴的会展产业结合，完整构建各门课程的理论体系、应用框架和操作程序，使课程既有理论又有操作，用理论指导实践，从而实现与职业教育专业教材以操作为主的特点严格区别开来，使之更适合本、专科层次的人才培养，也有利于其他层次教育和培训的提升。例如，《会展服务管理》教材的内容体系是：前五章以会展服务的实务与操作为主，后五章以会展服务管理的理论与方法为主。该书的理论与方法部分主要包括会展服务管理的基本理论与常用方法、会展服务需求预测、会展服务流程设计、会展服务质量管理、会展服务人员管理（包括会展实习生、见习生、志愿者等外部服务人员的管理），使得该书的内容体系更加科学和完整，很多内容都是首次在同类教材中出现。

再次，我们力图实现教材的内容体系与国际接轨并体现中国特色，同时达到一定的理论深度。我们要求编著者充分参考发达国家会展管理方面的课程体系设计和相同课程的内容选择，并根据我国教学实践的需要，适当地进行梳理和消化，使教材能够与国际最新教材体系接轨。例如，《会展旅游》教材就是在充分借鉴国内外同类教材的基础上完成的。该教材从我国高校开设会展专业的实际出发，遵循教材编排的一般规律，注重将最新的科研成果贯穿始终，使之既符合教材体例，又能反映会展旅游的国内外最新发展动态，具有很强的时效性和科学性。会展旅游消费者行为、会展旅游产业集群、会展旅游核心竞争力评价、会展旅游目的地形象策划与品牌管理等内容都是首次在《会展旅游》教材中出现，具有明显的创新特色和一定的理论深度。

最后，我们力图实现讲授和自学的好读好懂、好用适用。教材的每章在正文之前配以学习目标，进行导学和提示；在正文当中穿插小案例、图表、小链接，帮助学生理解和分析；在正文之后增加小结、关键词和复习思考题，便于学生回顾和记忆；最后配以综合案例和案例讨论题。本套丛书每种教材的谋篇布局环环相扣、逻辑严密、层次清晰、追踪前沿、解剖案例、传授技巧，教习结合、学练叠成。全套教材可作为会展专业本、专科生的专业教材，也可供会展从业人员培训使用和对会展有兴趣的各界人员自学使用。

总之，实现主干课程之间教学内容的科学分割、单门课程内容体系的科学完整、内容体系与国际接轨并体现中国特色、达到一定的理论深度、好读好懂、好用适用，是本套教材编写人员和出版单位共同的追求和期望。

本套教材将是会展专业教师们多年研究心得的总汇及多年教学经验的集

成；同时，还包括老师们来不及发表的成果和在研的问题及课题。我们真诚地期待更多的良师益友参与探索，对本套教材的不足之处提出批评和指导意见。

"会展管理核心课程创新系列教材"编委会

顾问：马　勇　教授
教育部高等学校旅游管理教学指导委员会副主任

2015 年 7 月

目　录

第一章　会展服务导论 …………………………………………………………… (1)
　学习目标 ……………………………………………………………………… (1)
　第一节　服务业与会展服务 ………………………………………………… (1)
　　一、服务业概念的界定 …………………………………………………… (1)
　　二、现代服务业的定义 …………………………………………………… (2)
　　三、会展服务的定义 ……………………………………………………… (3)
　　四、会展服务的基本要求 ………………………………………………… (4)
　第二节　会展服务的性质与特点 …………………………………………… (6)
　　一、会展服务的性质 ……………………………………………………… (6)
　　二、会展服务的特点 ……………………………………………………… (6)
　第三节　会展服务的主体与客体 …………………………………………… (11)
　　一、会展市场的主体 ……………………………………………………… (11)
　　二、会展服务的主体 ……………………………………………………… (14)
　　三、会展服务的客体 ……………………………………………………… (15)
　第四节　会展服务的分类 …………………………………………………… (17)
　　一、按会展服务的内容划分 ……………………………………………… (17)
　　二、按提供会展服务的时间划分 ………………………………………… (19)
　　三、按会展服务是否收费划分 …………………………………………… (20)
　　四、按会展服务的对象划分 ……………………………………………… (21)
　　五、按会展服务的性质划分 ……………………………………………… (21)
　本章小结 ……………………………………………………………………… (22)
　本章关键词 …………………………………………………………………… (23)
　复习思考题 …………………………………………………………………… (23)
　综合案例 ……………………………………………………………………… (23)

第二章　会展前期服务 …………………………………………………………… (26)
　学习目标 ……………………………………………………………………… (26)

第一节　会展报名服务 …………………………………………… (26)
　　　　一、举办信息的发布和送达 …………………………………… (26)
　　　　二、报名表格的设计和报名程序的确定 ……………………… (30)
　　　　三、报名信息的汇总和使用 …………………………………… (34)
　　　　四、报名费用的提取和使用 …………………………………… (34)
　　　　五、报名的确认和制约 ………………………………………… (35)
　　第二节　会展文案服务 …………………………………………… (36)
　　　　一、会展文案的主要类别 ……………………………………… (36)
　　　　二、会展文案制作的总体要求 ………………………………… (37)
　　　　三、会展文案的格式和内容 …………………………………… (38)
　　　　四、会展文案资料的管理 ……………………………………… (43)
　　第三节　会展场地服务 …………………………………………… (44)
　　　　一、会议场地服务 ……………………………………………… (44)
　　　　二、展览场地服务 ……………………………………………… (52)
　　　　三、露天文艺表演的场地服务 ………………………………… (60)
　　第四节　会展物流服务 …………………………………………… (61)
　　　　一、会展物流概述 ……………………………………………… (62)
　　　　二、国内会展物流服务 ………………………………………… (63)
　　　　三、国际会展物流服务 ………………………………………… (68)
　　本章小结 …………………………………………………………… (72)
　　本章关键词 ………………………………………………………… (73)
　　复习思考题 ………………………………………………………… (73)
　　综合案例 …………………………………………………………… (73)

第三章　会展当期服务 ………………………………………………… (77)
　　学习目标 …………………………………………………………… (77)
　　第一节　会展报到服务 …………………………………………… (77)
　　　　一、报到处地点选择 …………………………………………… (79)
　　　　二、报到台搭建 ………………………………………………… (79)
　　　　三、报到处功能分区 …………………………………………… (80)
　　　　四、报到队列设置 ……………………………………………… (83)
　　　　五、报到处员工要求 …………………………………………… (85)
　　第二节　会展参会服务 …………………………………………… (87)
　　　　一、休息区和洽谈区设置 ……………………………………… (87)

二、信息提供服务 …………………………………………… (87)
　　三、展具租售服务 …………………………………………… (90)
　　四、现场秩序维护 …………………………………………… (91)
　　五、现场联络与调查 ………………………………………… (92)
　　六、媒体服务 ………………………………………………… (92)
　第三节　会展记录服务 ………………………………………… (94)
　　一、会议记录的概念和作用 ………………………………… (94)
　　二、会议记录的分类 ………………………………………… (95)
　　三、会议记录的方法和要求 ………………………………… (97)
　　四、会议记录的书写和处理技巧 …………………………… (98)
　第四节　会展活动服务 ………………………………………… (99)
　　一、开幕式 …………………………………………………… (100)
　　二、表演 ……………………………………………………… (101)
　　三、比赛 ……………………………………………………… (102)
　　四、其他活动 ………………………………………………… (102)
　第五节　会展值班服务 ………………………………………… (103)
　　一、会展值班服务的概念和作用 …………………………… (103)
　　二、会展值班服务的主要类型 ……………………………… (104)
　　三、对会展值班员的基本要求 ……………………………… (106)
　　四、会展值班的基本岗位制度 ……………………………… (107)
　第六节　会展保洁、安保和其他服务 ………………………… (108)
　　一、会展保洁服务 …………………………………………… (108)
　　二、会展安保服务 …………………………………………… (109)
　　三、会展其他服务 …………………………………………… (112)
　本章小结 ………………………………………………………… (113)
　本章关键词 ……………………………………………………… (114)
　复习思考题 ……………………………………………………… (114)
　综合案例 ………………………………………………………… (115)

第四章　会展后期服务 …………………………………………… (117)
　学习目标 ………………………………………………………… (117)
　第一节　清场退场服务 ………………………………………… (117)
　　一、会议场地的清场退场 …………………………………… (117)
　　二、展览场馆的清场退场 …………………………………… (119)

第二节　送往服务 ……………………………………………（123）
　　一、结清账目 ………………………………………………（123）
　　二、衷心致谢 ………………………………………………（124）
　　三、真诚道歉 ………………………………………………（125）
　　四、征求意见 ………………………………………………（129）
　　五、参观或旅游活动协调 …………………………………（129）
　　六、送站 ……………………………………………………（130）
第三节　信息和资料服务 ……………………………………（130）
　　一、信息和资料服务的主要内容 …………………………（131）
　　二、信息和资料服务的基本要求 …………………………（133）
　　三、信息和资料服务的常用方法 …………………………（135）
　　四、信息和资料服务的主要意义 …………………………（135）
本章小结 …………………………………………………………（136）
本章关键词 ………………………………………………………（137）
复习思考题 ………………………………………………………（137）
综合案例 …………………………………………………………（137）

第五章　会展辅助服务 ……………………………………（140）

学习目标 …………………………………………………………（140）
第一节　会展房务服务 ………………………………………（140）
　　一、会展房务服务的方式 …………………………………（141）
　　二、会展房务服务的要求 …………………………………（141）
　　三、会展房务安排的原则 …………………………………（143）
第二节　会展餐饮服务 ………………………………………（143）
　　一、会展餐饮服务的分类 …………………………………（144）
　　二、会展餐饮服务的要求 …………………………………（147）
　　三、会展菜单设计的原则 …………………………………（148）
　　四、宴会服务的主要内容及要求 …………………………（149）
　　五、会展餐饮服务的质量管理 ……………………………（152）
第三节　会展票务服务 ………………………………………（153）
　　一、会展票务服务的内容 …………………………………（153）
　　二、RFID 门票系统在会展票务服务中的应用 …………（155）
第四节　会展旅游服务 ………………………………………（159）
　　一、会展旅游服务的内容 …………………………………（159）

二、会展旅游服务的要求 …………………………………………（161）
　第五节　会展其他服务 ……………………………………………（164）
　　一、会展礼宾服务的内容与要求 …………………………………（164）
　　二、会展翻译服务的内容与要求 …………………………………（164）
　　三、会展广告服务的内容与要求 …………………………………（165）
本章小结 ………………………………………………………………（165）
本章关键词 ……………………………………………………………（166）
复习思考题 ……………………………………………………………（166）
综合案例 ………………………………………………………………（166）

第六章　会展服务管理的基本理论 …………………………………（169）

学习目标 ………………………………………………………………（169）
　第一节　服务管理理论的形成与发展 ……………………………（169）
　　一、第一阶段：服务觉醒 …………………………………………（169）
　　二、第二阶段：跳出产品模式 ……………………………………（170）
　　三、第三阶段：跨学科研究 ………………………………………（171）
　　四、第四阶段：回归本原 …………………………………………（172）
　　五、会展服务管理理论的创立阶段 ………………………………（173）
　第二节　服务管理的重要理念 ……………………………………（174）
　　一、服务管理理念的形成背景 ……………………………………（174）
　　二、以顾客为导向的服务理念 ……………………………………（175）
　　三、以顾客感知质量为导向的服务理念 …………………………（176）
　　四、以长期发展为导向的服务理念 ………………………………（177）
　　五、以内部营销为导向的服务理念 ………………………………（178）
　　六、以综合管理为导向的服务理念 ………………………………（179）
　第三节　服务和会展服务管理的内容与难点 ……………………（180）
　　一、服务系统的构成 ………………………………………………（180）
　　二、服务管理的一般内容 …………………………………………（181）
　　三、会展服务管理的难点 …………………………………………（185）
　第四节　会展服务管理的原则与研究方法 ………………………（187）
　　一、会展服务管理的原则 …………………………………………（187）
　　二、会展服务管理的研究方法 ……………………………………（188）
　第五节　会展服务需求预测与供需协调 …………………………（190）
　　一、会展服务需求的概念和特点 …………………………………（190）

二、会展服务需求的预测方法 …………………………………… (191)
　　三、会展服务供需的协调方法 …………………………………… (193)
　本章小结 …………………………………………………………… (196)
　本章关键词 ………………………………………………………… (196)
　复习思考题 ………………………………………………………… (196)
　综合案例 …………………………………………………………… (197)

第七章　会展服务设计 …………………………………………… (200)

　学习目标 …………………………………………………………… (200)
　第一节　会展服务流程设计 ……………………………………… (200)
　　一、会展服务流程的定义 ………………………………………… (201)
　　二、会展服务流程的类型 ………………………………………… (201)
　　三、会展服务流程设计的基本方法 ……………………………… (202)
　　四、会展服务流程设计的工具 …………………………………… (205)
　　五、会展服务流程设计的步骤 …………………………………… (210)
　第二节　会展服务传递设计 ……………………………………… (211)
　　一、会展服务接触 ………………………………………………… (211)
　　二、会展服务传递的参与者 ……………………………………… (214)
　　三、会展服务传递的渠道模式 …………………………………… (216)
　　四、会展服务利润链 ……………………………………………… (218)
　第三节　会展服务场所设计 ……………………………………… (219)
　　一、会展服务场所的概念 ………………………………………… (219)
　　二、会展服务场所的功能 ………………………………………… (221)
　　三、会展服务场所设计的原则 …………………………………… (222)
　　四、会展服务场所设计的分类 …………………………………… (222)
　　五、会展服务设施布局的基本类型 ……………………………… (225)
　　六、会展服务场所设计的影响因素 ……………………………… (235)
　　七、几种典型会展服务场所的布局设计 ………………………… (236)
　本章小结 …………………………………………………………… (243)
　本章关键词 ………………………………………………………… (243)
　复习思考题 ………………………………………………………… (243)
　综合案例 …………………………………………………………… (244)

第八章　会展服务质量管理 ……………………………………… (247)

　学习目标 …………………………………………………………… (247)

第一节　服务质量概述 ·· (247)
　　一、服务质量的定义 ·· (248)
　　二、服务质量的构成因素 ·· (249)
　　三、会展服务质量的特性 ·· (251)
第二节　期望服务质量与感知服务质量 ····································· (253)
　　一、顾客经历的服务质量 ·· (253)
　　二、期望服务质量 ·· (254)
　　三、感知服务质量 ·· (256)
第三节　会展服务质量评价 ··· (260)
　　一、会展服务质量评价要素 ··· (260)
　　二、会展服务质量评价方法 ··· (261)
　　三、会展服务质量评估 ·· (263)
第四节　会展服务质量差距管理与补救 ····································· (270)
　　一、服务质量差距及其管理 ··· (270)
　　二、会展服务质量监控 ·· (277)
　　三、服务补救 ··· (279)
本章小结 ··· (288)
本章关键词 ·· (289)
复习思考题 ·· (289)
综合案例 ··· (290)

第九章　会展服务外包与管理 ··· (292)

学习目标 ··· (292)
第一节　服务外包概述 ·· (292)
　　一、服务外包的产生背景 ·· (293)
　　二、服务外包的基本概念 ·· (294)
　　三、服务外包的主要功能 ·· (294)
　　四、会展服务外包的主要类型 ·· (295)
　　五、会展服务外包的宏观环境 ·· (298)
第二节　会展服务外包的方法 ··· (299)
　　一、订单式服务外包 ··· (299)
　　二、行政管理部门的介入式服务外包 ································· (300)
　　三、支持协办式服务外包 ··· (302)
第三节　会展服务承包商 ·· (303)

一、会展服务承包商的定义 …………………………………… (304)
　　二、会展服务承包商的类型 …………………………………… (304)
　　三、会展服务承包商的作用 …………………………………… (305)
　　四、会展服务承包商的选择 …………………………………… (306)
  第四节　会展服务外包管理 ………………………………………… (308)
　　一、会展服务外包管理的主要内容 …………………………… (308)
　　二、会展服务外包管理的个性特征 …………………………… (309)
　　三、会展外包服务的品牌管理 ………………………………… (310)
  本章小结 ……………………………………………………………… (310)
  本章关键词 …………………………………………………………… (311)
  复习思考题 …………………………………………………………… (311)
  综合案例 ……………………………………………………………… (312)

第十章　会展服务人员管理 …………………………………………… (316)

  学习目标 ……………………………………………………………… (316)
  第一节　会展服务人员的分类 ……………………………………… (316)
　　一、广义和狭义的会展服务人员 ……………………………… (316)
　　二、内部和外部的会展服务人员 ……………………………… (317)
　　三、固定和临时的会展服务人员 ……………………………… (321)
　　四、专业和一般的会展服务人员 ……………………………… (323)
  第二节　会展服务人员的选拔和培训 ……………………………… (325)
　　一、会展服务人员的选拔 ……………………………………… (325)
　　二、会展服务人员的培训 ……………………………………… (330)
  第三节　会展服务人员的考核和激励 ……………………………… (339)
　　一、会展服务人员的考核 ……………………………………… (339)
　　二、会展服务人员的福利 ……………………………………… (340)
　　三、会展服务人员的激励 ……………………………………… (342)
  第四节　外部会展服务人员管理的特殊方法 ……………………… (344)
　　一、科学预测服务人员的需求 ………………………………… (345)
　　二、实行服务人员的联合遴选 ………………………………… (346)
　　三、开展服务人员的对口培训 ………………………………… (348)
　　四、进行服务人员的双轨管理 ………………………………… (350)
  第五节　会展服务人员的需求分析 ………………………………… (352)
　　一、会展服务人才需求单位 …………………………………… (352)

二、会展服务人才需求素质 …………………………………… (353)
　　三、会展服务人才需求知识 …………………………………… (354)
　本章小结 ……………………………………………………………… (355)
　本章关键词 …………………………………………………………… (356)
　复习思考题 …………………………………………………………… (356)
　综合案例 ……………………………………………………………… (357)

主要参考文献 ………………………………………………………… (359)

后记 …………………………………………………………………… (362)

第一章 会展服务导论

①了解服务业与会展业之间的关系;②了解会展服务的性质与特点;③明确会展服务的主体与客体;④熟悉会展服务的内容与分类。

第一节 服务业与会展服务

导入:慕尼黑博览会集团的项目总监彼得·诺尔先生曾这样阐述过他们的办展理念:"办展会就是做服务,办展会其实是为行业提供交流的平台,如果没有良好的服务支撑,展会就无须存在了。"因此,会展服务是会展主办者成功办展的基础,同时,也是会展产品的重要组成部分。

一、服务业概念的界定

人类历史上,一直到20世纪服务业才被作为一个完整的概念提出并进行系统的研究,同时,服务业作为一个产业也在20世纪得到了迅猛的发展。但至今为止,由于服务业发展的动态性,业界对服务业还没有形成一个统一的认识。1985年5月,国务院办公厅转发了国家统计局的报告,将第三产业分为两大部门、四个层次(见表1-1)。

在人们的经济交往活动中,根据服务业的经济性质,把服务业划分为生产性服务业、生活性服务业、流通服务业、知识服务业、综合性服务业五种类型。

可见,服务业的行业范围广阔,涉及的领域众多。因为社会经济活动是不断发生变化的，一些服务行业会逐步消亡，另外一些服务行业会陆续产生，因此，服务业范围的界定只能是一个大概的情况。

表1-1　国家统计局对第三产业的分类

流通部门	第一层次	交通运输业、邮电通讯业、商业饮食业、物资供销业与仓储业
服务部门	第二层次 为生产、生活服务的部门	金融业、保险业、地址普查业、房地产业、公用事业、居民服务、旅游业、咨询信息服务业、各类技术服务业
	第三层次 为提高科学文化素质服务的部门	教育、文化、广播、电视、科研、卫生、体育、社会福利
	第四层次 为社会公共需要服务的部门	国家机关、政党机关、社会团体、军队、警察

根据服务业的性质与涉及的范围，我们可将服务业的定义归纳为：生产或提供各种服务的经济部门或企业的集合，其生产的基本特征是以服务的形式提供满足社会生产需要和人们消费需要的各种使用价值。

二、现代服务业的定义

在我国，1997年9月党的十五大报告中，提出了"现代服务业"名词；2001年1月第十五届五中全会关于"十五"计划的建议中，提出"要发展现代服务业，改组和改造传统服务业"的说法。

我国不断深入的工业化进程和不断提升的居民消费规模及层次，为现代生产与生活服务业提供了广阔的发展空间，服务业尤其是现代服务业在社会经济结构中的作用越来越重要。在工业化比较发达的阶段，依托信息技术和现代管理理念发展起来的现代服务业是一个信息和知识相对密集的企业集合体。现代服务业主要可以分为两大类：一类称为补充性服务，是伴随着工业化的展开而加速发展的服务业，如银行、证券、信托、保险、基金、租赁等现代金融业，开发、建筑、装饰、物业、交易等房地产业，会计、审计、评估、法律服务等中介服务业；另一类是工业化后期大规模发展的新兴服务业，如移动通信、网络、传媒、咨询等信息服务业，教育培训、会议展览、国际商务、现代物流等新兴行业。与传统服务业相比，现代服务业更突出了高科技知识与技术密集的特点，其本质是服务业的现代化。

综上所述，现代服务业可以定义为，依靠高新技术和现代管理方法、经营方式及组织形式发展起来的，主要为生产者提供中间投入的知识技术信息密集型服务的部门，如金融服务、信息咨询服务、法律服务、会展服务等，以及一部分被新技术改造过的传统服务。

三、会展服务的定义

根据以上的分析，会展业属于现代服务业的范围，是现代服务业的重要组成部分。会展是会议、展览、奖励旅游、节庆活动（节事活动、大型事件）的总称，英文简称为"MICE"，为此，为会展活动而提供服务的会展服务的概念便有了广义与狭义之分。

（一）广义的会展服务

按中国会展经济研究会秘书处2009年4月编印的《会展大辞典（讨论稿）》对会展服务的定义，广义的会展服务指健全公共政策、加强会展联动、开展评优奖励、完善协调机制、扩大公共宣传、提供保障服务、为会展主体创造平等竞争的环境，用优质服务来培育品牌展会，吸引优质展会客户，吸引更多的客商纷至沓来。

也就是说，广义的会展服务指政府、城市、会展行业协会、会展相关行业等为会展经营企业乃至整个会展产业链提供的服务，目的是通过这些服务促进会展业的整体发展和快速发展。

（二）狭义的会展服务

狭义的会展服务指在某项会展活动中，由主办方或承办方向该会展产品的消费方所提供的各项服务，目的是通过这些服务保证会展产品的消费方能够顺利实现消费。以展览会为例。狭义的会展服务就是主办方或承办方向消费方（包括参展商、采购商、一般参观者等）所提供的各项服务，主要包括信息发布、报名登记、文案资料准备、场地准备、展台设计、展具制作、展台搭建、展品报关、展品物流、展品仓储、设备租赁、报到接待、行李寄存、入场办证、文书、翻译、礼仪、通信、金融、保险、邮政、安保、保洁、广告宣传、媒体推广、住宿、餐饮、票务、其他后勤、旅游等服务。

狭义的会展服务由主办方或承办方提供，包括直接提供和间接提供。在分工合作的大背景下，间接提供所占的比重越来越大。所谓间接提供，就是会展项目的主办方或承办方介绍其他服务商来提供相应服务（即服务外包）。

四、会展服务的基本要求

（一）以全程服务为导向

会展服务是一种全程服务，包括会展活动之前的推广宣传、参展商招募和观众的组织；展中服务除了必备的项目之外，还包括法律、科技、信息等方面的援助；展后服务主要体现在相关信息的统计、分析、调查与反馈。不同环节的服务其侧重点是不同的，在会展服务管理过程中，需要平衡这些服务纬度，以便综合展示令人难忘的体验。

在整个会展活动中，信息的交流、商贸的洽谈、论坛的召开、观众的邀请等软性服务与场馆的水电供应、交通食宿的安排、展品的运输与保管、展场的布置与安排等硬件服务结合起来，为会展的参加者创造一个自我表现的舞台，使他们在互动参与中达到体验的升华。

（二）以顾客为中心

会展服务应该首先树立以顾客为中心的原则，关注顾客的需求。会展服务的提供者应充分了解顾客的期望，选择正确的服务设计和标准，按标准提供服务，做到服务的绩效与服务承诺相匹配。

例如，在展览会服务过程中，常常会遇到顾客的不满与抱怨，以顾客为中心的服务原则应该是欢迎与鼓励顾客抱怨。抱怨应该是可以被预期、被鼓励和被追踪的。抱怨的顾客应该真正被当作朋友来看待。在受理顾客的抱怨之后，会展服务提供者应迅速采取补救措施及时处理，就可以变不利为有利，提高顾客的满意度。

（三）以真诚换取信任

展会中大量的服务体现在参展企业与顾客之间。参展企业的展台服务人员要想在展会中达到吸引顾客的注意、赢得顾客信任的目的，必须清楚参展企业与顾客之间是平等的、互利的，只有对顾客尊敬，才能赢得顾客的尊敬，也只有这样，参展企业才能获得与客户沟通、交流的机会。

展会服务人员在工作中要注意，不管是新顾客还是老顾客，都要尊重顾客的意见，要学会使用征求性的话语，如"请您看看这个好吗？""您觉得这个如何？""那您认为呢？"，要让顾客觉得你是一个非常真诚而且懂得尊重他人的人，这样他们才会愿意与你交往，乐意合作。做任何一笔生意或发展任何一个新客户，真诚相待都是至关重要的。

在展会上，一旦赢得了客户的好感，展会服务人员通常可以留下他们的联系信息，展会结束后，必须与这些客户经常联系和沟通，建立联系、沟通的畅通渠道，如节假日的祝贺卡、电子邮件的问候祝福等。如果展会服务人员在展会上有对客户的某种服务承诺，那么一定要按时间履行承诺，留给客户一个真诚守时的印象，使顾客有兴趣、有信心与自己的企业长久保持信任合作的态度。

（四）以细节取胜

展览会服务成功的一个重要衡量标准是，在顾客参加你所组织的活动时是否能愉快地接受你所宣传的理念并乐意接受你的服务。为此，展会服务提供者在为客户提供服务时要做到热情周到、细致入微，要能在短时间的接触过程中，正确地了解对方的职业、身份、兴趣、爱好等，并迅速做出判断，为其提供切实有效的服务。会展服务提供者要实现提供令顾客满意的服务的目标，必须以自身不懈的努力，关注每一个服务的细节，倾心打造，才会有回报。

小链接 1-1

服务的多种含义

服务（Service）这个词包含了你跟顾客接触、保持跟顾客的关系时，所必要的一切组成部分。

S 代表微笑（Smile）：你的微笑、你的友好的方式，给人以温暖和受欢迎的感觉，从而表明一种积极的态度。

E 代表优秀（Excellence）：你工作的每一个地方都要完美。例如，服装、修饰、倾听的能力、实际知识、信守承诺等。

R 代表乐意（Ready）：随时乐意为顾客服务。这意味着不跟同事聊天，或抽烟、喝酒、打电话，因为那样的话，你会自顾不暇，不能够服务好顾客。

V 代表察看（Viewing）：对会展有全面的观察，从顾客发出的语言和非语言的信号中，理解顾客的需求。

I 代表吸引（Inviting）：你的仪态、行为非常吸引人，客人感到很受欢迎，因而渴望回来。你可以通过提出开放式的问题，欢迎顾客提出问题。

C 代表创造（Creating）：创造一个愉快宜人的气氛，让顾客感到快乐。同样，这意味着想顾客所想，寻找使你的产品能为顾客服务的办法。

E代表眼睛（Eye）：眼神交流。这是指专注于顾客，随时密切注意各种信号，对顾客的需求做出反应。不要东张西望去留意他（她）身后发生的事情，这会给人一种心不在焉的印象，制造一种焦虑不安的气氛。

第二节　会展服务的性质与特点

一、会展服务的性质

会展服务具有以下三个方面的性质：

（1）会展服务是一种社会产品。人类的社会劳动成果一般可以划分为实物劳动成果与非实物劳动成果两大类。其中，实物劳动成果又称为产品或货物，是指以实物形式存在的劳动成果；非实物劳动成果又称为服务产品或服务，是指不能以实物形式存在的劳动成果。

在会展活动中，由主办方或承办方向与会者、参展者、客商及观众所提供的诸如接待、礼仪、交通、运输、旅游、展台设计、展具制作、展台搭建等各项的会展服务是社会产品的一种。其存在形式既可表现为实物形态，又可表现为非实物形态。

（2）会展服务是一项综合性的服务活动。会展服务由报名服务、文件资料服务、物流服务、工程服务、保洁服务、房务服务、餐饮服务、票务服务、旅游服务、报关服务、商检服务、安保服务等一系列的服务构成，涉及的服务类型和参与的服务主体众多，是一项综合性的服务。

（3）会展服务是一种高接触性的服务活动。无论是展前服务、展中服务还是展后服务，参展商和观众在会展服务的各个环节中都有广泛的参与，其中展中服务更是直接面对参展商和观众。因此，会展服务提供的是一种面对面的服务，是一种高接触性的服务活动。

根据以上的分析，会展服务的性质可以归纳为：会展服务是一种综合性的高接触性的社会服务产品。

二、会展服务的特点

会展服务与一般服务相比，它具有一般服务的共性特点，但同时又具有其一定的特殊性。

（一）会展服务与一般服务的共性特点

会展服务具有与一般服务一样的特点，即服务的无形性、服务的即时性、服务的异质性和服务业绩的难以精确度量性。

1. 服务的无形性

会展服务与其他任何一种服务一样，是不能精确量化的。在很多情况下，参展商和观众不能触摸到，或不能用肉眼看见会展服务的存在，更多的只能是感觉到它的存在。会展服务的无形性特点决定了参展商与观众对会展服务评价的不确定性，他们对会展服务的评价不存在一个确定的标准，往往根据自己的感觉对会展服务的质量做出评价。而每个参展商与观众由于兴趣、专业背景、生活和工作环境的不同，会对同样的会展服务产生不同的感觉。为此，无论是后台员工还是前台员工都应树立为参展商和参观者服务的思想。

2. 服务的即时性

会展服务的即时性主要表现在两个方面。一是会展服务的不可分离性。会展服务的生产、消费和交易是同时进行的，它不能与服务的提供者相分离，会展的一线员工在与参展商、观众面对面的接触中，同时完成了会展服务的生产、流通、消费过程，而参展商与观众此时对会展服务的感觉成了他们评价会展服务质量优劣的标准。二是会展服务的不可储存性。对于会展服务来说，许多服务如报到服务、保安服务、保洁服务、房务服务等无法像其他的实物产品一样事先储存起来以满足服务需求高峰时客户的需要，当客户对某项服务不满时也无法像其他产品一样退回给会展企业。以会展场馆来说，参展者付了费，只能在场馆布展；而参观者买了票，只能在场馆参观。他们不能把会展场馆搬走。会展场馆出售的仅仅是使用权而不是所有权，为此，会展服务只有当参展商、观众来了，才能提供相应的接待服务，而无法事先生产，更无法事先生产储存以便备用。

3. 服务的异质性

由于受提供服务的时间、地点及人员等因素的影响，服务具有高度的异质性。会展服务的异质性主要表现在以下三个方面：一是即使是同一时间、同一地点的会展服务，由于操作人员的服务经验，个人的素质、修养和技术水平的差异而表现出一定的异质性；二是即使是同一操作人员提供的会展服务，由于服务对象、不同时间里服务人员心理状态的差异而使会展服务的质量表现出一定的异质性；三是客户享受某种服务的经验和对该种服务的期望的差异性而表现出客户对服务评价的异质性。

4. 服务业绩的难以精确度量性

会展业是一个劳动密集型的服务行业,从事会展工作的人员数量多,构成复杂,会展服务业绩的评判具有难以精确度量性。

(二) 会展服务区别于一般服务的特殊性

1. 会展服务的专业性

现代会展呈现出会议、展览、经贸、观光、休闲、娱乐、节庆表演等多种活动相结合的特点。无论在活动内容上,还是活动目的和性质上,会展服务都表现出极强的综合性。为此,会展服务体现出很强的专业性,参与会展服务的人员不仅要掌握政治、文化、营销、礼仪、服务心理等现代服务理论,而且,还必须掌握接待礼仪、会话艺术、餐饮文化、现代设施及设备的使用等专项服务技能。

2. 会展服务的人文性

会展活动突出"以人为本"的文化精神,会展服务具有人文关怀的功能,强调个性化服务。在会展服务整个过程——会展报名、会展议题、会场选择、会展筹备、会展策划、日程安排、与会者的膳食、会展布置、现场服务及会后的后续工作中,无处不体现服务的人文性。

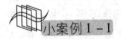
小案例 1-1

现代展厅设计中的人文性

现代展厅设计运用人体工程学知识,重视处理好人与物、人与环境的关系,充分考虑人的生理和心理特征,更好地发挥展览效能。展厅安排足够的空间来控制展品的密度,处理好通风设施,为观众和展出人员创造良好的空间,展厅中的空气流量应不小于 34 立方米/小时,空气流速应不小于 0.3 米/秒,室内温度应控制在 16℃~24℃,空气含尘量应小于 5 毫克/立方米。根据人的视觉特点,视线在水平面的流动比在垂直面内的流动效果更清楚准确,因此展线设计应从左到右,以水平流动为主线布置展线,同时要控制流动速度,使展线自然流畅,有节奏感,既不松弛,也不过急。在展品、展具、展墙、展板等设计中,均应符合人的视觉思维和认识过程的心理顺序,做到主次分明,避免杂乱无章。听觉设计为观众创造良好的音响环境,广播、录音、录像、讲解等要统筹安排,在一定时间内,只能使观众接受一种主要的声音,而不可各种声音同时轰鸣,形成噪声。展厅环境要使声音均匀分布,避免产生声聚焦现象。

3. 会展服务的时尚性

会展活动是新产品、新技术、新信息在世界亮相的重要舞台。必须具有展示时尚、引领潮流的功能，满足人们求新、求异的心理需求。为此，会展服务的内容要有时尚感、现代感，能给所有参加会展的人留下深刻的印象。例如，电子模型、电动图板、电动景象、激光成像、光导纤维、立体电影、超大型液晶电视、超大规模室外多媒体系统等全新的声像展览体系在展览中不断地被采用，完全突破了传统的实物陈列展览的艺术结构，给人带来强烈的艺术感染力，具有很强的时尚性。

4. 会展服务的集聚性

会展服务的集聚性是由会展活动的性质而决定的，会展使得大量的人、物品、信息在同一时间、空间上短时间地集聚，造成了为会展活动而提供的各项服务必须在指定的时间内集中完成，客观上形成了一种服务集聚的现象。

5. 会展服务的协调性

会展服务涉及的部门极多，各部门及服务商应通力合作，相互之间做好有效的沟通，才能提高服务效率，避免扯皮、互推责任，实现共赢。

6. 会展服务的同一性

会展服务的对象——参展商和观众，来自于各行各业，身份、地位、职业、学识、兴趣、爱好各异。对会展企业来说，对于所有的客户，都应按会展行业规范服务标准一视同仁地为他们提供优质的服务，做到"态度和蔼讲文明、挂牌上岗守纪律、公开制度讲规范、遵章办事不违规、做好回访重信誉"。

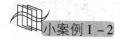
小案例 1-2

用人性化服务提升会展人气

广义上的会展服务，既包括发生在展览现场的租赁、广告、保安、清洁、展品运输、仓储、展位搭建等专业服务，也包括餐饮、旅游、住宿、交通、运输等相关行业的配套服务。会展服务质量的高低，直接影响到组展商与参展商的合作关系。参展商是展览会的主体，主办单位的收益主要来自企业支付的参展费用。因此，主办单位与参展商之间的价值传递是非常重要的，参展商希望支付了展位费就能够从主办方那里获得更多的服务。

按照国际标准来规范，首先，主办单位要树立服务观念，按照市场化、商业化、专业化的要求来进行服务运用。会展发达的国家都有一套成熟的会展服务运作模式，而我国展览业起步较晚，很多展览会都具有较浓的行政主导色彩，主办单位在客户面前，往往是居高临下的指挥者，而不是服务者，甚至开幕式一结束，展览会就宣告成功，主办单位的人员便无影无踪。在国外，这种现象决不会出现，主办单位是以服务客户的形象出现的，特别是客户服务中心可以帮助参展商、采购商解决各种问题包括投诉，只要是参展商、采购商需要的，主办单位就应该想到做到。只有通过优质的服务形成一个固定的客户群，主办单位才能在群雄逐鹿的时代牢牢占据一块自己的地盘。

其次，实现服务流程的规范化、标准化。国内很多展览企业都已经意识到了展览服务流程规范化、标准化的重要意义。例如，在全国率先获得ISO 9000国际质量体系认证的深圳高交会，就已经创立了一套包括展览业务经营、展览工程、展场租赁、会展物业管理等较为完善的会展服务体系，在展览实践中严格要求按照规范的流程进行运作，为高交会、家具展、中国国际互联网展等大型展览会提供了一流、高效的会展服务。此外，上海、大连、厦门等城市的会展中心也都相应地建立了各具特色的服务运作模式。

精心制作会展服务手册。在组展过程中，主办单位或展览承办商不可缺少地要为每家参展商提供一本优质的会展服务手册。这本服务手册制作得既要有吸引力，又要通俗易懂，还要标准规范。一方面，不要把手册的读者当作会展界的高手，要把他们想象成初入展览大门的新人，把一切可能想到的问题及其解决方案都写进去；另一方面，及时和主办方沟通，了解本届展览会服务的新变化。最后，你的会展服务手册应该具有查询的功能，可读性强。这样既具完整性又具有查询性的会展手册，可以节省会展工作人员和参展商的时间，减少摩擦。

会展服务手册的内容要包括以下几个方面：展览内容方面，包括展览的中英文名称、展览举办城市及场馆的名称；展览日期，包括进场、出场日期；展览承包商的名字、地址、电话、传真或其他相关承包商资料；详细摊位租金付款方式；相关规定；叙说展览的内容。订购方面：包括正式合同信息、摊位承包公司名称和其他指标标志、家具租借、装潢和地毯、运输、安置和拆除劳工、电力、消防、摊位清理等。其他相关服务方面，包括邀请函、配套宣传策划、住宿及行程安排、交通旅游、视听设备、摄影、花艺、盆景租借、呼叫装置、模特儿现场展示或接待等。

提供服务要以人为本，会展服务也要体现重实效和"以人为本"的思想。比如，展览会的布局完全以展品大类来划分，方便观众参观；参观者刚踏进展览馆就能得到一份用不同文字编成的会展服务手册或参观指南；展场内还设有就餐中心区、休息场所、便捷通道等。这些都体现着主办方无微不至的服务理念，也充分地体现了会展优质服务的魅力。

（资料来源：根据《展会主办方怎样提高展会人气？》一文改写，中国安防展览网，http://www.afzhan.com，2009年12月25日）

第三节 会展服务的主体与客体

一、会展市场的主体

会展市场主体是指会展项目运作过程中的主要参与者,主要包括会展项目的主办方和承办方、会展活动的参展商、会展的参观商(采购商、买家)、观众及会展的服务商。

(一)会展的主办方

会展的主办方是指会展的组织者。目前,我国既没有会展法,也没有对专业会展组织者进行资格认证的标准。只是一些部委的规定、地方性的法规中对会展主办者的资格做了一些相关的规定。如《关于出国(境)举办招商和办展等经贸活动的管理办法》中的第五条便对涉外会展主办单位资格做了具体的规定:"外经贸部(现商务部)及其授权的单位,主办全国性的赴国(境)外的招商活动。各省、自治区、直辖市、计划单列市人民政府的对外经济贸易主管部门,主办本地区的赴国(境)外的招商活动。除上述单位外,不得组织赴国(境)外的招商活动。"从目前我国会展活动的实际运作来看,会展主办者主要包括各级政府部门和各级贸易促进机构,各类行业协会、专业学会、商会,专业性展览公司和会展中心及部分规模较大的企业。

1. **政府相关部门和贸易促进机构**

政府部门、贸易促进机构代表国家和地方利益,常以主办者的身份出现。如世界博览会的申办者与主办者通常就是各国政府部门和申办城市的政府部门,像 2010 年中国上海世博会的领导机构便是上海世界博览会组织委员会,它由国务院、商务部、外交部、中国国际贸易促进委员会等中央相关部门和上海市政府共 26 家成员单位组成,由一位国务院副总理担任主任委员;而历届上海国际工业博览会的主办单位便是由中国经济贸易委员会、中国对外经济贸易委员会、科技部、信息产业部、教育部、中国科学院、中国国际贸易促进委员会和上海市人民政府共同组成的。政府部门、贸易促进机构在组织会展时,主要考虑国家和地方的经济发展规划、贸易和产业的相关政策与发展。

2. 行业协会和专业学会及商会

行业协会、专业学会与商会作为非营利性的行业组织，通常代表行业利益承担主办方的角色。例如，中国轻工业联合会是轻工业全国性、综合性、具有服务和管理职能的行业性中介组织，由 44 个行业协会和 11 个专业学会构成。它凭借广泛的行业代表性，以服务为宗旨，充分发挥政府与企业间的桥梁纽带作用，促进了中国轻工业的发展，加强着国际的交流与合作。目前，中国轻工业联合会每年在全国各地举行的轻工业产品会展达到 100 次以上。行业协会、专业学会与商会在组织会展时，主要考虑产业或行业的相关政策与发展。我国的行业协会、专业学会与商会在主办专业展览时，往往还具有以下两大优势：一是行业协会容易得到政府部门和国际行业组织的支持和帮助，以及行业企业的信赖；二是行业协会在办展时往往会同时举办与行业相关的学术交流活动和新产品、新技术介绍活动以及行业的重要会议。

3. 大型企业

一些大型企业自己主办展览，或与政府部门行业协会联合主办。大型企业组织会展时，主要目的是提升公司形象、发布新产品、进行科技交流、增加企业销售额等。例如，中联橡胶（集团）总公司是中橡集团的母公司，是一家于 1993 年由原化学工业部橡胶司整体转制，并与 83 家大中型橡胶厂、原材料厂、橡机厂及科研设计单位共同出资组建的以科技开发及产业化，生产高科技产品、国防战略物资为主的科技型集团公司。中联橡胶（集团）总公司拥有 5 家国家级大型橡胶专业研究设计院、1 家主要生产安全套和医用手套的乳胶厂、多家控股和参股公司，总资产达 10 亿元。中联橡胶（集团）总公司作为行业的龙头企业，从 1993 年至今，分别在英国、美国、德国、法国、俄罗斯、巴西、南非、印度、埃及、越南、马来西亚等国家成功地举办过十几次专业性的橡胶展览和会议，为参展企业出口创汇约 5000 万元，积累了一定的专业办展经验。

4. 专业性展览公司与会展中心

专业性展览公司是指专门从事展览业务的公司，具体内容包括提供展会策划、展览设计、展览搭建、会议策划、产品发布等。会展中心则是各类会展活动的载体，是指具备相对完备的功能，用来进行产品展示、演示和举办定期、不定期的会展活动并能够提供相应服务的场所。会展中心包括展览厅、会议厅、室外展场、车位、绿地等，并配套有智能化信息系统和相关会展活动后勤保障设施等。专业性展览公司与会展中心是会展业的服务机构，他们组织会展活动时，往往更多的是出于企业的利益及提高知名度。

（二）会展的承办者

会展的承办者是指会展的具体运作以及运作过程中的具体事务的承担者，通常为企业法人。

目前，我国对于会展承办方实行资格审定制度。凡是从事境内对外经济技术展览会（简称"来华展"），或出国举办经济贸易展览会（简称"出国展"）业务，都必须获得政府有关部门批准的办展资格，否则不能进入展览市场。经商务部批准获得办展资格的单位，才能从事来华展览业务。而中国国际贸易促进委员会2000年颁布的《出国举办经济贸易展览会审批管理办法》则规定下列单位具有出国办展资格：中国国际贸易促进委员会及其行业分会；各省、自治区、直辖市及计划单列市（含原计划单列市）国际贸易促进委员会分会；各省、自治区、直辖市及计划单列市（含原计划单列市）外经贸主管部门；原外贸、工贸总公司；各进出口商会和外商投资企业协会；经外经贸部（现商务部）批准的其他单位；等等。

1. 会展承办者的主要类型

会展的承办者主要包括各级政府部门和各级贸易促进机构，各类行业协会、专业学会与商会，以及专业性展览公司及部分规模较大的企业。会展主办方同时也可承担会展承办者的角色。

2. 会展承办者的主要职责

对于我国会展承办机构的职责，在原对外贸易经济合作部公布的《关于出国（境）举办招商和办理经贸活动的管理办法》第九条规定："承办单位的主要职责是，根据主办单位的要求，具体办理布置展场、运送展品、安全保卫、广告宣传、现场活动、安排人员食宿交通、办理出国手续、收取费用等工作。"

（三）会展的参展商

参展商是受会展主办方邀请，通过订立参展协议书（或会展合同），于特定时间向主办方租借展位并展示产品或者服务的主体。《商品展销会管理办法》第七条规定："参展经营者必须具有合法的经营资格，其经营活动应当符合国家法律、法规、规章的规定。"这就意味着公司、企业、合伙组织、个体经营者等所有市场竞争主体，只要在工商管理机关进行营业资格的登记，都可以作为参展商参与会展。参展商类型按性质划分，可分为政府机关、企事业单位、非营利组织、权利人；按所属的身份划分，则可分为成员单位与非成员单位。参展商的数量与质量决定了展会档次的高低。

(四) 观众

观众是指进入展览场所参观展品的自然人、企业以及其他相关的市场主体。按照会展观众的身份及目的，可将观众分为专业观众和一般观众。专业观众指从事展览会上所展示展品或服务的设计、开发、生产、销售或者服务的观众以及该产品或服务的用户，包括贸易商、采购商、批发商、科研教育人士、政府官员等，他们是会展市场中关键要素的观众群体；按照专业观众的参展目的，又可将他们划分为产品供需型和技术探求型。一般观众就是普通的社会观众，他们不以达成交易为目的，而是出于兴趣和爱好来了解会展情况的群体。参展商不会像对待专业观众那样重视一般观众，专业技术性的会展活动往往不允许一般观众入场，但对于消费类会展而言，一般参观者受重视的程度较高。

(五) 服务商

服务商是以展览和与展览有关的工作为主的服务性机构，为会展主办者、承办者、参展商、观众等提供会展服务过程中所需的会展设计服务、运输服务、广告宣传服务、保税仓储服务、会展接待服务、展览器材服务等。

二、会展服务的主体

会展服务主体是指会展服务的提供者，存在着广义的会展服务主体与狭义的会展服务主体。

(一) 广义的会展服务主体

广义的会展服务主体是指会展服务的外部机构，即为会展全过程提供服务的各类服务商，如负责把会展活动参与者送到目的地城市的交通服务商，包括国际或国内航空公司、国际或国内铁路公司、国际或国内航运公司、目的地城市汽车出租公司、目的地城市公共汽车公司、目的地城市地铁公司、会展活动集体包车的汽车公司等。

(二) 狭义的会展服务主体

狭义的会展服务主体是指会展活动的主办方或承办方，是会展活动的内部机构。尽管狭义的会展服务主体把诸多会展服务都外包给广义的会展服务主体，但消费者对会展服务质量的评价最终将落到狭义的会展服务主体身上。

三、会展服务的客体

会展服务的客体是指会展服务的接受者，与会展服务的主体相对应，也存在着广义与狭义之分。广义的会展服务客体包括各类服务商的服务对象，不仅包括了参展商及观众，而且还包括了主办方与承办方。而狭义的会展服务客体主要是指主办方与承办方的服务对象，即参展商与观众。

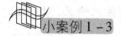

会展组织者与参展商的合作与双赢

在会展活动中，会展组织者和参展商作为以利益至上为目标的经济主体，他们之间存在着明显的买卖关系。但是，激烈的市场竞争以及会展活动的特殊性，决定了双方更注意彼此的长期合作与双赢。参展商希望从会展组织者那里得到更多的行业信息、更优质的会展服务、更好的现场管理以及周到的展后服务，希望用更少的参展费用换取更大的价值。而会展组织者也希望与参展商维系良好的客户关系。因此，组织者和参展商之间的合力往往会产生 1+1＞2 的效果。优质的服务和良好的沟通是双方合作与双赢的关键。

一、强调参展商在会展活动中的核心地位和作用

参展商在会展活动中处于核心地位和主导作用。参展商对展会有自己的评价，参展商是否连续参展，是对上届展览成效的一个客观评价的反映，也是展览公司进行招商招展宣传的重要资源和亮点，可有效地降低招展费用。同时，对展览公司而言，参展商连续参展所带来的效益，即维系一个老客户的成本是开发一个新客户的成本的 1/5。因此，保持会展组织者利益最大化的根本就是与参展商保持良好的合作关系，树立以参展商为中心、为参展商服务的思想，并以此带动其他有关工作的展开。为鼓励参展商连续参展，展览主办方可视情况，对连续参展的企业给予一定的展位费用减免优惠。

二、邀请一定数量和高质量的参展观众，选派优秀员工做好客商的接待工作

在会展活动中，组织者和参展商有着共同的客户——参展商/观众，组织者主要是从客户那里获得社会效益，而参展商更多的是从客户那里获得经济效益。没有参展观众（或客商）的积极参与，参展商的参展效益必然会受到严

重影响。如果参展观众因为展会组织接待工作混乱，下次不再光临这个展会，受到损失最大的仍然是参展商。因而，会展组织者应对参展人员开展工作技能和服务质量方面的培训，尽量选派有责任心、懂技术和懂外语的科技人员、管理人员参加，以提高参展的综合效益。

三、加强与参展商的沟通，协助参展商提高参展效益

（1）提请参展企业重视客商邀请工作。客商的积极参与，是提高参展商效益的基本前提。如果每个参展商都能参与客商邀请工作，对提高自身参展效益十分有利，所有参展商也能从中受益。因为参展企业所邀请的客商，多是自己的中长期客户，具有很强的针对性。

（2）说服参展企业转变观念，加大广告投入。展会举办前企业的广告会取得比平时更好的效果。参展企业的广告与展览公司的广告彼此呼应，相互配合，可以形成更好的广告效应，可提高参展商的参展效果。

（3）敦促参展商重视展位设计与布置。展会是在一个相对比较短的时间里，集中向观众展示企业的形象与产品。展览组织者应说服企业重视展位布置，通过平面、立体艺术造型、图表、统计等各种信息，借助于光、电、声、色的作用，引起观众的注意，激发客商参观与洽谈的兴趣，获得理想的效果。

四、持续为参展商提供服务，加强工作联系

会展组织者与参展商彼此之间的合作贯穿于会展活动的全过程，应重视展前和展后的工作联系，持续为参展商提供服务。

（1）举办参展培训班，就企业参展的有关问题请有关专家讲课，灌输新思想，转变旧观念，提高参展企业的实际操作水平。

（2）开展联谊活动，无偿提供一些商业供求信息，加强展览公司与参展企业的联系。

（3）关心参展商成交情况的落实，及时总结每次展会的经验和教训，发现问题及时改进。

会展组织者只有在自身利益和参展客户利益之间找到平衡点，提高展会的品质，健全会展的功能，充分为客户着想，满足客户需求，才能最终实现会展主办方与参展商的精诚合作，实现共荣和双赢的良好局面。

（资料来源：应丽君、牟红主编：《会展服务管理》，机械工业出版社2007年版）

第四节 会展服务的分类

一、按会展服务的内容划分

会展服务贯穿于会展活动的全过程，内容丰富，形式多样。按照会展服务内容的性质，会展服务可划分为秘书礼仪服务、设计安装服务、物品租赁服务、运输仓储服务、广告宣传服务、后勤保障服务、观光考察服务、体育娱乐服务等。

（一）秘书礼仪服务

秘书礼仪服务是会展服务必不可少的组成部分，其涉及的内容众多。会议活动和展览活动的侧重点有所不同，会议活动通常侧重秘书服务，而展览活动侧重礼仪服务。秘书礼仪服务的内容由以下几类组成：

（1）商务服务类。其内容主要包括：预订酒店、预订机票、旅游咨询、打字、复印、传真、国内国际长话、文案写作、电脑文字处理、电脑上网等。

（2）礼仪接待服务类。其内容主要包括：开幕式、闭幕式、新闻发布会、颁奖仪式现场、会展场馆、会议室、贵宾室等场所的路线指引、礼仪接待服务，以及接待或会议过程中的翻译服务、提供会展模特等。

（3）会议记录服务类。其内容主要包括：应会议主办方要求借助于现代摄像和录音设备提供会议活动过程的记录、向与会者提供通告编辑和发布会展简报。

（4）会议资料处理服务类。其内容主要包括：复制、装订、装袋和分发会议资料，整理、分类和报送会议提案与议案。

（二）设计安装服务

设计安装服务的对象主要包括：展览会的特装展位；展览会开幕式、闭幕式、颁奖活动等的室内小型临时舞台；节庆活动的大型室外临时舞台；节庆活动和各种赛事的大型室外临时棚架；等等。

(三) 物品租赁服务

为了节省参展商的参展时间、精力和资金,会展场馆提供者可根据不同类型的会展活动准备相关的物品,向参展商提供物品租赁服务。会展场馆租赁的物品类型主要包括以下几种类型:

(1) 展示家具类。此类租赁物品主要包括:各种展柜、展架、桌椅、墙板、问询台、地毯、活动隔离栏等。

(2) 供电照明类。此类租赁物品主要包括:各种灯具、插座、转换插头、配电箱、灯光表演系统等。

(3) 视听设备类。此类租赁物品主要包括:投影机、电脑、电视音响设备、音视频会议系统、电视墙视频数字投影机音箱扩声系统、同声传译系统等。

(4) 花木类。此类租赁物品主要包括:各种绿色植物、盆景等。

(5) 运输工具类。此类租赁物品主要包括:平板车、液压搬运车、液压装载车、动叉车(含司机)等。

(6) 与展会活动相关的其他物品。与展会活动相关的其他租赁类物品主要包括:服装展览会上所需的衣架、网片、模特等。

(四) 运输仓储服务

运输仓储服务也是会展服务的一个重要组成部分。运输仓储服务是指会展场馆为参展商提供的展品从货场运到展馆,展馆场内运输、存储展品及包装物品,以及撤展后将展品运离展场的服务。对于一个展会来说,专业和全面的运输仓储服务涉及的内容极为广泛,这些服务相应地可划分为以下几个部分:

(1) 运输服务。其服务内容主要包括境内的展品、展示道具运输代理,即参展商的展品展示道具到达会展城市后的提货、装卸、运输手续办理以及撤展搬运等服务工作。

(2) 贵重物品运输搬运服务。此类服务主要针对需要特别运输和管理的展品提供的搬运服务,往往由专业的运输公司来承担。该类展品包括贵重的钟表、珠宝、汽车、瓷器、精密仪器等。

(3) 现场搬运及安装。此类服务指参展商的展品、展示道具从货车卸货点到展位的运输,使展品就位。

(4) 仓储保管服务。此类服务主要包括对参展商的展品、展示道具及包装材料的储存与保管。

(5) 报送代理服务。此类服务主要指展品承运商为国际性的参展商代理展品的报送和清关手续。

(6) 保险代理服务。一些大型连锁型承运商可以承担展品的全程整套的所谓"门到门"的运输仓储服务，其中就包括了保险代理服务。

（五）广告宣传服务

为了给参展商提供更多的企业或产品宣传机会，在会展期间，可向企业提供广告宣传服务。会展期间的广告宣传服务主要分成以下三类：

（1）印刷品广告宣传。此类服务主要通过在会刊、门票背面、参展商指南页面、导览图中，或在工作证、参展商证、嘉宾证上，或在资料袋等物上印制广告，达到宣传的目的。

（2）悬挂张贴类广告宣传。此类服务主要通过悬挂横幅、条幅、彩旗、灯杆旗、喷画、气球、充气拱门、太阳伞、灯箱、飞艇、广告板、三脚架等达到宣传的目的。

（3）视频广告宣传。此类服务主要通过展厅内的等离子电视、场馆内的大屏幕以及网站广告达到宣传的目的。

（六）后勤保障服务

考虑到会展活动参与者的需要，后勤保障服务的内容主要包括以下两类：

（1）与生活需求有关的服务。此类服务主要包括餐饮服务、住宿预订服务、医疗救助服务、往来交通服务、电信服务、银行汇兑服务、旅游推介服务等。

（2）与会展活动需求有关的服务。此类服务主要包括信息咨询服务、小件物品寄存服务、保管箱服务、知识产权保护服务、翻译服务、境外采购商邀请服务等。

（七）观光考察服务

此类服务主要指会展活动期间或结束后，结合会展活动的主题安排的商务考察、文化考察、观光旅游活动。

（八）体育娱乐服务

此类服务主要包括在会展活动期间替参与者安排观看文艺表演、体育比赛、电影录像，或者安排打高尔夫球、保龄球等体育活动。

二、按提供会展服务的时间划分

按提供服务的时间，会展服务可分为会展前期服务、会展当期服务和会展后期服务。

（一）会展前期服务

在会展活动正式开幕前提供给参展商、观众和其他方面的有关服务称为前期服务，其目的是为参展商、观众的参会参展提供条件，做好准备。如会展筹备工作的通报、展品运输、参展观众咨询、展示策划等。

（二）会展当期服务

会展活动正式开幕到闭幕期间提供给参展商、观众和其他方面的有关服务称为会展当期服务，其目的是满足参展商和观众的吃、住、行、游、乐，以及满足开展会展业务活动的需要，保证会议和展览活动顺利进行。如现场保安工作、清洁工作、观众报到注册工作、食宿安排工作等。

（三）会展后期服务

会展闭幕后主办方提供给参展商、观众和其他方面的后续服务，其目的是巩固会展成果，让参加对象满意而归。如会议最后文件的印发、会议信息的反馈、会展文件的收集归档、撤展、邮寄会展总结、通报会展成交情况、介绍会展参展商和观众的来源及构成，安排商务考察或观光旅游，等等。

三、按会展服务是否收费划分

按是否收费划分，会展服务可分为收费性服务和免费性服务。

（一）收费性服务

会展活动中的服务项目是收费的，特别是商业性、营利性会展活动的服务项目收取一定的服务费是合法的。收费服务应明码标价、合理定价、优质优价，并将有关收费的项目写入会展合同或订立专门的服务合同。

（二）免费性服务

会展活动的服务应当贯穿于各个方面，从这一角度来说，大量的服务应当是免费的。一般来说，免费服务是一种常态服务；而收费服务则是例外服务，且应当事先说明。

四、按会展服务的对象划分

按会展服务的对象划分，会展服务可分为对参展商的服务、对观众的服务和对其他方面的服务。

（一）对参展商的服务

对参展商的服务主要包括通报会展筹备情况、提供行业发展信息、提供贸易成交信息、展示策划服务、展品运输服务、邀请合适的观众参观、展位搭建服务、展会现场服务、商旅服务等。其中，邀请到一定数量和高素质的观众去参观会展是会展组织者提供给参展商的最重要的服务。

（二）对观众的服务

对观众的服务主要包括通报展品信息、提供行业发展信息和产品供给信息、招揽合适的参展商参展、展会现场服务、商旅服务等。其中，招揽一定数量和高素质的参展企业参展是会展组织者为观众提供的最重要的服务。

（三）对其他方面的服务

对其他方面的服务主要是针对新闻媒体、行业协会、政府有关部门、国际组织等。其中，最重要的服务内容就是提供相关信息。

五、按会展服务的性质划分

按会展服务的性质划分，会展服务可分为会展组织服务、会展场地服务、展览展示工程服务和会展配套服务。

（一）会展组织服务

会展组织服务指会展的组织者向参展商和观众所提供的服务。其中，对参展商的服务主要由参展准备、技术服务、市场营销和参展计划四个方面构成；而对观众的服务主要由指南服务、后勤配套服务、交易服务、安全服务四个方面构成。

（二）会展场地服务

会展场地服务指场馆现场对参展商和观众所提供的现场人工服务。对参展商的场地服务由展台搭建及维护、公关礼仪、展馆清洁、现场保卫等构成；对观众的场地服务主要包括现场登记、参观引导及突发事故的处理等。

（三）展览展示工程服务

展览展示工程服务主要是展会举办过程中针对参展商提供的服务，其中主要包括展示策划服务、展台搭建服务、展会现场服务等。

（四）会展配套服务

无论是会议还是展览，其基本的配套服务都包含餐饮、住宿、交通、运输服务。除此之外，还有一些台商服务中心、通信、技术保障、翻译等特色化服务。

本章小结

会展业是现代服务业的重要组成部分。

广义的会展服务指政府、城市、会展行业协会、会展相关行业等为会展经营企业乃至整个会展产业链提供的服务，目的是通过这些服务促进会展业的整体发展和快速发展。狭义的会展服务指在某项会展活动中，由主办方或承办方向该会展产品的消费方所提供的各项服务，目的是保证会展产品的消费方能够顺利实现消费。

会展服务的基本要求是：以全程服务为导向、以顾客为中心、以真诚换取信任、以细节取胜。会展服务是一种社会产品，是一项综合性的服务活动，也是一种高接触性的服务活动。

会展服务与一般服务的共性特点是：服务的无形性、服务的即时性、服务的异质性、服务业绩的难以精确度量性。会展服务的独有特点是：专业性、人文性、时尚性、集聚性、协调性、同一性。

广义的会展服务主体指会展服务的外部机构，即为会展全过程提供服务的各类服务商；狭义的会展服务主体指会展活动的主办方或承办方，是会展活动的内部机构。广义的会展服务客体包括参展商、观众、主办方、承办方等，狭义的会展服务客体主要是指参展商与观众。

会展服务有多种分类，按服务内容，分为秘书礼仪服务、设计安装服务、物品租赁服务、运输仓储服务、广告宣传服务、后勤保障服务、观光考察服务、体育娱乐服务等；按提供服务的时间，分为会展前期服务、会展当期服务、会展后期服务；按服务收费与否，分为收费性服务、免费性服务；按会展服务的对象，分为对参展商的服务、对观众的服务、对其他方面的服务；按会展服务的性质，分为会展组织服务、会展场地服务、展览展示工程服务、会展配套服务等。

本章关键词

会展服务（广义的会展服务和狭义的会展服务）　会展服务主体（广义的会展服务主体和狭义的会展服务主体）　会展服务客体（广义的会展服务客体和狭义的会展服务客体）　会展服务分类

复习思考题

1. 简述会展服务的性质与特点。
2. 举例说明什么是广义的会展服务和狭义的会展服务。
3. 假如你是会展产品的消费者，你对会展服务会有哪些基本要求？
4. 会展服务与一般服务的共性特点是什么？
5. 举例说明会展服务个性特点有哪些。
6. 举例说明三种会展服务的分类方法。

综合案例

2016年中国会展经济研究会年会的各类服务

2016年中国会展经济研究会年会暨中国（珠海）会展经济论坛定于2016年4月9日至11日在广东珠海召开。论坛主题：发展产业会展，助推产业优化。2016年是"十三五"规划开局之年，全国"十三五"规划对会展业提出新的目标。各地"十三五"会展业发展规划也都在酝酿制定过程中。本届年会在"十三五"规划开局之年召开，具有划时代的意义。

本次年会的内容包括中国会展经济研究会第三届第三次理事会会议、第十一届年会、中国（珠海）会展经济论坛、中国会展教育论坛、粤港澳会展经济合作论坛、服贸司会展人才培养座谈会、2015年中国展览统计数据发布、2016年中国会展经济学术论文交流、中国会展经济研究优秀成果奖等评奖和颁奖等。在珠海举办的本次活动，一方面将向国内外展示珠海作为会展城市的独特优势，宣传珠海良好的会展政策和环境；另一方面结识更多的业界嘉宾和朋友，创造更多合作发展的机会，不断提升珠海的城市发展形象，推动珠海会展经济更好更快发展。本次活动将是会展业界的一次行业盛会，预计将有超过1000名代表参加。

[组织机构]①主办单位：中国会展经济研究会。②承办单位：中国会展经济研究会秘书处、珠海一航会展有限公司、讯狐国际科技（北京）有限公司。③协办单位：珠海国际会展中心、珠海市会展策划协会。④支持单位：商务部国际贸易经济合作研究院、中国国际贸易促进委员会信息中心、珠海市会议展览局。

[会议时间] 2016年4月9日（周六）至11日（周一）

[会议地点] 珠海国际会展中心

[报到时间] 2016年4月9日（周六）10：00～20：00

[报到地点] 珠海国际会展中心

[参会费用] 2300元/人（包括会议资料、证件、餐饮、茶歇等）

[接送安排]①4月9日接机和接站：珠海机场接机时间11：00～20：00，每小时一班；高铁珠海站接站时间10：00～20：00，每小时一班；广州白云机场接机时间11：00～19：00，每两小时一班。②4月11日送机：具体安排待定。

[报名事项]参会报名截止时间为2016年4月5日，请及时填报《参会回执表》。

[住宿价格]（推荐酒店协议价）①珠海华发·会展行政公寓：标准大床房，440元/间/天（含单早）。标准双人间，500元/间/天（含双早）。②珠海天钻假日酒店：标准大床/双床：268元/间/天（含双早）。豪华大床/双床：280元/间/天（含双早）。

[联系方式]

1. 招商接待组（略）（包括姓名、电话、传真、电子信箱等。下同）
2. 嘉宾邀请接待组（略）
3. 优秀成果、优秀院校及会展教育杰出人物奖评奖组（略）
4. 会展管理机构优秀人物及优秀企业家评奖组（略）
5. 论文征集及演讲比赛组（略）
6. 财务组（略）汇款信息（略）
7. 中国会展经济研究会官方网站：http：//www.cces2006.org/

附件：

1. 2016中国会展经济研究会年会暨中国（珠海）会展经济论坛会议日程表
2. 中国会展教育论坛日程表

3. 粤港澳会展经济合作论坛日程表
4. 服贸司会展人才培养座谈会日程表
5. 2016 中国会展经济研究会年会暨中国（珠海）会展经济论坛参会回执表
6. 关于征集 2016 中国会展经济研究会学术论文的函
7. 关于 2016 中国会展经济研究会年会暨中国（珠海）会展经济论坛广告宣传制作有关事项说明
8. 评选优秀成果、优秀院校、会展教育杰出人物、会展管理机构优秀人物、优秀企业家的通知和申报表
9. 《中国会展经济研究优秀成果奖评选章程》

（资料来源：根据中国会展经济研究会官方网站相关资料编写，2016 年 4 月）

■讨论题

1. 列出该年会和论坛的主要服务内容。
2. 用三种或三种以上不同的方法，对该年会和论坛的主要服务进行分类。
3. 比较论坛、展会、节庆活动服务类型的主要差别。

第二章　会展前期服务

①了解会展报名服务的基本流程；②了解会展文案服务的基本内容；③了解会展场地服务的基本内容；④了解会展物流服务的主要特点。

会展前期服务也称为会展场外服务。如果把一个会展项目的进行时态形容为正式演出，那么，前期服务就犹如场外排练。前期服务工作的内容之多、之杂、之琐碎、之繁杂，完全可以用中国的一句老话"场上一分钟、场下十年功"来概括。本章重点讲述会展报名服务、会展文案服务、会展场地服务、会展物流服务等。

第一节　会展报名服务

报名是会展活动的参与者或消费者向举办方表示愿意参与的愿望和要求。任何一项会展活动，离开了参与者或消费者，就失去了举办的意义。基础市场营销学所提出的"消费者（顾客）是企业的生命线"，同样适用于会展业。所以，吸引最多数量和最高质量的参与者或消费者，是会展项目组织方永远的目标。吸引参与者或消费者的工作步骤包括举办信息的发布和送达、报名的接受和统计、报名的认定等环节。

一、举办信息的发布和送达

（一）举办信息的基本概念

会展活动的全过程都需要发布信息，但会展前期、当期、后期发布的信息不同。会展活动前期（准备阶段）所发布的主要是举办信息。

举办信息是关于某项会展活动的名称、组织方（包括主办单位、承办单位、支持单位等）、内容、形式、时间、地点、发展历史、特点、优势、参加范围、价格、报名或申请方法、组织方联系方法等内容的专门信息。

（二）举办信息的类型和发布送达方法

1. 按举办信息中会展活动的类型划分

按举办信息中会展活动的类型划分，举办信息可以分为会议类信息、展会类信息、节庆类信息、赛事类信息等。会议类信息通常被称为会议通知，展会类信息通常被称为招展书（函）或招商书（函）。其他的多被称为公告。会议类信息和展会类信息必须锁定潜在消费者进行发布，适当运用大众媒体，结合运用行业媒体、协会媒体等，以降低发布成本，提高发布效率。节庆类信息和赛事类信息则可以利用大众媒体广泛发布。

2. 按举办信息的形态进行划分

按举办信息的形态进行划分，举办信息可以分为无声信息和有声信息。

（1）无声信息。也称为无声语言信息或书面信息。按传统方法，这种信息一般用广告、宣传手册、宣传单、招展书（函）、招商书（函）、邀请函、通知、海报、文件等形式发布。在当今信息业和传媒业高度发达的情况下，这种信息的发布更多地运用网站、电子邮件等方式进行发布。举办信息的发布以无声信息为主，但可以和有声信息结合使用。

（2）有声信息。也称为有声语言信息或口头信息。按传统方法，这种信息只能以一对一的方式传递，如当面通知、电话通知等。在当今信息业和传媒业高度发达的情况下，这种信息的传递完全打破了一对一的方式，可以用录音带、录像带、光盘等方法批量制作和发送。在会展报名服务的过程中，大范围地发布有声信息，要与其他方式结合，如用于书面信息发出后的跟踪或确认；小范围地使用有声信息，则限定在特邀嘉宾当中。

3. 按举办信息的作用进行划分

按举办信息的作用进行划分，举办信息可以分为预告性信息和正式信息。

（1）预告性信息。预告性信息是关于某项会展活动的最早的信息。由于离该项会展活动的正式举办时间还比较长，有些小活动（如大会宣读的论文）或各种细节（如出席的政府官员、学界名人）还没有最后确定，导致信息不全不细。但为了给潜在参与者或消费者最充足的时间做好参加活动的准备（如征求与会者的合理化建议和提案、征集学术论文等），组办方必须提前发布此类信息。为了与后面的信息区别开来，往往要对这种信息进行编号。其主要作用是告知。

（2）正式信息。首先，正式信息要具有完整性。要求会展活动的主办、主题、内容、形式、时间、地点、参加对象、范围、经费、报名等必须公布的全部信息完整、清楚、准确。其次，正式信息要具有法定性。正式信息一经公布就必须遵照执行，除非发生不可抗力类的天灾，如爆发危及生命的流行病或传染病、出现大地震中断交通等，若轻易更改，将严重影响组办方的形象和会展项目的品牌效应。

业内约定俗成的做法是：会议只发一次正式信息，可以用网站加个人书面材料的方式，也可以用网站加电子邮件的方式。展览活动以及大型综合性活动（博览会、节庆、赛事等）的正式信息往往需要连续发布，综合适用于大众媒介、小众媒介等各种媒体，以达到劝说、提醒、促进消费的作用。

4. 按举办信息的文稿类型划分

按举办信息的文稿类型进行划分，举办信息可以分为广告、通知、公告、海报、邀请函、请柬等。

（1）广告。会展广告是公开性的举办信息，是会展活动早期信息发布最主要的途径。广告可分为电视广告、广播广告、报纸广告、杂志广告、户外广告、车体广告、路牌广告等。要求是广泛宣传、提前告知。采用广告发布举办信息，适用于各种大型会议、展览和综合性会展活动。

小案例 2-1

通过记者发布的"今晚经典出境会展服务"信息

本报讯（《今晚经济周报》记者赵然）　今晚经典CEO俱乐部推出"今晚经典出境会展服务"，今天开始接受报名。"今晚经典出境会展服务"通过《今晚经济周报》发布世界各地2008年下半年最新的展会名录，供各界企业家选择。

今晚经典CEO俱乐部将精心设计线路，定期组团出境观展、参展。国有大型企业、民营企业、中小型企业，都能享受到今晚经典CEO俱乐部提供的优质的会展服务。报名、咨询电话：1360214××××，联系人：赵小姐；电话：2395××××，联系人：陈小姐。

（2）通知。通知适用于主办者同参加者之间具有上下级关系，或者是管理与被管理、指导与被指导关系的会展活动。具体的发送对象包括会展活动的当然成员和法定成员，如会议行业组织或展览行业组织的会员单位、代表性会议的法定出席人员、单位内部成员等。通知也可以用于已经和组办方建立了朋友关系、合作关系的参与者或消费者，即老客户。

小案例 2-2

通过记者发布的哈尔滨国际经济贸易洽谈会信息

本报讯（记者钟桂光）　记者昨日从省经贸委获悉，第21届中国哈尔滨国际经济贸易洽谈会（以下简称"哈洽会"），将于6月15日至19日在哈尔滨国际会展中心举行……我省将组织省内企业参加本届哈洽会，组团展务工作由福建经贸会展有限公司承办，有意向的企业可于5月25日前报名参展。

（3）公告。公告是一种专门性的信息发布方式，多半使用大众媒体中的报纸。股东大会、听证会等比较适用。

（4）海报。海报宣传是一种公开性的会展信息发布途径，通常采用张贴的方式，主要用于可以自由参加的学术性报告会和展览会。

（5）邀请函。邀请函具有尊重对方的礼节含义，一般用于需要地位较高的专家、学者等出席的学术研讨会、咨询论证会、技术鉴定会、贸易洽谈会、产品发布会等。邀请函可以发送给单位，也可以发送给个人。

（6）请柬。请柬主要用于仪式性、招待性、社交性的会展活动，如大型会展项目的开幕式、闭幕式、评奖颁奖会，重要项目的签字仪式、招待会、晚会宴会等。请柬的发送对象一般是上级领导、知名人士、来访客人、兄弟单位等。因发送对象具有重要性，所以要特别注意请柬的高档精美、语言的恭敬儒雅、书写的规范艺术。

（三）举办信息发布的注意事项

1. 注意方式和媒体的选择

举办信息的发布和送达方式以及可用媒体多种多样，如登报、上广播、上电视、发电子邮件、发宣传单、邮递、张贴、当面告知、打电话、发传真等。每一种方式、每一种媒体都各有优点和不足，必须根据会展活动的性质、规模、主题、经费，参加者的分布、层次、接受信息的习惯，以及保密要求等选择适当的方式和媒体；还要注意多种方式和媒体结合使用。

2. 注意发布时机的选择

大型国际性会展活动的一般做法是按周期发布。如一年一届、两年一届的展览会，都是在上一届展会的现场就开始下一届展会的宣传和预订。当上一届展会正式结束、总结性的报道完成，就在习惯使用的大众媒体上接着发布下一届的预告性信息。

国内中小型展览活动最好提前半年发布预告性信息，中小型会议最好提前3个月发布预告性信息。

对于重要会展项目的特邀嘉宾，还要在临近会期时予以电话提醒或登门邀请。

二、报名表格的设计和报名程序的确定

为了方便参与者和消费者及时报名，组办方往往将报名表格附在举办信息后面一起发布和送达出去。目前，报名常用的表格分为回执、报名表、申请表三种。

（一）会议报名表格的类型设计

会议报名通常使用回执或报名表。

顾名思义，回执是书面回答的意思，是具有参会资格者或必须参会者的报名专用表格，如董事之于董事会议、会员之于会员大会等。这类人的报名不存在要经过会议组办方审核是否可以参加的问题，主要是用于统计，以便比较准确地准备好会议所需的各种服务。

针对自由决定是否参加会议者，一般使用报名表来报名。报名表和回执最大的区别就是报名可能要经过审核批准。也就是说，报名不等于或不完全等于可以正式参加。很多场合，报名者往往数倍于可以参加者，如求职、干部公选、读书等。但除了少部分预先规定了人数的会议之外，会议组织方往往是希望参加者越多越好。为了减少会议报名者的疑虑和麻烦，现在用回执进行报名的做法越来越普遍。

小链接 2-1

2010 年中国会展经济研究会年会参会回执表（本表复制、复印有效）

单位名称			
单位地址		单位传真	
姓名		性别	
职务		电话	
手机		邮箱	
备注			
参会信息（文字版请勾选，电子版请将选项文字标为蓝色）	一、参会费用（单选） □会员 1200 元 □非会员 1800 元（包括会议资料、证件、餐饮、茶歇等费用） 二、参会选项（单选） □参加年会 □参加专题研讨会 □参加学术年会 三、推荐住宿酒店（多选） ◆国家会议中心酒店（五星标准） 住宿时间：□19 日　□20 日　□21 日 住宿房型：□单人间，580 元/天（含单早，双早加 80 元）；□双人间，580 元/天（含单早，双早加 80 元） ◆北京亚奥国际酒店（四星级） 住宿时间：□19 日　□20 日　□21 日 住宿房型：□豪华单人间，380 元/天（含双早）；□双人间，380 元/天（含双早）		
账户信息	户名：中国会展经济研究会 开户行：中国建设银行北京地坛支行 账号：1100104290005300×××		
联系方式	王××：1891013××××　姜×：1336637×××× 电话：010-6451××××，6525×××× 传真：010-6424×××× 网址：http://www.cces.org.cn 电子信箱：cces_××××@163.com，jiangxiyan××××@yahoo.com.cn		

但要注意，回执和报名表的差别依然存在。本应该使用报名表的可以使用回执，皆大欢喜；本应该使用回执的决不能使用报名表，否则就是对具有参会资格者或必须参会者的一种冒犯。

(二) 展览会报名表格的类型设计

展会报名通常使用报名表和申请表。买家参观多用报名表，卖家参展多用申请表。按规定必须通过报名、申请程序来确定与会资格的会展项目，应要求对方填写报名表或申请表。

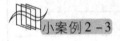
小案例 2-3

2008 年中国国际旅游交易会展位预订申请书

预订截止日期：2008 年 6 月 20 日

一、参展单位

机构名称：_____

地　　址：_____

电　　话：_____　传　真：_____

电子邮件：_____

联系人：_____　职　务：_____

二、展位预订

展位费：每展位 10350 元人民币（至少租用一个展位）

凡在 2008 年 5 月 31 日前报名参展，并缴纳全部费用的机构，每展位可享受 800 元人民币的优惠（以缴款凭证日期为准）。

我机构共预订展位____个，参展费用合计_____元人民币。

三、付费

1. 我机构已于____年___月___日将参展费_____元人民币通过银行汇到以下指定账户：

开户名称：上海旅游会展推广中心

账号：175536-1100598081××××

开户银行：深圳发展银行上海徐汇支行

2. 我机构已于____年___月___日将参展费_____元人民币转账支票送至上海旅游会展推广中心。

我已阅读规定，我同意遵守规定内容。

签名并加盖单位公章_____　　日期_____

注：

1. 请将此申请书和汇款凭证于 2008 年 6 月 20 日前传真至上海旅游会展推广中心，以便确认展位。

2. 未收到参展费的展位申请将视为无效。

3. 汇款时请注明：2008 中国国际旅游交易会参展费。

4. 本申请书不适用海外旅游企业驻沪机构。

5. 上海旅游会展推广中心：

地址：中山西路 2368 号 26 楼　　联系人：陈××、高××

电话：5110××××－2608　　传真：5110××××

6. 本申请书可复印使用。

（三）报名用表的内容设计

会展项目报名用的回执、报名表、申请表的主要内容包括以下三个方面：

（1）参与者或消费者的基本信息。以单位名义参加会展项目，要填写单位的法定名称、法定代表人、参加人员的基本情况等；以个人名义参加会展项目，只要填写个人的基本情况。个人的基本情况一般包括三个部分：一是姓名、性别、年龄、民族等；二是工作单位、职务、职称等；三是单位地址、邮编、电话、手机、传真、电子邮箱等。如特定的会展项目需要，可以要求参会者或消费者提交更加全面的个人简历或主要业绩介绍等。

（2）迎接、抵离和住宿的基本信息。组办方准备或安排大面积接机和接站的会展项目，应要求参会者或消费者填写抵达会展目的地的交通工具类型、班次和时间；组办方不安排接机和接站的会展项目，除告知参会者或消费者到达目的地的方法、参考价格等相关信息之外，可以要求因特殊原因（如抵达时间特别早或特别晚）需要接站的人员填写抵达会展目的地的交通工具类型、班次和时间。其回程票的预订要求和住宿的具体要求在报名时一并写明。

（3）参会参展的基本信息。如参会者准备参加的小会议（分论坛）名称和数量、准备提交的论文选题或提纲、准备参加的会后考察等；参展者（参展单位）参展商品的种类、名称、商标、参展要求（展台面积、展台位置、展台类型、广告宣传服务、展品物流服务、其他服务）等；参观者（采购单位或采购商）的参观人数、参展要求（如预计参观时间、参观展馆、参观企业、参观产品、翻译服务、其他服务）等。

（四）报名的程序

报名的程序一般为五步：组办方发送会展项目信息和报名表、参加者填写和递交报名表、组办方接受和审定报名并通知缴费、参加者缴费、组办方开发票和确认函。

> **小链接 2-2**
>
> 2009 年中国会展经济合作论坛报名参会程序
>
> 2009 年中国会展经济合作论坛报名参会程序分为五步：您填写报名表传真给我们或网上注册报名——我们通过电子邮件或传真给您发出付款通知——您电汇付款将注明 CEFCO 参会费的汇款单传真至 010-8460××××——我们给您快递发票和参会确认函——您凭确认函至论坛注册现场报到并领取资料。

三、报名信息的汇总和使用

（一）报名信息的汇总

组办方工作人员在规定的时间内通过普通邮件、商务信函、电话、传真、电子邮件等渠道接受特定会展项目的报名，并对报名情况进行统计和汇总。

报名信息汇总的方式多种多样，如分地区或分城市排列、按单位性质排列（机关、企业、高校等）、按性别排列、按业务职称排列等。最简单的是按报名先后顺序排列。具体选择哪一种方法，要根据使用情况决定。

（二）报名信息的使用

统计和汇总的报名信息将用于整个会展项目的服务准备工作。以会议为例，包括选择会场、印制文件、购买文具、安排接机和接站、预订客房、预订工作用餐、预订晚宴、预订参观用交通工具、预订晚会门票、预计各岗位工作人员数量和选择培训方案等。

四、报名费用的提取和使用

（一）报名费用的提取

及时提取并核对会展项目消费者预先缴纳的相关费用，如会务费、展台租金、参观门票费等，以减少当期现场收费工作的压力。同时，为项目财务管理机构开具正式发票提供依据。

（二）报名费用的使用

先期收到的费用可以马上集中到会展项目的财务管理机构，以便统筹使用，减少筹办阶段的经费困难，如支付酒店客房、会议室、展览馆的定金，制作会议文件，购买会议文具用品，等等。

五、报名的确认和制约

（一）会议报名的确认

一般会议：组办方接受报名和会务费之后，往往会给报名者发出一份带有姓名和公章的邀请函和标有"最终版"字样并带有公章的会议通知（书面或电子邮件），既告知会议程序、接站方法、报到地点等，又用此代替会议组织方的确认。这种确认一般不要求回复。

法定性会议：如董事会议、代表大会等，为了保证会议通知确实发到了每一位与会者手里，会展组织者会要求对方收到通知后在回执上签字、盖章并按时寄回，相当于履行签收的手续。

（二）展会报名的确认

展览会接受参展申请或参观报名之后，会展组织单位应及时主动地与对方进行沟通和协商，在双方对参加会展的各项问题都达成一致后，组办方要以确认书的形式请对方确认，并及时通知对方参加展位分配等工作。

（三）报名的制约

报名制约是组办方为减少会展项目缩水所带来的风险而制定的退出条例，或称退出门槛。退出的条件往往比较苛刻，让人感觉不太公平。实际上，这与提前报名、提前交费的优惠条件是配套的，关键是执行过程中，当参与者确有困难时能否找到变通的做法，双方共同承担损失或把双方的损失都降到最低。这是报名服务中的难点。

第二节　会展文案服务

会展文案是围绕各种会展活动而产生的文、图、表、卡等材料的总称。传统的会展活动材料主要是纸质材料，现代的会展活动材料可以是纸质的，也可以是电子或其他形式的。会展文案的主要作用是记载、传递、沟通会展信息，记录、反映、保存会展成果，并为主办方对会展活动实施领导和管理提供可以共享、保存和查找的依据。

一、会展文案的主要类别

会展文案主要包括以下类别：

（1）文件类。包括会展项目申请报告、可行性研究报告、申办报告、调查报告、各阶段工作的备忘录、议案提案、会展简报、会展纪要、公告公报、报告、决议、决定、记录、总结、评估报告等。

（2）信息宣传类。包括会展项目新闻通稿、新闻发布稿、广告、海报、消息、会标、会徽、标语、模型标志、指示牌等。

（3）商务契约类。包括会展项目招展函、招商函、招标书、投标书、意向书、协议书、承办合同、参展合同等。这类文案反映了主办方、参与方之间的经济联系。

（4）条例制度类。包括涉及会展活动的行政法规、规章、章程，以及会议选举办法、会议表决程序、参展须知、参展手册、特装展台施工管理条例等。

（5）图表类。包括会展活动报名流程图、特装展台申请流程图、展馆分布图、报名申请表、报名统计表、选举表决统计表、住宿饮食安排分配统计表、展位分配表、客户意见反馈表等。

（6）礼仪事务类。包括会展项目邀请函、嘉宾请柬、信函、签到簿、开幕词、闭幕词、欢迎词、答谢词、感谢信、表扬信、作息时间表、议程表、指示牌等。

（7）卡证类。包括工作人员出入证、服务人员出入证、列席证、旁听证、来宾证、记者证、随从证、保安证、参展商出入证、采购商出入证、展台施工出入证、布展证、撤展证、车辆通行证、座位标志、团组或身份标志、台式标志（如首长席、正式代表、列席代表、来宾席、旁听席、记者席等）、桌签（桌次卡、名签、坐签）、席卡（座次卡）等。

小链接 2-3

广交会的展台施工出入证和参展商出入证

在以上各类会展文案当中，作为服务于会展项目消费者或参与者的会展文案不包括主办方内部专用的各种材料。

二、会展文案制作的总体要求

会展文案是提供和记载与特定的会展项目有关的真实信息的材料，制作上有严格的要求和行业的习惯。会展文案制作的总体要求如下：

（1）规范正确。文案内容没有违反国家、地方、行业协会等制定的会展业政策与法规以及各种相关制度。行文符合《国家行政机关公文格式》统一要求、使用规范模式，或符合行业惯例与约定俗成。全文语法正确，标点符号正确。

（2）清楚明晰。文案主题集中，目的明确。逻辑结构连贯合理，层次清楚，每段开始有简短的主题句，每段只表达一个意思。保证与会者或参观者能比较容易地阅读全文，比较准确地理解主办方所提供的信息。

（3）准确贴切。文案使用书面语言和行业语言，用词用语务必准确，避免使用抽象词语、自编自造词语、流行词语等。各种图表清楚、各种数据准确。引用国内外行业的重要数据要加以说明。

（4）简洁精练。文案内容杜绝重复，务必一次说清，依次递进。充分考虑读者的快速阅读，尽量使用短句和简单句。除礼仪文案之外，所有的文案务必挤干水分，去掉修饰词汇并避免赘词。

三、会展文案的格式和内容

会展文案的格式分为两种：一种是按国家技术监督局制定的《国家行政机关公文格式》有关规定编写和印制；另一种是不作为正式文件对外发出，仅在内部讨论、审议、交流的文件，可以采用内部文件的格式。后者的组成要素和标注方法可以借鉴和模仿前者，但不做硬性规定。而且，不同的会展公司往往有自己的行文习惯，反映着一种公司文化。如行业逐渐成熟，常用文件形成了一种约定俗成的格式，会展公司的行文习惯就要服从行业习惯。

（一）会展文件的格式和内容

1. 眉首部分

眉首部分指文件首页红色反线以上的全部构成要素。

（1）会展文件的号码。这类分为两种。第一种是系列编号。在文件较多且因某种内在联系（如是一个会展项目的连续文件）构成系列时，可以对其进行连续编号，便于分发、查找、归档和管理。系列编号一般置于文件首页的左上角。第二种是份数序号，即使用统一底稿印制若干份文件的顺序编号，简称份号。对特别重要且要求保密的文件，可以印制份数序号，便于分发、收回、登记和核对。份数序号有印在右上角的，没有系列编号时也有印在左上角的。可以考虑号码合一，即跟在系列编号的后面，用短横线隔开。

（2）秘密等级和保密要求。有秘密等级且需要保密的会展文件应当在首页的右上角标注秘级符号和保密期限。属于会展公司内部文件的，标明"内部文件，注意保密"或"内部文件，会后清退"等字样，便于文件处理。

另外，紧急程度、发文单位、发文字号、签发人等排列格式均可以参考《国家行政机关公文格式》。注意，发文单位要用全称或规范化简称。

2. 主体部分

（1）标题。标题中的事由部分应当准确、简要地概括该文案的主要内容，并注意语法的规范性和语义的准确性；文案的标题宜用较大的字体居中标注于红色反线下两行处或首页上方约1/3处；排列要做到对称、间距恰当、醒目美观；字数多的标题可排成若干行，但回行时，不应将双音节词或固定词组拆开置于不同行的首尾，"的"字不排在行首；如有副标题，再另起一行，前置破折号标注。

（2）主送机关或称呼。主送机关即公文的主要受理机关。称呼主要用于讲话类会议文件，如领导人讲话、致辞、代表发言等文件。称呼要根据会议的目的、性质、与会者等情况确定。主送机关和称呼位于标题之下空一行处，左侧顶格，回行时仍须顶格，中间根据称呼对象或主送机关的类型使用顿号或逗号，末尾用全角冒号。

（3）作者或报告人姓名。以单位的名义所做的发言或经验介绍材料，一般标明单位名称；在会议上所做的工作报告、述职报告、领导讲话或演讲报告，要标明讲话人或报告人的姓名。标注作者或报告人姓名应注意：单位名称要写全称；在国际性会议或跨地区性会议上所做的政治演讲、学术性报告或个人事迹报告，应在报告人姓名前标明国名、单位名称以及职务或学衔；作者和报告人一般标注在标题的下方，字号要小于标题。

（4）正文。正文是完整表达公文内容的载体，是公文的主干。位置在主送机关或称呼下一行。每个自然段开头空两格。回行顶格。正文中的数字、年份不能回行。正文一般又分为开头、主体和结尾三个部分。

（5）附件。附件是公文主件正文内容的组成部分，与主件具有同等效力。附件要在主件后注明，但要与主件分页印制，一起装订。

（6）落款、签署、盖章。落款即在正文右下方标注发文机关的名称，一般用于会展日程表、会展须知等管理性文件。签署是用以证实公文的效用，或是以领导人名义发出请柬或邀请信，由领导人亲笔签字，其位置在正文之下空两行，右空四字，前面标注签署人的职务，右空两字由签署人签名。盖章一律用红色，加盖印章上不压正文，下骑年盖月。方式分为中套和下套两种。当印章下面还有文字时，用中套方式，即印章中心线压在成文时间上；当印章下没有文字时，采用下套方式，即印章的图案和文字不压成文时间，仅以印章的上弧压在成文时间上。这样做，一是完整地显示印章中的图案，以体现印章的庄严性；二是增加成文时间的清晰度，防止因图案和文字压在成文时间上而使其难以辨认。

（7）成文时间。成文时间又称成文日期，文件的成文时间指生效时间。应完整写出年、月、日，不用阿拉伯数字，成文时间结合盖章的方法标注于正文的右下方，右空四字。

（8）封面。较为重要的会展文案或字数较多、篇幅较长的文件，可以专门设计一个封面，以体现庄重性。

3. 版记部分

（1）主题词。主题词是反映公文主要内容的规范化用词或词组，便于用计算机检索和查询。上报的公文，应当严格按照上级机关统一编制的主题词表及其要求标引主题词。

（2）抄送机关。指主送机关以外需要执行或了解公文内容的其他机关。

（3）印发机关、印发时间和翻印。所发机关是指负责印制公文的主管部门，印发时间是指公文实际印付日期。如需翻印，还需标注翻印机关名称和日期。

（二）会展纪要的格式和内容

会展纪要是一种记载和传达会展项目基本情况、议定事项、主要精神等内容的规定性公文。它是以会展项目进行过程的相关记录为基础，经过整理和补充的、需要贯彻执行或公布的具有纪实性和指导性的文件。

会展纪要一般由标题、正文、结尾组成。

1. 标题

会展纪要的标题有两种情况：一是会议名称加纪要，如《中非合作论坛2009年部长级会议纪要》；二是召开会议的机关加内容加纪要，如《广东省经贸委关于珠三角会展业一体化发展会议纪要》。

2. 正文

会展纪要的正文一般由概况和主要情况两部分组成。

（1）概况。说明会展项目的名称、时间、地点、主办单位、承办单位、支持单位、主持人，与会单位、与会人员、主要发言者、基本议程、议题等。

（2）主要情况。应尽量全面地反映会展项目的内容、主要精神、议定事项等，必要时还可以对议定事项的意义进行概括。工作会议和专业会议的纪要，往往还要求写出经验、做法以及对今后工作的建议、意见、措施和希望等。

以会议纪要为例。小型会议或议题单一的会议纪要采用集中概述法，大中型会议或议题较多的会议一般采取分项叙述法，需要如实反映与会人员意见的纪要可以采用发言提要法。

3. 结尾

结尾主要用于对特定会展项目的总结、评价和响应主持人的要求或号召等。用集中概述法写的会议纪要或比较简单的会展纪要可以不要这些内容。但所有的纪要都要有成文时间、主送和抄送单位等。

（三）会展公告与报告的格式和内容

1. 会展公告的格式和内容

公告分为发布性公告、告知性公告、关涉国内外有关方面的公告等，属于公开宣布的告晓性公文，具有高度的庄严性和权威性。公告包括标题、正文、签署和成文时间三个部分。

（1）标题。标题有三种格式：第一种，发文机关名称加事由加文种；第二种，发文机关名称加文种；第三种，事由加文种；第四种，单独由文种构成。

（2）正文。开门见山，直述公告缘由，宣布告晓事项。注意以下三点：告晓事项必须是真正的要事；文字简洁精练、高度概括；一般不提出执行要求。可用"特此公告""现予公告"等词作为收尾。

（3）签署和成文时间。结尾的签署必须写公告发布单位的全称。日期一般标在签署下一行。

2. 会展报告的格式和内容

会展报告由标题、正文和结尾三部分组成。

（1）标题。报告的标题应包括事由和公文名称，必要时还要增加题注、报告人、称呼等。

（2）正文。报告正文的结构与一般公文相同。从内容方面看，报告情况时应包含情况、说明、结论三个部分，其中情况部分不能省略；报告意见时应包含依据、说明、设想三个部分，其中设想部分不能省略。

（3）结尾。报告的结尾应注明报告人、报告日期等。

撰写报告时要特别注意：情况确凿、观点鲜明、设想明确、用词准确。

（四）会展手册的主要内容和基本格式

会展手册在会议中称为会议手册或会议程序册，在展览中称为参展手册。会展手册一般包括两个部分：一是与会须知，二是服务指南。

1. 会议手册

（1）会议手册的主要内容。包括会议介绍、会议组织机构介绍、组委会主席介绍、重要嘉宾介绍、组办方其他重要领导介绍、组委会主席或重要嘉宾寄语、重要贺信、会议议程、重要讲话、主题报告、参会者名单和通讯录、会议外包服务的承办单位介绍、会议工作人员名单、志愿者名单等。

（2）会议手册的基本格式。一般将需要纳入会议手册的内容分成三个部分。第一部分是介绍，包括对会议、会议主办方、嘉宾等的介绍；第二部分是主干，包括会议议程、会议上的重要讲话、会议的主题报告等；第三是附录部分，主要是参会者名单和通讯录。会议手册的介绍部分犹如会议对外宣传的窗口，要求图文并茂、排版美观。会议手册的纸张和印刷质量要求较高。专业性强、级别高的会议手册最好不插入广告。

（3）会议手册与会议论文集。为了使会议手册不至于太厚，好拿好用，现在一般都将会议手册与会议论文集分开成册。分开成册还有一个好处是更显得专业，便于学术会议的参与者对会议论文进行学习、交流和保存。

2. **参展手册**

（1）参展手册的主要内容。其主要内容包括展览会介绍、参展企业资质标准、参展申请、各种管理制定、参展流程、参展规定、现场服务、运输仓储搬运服务、信息与电子商务服务、采购商邀请、媒体记者邀请、投诉服务、地点与交通示意图、各种附表等。

（2）参展手册的基本格式。一般中小型展览会可以将所有资料按参展商了解信息的一般顺序排列，做一个目录便于查找就行。了解信息的一般顺序是展览会基本情况、参展申请、参展准备、参展现场、撤展。大型展会需要纳入的资料太多，就需要分章分节甚至分册进行编排。如《中国进出口商品交易会参展手册》就分为参展须知和服务指南两个分册，整合装订。

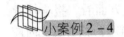
小案例2-4

《第104届中国进出口商品交易会参展手册（出口展部分）参展须知》
资料编排方法

前言
时间安排
第一章　展会介绍
第二章　参展企业资质标准
第三章　参展申请
第四章　展位评审与安排办法
第五章　参展展品管理规定
第六章　涉嫌侵犯知识产权的投诉及处理办法
第七章　广交会馆内宣传品管理规定
第八章　展位使用管理规定
附件　……

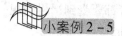
小案例 2-5

《第 104 届中国进出口商品交易会参展手册（出口展部分）服务指南》
资料编排方法

第一章　展览具体时间安排
第二章　参展企业参展流程及常见问题解答
　　第一节　参展企业参展简易流程图
　　第二节　参展商常见问题解答
第三章　办证服务
第四章　展览现场服务及相关规定
第五章　运输、仓储、搬运服务
第六章　信息与电子商务服务
第七章　境外采购商邀请
第八章　跨国公司采购服务
第九章　海外商会服务
第十章　查询与投诉接待
第十一章　媒体记者邀请办法
第十二章　卫生保障工作
第十三章　违约处理
附件　4.1　展具设备图例
　　　4.2　展具设备收费标准……
　　　5.1　展馆展览样品现场搬运服务委托单……
技术数据　第 104 届广交会展馆各展厅限高、楼面负荷一览表
示意图　展馆 A 区功能区域示意图……

四、会展文案资料的管理

会展文案资料的管理包括以下四个方面：

（1）编写环节的管理。会展文案资料内容宽泛，形式多样，专业性强，除新闻宣传类稿件之外，其他文案材料不可能安排少数笔杆子专门编写，而要

分配到各部门各岗位，再由各部门各岗位安排专人负责。所以，文案的编写时间、提交时间、相关信息的沟通和表述的一致、写作风格等都要受到严格的规定，以确保文案信息准确、文句通顺、层次清楚、简明精练。

（2）印刷环节的管理。首先要保证印刷质量，不能粗制滥造；其次不能按照参会实际需要的数量印刷，而要有一定数量的备份，以防参会人数的意外增加或部分代表要求多取资料。

（3）分送环节的管理。所有会展文案资料都必须提前印制好并提前送达场馆，以便工作人员提前清点、归类、摆放、分派装袋。一般都要安排专人负责，以免人多手杂、互相推诿。

（4）保密方面的管理。对有保密要求的会展文案资料必须严格执行相关的保密条例，从编写到印刷、从送阅到回收，每个环节都要制定严格的管理制度并全程监督检查，安排专人负责和专门存放，做到应保密的内容不外传、应保密的文案不外借。

第三节　会展场地服务

一、会议场地服务

（一）会场选择

根据会议日程表，把需要使用场地的时间按顺序罗列出来。按照会议的规模、规格、内容等在领导预先确定的酒店或会议中心选择会场。

会场选择的考虑因素有：大小、楼层、位置、形状、层高、设施、档次、装修风格、通道便利性、多个会议室的距离等。

（二）会场基本设施检查

会场的基本设施包括桌椅、讲台、布件（如台布、台裙、窗幔）、照明设备、空调通风设备、安全消防设备、地毯等。这些都是会议场地提供商一并配备的，但使用方要参与检查，确定可以满足会议需求，并可以根据特定会议的要求进行一些调整和布置，如要求更换讲台（如坐式讲台换立式讲台）、台布、台裙，对活动桌椅进行重新摆放，等等。

小链接 2-4

会场灯光布置的三大注意事项

灯光的强、弱、明、暗及颜色，会给会场带来不同的视觉效果。会场灯光布置要注意三个问题。第一，光色。一般性会议，宜使用白炽灯或日光灯作为会场的照明光源；而喜庆色彩较为浓烈的会议，或者以晚会形式举行的颁奖仪式等，可适当使用彩色灯光。第二，主席台上与台下的光强比例。由于主席台是会场的中心区域，其照射光线的亮度应当比主席台下稍强些，以利于集中与会者的视线，突出主席台的地位。由于会议活动是一种互动的交流活动，主席台的领导要随时了解台下的情况和听众的反应，因此，台上台下的光线反差不能太大，这一点与舞台演出时的灯光布置有明显的区别。第三，灯光的投射角度和受光效果。会议主席台的灯光布置和舞台演出时的灯光布置有很大的差别。如投射在主席台后面天幕上的光线不能太亮，否则会使主席台上的嘉宾处于逆光范围，正面形象模糊不清，同时也容易使主席台下与会人员视觉疲劳。一般情况下不开启低角度光源，因为低角度的光源会改变或者夸张人物的形象。

（三）视听器材选用

视听器材是现代会议中的重要设备。各种类型的会议都需要使用视听设备，尤其是国际会议，在视听设备方面的要求更是严格，对音响、麦克风、放映机、投影仪、银幕（屏幕）、电视大幕墙、电子书写白板、激光笔、VCD、DVD、录像机、电视机等都有一定的质量要求，所以租用会场之后要逐一落实。要求会议主办方的服务人员对专业性很强的设备样样精通显然不切实际，但要熟悉各种视听设备的用途和基本结构、使用方法和收费标准，提出会议的使用要求，并参与设备的检查和选用。在视听器材选用过程中，主要注意以下四个方面：

（1）创造本会场良好的视听环境。在会议的全过程中，会场内外各种声音的汇合会给人造成持续性和综合性的影响。这种影响分为正面影响和负面影响。负面影响会使人容易疲劳、心情烦躁，所以要确保把噪音及其负面影响降到最低。具体做法是检查音响的声音是否清楚逼真和有无尖鸣、检查扩音器的可调性并调好音量（以全场都能听清楚为调节音量大小的标准）、检查扬声器的安放位置是否合理等。

小链接 2-5

视听器材的空间要求

视听器材所需要的空间,可以概括为1.5米原则、2:6倍原则和2:8倍原则。

1.5米原则:指从地面到银幕底层的高度为1.5米,即比一般成人坐下的高度1.4米略高一点。2:6倍原则:指最佳的视觉范围不近于2倍银幕高度的距离也不远于6倍银幕高度的距离。2:8倍原则:指最佳的视觉范围不近于2倍银幕高度的距离也不远于8倍银幕高度的距离。例如,银幕高度为4米,那么第一排位应该放在离银幕8米距离的地方,而最后一排位不要超过距离银幕32米的距离。

(2) 防止其他会场的噪音干扰。检查一个会场时,如果周边会场没有会议,就很容易疏忽可能来自其他会场的噪音。所以,要特别注意检查会场的隔音效果,以免各种外来声音的干扰使与会者难以集中精力开会。

小链接 2-6

投影设备的检查方法

将会标和会议名称、欢迎词等设计成PPT演示文稿,投射在银幕或电视大幕墙上,查看信息传送是否正常,清除屏幕上的明显暗点,调整屏幕高度,前后左右挂正。试用激光笔,检查光束是否集中,电源是否充足。

(3) 选择背景音乐。即会议开始之前、中间休息和退场时的歌曲或乐曲。这些乐曲的选择要兼顾会议主题、会议气氛、播放时间、大部分参与者的受教育程度和欣赏习惯等。

小链接 2-7

会议常用的六种麦克风

会议常用的六种麦克风是:挂绕在脖子上或夹在衣领上的微型麦克风、传统形式的手持麦克风、安放在讲桌上或讲台上的固定麦克风、配备多个架子且使用时可以拿下来插进离发言人最近的架子上的桌面麦克风、用金属架放置的落地式麦克风、手持可有线也可无线的漫游式麦克风。

（4）特殊视听系统和表决系统的选择和使用。如多媒体设备、可视电话会议系统、同声传译设备、可以识别代表身份的投票表决系统等，这些设备价格昂贵，多用在高档次会议上，所以一定要试用预演，以保证设备的使用性能完好、不出意外。

（四）主席台布置

与座区划分和座位安排相比，会议主席台作为会场视觉的中心，是会议领导人、主要嘉宾、报告人就座的地方，因此，主席台布置在整个会场布置工作中占有核心地位，应当高度重视。

（1）主席台布置的基本要求。主席台的布置应同整个会场布置相协调。会场气氛的许多方面首先应当从主席台布置中体现出来，如会标、会徽、画像、国旗、会旗必须布置在主席台上，彩旗、花卉等装饰物也应当以主席台为重点。

（2）主席台的座位格局。同会场座位格局相比，主席台的座位格局可以选择的形式较少，一般都采取横式。应根据就座人数的多少来确定主席台的长短和排数。一般来说，横排不宜太长，两边到边幕的距离最好空出1.5米以上，以防形成太大的视觉死角；排数不受限制，但每排桌椅之间要空开适当的距离，方便出席与退席，所以排数不可能太多；前排座位必须通栏，后排可以分成两栏，中间留出前排的通道。

（3）主席台的座次安排。主席台的座次安排是一个非常重要而且非常敏感的问题，有时甚至是一个严肃的政治问题，会务工作人员必须极其认真地对待，不能出现任何差错。

小链接 2-8

国内会议主席台座次安排的基本方法

● 严格按照会议领导机构事先确定的名单次序安排。
● 身份最高的领导人或声望最高的来宾安排在前排中央。
● 其他领导人按先左后右（以主席台的朝向为准）、一左一右的顺序排列，即以名单上第一位领导人（居中）为准，其左侧是第二位领导人，右侧是第三位领导人，以此类推。

● 主席台上就座的人数为偶数时，前两位领导人共同居中就座，第一位领导人坐在第二位领导人的左侧，第二位领导人坐在第一位领导人的右侧。

● 主持人的座次按其身份高低安排。

● 双方共同主持的会议采取交叉间隔排列的方法。

（五）常用文具准备

常用文具是为方便与会者进行记录而备，主要有铅笔、圆珠笔、水笔、稿纸、笔记本、文件袋、公文包等。常用文具按价格高低分为两类。一类是笔记本、文件袋、公文包等单价高一点的。对这类文具，会议组织者会专门采购、专门发放（有时是部分嘉宾的小面积发放）。另一类是铅笔、稿纸等低值易耗品。这类文具的费用可以列入会议室的总租金中，由场地提供方一并提供。这样处理的好处是会议组织者更省事、更方便；不足是丢掉了一个信息传播的机会。所以，细心的会议组织者通常愿意根据会议的规格和出席人员的具体情况，自己精心挑选文具，并进行必要的加工，如在稿纸上加盖会议的会标。

（六）装饰用品的选购与设计

会场常用的装饰用品有旗帜、横幅、条幅、标语、模型、花卉等。这里介绍旗帜和花卉。

1. 旗帜

旗帜的种类有国旗、党旗、军旗、团旗、队旗、会旗等。其中，国旗代表着会议装饰的最高规格。隆重的会议都会在主席台上或会场内外升挂一些旗帜，以增加气氛、点缀环境。在国际会议上，主会场的主席台、主会场的门口或大厅要悬挂各与会国国旗。各国政府代表团也会按会议组织者的统一要求在某些场所或车辆上悬挂本国国旗。（见表2-1）

表2-1　会展活动使用国旗的基本规则

规则	说明
旗幅一致	本国国旗与他国国旗并挂，尽量做到面积大体相等
高度一致	在中国境内多国国旗并挂时，旗杆高度应该一致，但中国国旗应置于荣誉地位
主先客后	在中国境内并升挂多国国旗时，中国国旗为先；降落时，中国国旗最后
主左客右	以旗的正面为准，右方挂客方国旗，左方挂主方国旗。主方和客方以举办国来判断，不以活动设在哪个国家来判断。轿车上挂国旗，驾驶员的左手一边挂主方国旗、右手一边挂客方国旗
永远顺挂	悬挂国旗以旗的正面向着观众，永远顺挂，不能竖挂、倒挂或交叉悬挂
永远艳净	国旗不能使用到破旧或出现污损，要及时更换，保证色泽鲜艳和旗面干净
日出始升日落才降	在建筑物或室外悬挂国旗，一般都应日出升旗、日落降旗
升至杆顶降自杆顶	升国旗一定要升至杆顶。降旗志哀时，先将旗升至杆顶再下降到离杆顶约1/3处。志哀结束时，先将旗升至杆顶，然后再降下

（资料来源：笔者根据相关资料整理）

彩旗的使用概率也很高。彩旗有两种类型，一种是用各种单纯颜色的旗帜组成的彩旗，另一种是印有会议的吉祥物、会徽、口号等标记的彩旗。庆祝性、表彰性的会议多在主席台及会场内外升挂彩旗，既装点和美化环境，又增加和渲染隆重、热烈、喜庆、欢乐的气氛。

2. 花卉

会议场所的花木布置首先代表着一种会议规格，其次营造着一种会议气氛，同时还是一种社交礼节，是主办方用无声的语言对客人表示尊敬和欢迎。布置花卉要注意经济实惠，还要注意品种（不同品种的含义不同）、颜色、造型、数量、摆放地点等与会议整体格调的协调。（见表2-2）

会议接待，可以根据季节，选择观叶、观花或观果植物，选择温室花卉或草本花卉，选择赏色型或赏香型花卉。百合、牡丹、杜鹃、菊花、茶花、扶郎、月季、凤仙、凤梨、石竹、剑兰、康乃馨、马蹄莲、一品红、仙客来等都是常用花卉。

表2-2 会议主要用花形式、作用及适用地点

用花形式	主要作用	使用范围
落地花篮	表示庆贺或欢迎	开幕式、闭幕式场馆门口或通道
大堂花篮		酒店或会议中心、报到大厅
桌面花篮		主席台、签字台、报到台等
讲台花篮		讲台前方盖住话筒
陈列用花	遮盖和美化	中空会议桌的中间装饰
松柏或其他盆花	点缀气氛，通用型	主席台上最前沿或台下
胸花	象征荣誉	主席台贵宾、领奖贵宾、大会发言人
手捧花		领奖贵宾
花环	表示欢迎	主席台前方等
餐桌花	表示档次	开幕式宴会、闭幕式宴会
花圈	表达哀悼	追悼会或逝世周年纪念

（资料来源：笔者根据相关资料整理）

 小链接 2-9

会场内外使用花卉进行装饰的益处

会场内外适当摆放一些花卉进行装饰有多种益处。
- 清新活泼、赏心悦目、避免单调、增加气氛。
- 制造氧气，清除室内有毒气体。
- 绿化环境，消除眼疲劳。
- 部分隔音、消尘、阻光、降温、释放水分、滋润肌肤等。
- 优美环境，使会场更人性化。

（七）生活用品选购

会议中的生活用品也称为事务用品，主要指茶具、茶叶、饮料、香烟、烟灰缸、小手帕、餐巾纸等。其中，香烟主要是为特邀嘉宾或宴会准备的。这里主要介绍茶具、茶叶、饮料、烟灰缸。

（1）茶具。茶具指茶杯、茶碗、茶壶、茶盏、托盘等饮茶用具。提供茶

水，一般选择纯白色或比较淡雅的瓷制茶杯；提供矿泉水或果汁饮料，一般选择透明、造型精美的玻璃杯；提供咖啡，要使用配套咖啡具。

（2）茶叶。茶水是中国会议的传统饮料。茶叶的品种很多，中国会议大多使用花茶或绿茶。但茶叶的档次差别很大，要提前选定。国际性会议还要考虑各国与会者对茶叶种类的嗜好以及牵涉的礼仪问题。

（3）饮料。饮料指矿泉水、果汁、咖啡等会议常用饮料。其中，便于运输、便于分配（每个座位1瓶）、便于回收（未开瓶的可以全部回收）、纯净、清洁、无色、无味的矿泉水是会议最受青睐、最普遍的饮料。但要注意饮料的品牌和保质期限，确保与会者的饮用卫生、安全。

（4）烟灰缸。这也是会议的必备物品。一般开大会期间，烟民都比较自觉，或坚持不吸烟，或到会议室附近专设的吸烟室或吸烟区吸烟，这里要提前备好烟灰缸。开小会尤其是研讨性质的小会，会议室就要配备烟灰缸。因为会议室要求美观干净，因此多选择玻璃制或瓷制的烟灰缸。

（八）整体风格与色彩确定

会议场所的整体风格与色彩也是必须考虑的问题。有的会场因受其整体风格与色彩（主要与整栋大楼或整个场所的建筑设计有密切关系）的限制而很难改变。例如，位于北京市密云县巨各庄镇，由烟台张裕集团融合法国、美国、意大利、葡萄牙等多国资本，占地800余亩，投资近5亿余元人民币，于2007年6月打造完成的北京张裕爱斐堡国际酒庄，内部有法桐大道、鲜食葡萄采摘园、哥特式城堡、地下大酒窖、欧洲小镇、张裕百年历史博物馆以及山水景观休闲区等，整体呈现欧式风格。又如，位于北京玉渊潭公园北侧，独享国宾馆旁氤氲芳草、流水静静、绿意簇拥、生机勃勃的北京钓鱼台山庄国际会所B厅就是纯正的泰式风格。对于这种风格很明显的场所，选择之前就要非常慎重。还有一种会场整体风格不明显，装修只是显示了档次，这样，在会场布置上就有很大的创造空间和余地。

整体风格与色彩会给与会者带来完全不同的心理感受。在我国，一般认为：暖色调中的红色象征着火热、豪迈、奋进；暖色调中的黄色象征着温暖、高贵、辉煌；青、绿、蓝等颜色则给人以清爽、娴静、安定、稳重的感觉。所以，色彩基调的设计要以会议的内容特性、季节特征、功能特征等因素为基础，通盘考虑，确定最适宜的色彩基调，高级别会议还要先画出色彩效果图。业内的经验是：庆祝大会、表彰大会可以选择红色的基调，尽量形成喜庆的风格；代表大会、总结大会可以选择黄色的基调，尽量形成热烈和热闹的风格；学术研究和讨论的会议则使用青、绿、蓝色的基调，尽量形成稳重和稳健的风格。当人们走进精心设计、色彩色调相宜的会场时，就会很快将自己的情绪融进会议的气氛当中。

二、展览场地服务

展览场地服务首先借鉴会议场地服务相通的部分，再考虑自身特殊的环节。

展览场地服务主要有展览设计和展馆布置的基本原则、展区规划、展位分配、展台设计服务、展台制作搭建服务（工程服务）、展馆安全管理、展会参观线路规划等。

（一）制定展览设计和展馆布置的基本规则

展览设计和展馆布置是一项繁重而又系统的艺术创造工程，往往牵一发而动全身。而且，展览会规模越大，工程也越大。为了减少返工、提高效率，必须制定一些基本原则，举例如下：

（1）创新。无论是从艺术创造的特性来看，还是从展览活动本身的目的来说，任何一种展览设计和展馆、展台布置都要不断创新、与时俱进。创新是一个民族的灵魂，也是展览设计的基本要求。

（2）经济。展览会浪费最大的是特装展台，所以，要对特装展台的设计制作和布展撤展进行全程监管。从设计的源头抓起，监督生产加工过程，减少搭建材料的使用量，鼓励采用可循环、可回收的环保材料，制止资源透支，将废料量和垃圾量降到最低；要及时宣传和推广特装展台设计和材料方面的新技术新成就，推进中国展装行业整体的提升。这与科学发展观要求节约资源、崇尚淳朴等完全一致；也与党中央提出的在社会生产、建设、流通、消费的各个领域，在经济和社会发展的各个方面，切实保护和合理利用各种资源，提高资源利用效率，以尽可能少的资源消耗获得最大的经济效益和社会效益，建设资源节约型、环境友好型社会完全一致。

（3）和谐。和谐是中国传统的审美标准之一。展览会的和谐体现在三个层面上。最低层面是要求各个展台自成体系，展具、展品、灯光、色彩、音乐、人员、服装等统一和谐。中间层面是要求一个展厅中诸多展台的组合搭配比较和谐，整体平面布局和空间构成均衡适度，视野舒适，赏心悦目。最高层面是要求整个展会诸多展厅和各功能区搭配和谐。

（4）艺术。展览是一种视觉形象的传递过程。早在 20 世纪 80 年代，声、光、色、形、文字、图像等艺术手段就被充分运用到展厅和展台设计当中，使参观者置身于艺术氛围中,体验展览会的无穷魅力。

(二) 进行展区展厅规划

1. 展区规划的概念和分级

展区规划就是将特定展会使用的全部展览区域或展馆按一定的依据分为若干不同的单元,以方便管理、参展和参观。包括项目整体用地在内的展览区域规划(简称"展区规划")可以称为一级规划,如2010上海世博会园区规划。只对若干展览场馆进行展场分配的称为二级规划。一般租用现有展览中心举办展会只需要做二级规划。

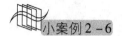小案例2-6

中国2010年上海世博会场馆分布图

片区	主要场馆布置
A片区	部分亚洲国家馆等
B片区	城市人馆、城市生命馆、城市地球馆及部分亚洲国家馆、大洋洲国家馆、国际组织馆等
C片区	欧洲、美洲、非洲国家馆等
D片区	城市足迹馆和企业馆等
E片区	城市未来馆、企业馆和城市最佳实践区等

(资料来源:上海世博会官方网站)

2. 展区规划的常用方法

展区规划的常用方法有两种:第一种,按照参展商所在地区划分,如上海世博会将亚洲国家馆分在A片区,将欧洲、美洲、非洲国家馆分在C片区;第二种,按展览主题划分。

3. 展厅规划的常用方法

展厅规划的常用方法有二:第一,按参展商的贸易目标划分,如从第101届广交会起,广交会设出口展区(中国参展企业)和进口展区(外国参展企业),两大展区各有若干展厅;第二,按产品种类划分展区,这种方法运用得比较普遍。

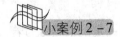

第100届广交会展馆划分

第100届广交会展馆按展品的五大类商品划分。流花路展馆一期展出纺织服装类和医药保健类商品,二期展出礼品类商品;琶洲展馆一期展出工业类商品,二期展出日用消费品类商品。

(三)展位分配和编号

1. 展位分配方式

展位分配是非常敏感也是非常棘手的问题,因此在参展说明书或参展手册等资料中要对分配原则做明确规定和反复宣传,做到完全透明,公开公平公正,以减少不必要的麻烦。

常用的展位分配方式有以下几种:

(1)先申请先分配。如以收到参展申请书的先后为准,或以收到展位费的先后为准。如2010年第三届广州国际胶粘剂及密封剂展览会展位分配原则就是"先申请,先付款,先分配"。

(2)会员优先分配。

(3)承租展位多的,先予分配。

(4)参加展会次数多的,优先分配。

(5)申请时支付和一次性支付参展费者优先。

(6)带展位销售。做好展区展馆规划,带着展位销售。

(7)带序号销售。待规划出来,按序号分配。

(8)特装展台优先分配。

(9)抽签。先将展位号输入电脑,由电脑随机抽签,或者由主办单位抽签。

以上方式往往结合使用。如好几家参加展会次数一样多的参展商碰到一起,如何优先就需要通过抽签再决定;若干家会员企业碰到一起,如何优先也要通过抽签再决定。

小案例 2-8

2010 年广州宠物水族用品展览会的展位分配原则

广州宠物水族用品展览会已逐渐被广大参展企业认同，因此，特制定如下展位分配原则。

（1）为提升展览会的整体形象，主办机构对区域划分做整体安排。

（2）展商可根据展位图中的分配情况，选择自己希望的位置，但在具体分配中，主办机构遵循下列原则：①上届已经使用该位置的展商优先；②品牌企业优先；③连续参展企业优先；④特装企业优先。

（3）为保证展会的整体形象，主办机构有权对参展企业的展位进行调整。

（资料来源：http：//www.cipas.com.cn/apply_fp.aspx）

2. 展位编号方法

展位分隔后要进行编号。常用的编号方法是先编厅号，再编位号。展厅分布在不同楼层时，从一楼开始按顺序编号。展览中心的展厅自身有编号的，一般按照现有编号。在一个较大的展览中心租用其中的一部分展厅，可以按参观路线进行编号。在一个展厅里，常常以主要入口为基点，从前向后、从左到右按顺序编号。但要注意，展位面积最好按国际标准进行划分，便于统计。租用若干标准展位作为特装展台的也是先按顺序编号，再标示出哪几号展位集合为一个特装展台。

（四）展会参观路线设计

1. 设计参观路线的目的

首先是为了引导观众按一定的顺序进行参观，避免遗漏和重复，提高参观效率；其次是为了防止观众随意穿插，形成多种对流和交叉，发生拥堵和意外，维护正常的参观秩序。

2. 参观路线的类型

参观路线分为建议性参观路线和强制性参观路线两种。从目前的情况来看，是以建议性参观路线为主。建议性参观路线只规定入口和出口，在展厅之间、展览单元之间、展区之间设指示牌提示参观路线。但观众完全拥有自由参观的权利。强制性参观路线仅仅针对参观人数过于集中、展览规模过大、展品保存有复杂的技术要求等特殊的会展项目。一旦设计了强制性参观路线，所有的观众都必须遵守执行。

3. 参观路线的行进方向

参观路线的设计与安排既要考虑展览内容的逻辑顺序，又要兼顾大众的消费心理和习惯。例如，我国举办的展览一般都是由左向右延展，与书写方向和阅读方向一致，感觉是看着指示牌走，跟着指示牌走，很容易接受。

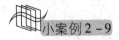小案例 2-9

2010 年上海世博会建议性参观路线

5.28 平方公里世博园区，是一个微缩世界。本报记者通过实地"预游览"，列出三条参观线路，让大家先"睹"为快。然而，一天只能管中窥豹，三天也只是走马观花。要想在世博园区获得更多乐趣，需要花更多时间。上海世博会，等你亲自来体验。

第 1 天 AB 区路线：上南路出入口—中国馆—中华美食街—主题馆—世博中心—巴基斯坦馆—以色列馆—沙特馆—日本馆—韩国馆—澳大利亚馆—泰国馆—文化中心看演出。

第 2 天 C 区路线：从长清北路入口进园—白俄罗斯馆—波黑馆—匈牙利馆—葡萄牙馆—芬兰馆—挪威馆—比利时馆—波兰馆—西班牙馆—德国馆—瑞士馆—英国馆—意大利馆—非洲联合馆—埃及馆—加拿大馆—美国馆—墨西哥馆—欧洲联合馆。

第 3 天 DE 区路线：从半淞园路 3 号门入园—城市最佳实践区—餐饮店午餐—城市未来馆—企业馆—万科馆—上海企业联合馆—江南公园—国家电网馆—晚餐—船坞剧场儿童剧—综艺大厅—城市足迹馆。

（资料来源：世博会路线图导游（图），父母亲网，http：//www.fumuqin.com/InfoFiles/001002/7457-46700.html，2010 年 4 月 24 日）

（五）特装展台服务

一般标准展位会由展会组委会统一外包、统一安装，参展企业直接布置展台即可。特装展位则需按参展企业的要求单独设计、制作并安装。因此，展会组办方要为特装展位的企业提供相应的服务。

1. 特装展台设计安装的流程

参展商一旦决定使用特装展台，可以按以下步骤操作：向展会主办方提出租用特装展台的申请；获批后即选择展台设计安装服务公司（可以在组办方指定的公司中选择，也可以自行选择）；与该公司签订委托书并提供所需的全部资料（如租用场地的申请表、场馆对特装展台的要求和限制、企业对特装展台的设计要求等）；公司根据参展商的要求设计和规划展位并将方案提交参展企业审定；参展商向组委会和场馆工程部门提交展位特殊装修施工申报表和全部相关资料；缴纳相关费用并领取施工证；进场施工。

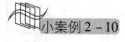

小案例 2-10

第二十届全国图书交易博览会特装展位进场手续申办流程

为保障展会施工安全、有序，提供高效、快捷的现场服务，促进展会顺利进行，请各位参展商及搭建商进入成都世纪城新国际会展中心施工、布展，带上介绍信及经办人员名片，按以下流程办理入场手续。

一、特装展台准备材料

序	文件名称	备 注
1	施工单位资质证明	营业执照复印件、资质证书复印件
2	委托搭建协议书	参展单位出具的委托搭建书，需加盖参展单位、搭建商双方鲜章（没有加盖双方鲜章的必须提供参展单位和搭建方双方签订的合同复印件或传真件）（附件一）
3	特装展台施工安全责任书	需施工单位加盖公章原件并需提供两份（附件二）
4	音量控制承诺书	需参展商加盖公章原件（根据主办单位通知执行）（附件三）
5	特装展台施工申请表	填写完整、清晰（附件四）
6	展台电器申报表	需详细、完整、清晰填写，附上所有电器合格证，加盖公章（附件五）
7	电动工具入馆申请	需详细写明名称、数量，加盖公章（入场电动工具只能作为展台修补使用）
8	展台立面效果图	需有正面、侧面、俯视图并标注尺寸，效果图需提供彩色图纸（设计师签名并盖章）
9	展台平面图	需标注吊点平面分布、配电箱安装位置及展台的区域分布（设计师签名并盖章）

(续表)

序	文件名称	备注
10	电路图	需标注电器回路、回路负载、所用材质的规格及型号（设计师签名并盖章）
11	展台施工图	需全套图纸并要求标注详细尺寸、选材、规格（设计师签名并盖章）
12	结构安全证明书	搭建二层展台的参展单位须提供建筑部门出具的展台结构安全证明书

二、特装展台进场手续

序	项目		备注
1	材料验收		验收材料是否齐全，有无鲜章缺失等
2	资料签收		布展须知、保证金收取及处理标准等重要文件
3	缴纳相关费用	特装管理费	以展会现场通知标准执行
		施工保证金	根据展台面积缴纳3000元到50000元施工保证金，撤展完毕后视施工期间有无违规现象清退
		清洁保证金	根据展台面积缴纳500元到10000元清洁保证金，撤展完毕视施工现场的清洁程度清退
		动火管理	办理动火手续并根据展台面积配备相应的灭火器，设专人看护及做好防护措施
		施工用电及展期用电	要求核算准确，二次申报加收20%手续费
		灭火器	50平方米4具，每增加50平方米增加2具

注：以上手续可于展会布展前3天，提前至成都世纪城路198号世纪城展馆7～8号馆序馆2楼施工管理办公室办理，布展期间到现场服务处办理联系电话：028-8538×××、8538××××、8538××××、8538××××。

三、发放相关证件

参展单位凭交款凭证、《展位认定书》于4月20日9时至17时到成都世纪城新国际会展中心（成都世纪城路198号世纪城）4号展馆玻璃房服务中心报到，领取《布撤展证》《展位工作证》。需要特装的参展单位报到后到7～8号展馆序馆2楼施工管理办公室缴纳施工安全保证金、特装管理费、清洁保证金等，领取《布撤展证》《展位工作证》《布撤展车辆通行证》。参展单位在缴纳相关费用后方可凭《布撤展证》携带物品进馆布展。

四、进场

办理交纳费用后凭布展证、布展车辆通行证等相关手续证件入场。

布展时间：2010年4月21日至4月23日（09：00～18：00，其中22日布展延长至21：00，超出时间收取加班费）。

（资料来源：第二十届全国图书交易博览会网站，2010年3月19日）

2. 组办方应提供的主要服务

为了确保展会的顺利进行，组办方应向使用特装展台的参展企业提供全程服务。其中，前期服务主要包括：在展区规划中做好特装展台的使用和位置规划；及时受理参展企业使用特装展台的申请；向使用特装展台的企业推荐专业设计公司；向使用特装展台的企业提供有关咨询服务；及时审核特装展台的设计图纸；及时审核特装展台施工申请表等材料和报告；及时办理特装展台进场的各种手续；及时发放特装展台进场施工的各种证件；为特装展台安装施工提供各种便利性服务（如供水、供电、供餐等）；对特装展台安装施工进行监督管理；等等。

（六）物品租赁服务

会展活动的参展商来自于全国乃至于全世界，为了节省参展商参展所需花费的时间、精力和资金，组办方要联合场馆经营方提供物品租赁服务。为了提前做好物品租赁服务的准备，组办方往往会在参展申请表中设计相应的栏目，以获得比较准确的物品需求信息。

组办方通常提供的租赁物品可以分为以下六个大类：

（1）展示家具类。如各种展柜、展架、网格、绒布、台布、地毯、挂钩、托板、墙板、桌椅、问询台、活动隔离栏等。

（2）供电照明类。如配电箱、各种灯具、插座、转换插头等。

（3）视听设备类。展览中使用的视听设备大部分与会议视听设备相同，如电脑、幻灯、投影机、屏幕、电视、录像、音响系统等。在展台恰当地使用视听设备可以吸引观众，强化展品的展示效果。

（4）运输工具类。如平板车、液压搬运车、液压装载车、动力叉车（含司机）、吊车、铲车等。

（5）装饰用品类。如花草、国旗、彩旗、楣标、会标、台布等。

（6）其他物品。如服装展览会上所需的衣架、网片、模特等。组办方可根据不同类型的展览会准备参展企业需要而又不便携带的各种物品。

三、露天文艺表演的场地服务

露天文艺表演是大型节庆活动的一个组成部分，也是独立的活动。规模最大的露天文艺表演，观众达数万、经费过千万元。在国内最有影响力的《同一首歌》的观众人数达到 2 万以上，最高时达到 8 万。规模小的露天文艺表演，如促销中的路演（Road Show），经费往往只有几千元。

（一）大型广场的场地服务

在大型广场上进行露天文艺表演，无论是场地布置、舞台搭建、安全保卫，还是设施配备、现场装饰，其难度都很高，原因是因为大型广场只是一个空旷的场地，所有的改变都需要临时准备，意味着在场地布置上须做更多的工作。大型广场的场地服务包括以下内容：

（1）场地整体规划。规划内容包括现场指挥部、舞台、后台（演员更衣室、化妆室、休息室、道具陈列室、调度室等）、领导休息室、观众区、入场通道、食品饮料供应区、公共卫生间、停车场、紧急疏散通路、医疗保卫工作室等。

（2）舞台和看台搭建。大规模的室外演出，舞台和看台的稳固程度非常重要，决不能出现舞台和看台的坍塌。要请专家团队进行专门设计并由专业公司完成搭建，由第三方进行严格的验收。

（3）必要设施的设计与安装。必要设施包括照明系统、视听音响系统、安全消防系统、现场转播系统、供电系统等。这些工作难度非常大，不能有半点疏忽。与舞台和看台的搭建一样，这些设施都必须由专家团队进行设计并由专业公司完成施工。

（4）座椅布置。需要先将观众席划分成若干区域。如右前区和左前区、右中区和左中区、右后区和左后区。每区用栏杆和绳索圈住，画好座位线。再按座位线摆放座椅。需要特别注意的问题有三个：第一是计算好摆放时间和安排好工作人员。大型广场封场时间不能太早。第二是选择和准备座椅。大量座椅的搬运要考虑轻便小巧、可以叠放、耐碰耐撞等，多选择没有靠背的塑胶凳。第三是准备好牵绳。为了保证座位不能随意移动和拿起，必须用铁丝、粗绳等将座椅成排捆绑，并固定在本区的栏杆或栏绳上。

（5）全场管理。大型广场是一个开放空间，人们可以从四面八方进入。为保证演出前期各项准备工作的正常进行，场地施工的全过程要严格管理。

（二）露天体育场馆的场地服务

露天体育场馆与大型广场的不同点在于它为活动提供了各种基本条件，如下沉式的自然舞台（原运动场）、视野最好的主观礼台、阶梯状的固定座位，以及配套的卫生间、休息室、接待室、电力系统等。所以，在体育场馆里举办大型文艺演出往往是活动承办方的首选。

但是，露天体育场馆的布置也有以下一些基本要求：

（1）必要设施的调整。因体育比赛和文艺演出有区别，所以，要根据特定活动的要求对照明系统、视听音响系统、安全消防系统、现场转播系统、供电系统等做适当的调整，如增加一些特殊的舞台灯光。

（2）舞台搭建和装饰。一般需要对下沉式的自然舞台进行一定的改造。因为体育场内的面积往往比较大，可以考虑搭建一个比较大气的舞台，并在舞台下布置一个更大的表演场，使舞台有立体感和空间感。同时，在表演场上安排大型团体操、大型舞蹈、花车巡游等节目，烘托气氛。

（3）安全管理。与在广场上举行活动不同，首先，露天体育场的建筑布局比较复杂，不熟悉的观众往往感觉如入迷宫；其次，露天体育场的出入口有限，一旦发生意外，很容易形成拥堵，造成恶劣的后果。所以，在露天体育场举行大型活动，在安全管理方面比大型广场更难。必须提前做好各种醒目的指示牌，引导观众有序进场、有序退场，发生意外时有序离开、快速疏散。必须提前招聘培训更多的安保人员。同时，还要做好危机预测、危机管理预案和人力物力方面的准备，确保大型活动的顺利进行。

第四节　会展物流服务

会展物流服务必须以最少的成本、最便捷的方式，确保展览如期举行，以最方便的手段解决展品进口及展品出口所涉及的海关问题；并在整个物流体系中，展品从物流过程的开始到最后返回，其各个阶段都需要实现效益最优化，为最终达成买方与卖方的交易提供最重要、最基本的服务；从而做到在正确的时间、地点、条件下，将正确的商品送到正确的顾客手中。

一、会展物流概述

(一) 会展物流的定义和特点

会展物流是指为满足参展商展品展览的特殊要求,将展品及时安全地从参展商所在国(地区)转移到参展目的地,展览结束后再将展品从展览地运回的过程。这一过程包括展览前后的仓储、包装、国内运输、进出口报关和清关、国际运输、展览中的装卸和搬运及在此过程中的信息流动等。

会展物流的特点主要是:服务的专业性、过程的时效性、展品的安全性、信息的实时性。

(二) 会展物流服务提供的项目及会展物流的运输组织模式

会展物流服务提供的项目主要有:车站、货场、机场提供;物流仓库装卸、集结、仓储;市内运输;中心卸货区搬运展品至展位;提供装卸、搬运和人工;展品开箱就位及包装;包装材料保管;代办展品保管;代办展品保险等。

在现实会展活动过程中,展品的运输组织模式主要有以下四种:①参展商借助自己的物流网络,自行负责展品运输;②参展商自选物流服务商进行展品运输;③使用展览主办方指定的会展物流服务商;④采用邮寄或快递的方式。会展物流的主要业务流程如图 2-1 所示。

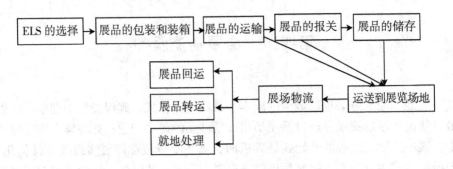

图 2-1 会展物流主要业务流程

二、国内会展物流服务

(一) 展品运输服务

展品运输服务是指用设备和工具,将物品从一地点向另一地点运送的物流活动,包括集货、分配、搬运、中转、装入、卸下、分散等一系列操作。

1. 展品运输流程

展品运输流程按操作环节大体上可划分为如下步骤:

(1) 把展览品运输的报价传真给参展商。

(2) 参展商确认报价内容后须和运输公司签订 COA(委托运输协议书),确定双方的合作责任义务。

(3) 根据参展商在国外展会现场需要展品到位的时间设定好在离境口岸的最晚集货时间。

(4) 参展商将发运展品的品名及运输要求(选择整柜或拼箱)及时通知运输公司,并提交相关单证。

(5) 根据参展商的运输要求,向船运公司定舱,并安排货柜到码头。

(6) 报关并出运。

(7) 协助参展商填制展品运输到目的地国的进口单证。

(8) 货到目的地后,安排展品的进口报关。

(9) 目的地码头,货柜到展馆,展品入库理货。

(10) 按照参展商的要求将展品及时送达展位。

2. 展览运输分类

一般来说,本地参展的运输环节较少,比较好解决,但异地参展的运输问题则往往是最让组织者头疼的问题。异地参展可分为三类:异地参加一次性展览、巡回展和出国展。

(1) 在异地参加一次性展览的运输。异地指国内不同城市,涉及长途运输,可分为铁路货运和公路货运。它们各有优势和劣势。铁路运输的好处在于展馆一般都有可以接收的集装箱,运到指定的存放地,可以省却很多转运的麻烦;缺点在于费用比较昂贵,周期比较长,对前期工作的准备造成了很大的压力。公路运输方面,由于高速公路的日益发达,公路运输显示出越来越强劲的发展趋势,运输时间逐渐缩短,灵活性大大强于铁路货运,价格也较低。但是,公路货运有很难克服的致命伤:一是道路情况的好坏与展品的损坏有直接关系;二是中途转车无法监控,丢失东西时有发生;三是意外情况发生的概率大大高于铁路运输。所以，公路货运对包装的要求要大大高于铁路货运。

（2）巡回展的运输。巡回展是一类特殊的展览，由于要转战各地，能否按时保质地运到是最关键的问题，至于运费倒成为其次的问题。一般为了保险起见，都要通过不同的途径向同一地点发送两套展品。

（3）出国展的运输。出国展的运输是手续最为繁多的一类，涉及很多部门，而且情况各不相同。出国展首先是要通过海关，相应地要准备报关手续。如果包装材料属于动植物检疫范围内的，还要按相关的动植物检疫规定进行消毒防腐处理。由于环节多、周期长，在时间的把握上更为困难，可考虑找境外专业展览运输商来承运，他们有丰富的经验和多种运输方式，一般都可以按时运到。

这三类运输在我国都还没有真正地形成一个行业，操作也极为不规范，信誉也没有建立起来，这里面存在大量的商业机会，如果能制定一些法规来规范这个行业，有效地管理起来，无论从经济效益、社会效益来讲都是非常可观的。

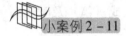
小案例 2－11

第 102 届广交会展品运输服务指南

东亚天地物流服务有限公司很荣幸再次成为第 102 届广交会流花展馆、东宝展馆、锦汉展馆、保利展馆等指定的展品运输及提供现场物流服务的供应商。非常高兴为广大参展商提供物流服务，希望我们专业的物流服务能让您满意。

广州市东亚天地物流服务有限公司成立于 1994 年，公司成立以来，一直为客户提供优质的第三方、第四方物流服务。广州总部拥有 45000 平方米的多功能专业仓库，在全国拥有 9 个物流配送中心，遍及北京、上海、重庆、武汉、广西、浙江、福建及香港等省市或地区的物流服务网络，形成了一个包含陆运、海运、空运的立体化、多样化形式的物流服务咨询与管理公司。

东亚天地是中国首批专业会展物流公司，多年来为众多的展览会提供全方面的专业展品物流服务，已连续多年被《中国会展》评为"中国会展业最佳展品运输商"荣誉称号，并多年为广交会、锦汉展馆、东宝展馆提供专业的会展物流服务。东亚天地在展品物流方面具备安全、准时、专业、方便的优势，特别是在广交会期间，东亚天地车辆不受交通管制限制，可以全天候 24 小时通行，为参展商提供零环节、一站式的展品物流服务。

为更好地为您服务并保证您的展品能及时顺利地参展，我们建议您参阅本运输服务指南，并严格按照运输服务指南配合我们的工作。如您有任何有关物流方面的咨询，欢迎您与东亚天地联络！预祝您本次展会参展成功，期待我们广州的会面！

（资料来源：广州市东亚天地物流服务有限公司网站）

3. 展品运输手段

会展所需物品的种类多，数量单一，且科技化程度高，需要精心准备，实现合理化的运输。因此，必须综合考虑运输距离、运输时间、运输费用和运输环节，根据实际情况选择合理、节约、安全的运输工具。

（1）公路运输。公路运输主要是承担近距离、小批量的货运，水运、铁路运输难以到达地区的长途、大批量货运，以及铁路、水运优势难以发挥的运输。其主要优点是灵活性强，是将展品直接由原地运输到参展地，门对门运输，容易装车，适应性强。

（2）铁路运输。铁路运输承担的运输距离较长，货运量较大，在干线运输中起着非常重要的作用，特别是在大陆桥运输中，铁路运输更起着不可替代的作用。

（3）水路运输。水路运输具有运输量大、运费低廉、通过能力强、运输速度较慢、运输时间难以保证等特点。海洋运输按照船舶经营方式的不同，可分为班轮运输和租船运输。

（4）航空运输。航空运输具有速度快、效率高、货物安全系数高等特点，越来越受到展览运输商的青睐。航空运输适用于必须安全、准时、迅速地运回展地的展品，特别是适用于那些价值高、体重轻、易损耗的展品以及参展急需的物资，比如一些精密仪器等展品。

（5）集装箱运输（Containerized Shipment）。集装箱运输是将展品装入标准规格的集装箱内，然后利用陆、海、空运输将展品送到目的地的一种新型的现代化运输方式。在这种运输方式下，展品可以在参展商的工厂、仓库被装进特制的集装箱内，然后运往展地，可以实现"门对门"的交接方式。

（6）国际联合运输（International Combined Transport）。这种运输方式分为陆空联运和国际多式联运。

（7）海空多式联运。海空多式联运是一项极具特色的新兴运输方式，以远低于空运的价格，提供远快于海运的服务，为客户提供更多的弹性选择。

（8）大陆桥运输。大陆桥运输指利用横贯大陆上的铁路或公路运输系统，把大陆两端的海洋连接起来的运输方式。一般是以集装箱为运输单位，所以也叫作"大陆集装箱运输"。

（二）仓储服务

1. 仓库的概念

仓库一般是指以库房、货场及其他设施、装置，对货物和物资进行保管、储存、管理的场所或建筑物等设施。

2. 仓库的分类

仓库按所储存物品的形态可分为储存固体物品仓库、储存液体物品的仓库、储存气体物品的仓库和储存粉状物品的仓库；按储存物品的性质可分为储存原材料的仓库、储存半成品的仓库和储存成品的仓库；按建筑形式可分为单层仓库、多层仓库、圆筒形仓库；按用途不同可分为自有仓库、营业仓库和公共仓库；按结构不同可分为平房仓库、多层仓库、高层仓库和散装仓库；按技术处理和保管方式不同可分为普通仓库、恒温仓库、冷藏仓库和特殊仓库。

3. 仓库租赁

公共仓库采用更加有效的物料搬运设备，从而提供更好的便捷服务，其规模经济可以降低货主的储存保管成本。租赁仓库无须太大投资，货主企业无须对仓库设施、设备投资，只要支付相对较少的租金即可享受到仓储服务。仓库租赁灵活性强，不受仓储位置制约，没有仓储容量的限制，可满足企业不同时期、不同情况下对仓储空间的需求，也便于管理者掌握成本。但是，租赁仓库增加了企业的包装成本和控制库存的难度。

4. 仓储的功能

在物流系统中，仓储和运输是同样重要的构成因素。仓储功能包括了对进入物流系统的货物进行堆存、管理、保管、保养、维护等一系列活动。仓储的作用主要表现在两个方面：一是完好地保证货物的使用价值和价值；二是为将货物配送给用户，在物流中心进行必要的加工活动并保存。随着经济的发展，物流由少品种、大批量物流进入到多品种、小批量或多批次、小批量物流时代，仓储功能从重视保管效率逐渐变为重视如何才能顺利地进行发货和配送作业。

5. 仓储的作业服务

仓储的作业服务主要包括仓库日常管理、入库管理、出库管理、车间及工具管理、仓库管理员管理等。

（三）包装服务

包装是在会展物流过程中为保护产品、方便运输、促进销售，按照一定的技术方法，采用适当的材料、容器和辅助物等将产品包封并予以组装和标志的工作的总称。

1. 包装的功能

包装主要具有保护功能和方便功能。

2. 包装的分类

包装的分类方法很多。通常人们习惯把包装分为两大类，即运输包装和销售包装。专业分类可以按包装容器形状分类、按包装材料分类、按包装货物种类分类、以安全为目的分类、按包装在销售中的作用不同分类等。

3. 展品的包装技术

展品的包装技术主要涉及防震、防破损、防锈、防霉和防虫包装技术。

（四）装卸与搬运服务

1. 装卸与搬运的概念

装卸是指物品在指定地点以人力或机械装入运输设备或卸下。搬运是指在同一场所内，对物品进行以水平移动为主的物流作业。

2. 装卸与搬运的注意事项

装卸与搬运必须注意以下事项：

（1）展区内的装卸搬运活动应交由专业的单位或个人进行，要求所用单位或个人必须拥有合法经营资格，并能严格遵守国家有关法律、法规和规章制度。

（2）道路运政管理机构要组织搬运装卸人员进行岗位培训，考核合格后颁发上岗证。搬运装卸作业人员应佩戴统一制发的上岗证进行作业，严禁无证上岗。

（3）从事搬运装卸业的单位或个人雇用或新增搬运装卸人员，须经当地县以上交通主管部门审核同意后，向当地劳动部门申报用工计划和办理用工手续。

（4）对搬运装卸机具设备、车辆实行注册，建立定期检验制度，强化维修保养，推广先进装卸设备，提高装卸机械化程度。

（5）在展区内进行装卸搬运工作时要严守操作规程，不具备专用装卸工具、缺乏防护设备和知识的单位或个人，不得从事起重、危险品货物的搬运装卸作业。

（6）参展商及展会的组织者和相关工作人员应派项目监理人员监督企业执行危险品等特殊货物的搬运装卸，保证作业安全。同时组织监督安全文明生产，杜绝野蛮装卸，提倡优质服务，保证作业质量。

（7）会展活动的组织方推广参展商和装卸搬运公司双方签订搬运装卸合同，监督合同执行，调解合同纠纷，并协助调解用工方和务工方的劳务争议，维护双方的合法权益。

三、国际会展物流服务

（一）国际会展物流的概念、特点与分类

1. 国际会展物流的概念

国际会展物流是指依照国际惯例，利用国际化物流网络、设施和技术，实现展品在国际流动，为展品的物流过程选择最佳的方式和途径，以最低的费用和最小的风险，保质保量，适时地完成物流任务。

2. 国际会展物流的特点

国际会展物流与国内会展物流相比，长距离的运输支出、较大的库存量、较长的作业周期，使其费用昂贵；多样的运输方式和进出口的服务，使得国际会展物流公司趋于大型化。作为跨国运营的物流公司，其经营环境具有国际性、风险性和复杂性，一般具有物流环境差异大、系统范围宽、信息化和技术标准要求高的特点。

3. 国际会展物流的分类

国际会展物流系统一般按照展览的时间划分为展前物流、展中物流和展后物流三个主要环节，并构成了一个物流回收的循环。

> **小链接 2-10**
>
> IELA 的介绍
>
> IELA 是国际展览物流协会的英文名称"International Exhibitions Logistics Associates"首字母的缩写，它是一个有着70多家展品物流货运代理商的全球化协会。利用这个组织，参展商能够享受来自世界各个地方的协会成员的货运代理服务，而且可以使用当地的货运资源，从而在服务水平及费用方面享受很多便利。

（二）展览品复出口通关流程

展览品复出口通关流程大致如下：展览品出口申报，提交出口货物报关单、复出口展品清单及相关单证；海关接单审核；展览品查验、施封；展览品放行、核销。

（三）出国展览品出口报关

为举办出国展览而筹集的展品出口时，组织出国展览的单位必须持下列单证向出境海关申报。

1. 申报

申报的具体程序如下：

（1）归口审批部门的批件。

（2）展品清单一式二份。由外贸、工贸公司主办又属实行许可证管理的商品，须提交出口货物许可证；非外贸单位主办的，不论是否属实行许可证管理的商品，则一律须提交该证出口货物报关单一式三份。

（3）运输单据。

2. 海关查验放行

上述出口展品和复运回国的展品清单，经过出入境地海关检查后验收。其中需要将复运回国的展品运至其所在地海关办理手续的，由入境地海关批准，将清单注明后，一份寄到组织出国展单位所在地的海关，以便办理核销工作；也可以按照《海关监管货物》办法办理转关运输手续。

（四）进出口报关与检疫

1. 展览品进口通关流程

主办单位或其代理人向海关提交转关运输申报单、进口货物报关单、展览品清单及相关单证办理展览品进口申报手续；海关接单审核；海关查验、批注监管情况；海关放行。其流程概括如下：展览会备案、展品进口申报、海关接单审核、查验与放行。

2. 海关报关手续

海关对进出口货物的通关手续包括接受申报、审核单证、查验货物、征税、结关放行等。

3. 展品检验

展品检验包括以下几个方面：

（1）包装检验。根据外贸合同、标准和其他规定，对进出口商品的外包装及其标志进行检验。

（2）品质检验。运用感官、物理、化学或生物学检验方法，对进出口商品的品质、规格、等级等进行检验，确定其是否符合标准。

（3）卫生检验。一般由国境食品卫生监督机构进行检疫。

（4）安全性能检验。主要检查易燃、易爆、易触电、剧毒等不安全的物品。

（五）租船订舱等业务

按照船舶的经营方式，海洋运输可分为班轮运输和租船运输。

1. 班轮运输

（1）班轮运输的主要特点。班轮运输具有以下三个特点：①班轮运输有固定的船期、航线、停靠港口和相对固定的运费率；②班轮运费中包括装卸费，故班轮的港口装卸由船方负责；③班轮承运货物的数量比较灵活，货主按需订舱，特别适合于一般件杂货和集装箱货物的运输。

（2）班轮运输的费用。班轮运费由班轮运价表规定，包括基本运费和各种附加费。基本运费分成两大类：一类是传统的件杂货运费；另一类是集装箱包箱费率。

（3）集装箱包箱费率。集装箱包箱费率有三种方式：①FAK 包箱费率（Freight for All Kinds），即不分货物种类，按每个集装箱收取的费率；②FCS 包箱费率（Freight for Class），即按货物等级制定的包箱费率；③FCB 包箱费率（Freight for Class & Basis），即按货物等级及不同类型的计价标准制定的费率。

（4）班轮运费附加费。班轮运费中的附加费名目繁多，其中包括超长附加费、超重附加费、选择卸货港附加费、变更卸货港附加费、燃油附加费、港口拥挤附加费、绕航附加费、转船附加费和直航附加费等。集装箱运输费用中，除上述海运运费外，还需包括有关的服务费和设备使用费。

2. 租船运输

租船指包租整船。租船费用较班轮低廉，且可选择直达航线，故大宗货物一般采用租船运输。租船方式主要有定程租船和定期租船两种。

3. 订舱业务

（1）订舱的概念。订舱是货物托运人（Shipper）或其代理人根据其具体需要，选定适当的船舶向承运人（即班轮公司或它的营业机构）以口头订舱函电进行预约洽订舱位装货、申请运输，承运人对这种申请给予承诺的行为。

（2）拼箱业务订仓流程。①托运人传真托运单给被托运人，内容上必须注明：托运人、收货人（Consignee）、通知方（Notify Party）、具体目的港、件数、毛重、尺码、运费条款（预付、到付、第三地付款）、货物品名、出货日期，以及其他要求如熏蒸、报关、报验等。②被托运人按照托运人托单上的要求配船，并发送配船通知给托运人。配船通知上会注明船名、提单号、送货地址、联系电话、联系人、最迟送货时间、入港时间，并要求托运人务必按所提供信息送货，在最迟送货时间以前入货。③托运人进行货物通关事宜，确保货物能够顺利出运。④在装船前一天被托运人传真提单确认件给托运人，请托运人尽量在装船以前确认回传，否则可能影响正常签发提单。开船以后，被托运人在收到托运人提单确认件一个工作日内签发提单，并结清相关费用。⑤货物出运后，被委托人应提供目的港代理资料、二程预配信息给托运人，托运人可根据相关资料联系目的港清关提货事宜。

（3）租船订仓流程。进出口公司委托外运公司办理手动手续，填写托运单（Shipping Note），亦称"订舱委托书"，递送外运公司作为订舱依据。外运公司收到托运单后，审核托运单，确定装运船舶后，将托运单的配舱回单退回，并将全套装货单（Shipping Order）交给进出口公司填写，然后由外运公司代表进出口公司作为托运人向外轮代理公司办同物托运手续。货物经海关查验放行后，即由船长或大副签收"收货单"（又称"大副收据"，Mate's receipt）。收货单的船公司签发给托运人表明货物已装妥的临时收据。托运人凭收单向外轮代理公司交付运费并换取正式提单。

（六）展品出口单据

展品出口单据具体如下：

（1）托运单。托运单又称为订舱委托书，由托运人根据贸易合同条款及信用证条款的内容填制，并凭此单向承运人或其代理人办理货物托运。

（2）装货单。装货单是接受了托运人提出装运申请的船公司，签发给托运人，凭以命令船长将承运的货物装船的单据。

（3）收货单。收货单又称为大副收据，是船舶收到货物的收据及货物已经装船的凭证。

（4）海运提单。海运提单是一种货物所有权凭证。提单持有人可据以提取货物，也可凭此向银行押汇，还可在载货船舶到达目的港交货之前进行转让。

（5）装货清单。装货清单是承运人根据装货单留底，将全船待装货物按目的港和货物性质归类，依航次、靠港顺序排列编制的装货单汇总清单。

（6）舱单。舱单是按照货港逐票罗列全船载运货物的汇总清单。

（7）货物积载图。货物积载图是按货物实际装舱情况编制的舱图。

（8）提货单。提货单是收货人凭正本提单或副本提单随同有效的担保向承运人或其代理人换取的、可向港口装卸部门提取货物的凭证。

（七）保险与展后处理

1. 一般做法

参展企业或会展物流服务商对出国参展的展品投保的具体做法是：根据参

展合同的规定，在备妥货物后和确定装船出运时，按规定格式填制投保单，具体载明被保险人名称、保险货物项目、数量、包装及标志、保险金额、保险起讫地点、运输工具、起运日期和投保险别等项内容，向当地中国人民保险公司投保；然后由保险公司凭以出立保险单（或其他保险凭证），以作为其接受保险的正式凭证。该凭证是被保险人索赔和保险公司理赔的主要依据。

2. 注意事项

（1）抵港时间，最好稍微留有余地，以防港口至展馆途中的意外延误。但抵港时间亦不宜过早，一来增加仓储费用，二来增加展品受损的可能。

（2）展览品使用出口包装，具备集装箱运输条件的，尽量使用集装箱运输方式；在散装出运时，尽量在配载时考虑到港后卸货的便捷。

（3）唛头、箱号、装卸运输标志要力求明显，展览道具箱外唛头的拟定，一般取展在国名称大写第一个字母，加上展出年，如1988年赴意大利展览，唛头即可定为道具格外刷制的唛头及各类标志，通常为：唛头、体积、重量、吊钓批示符号和防雨、易碎等安全标志。

3. 特别说明

（1）送海关一式两份的展览品清单样张，分类列出，通常分有展品清册、卖品清册、宣传品清册、展览道具清册；文种系展出国文种与展在国文种相对照；有些国家要求标明每件展品的毛重、净重。

（2）需交验本国出口商品检验局出具的展品与卖品商检证书。

（3）对某些食品、毛皮制品等，尚须出具检疫证书。

本章小结

会展前期服务内容繁杂。报名服务是为了吸引最多数量和最高质量的参与者或消费者。工作步骤包括举办信息的发布和送达、报名的接受和统计、报名的认定和约束等环节。举办信息是关于某项会展活动的专门信息，发布时要注意方式、媒体和发布时机的选择。

会展文案是围绕各种会展活动而产生的文、图、表、卡等材料的总称。其主要作用是记载、传递、沟通会展信息，记录、反映、保存会展成果，并为主办方对会展活动实施领导和管理提供可以共享、保存和查找的依据。会展文案可以分为文件类、信息宣传类、商务契约类、条例制度类、图表类、礼仪事务类、卡证类等多种类别。会展文案制作的总体要求是规范正确、清楚明晰、准确贴切、简洁精练。

会议场地服务包括会场选择、基本设施检查、视听器材选用、主席台布置、常用文具准备、装饰用品选购与设计、生活用品选购、整体风格与色彩确定等。展览场地服务包括制定展览设计和展馆布置的基本规则、进行展区展厅规划、展位分配和编号、展会参观路线设计、特装展台服务、物品租赁服务等。露天文艺表演的场地服务包括大型广场的场地服务和露天体育场馆的场地服务。

会展物流是指为满足参展商展品展览的特殊要求将展品及时安全地从参展商所在国（地区）转移到参展目的地，展览结束后再将展品从展览地运回的过程。这一过程包括展览前后的仓储、包装、国内运输、进出口报关和清关、国际运输、展览中的装卸和搬运及在此过程中的信息流动等。

本章关键词

会展报名服务　会展文案服务　会议手册　参展手册　会展场地服务　会展物流服务

复习思考题

1. 说明举办信息的类型和发布送达方法。
2. 举例说明会展文案的主要类别有哪些？
3. 概述会展文案制作的总体要求。
4. 会议场地服务的主要工作有哪些？
5. 展览会场地服务的主要工作有哪些？
6. 举例说明国内展览物流的服务内容。

综合案例

第13届中国－东盟博览会的前期服务

中国－东盟博览会是中国和东盟10国政府经贸主管部门及东盟秘书处共同主办、广西壮族自治区人民政府承办的国际经贸盛会，迄今已成功举办12届，成为国家层面直接主办、具有特殊国际影响力、每年一届的国家级重点展会，在推动中国－东盟友好合作，服务21世纪海上丝绸之路建设中发挥了重要作用。第13届东博会将重点打造"国际经济与产能合作展区"，以基础建设为先导，以装备供给为中心，以科技创新为驱动力，以冶金建材为延伸，以金融服务为支持，扎实推进中国与东盟及"一带一路"沿线国家开展国际产能、装备制造及经贸投资合作。

[举办时间] 2016年9月23—26日，9月26日为公众开放日。

[展览内容]

一、中国-东盟博览会

（一）规模及地点

展览面积10万平方米。其中，南宁国际会展中心9万平方米，广西展览馆1万平方米。

（二）五大专题设置

1. 商品贸易专题

包括东盟商品、机械设备、电子电器、建筑材料。

2. 投资合作专题

国际经济与产能合作展区、农业合作展区。

3. 先进技术专题

展示先进制造、智慧城市、互联网＋、创新创业、东盟科技创新成果等。

4. 服务贸易专题

包括金融服务、物流服务、旅游服务。

5. "魅力之城"专题

本届已确定的"魅力之城"有中国福州、文莱斯里巴加湾、新加坡和越南邦美蜀。

二、中国-东盟博览会系列专业展

1. 第13届中国-东盟博览会农业展

时间：2016年9月23—26日。

地点：广西展览馆。

2. 2016中国-东盟博览会越南展

时间：2016年6月16—18日。

地点：越南河内国际会展中心。

3. 2016中国-东盟博览会旅游展

时间：2016年10月20—22日。

地点：桂林国际会展中心。

4. 2016中国-东盟博览会林木展

时间：2016年12月2—5日。

地点：南宁国际会展中心。

[参展报名和确认截止时间]

1. 报名时间：2016年3月1日—7月31日

2. 确认截止日期：2016 年 8 月 15 日

[报名方式]

（一）参展报名（网上或传真报名）（略）

（二）参会报名（网上报名）（略）

[参展优惠办法]（略）

[专业观众招揽活动]

（一）大数据库发邀

百万专业观众数据库发邀全球采购商。

（二）多渠道共同推动邀请

中国与东盟国家经贸主管部门、31 家东盟国家与 11 家中国国家级商协会共同推动邀请中国与东盟专业观众。

（三）行业对接活动链接

超过 80 场各行业商贸投资促进活动促进专业观众到会洽谈对接。

[专业观众增值服务]

（一）经贸配对服务

凡 8 月 30 日之前在网上预先登记或团组报名的专业观众均能享免费贸易、投资配对服务，东博会秘书处将根据专业观众的采购或投引资需求，安排其与相关客商进行一对一的经贸洽谈对接。

（二）咨询服务

通过东博会 App 和微信快速获取东博会最新信息、中国与东盟经贸政策信息和参会现场服务信息。

（三）买家提名邀请

展商提名买家邀请名录，东博会秘书处协助邀请，并给予受邀买家酒店住宿优惠。

（四）客商优惠

经东博会秘书处确认的境外观众可享受酒店住宿优惠、优先安排参加商贸促进对接活动、免费获赠东博会会刊等优惠服务。

[精彩活动]

（一）主题国活动	主题国：越南 主题国开馆仪式 主题国推介活动 主题国领导人与企业家座谈会
（二）特邀贵宾国活动	特邀贵宾国国家推介会 特邀贵宾国主题活动

（续表）

（三）第 13 届中国－东盟商务与投资峰会、第 13 届中国－东盟博览会部分重要论坛	2016 中国－东盟电子商务峰会 第 5 届中国－东盟质检部长会议 第 2 届中国－东盟信息港论坛（暂定名） 第 4 届中国－东盟技术转移与创新合作大会 2016 中国－东盟矿业合作论坛 ……
（四）贸易与投资促进活动	商品贸易专题 东盟专场采购对接会…… 投资合作专题 中国－东盟博览会投资合作圆桌会…… 先进技术专题 中国－东盟技术转移与创新合作大会…… 服务贸易专题 金融支持中国企业投资东盟系列活动
（五）政商高端会谈	东盟国家政要与中国企业家见面会 中国政要与东盟企业家见面会
（六）文化交流活动	南宁国际民歌艺术节 中国－东盟高尔夫国际邀请赛 2016 中国－东盟国际汽车拉力赛暨中国－东盟媒体汽车拉力赛

[展会服务]
1. 资讯服务：提供最新行业动态，随时把握市场商机。
2. 运输通关：提供方便快捷的运输通关。
3. 商务服务：提供酒店信息、机票预定、货币兑换、商旅服务等。
4. 交通服务：会期包机航线覆盖南宁至东盟主要城市。
5. 证件服务：网上办理，方便快捷。

[联系方式]（略）

（资料来源：根据中国－东盟博览会官方网站相关资料编写，2016 年 4 月）

■讨论题
1. 列出第 13 届中国－东盟博览会前期服务的主要内容。
2. 对第 13 届中国－东盟博览会所提供的前期服务进行全面评价。
3. 以上哪些服务运用了新技术，预期效果如何？

第三章 会展当期服务

学习目标

①了解和掌握会展当期服务的主要内容和操作流程；②熟悉会展报到服务、参会服务、活动服务、记录服务的一般操作方法；③熟悉会展保安服务和保洁服务的基本要求；④了解会展医疗服务、参展顾问服务、一站式服务等。

会展当期服务又称为会展现场服务，是指会展活动开幕期间在会展现场提供的服务，如观众报到登记、文件和资料分发、信息服务、媒体服务、展具租售服务、现场秩序维护、现场联络与调查、记录服务、礼仪服务、活动服务、现场安全保卫、清洁卫生等。

会展活动开幕以后，就进入了会展现场工作阶段，这是会展活动最重要和最关键的阶段，提供了会展活动组织机构同与会者、参展商和观众等有关方面最直接的面对面的交流机会。

会展现场服务是会展活动的组织机构对会展活动进行服务的集中体现，是会展前期服务准备成果的集中体现，前期的所有准备都是为了这个时期的工作能顺利进行。会展现场服务对成功办好会展活动至关重要，现场服务做得不好会影响参会者、参展商和专业观众对会展活动的满意程度，直至影响整个会展活动的品质。会展现场服务的缺失或失误可能会对会展活动造成严重影响，甚至能够决定会展活动的成功与否，因此，组织方一定要对会展现场服务高度重视。

第一节 会展报到服务

导入：每个人都有这样的体会：去医院挂号、去银行取款、去车站买票……如果不巧赶上人多，看到窗口或柜台前晃动的黑压压的人头，难免会心中打怵：是迎难而上，还是打道回府？如果事情不能耽搁，必须迎难而上的话，在等待队伍中焦急不耐的也大有人在，有时甚至会演变成群愤：这一队怎么这么慢？工作效率怎么这么低？怎么不多开几个窗口？……

会展活动中最易出现参加者排长队等候的环节就是报到环节，会展组织者们也同样在思考：如何提高报到服务效率，避免出现排队人龙？如何令会展活动的参加者缩短等候时间，减少抱怨？（见图3-1）

图3-1　第十九届国际名家具展览会上报到大厅的排队人龙

报到指参加会展的代表于会展活动开始前或进行过程中，在会展活动举办场所向有关机构登记注册。

报到工作是会展活动的"门户"，所有到会代表要进入活动场地首先就必须进行报到登记。报到环节既起着建立会展秩序、控制会展规模的作用，还具备迎宾和提供信息的功能；既是会展活动现场的首要工作，也是组办者工作效果的重要体现。如果报到服务有条不紊地进行，现场秩序也会井然有序；如果报到服务出现混乱，现场秩序也会受到严重的干扰。因此，组织者对报到服务必须全力以赴、精心组织。

 小链接3-1

尼尔森公司关于中国消费者排队问题的调查

NCR公司公布了最新的中国消费者排队调查报告。据悉，此项调查由AC

尼尔森公司针对北京、上海和广州的1551名抽样受访者展开。结果显示，64%的消费者已对排队逐渐失去耐心。在消费者经常遭遇排队问题的各类场所中，零售商店的排队概率高居第三位（43%），仅次于银行（73%）和医院（44%）。值得关注的是，在所有受访的消费者中，有28%的人因排队沮丧而选择其他服务提供商，66%的人因不想耽误时间而选择离开，而46%的人会啧有烦言。超过60%的受访者通常一周用于排队的时间高于30分钟。

（资料来源：赵钢：《"排队"难题点燃零售业自助服务市场》，载于《中国商报》，2007年11月16日，节选）

我们对会展活动报到现场的要求是：简单、快捷、清楚，现场报到处作为组织报到秩序和处理报到问题的临时指挥部，它的设计和布置将影响整个报到过程的顺利开展。

一、报到处地点选择

对于展览来说，一般在展馆的进场大厅或者专门的观众进馆大厅里设立观众登记柜台，进行代表们的登记工作。

对于会议来说，一般在会议举办场所入口或与会代表下榻的酒店大堂设立报到台，开展与会者的注册报到工作。对于国际会议而言，主要采用后者。

对于大型会展活动或报到处位置不佳的会展活动，应在活动所在建筑甚至所在道路的入口及转角处粘贴明显标记，最好能派几名工作人员为代表们指示报到处的位置。

应根据预期代表的人数准备足够的报到空间，让代表们能够在宽敞的空间井然有序地等候注册。狭窄的空间容易令人心烦气闷，因此，在报到人数众多时，足够的空间对于缓解现场代表们的不耐烦情况、控制现场气氛也有作用。

如果会展活动有多个入口，可以设置多个报到处，之间用区间车运载人员。当某个报到处人满为患时，可以指挥区间车将代表们运送到不是很拥挤的报到处，加快现场登记的速度，缓解不同报到处和入口的压力。

二、报到台搭建

报到台应该设有清楚的标记，显示会展活动的名称、LOGO、举办时间地点等。可以在报到台后树立大型背景板，也可以在报到台的眉板处或桌位上方粘贴或悬挂标记。无论采用哪种形式，报到台都应高出地面2米以上，以便在

人多拥挤时代表们仍能越过人群顺利找到报到台所在。(见图3-2)

报到台最好采用标准展板搭建的方式,分为前后两个区域,前面的区域为代表等候和报到区,后面的区域为员工工作和资料存放区。

图3-2 第五届广东社会公共安全防范产品及警用装备(广州)展览会报到处

三、报到处功能分区

无论是会议或展览,都应根据方便登记和维持秩序的需要,对报到处的登记柜台和通道进行功能分区,可根据会展活动需要和代表们的实际情况设定不同的功能分区。(见图3-3)

小链接3-2

展会观众的分类接待

由于展会现场人流较大,可将观众分类接待,根据观众类别采用不同的登记方式:①对于嘉宾和VIP观众,采用绿色通道,由主办方负责引导;②对于外宾、记者,设立海外和媒体通道,提交名片或填写调查表;③对于网上预登记观众,设立预登记通道,出示预登记打印信息或验证号码;④对于团体观众,采用快速通道,提交信息或名片,可以快速办理团队的所有人员的证件;⑤对于普通观众、专业观众,采用一般通道,提交名片及填写调查表。

除了分类通道外,为了便于识别,通常还要分发不同颜色的胸卡将与会者分类,如设定红色胸卡为贵宾、黄色胸卡为观众、蓝色胸卡为参展商、绿色胸卡为展会工作人员等。

(资料来源:南京国际展览中心网站,http://www.njiec.com,节选)

图 3-3 2007 中国力学学会学术大会报到处的功能分区

以会议为例，报到处通常可分为三个部分：代表登记处、资料领取处、相关服务处。

（一）代表登记处

会议代表可在此处登记资料、缴纳费用、领取代表证等。

为了提高现场工作效率，代表登记处又可以根据需要进行不同柜台、通道的区分。

可以根据之前对代表发放邀请函的情况，将登记柜台分为"有邀请函代表登记柜台"和"无邀请函代表登记柜台"，前者负责登记持有展会邀请函的代表，后者负责登记没有展会邀请函的代表。有展会邀请函的代表一般在登记前就已在邀请函的附表上填写了展会需要的信息，代表在现场不必再填写登记表，这可以节约大量的时间，能极大地提高现场登记的效率。

或是根据预先登记情况，把预先登记的代表和现场登记的代表区分开来，分两类柜台登记。预先登记的代表可以凭预先登记号或其他预先登记凭证，去专门的柜台方便快捷地换取入场证件，甚至直接在报到处提供的设备上自助打印入场证件。而现场登记的代表则需要现场填写登记表，才能领取到入场证件。

有些展会还进一步将现场登记的代表分成两类，即有名片的代表和无名片的代表。前者只需凭名片在代表登记处办理简单手续就可以换取入场证件，后者则需要现场填写登记表，然后再到登记处相关柜台办理手续。

小链接 3-3

第五届上海国际钢管工业展览会观众参观流程

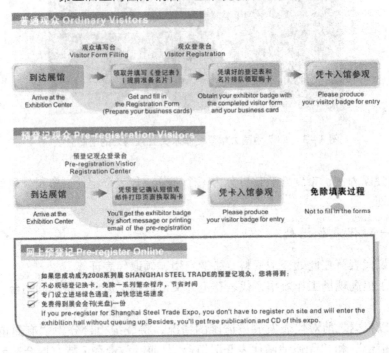

（资料来源：第五届上海国际钢管工业展览会网站，http：//www.gangguan-expo.com）

  如果报到处需要现场收取注册费用，最好开辟专门柜台，提前测试信用卡处理机或收银机是否可以正常使用，并由专业财务人员进行收银验钞和开出票据等工作，以避免财务风险。

  实行柜台、通道的区分，好处是很明显的：第一，减少观众登记现场工作量，提高登记效率。有会展活动邀请函或预先登记过的观众一般在登记前就提供了活动需要的信息，而不必在现场进行填写，可以节约大量的时间，能极大地提高现场登记的效率。第二，由于多个柜台的分流作用和部分队伍登记手续的简化，代表们不必花过长时间排队等候登记领证，有利于现场秩序的维持和代表们良好情绪的保持。第三，展会录入观众资料更容易，也更准确，更有利于展会进行客户数据库管理。第四，预先登记柜台的便捷登记程序和队伍快速移动状况会使在现场登记的代表们考虑到下次参加会展活动应预先进行登记，为品牌展会的长期工作打下良好的基础。

（二）资料领取处

代表们可在这里获取诸如会展活动日程表、会议论文集、各类代金券以及发言人员介绍等全套详细资料。

如果资料的领取较简单，可以不另行设置资料领取柜台，直接在代表登记处进行资料发放，但这种方法在大中型会展活动中实用性不强。如果需领取的资料较复杂，可以单独设置资料领取处，代表凭登记时发放的资料票或代表证领取。如果报到场地有限、人数较多，还可将资料领取处与代表登记处分开设置在不同场地，如将代表登记处设在酒店大堂，单独指定一个酒店房间作为资料领取处。

如果代表们参加会展活动的时间不只一天，还可以将代表登记工作与资料领取工作时间交错开，如要求代表们在报到后隔天凭票证去指定地点领取资料，或是在整个会展活动期间都允许领取资料，以缓解人流压力，提高现场效率，减轻报到处人员的工作强度。

通常大多数会展活动发给代表们的资料都是相同的，资料发放工作比较简单，代表们直接领取或凭票领取即可。如果代表们领取的资料各不相同，就要严格按会展活动前准备的个性化的票领取资料，要求代表们领取后签字，并将代表们的签字妥善保管，以备查询。例如，举办第十四届国际自控联大会时，会议按不同的学科分类，每学科一本论文集，共有17本之多，由会议代表在注册时预订，按照各自需求发放。将不同的代表需要领取的各项材料在报到前就准备好，是报到现场工作有序的前提之一。

（三）相关服务处

代表可咨询与办理相关城市观光游览、地方景点参观、餐饮住宿安排、票务代理等其他服务。

报到处报到台的设置应该合理，需按照预先估计的不同类型代表们的数量分配柜台数量，尽量避免某柜台排长队而另外柜台闲置的情况发生。还有一种较为灵活的处理方式，即多准备几张可供临时张贴的柜台功能标志，在柜台忙闲有别时对柜台的功能分区进行临时调整，使报到工作更有效率。

此外，对于嘉宾、赞助商等重要人士的登记工作，应安排专门通道进行，或安排专人引领到贵宾休息室进行登记并休息。有条件的还可将不同国籍的代表分别安排至不同的贵宾休息室。

四、报到队列设置

报到队列的设置方式取决于人群和交通管理的物理空间总量。

一种简便易行的方式是将在不同柜台等候的人群分开,在队列之间拉上绳子和设立栏杆柱(见图3-4),绳子长度可根据队伍状况灵活增减。如果人群秩序不佳,还可以在栏杆柱上方竖立排队告示或单独张贴报到流程说明,并安排专人负责咨询回答及现场秩序维持。许多会展活动都采用这种队列设置方式。这种队列方式的弊端在于,如果某个与会者因种种原因迟迟没有完成报到手续,那排在他后面的人只得耐心等候,如果不慎排错了队列,重新排队可能需要较长时间。

图3-4 分隔队列和指引排队的拉绳及栏杆柱

另一种队列方式被称为"迷宫"式,同样用拉绳和栏杆柱分隔人流,使队伍以曲折迂回的模式来排列。所有的代表们都排到此队列中,当他们到达队首的时候,就会被指引前往合适的区域登记。(见图3-5)

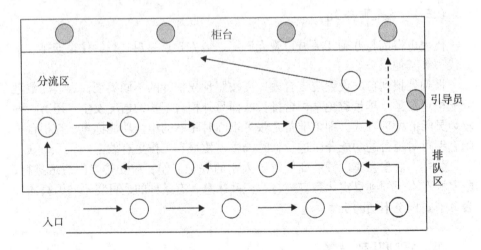

图3-5 "迷宫"式队列方式示意

还有一种方式是在登记处的各个位置设立"多边登记台"。以四边登记台为例，观众可先到其中三边的任意一边进行登记，然后到第四边领取会展资料等，最后径直入场。这种方式不需要绳子、栏杆柱以及其他分隔设备。（见图3-6）

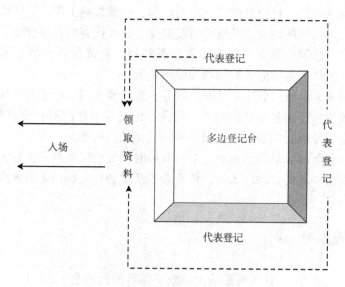

图3-6　多边登记台示意

尽早让代表了解程序也是实现会展报到现场简单、快捷、清楚的因素之一，可以在会展活动通知书及网页上尽早公布报到程序，让代表们心中有数。在报到现场，还可以在代表必经通道旁或在报到队伍附近设立立架及张贴告示，上面显示报到流程示意图，比如："第一步，填写报到表格；第二步，去报到柜台报到；第三步，去资料柜台领取资料……"各种能够指导和帮助代表们顺利报到的说明和标志都会对报到现场的井然有序起到积极作用，并且能够节省部分用于讲解、指示的人力，缓解报到处员工的压力。一些会展活动还在入口处或代表等候队列旁设置了展览活动及会议议程牌，这些说明和标示便于代表们预先了解会展的总体结构和主要活动安排，还能有助代表们消磨排队等待时间，减少由于等候带来的烦躁情绪，提高满意度。

此外，如果采用纸笔填写的报到方式，最好在队伍通道旁摆放一些桌子，上面放有报到登记表和笔，这样，当人们在排队等候的时候就可以顺便填写报到登记表。填表处需要有明显标志，还要有良好的照明。

五、报到处员工要求

在报到现场，代表们需要协助、确认、指点、引导和各种帮助，而迎候并协助他们顺利报到是会展现场服务品质的重要体现,因此现场工作人员必须具备相应的素质和良好的服务态度。

报到现场服务人员应事先经过相关培训,熟悉报到工作,清楚所有与本次会展活动有关的场所地点以及整体情况安排,录入代表信息要准确,填写好的代表登记表、邀请函和名片等资料要分类整理、妥善保管;对于国际性的会议,报到处工作人员还应该能够熟练使用英语。

现场服务人员应做到以下几点:服务态度热情周到,乐于帮助他人;遵守着装和礼仪要求;随身尽量少带私人物品;出现紧急情况时,要有救助意识;记住应急电话号码;乐意随时充当向导;保持微笑服务。

报到处分配的人员数量也要充裕,并随时保留一定数量的机动人员;并在办公室里安排一名传达联络人员,负责会展活动场外与场内人员的联络工作。

小案例3-1

西班牙萨拉戈萨落下帷幕的世博会

高温暴晒如何缓解?排队长龙如何应对?预约系统如何改进?参观热情如何激发?世博会如何避免变成展销会……9月14日在西班牙萨拉戈萨落下帷幕的世博会,用最鲜活的事实提出这五大"思考题",值得两年后的上海世博会借鉴。

晨报记者在亲身体验萨拉戈萨世博会组织工作的各项细节之后,专访了德国博览会集团公司董事兼总裁恩斯特·劳尔、日本爱知世博会事务总长中村利雄这两位"主帅",并请他们为上海世博会支招。

●难题:排队长龙如何应对

萨拉戈萨是一个小城,人口只有70万,而参观者却达到700万人次之多。记者体验萨拉戈萨世博会时,适逢周六、周日,园区内外可谓人山人海,领预约票、看展馆、买食品甚至上厕所都要排队。与此相比,上海世博会的参观者有望超过7000万人次,是萨拉戈萨的10倍。如此庞大的人流如何疏导,又如何保持排队时的井然秩序,值得世博会组织者以及每一个参观者思考。

●"主帅"支招

劳尔介绍道,园区入口处可以取消人工检票而启用机器检票,即安装一种特殊的设备,当游客经过入口时,该设备可检测到纸质门票上的特殊标记,并自动记录下标记中存储的诸如游客姓名和手机号码等信息。所有的入口都通向不同的展馆区,从而能够有效地分散人流。他还建议,组织者可利用中央监控系统随时监测到人多的地区，并以短信形式告知游客。

"2005年爱知世博会时，我们把所有的门票都编了号，这样一来，电脑能够迅速计算出有多少人同时进入世博园，一旦人流达到高峰，我们就不再放游客进来。如果有人重复使用同一张票，电脑也能检测出来，而票也就作废了。"中村利雄还建议，把展览的时间延至晚上，以分散高峰期人流。

（资料来源：世博网，http://www.expo2010china.com，节选）

第二节　会展参会服务

报到之后便进入正式会展阶段，在这一阶段，会展组织方要为参加会展活动的代表们提供一系列参会服务，以保证实现良好的会展效果。

一、休息区和洽谈区设置

会展组织方可在会展场馆适当的区域内开辟一定的空间作为休息室或者休息区供代表们使用。在该休息室或者休息区里，可配备一些茶水、咖啡和小点心，既可免费供应也可定价出售；还可以放置一些有关会展的介绍资料供代表们取阅。如果有必要，还可以为休息室或休息区配备专门的服务人员。

会展组织方还应为参展商与客户的洽谈提供良好的平台。如设立多个会客室、辟出洽谈区域、组织配对洽谈等，为参展商和专业客户提供优越的洽谈交易环境，增加会展的贸易功能。

二、信息提供服务

为了方便参展商和观众，组织方还可以在展馆序幕大厅、展馆的主通道或其他便利的地方设立"咨询服务中心"，安排专门的人员在该中心负责接待和联系客户，现场处理和解答客户的有关问题。所安排的专门人员不但应该熟知会展活动的整体情况，还应能为代表们提供关于用餐地点、购物地点、交通方式等各种信息的指引，最好能在此为代表们提供当地服务餐厅指南、地图、观光和购物指南等材料。如果展会规模较大，除了设立咨询服务中心外，展会还可以在其他合适的地方再设立一些"咨询服务点"，多服务点地为客户服务。（见图3-7）

图3-7　2010年上海世博会参展者服务大厅

　　如果展场空间较大、参展商众多，组织方应在展馆的入口处设置展馆示意图，在展馆内合理布置路标，为代表们提供指示信息，或是向观众分发精心编制的展会和展馆说明书，详细介绍展览的内容、日程安排、参展厂商相关情况、展馆的设施情况等。

　　由于会展是人流、物流、信息流交汇的地方，需要将信息进行快速传递，因此，播音就成为在会展活动中提供信息服务的良好选择。展览秩序的维护、安全消防等方面的提示通知、各类求助启事、气氛的营造都可以借助展馆播音来进行。由于目前会展活动的国际化趋势越来越明显，参展商、观众、与会者中都出现越来越多来自不同国家的代表，因此，要提供一流的会展现场服务还需提供相应的双语播音。

小案例3-2

2006年中国国际中小企业交易会现场广播服务

　　1. 主办单位涉及一些公益性内容以及展会惯例的普通话广播，博览中心可无偿安排人员播报，如播报消防规定、交通信息、治安规定、场馆开放的时间、会议地点等。

　　2. 凡涉及专业内容，主办单位需自行安排人员播报，博览中心安排人员协助。

3. 凡涉及以下内容的广播不予播报：①具有明显广告性质的内容；②含有违反国家法令法规的内容；③报失物品；④含有其他对展览秩序或社会有负面影响的内容。

4. 广播程序：主办单位（客户）→填写广播申请表（需由博览中心安排人员广播的，要写明广播内容和需要广播的时间及次数）→由项目经理审核认可→安排播报。

5. 因主办机构广播稿内容编写不当导致的责任，由主办机构自行承担。

（资料来源：慧聪网，http：//www.hc360.com）

有条件的话，尽可能实现会展现场信息服务电子化，即提前完成与展会、参展商、展品相关的信息系统设计，采用电子咨询的方式为场馆内各方提供方便、完善的自助式服务。可以在会展现场显著位置放置介绍会展详细情况、展场展位图、展位号列表、参展公司、展品等信息的触摸屏信息岛，还可以建立互联网查询系统，在展馆内配置计算机等设备，开辟互联网使用专区，甚至将数字音频与数据广播等技术应用于会展活动中，为代表们提供便捷的信息服务，提高参观效率。

小链接 3-4

展商展品查询系统

展商展品查询系统集广交会参展商信息、展品信息、供求信息和服务信息于一体，为广交会采购商提供现场查询服务，创造贸易机会，辅助业务成交，并为采购商提供贸易和商旅信息服务。

展商展品查询系统基于广交会局域网技术，以广交会数据库为核心，以分布在广交会现场的 100 多部计算机为平台，可在最短的时间内，为客商搜索到最准确的参展商品、参展企业以及摊位分布等信息。

展商展品查询系统为买卖双方提供信息发布平台，创造更多商机。

（资料来源：广交会网站，http：//www.cantonfair.org.cn）

小链接 3-5

数字音频与数据广播技术将全面服务 2010 年上海世博会

数字音频与数据广播技术将全面服务中国 2010 年上海世博会。近日，上海世博局信息化部与上海文广数字移动传播有限公司签约建立联合实验室,以推动具有自主知识产权的数字音频和数据广播技术应用于上海世博会。

数字音频和数据广播是移动人群获取精确定向信息的颠覆性开创。相关技术的研发和应用可保障世博会筹办和展会期间各类信息的定向发送,为世博会期间的人员、车流、物流等的精细化管理和个性化服务提供信息化支撑。

(资料来源:薛慧卿:《数字音频与数据广播将全面服务2010年上海世博会》,载于《新民晚报》,2008年6月29日)

三、展具租售服务

为了方便参展商现场租赁或购买各种展览配件,会展组织机构可以在展馆适当的地方设立设备租售服务点,提供与展览活动相关的各项专业设备,如投影仪、幕布、百变支架、货架、音响、话筒、激光笔、照明设备、手提电脑、服装道具等,随时出租或销售给有需要的参展商。另外,还需配备懂专业操作的服务人员,集中处理参展商在展览期间租购展览配件的需求或对展具进行维护。

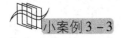
小案例3-3

2006年中国国际中小企业交易会现场物品租赁服务

(1) 预租:主办方可提前申请与租赁有关的展览服务项目,预租应最迟在开展前15天办理手续,可享受15%的优惠;开展前15天以后提出的租赁申请一律视为现场租赁,不再按照预租给予优惠。

(2) 现场租赁:展馆设有一站式服务中心受理现场展览服务业务,现场租赁采用先到先得制,现场缴付租金和押金,押金待归还租赁物品时退还,如有损坏,照价赔偿。

(3) 退租及更改配置:如需取消或更改展具的位置,参展商可到一站式服务中心办理,请勿擅自拆除或更改,收费标准请查阅服务手册价格表或向一站式服务中心查询。

(4) 如需要申请展览服务项目表中没有的服务设施及项目,请在进馆前向博览中心客户服务部查询,中心将在力所能及的范围内给予最大限度解决。

(资料来源:慧聪网,http://www.hc360.com)

四、现场秩序维护

为保证会展活动安全有序地进行，会展组织方必须做好现场秩序维护。

通常组织方会建立展馆的巡视制度并安排专人执行，巡视内容主要是公共设备设施、功能服务设施、展览会现场环境等。巡视分常规巡视、定点巡视和强化巡视，每次巡视都应做好详细记录，并及时协调解决各类问题。

现场秩序维护还包括对参展商行为的管理。一般情况下，会展组织方都会对参展商在展出期间的行为做出一系列规定，在会展活动全程中，会展组织机构都应和参展商进行有效的沟通，确保他们的行为符合参展合同，尤其是展览场馆的使用规定。必要时主办单位可以采取强制性措施，以维护绝大多数参展商的正当利益和保证整个展览会的顺利进行。例如，在某展会上，两家相互竞争的公司为了在气势上压倒对方，都把音响开得很大，严重影响了同一场馆内其他参展商的展出工作，最后由展会主办单位出面协调才把事情平息下来。

为维护良好的现场秩序，还要对观众或与会者进行管理，如严禁非参展商在场内进行任何买卖或宣传活动，必要时可请政府相关执法部门共同开展行动。

小链接 3-6

深圳高交会的现场巡查

本届高交会，由市工商局牵头，联合公安、质监、药监、环保、城管、知识产权、会展中心等多个部门组成联合执法组，在高交会期间严打"展虫"。

昨天，市工商局局长申庆三带队检查了联合执法组的工作。据了解，由于联合执法队加大了巡查力度，所以，与往届高交会相比，今年的展会秩序更好了，"展虫"现象明显减少，公开摆卖不合参展要求的产品的"展虫"几乎没有。但是，仍有个别经验老到的"展虫"与联合执法组"打游击"，用背包把一些假冒伪劣产品、"三无"产品带入会展现场叫卖，对此，联合执法队加强巡查，见一个清查一个。据联合执法组有关负责人介绍，"展虫"们兜售的产品大多是些冬虫草、望远镜、飞机模型、热宝等一些假冒伪劣产品或"三无"产品，一般一天能在展场内抓到 8～10 个"打游击"的"展虫"。

（资料来源：陈莉、张薇：《多部门联合执法清除"展虫"》，载于《深圳晚报》，2006 年 10 月 17 日）

五、现场联络与调查

会展期间,众多参展商、观众、与会者汇集于一个会场或展馆中,会展组织方通常会抓住这一时机,到各展位拜访参展商,或者邀请参展商、观众、与会者参与座谈,或开展问卷调查,收集信息,了解需求,检验会展服务成效,征求意见和建议。这种现场联络与调查是会展组织方提供的现场服务的一部分,通过种种联络形式,参展商和观众们的需求和意见能及时反馈给组织机构,利于组织机构快速及时地调整服务措施,取得更好的会展效果。会展组织机构能从现场联络与调查结果中获得许多重要信息,经过认真收集、分析和整理后,能成为往后各届会展活动的重要参考资料。这种会展组织方和客户面对面的联系交流过程,还能使双方加深了解,增进感情,有助于长期会展品牌的打造。

小链接 3-7

南京国际展览中心关于展会状况的调查问卷系统

展商、观众的满意程度对一个展会来说是非常重要的,不仅反映了展会的成熟度,还反映了主办方及展馆的服务水平,了解展商和观众对展会的意见和建议对办好下届展会具有非常重要的作用。南京国际展览中心拥有自己的自办展会,并且工作人员会在每个展会举办期间进行满意度调查,因此他们有着相关的专业经验,长期的积累使得他们总结出一套完整的最有利于反映展会状况的调查问卷系统。他们会应展会主办方的要求为展会开展这项服务,将展商及观众提交的信息反馈给主办方,以供借鉴与参考。

(资料来源:南京国际展览中心网站,http://www.njiec.com,节选)

六、媒体服务

很多会展组织机构会在会展现场适当的地方开辟一定的区域作为会展的新闻中心或新闻办公室供各媒体记者使用,以便参展商和主办单位所发布的各种信息能及时通过媒体得以传播。新闻中心一般只供媒体的有关人员使用,其他人员除非被邀请,否则不准进入。

新闻中心的硬件设施和人员配备应根据会展活动规模、经费情况及宣传实际需要等因素决定。

硬件设施方面，除了要配备电脑、传真机、写字台、纸、笔等记者写稿、发稿的必要设施外，一般还要准备供记者小憩的茶水、咖啡以及小点心等，还可以在新闻中心放置一些有关会展的介绍资料如办展背景、行业概况、展会特点、相关活动计划以及会展的相关数据等，以备记者在写稿时参考。除此之外，还应该根据不同媒体的不同新闻需求向其提供不同的展会资料。

人员配备方面，会展组织机构往往会安排熟悉会展活动相关情况并了解新闻业界操作程序的工作人员担任新闻主管，负责统一发布会展活动的官方信息。由于新闻主管主要代表会展组织机构接受媒体的采访，所以必须善于言谈，举止落落大方，并最好拥有良好的媒体关系。除新闻主管外，通常还需要安排专人负责新闻记者的接待和联络工作，负责接待新闻记者的会展工作人员也要熟悉会展的有关情况，以便随时回答记者提出的各种问题。

会展组织机构可以有意识地组织、引导和安排各新闻媒体对会展活动进行报道。例如，专业媒体更倾向于报道一些较专业的行业新闻，大众媒体则更注重大众所喜闻乐见的新闻，会展组织方可以为不同类型的媒体提供各自所需要的会展资料，引导不同的媒体从不同的侧面对会展活动进行报道。如果媒体记者希望现场采访某些参展企业、出席开幕式的嘉宾或者某些重要的观众，会展组织机构认为可行的话，需要事先与有关人员取得联系并征得他们的同意，然后为采访安排好具体的时间和地点，通知双方到时会面。

对于各媒体上出现的对会展活动的各种采访报道，会展组织机构在会展活动期间要安排专人及时进行收集和整理。如果某些媒体对展会的报道有失偏颇，应及时采取相应的补救措施。要分析这些资料对会展报道的内容和角度是否符合会展发展的需要，以便为下届会展活动提供参考。

小链接 3-8

ITMA ASIA + CITME 2008 展会的新闻中心

在 ITMA ASIA + CITME 2008 展会期间，中国国际贸易促进委员会纺织行业分会信息部主任刘彦威告诉记者："新闻中心是展会现场服务的重要一环。根据参展商、观众和新闻媒体的需求做好服务工作，是新闻中心的工作重心。"

据刘彦威介绍，为了让展商、观众能够及时了解每天的展会动态，大会组委会特别邀请国内纺织服装行业内的权威新闻媒体——《中国纺织报》和多年为 ITMA 亚洲展览会服务的世界出版集团联合出版中英文版的《每日展报》，及时把每天的展会新闻传递给参展商和与会观众。同时，为满足国内外新闻媒体现场发稿的需要，新闻中心安排设置了 20 多条互联网网线，并准备了充足的电脑和打印设备。新闻中心的所有电脑界面有中英文两种语言，从硬件装备上全方位满足国内外新闻媒体记者、参展商和观众的需要。

在新闻中心现场，记者看到百余平方米新闻中心内宽敞、整洁，所有新闻中心工作人员统一着装，热情解答新闻媒体、展商和观众提出的各种问题。同时，新闻中心的工作人员还准备了饮料、小食品等，彰显出细致入微的服务理念。

本届展会上，来自国内和世界各国的 20 多家新闻媒体参与了报道。新闻中心为了更好地做好展会宣传和服务，一方面准备了 20 多篇新闻稿件，其中中文 8 篇、英文 14 篇，内容涉及展会总体情况介绍、知识产权保护、新产品、市场动态、科技创新等，内容丰富翔实；另一方面，根据国内外不同新闻媒体的需求，认真做好接待服务工作。新闻中心的工作人员及时把展会现场的活动热点，如行业协会之间的合作、行业协会领导间会谈、参展商最新合作成果等信息传递给新闻媒体，并快速传递到官方网站上，方便与会各界人士及时了解展会信息。

（资料来源：姜国华：《新闻中心成为展会亮丽风景》，载于《中国纺织报》，2008 年 8 月 12 日，略有删改）

第三节 会展记录服务

记录服务是会展活动现场文秘服务的一个重要部分。会展活动现场文秘服务包括文件分发服务、问卷调查与统计服务、记录服务、提案议案服务、翻译服务、礼仪服务等。本节讲会议记录。

一、会议记录的概念和作用

（一）会议记录的概念

会议记录是由会议组织者指定专人，如实准确地记录会议的组织情况和会议内容的一种文字材料，属于应用性文体。会议记录一般用于比较重要的会议或正式的会议，作为对会议客观进程的原始而真实的记载，必须真实全面地反映会议的本来面貌。

（二）会议记录的作用

（1）依据作用。即以真实的记载作为事后的依据。会议记录必须真实记载和反映会议的全过程，成为会议情况和会议内容的原始凭证。时过境迁，记忆将无法准确复现，甚至当时做出的重要决定也记不清楚，就需要查阅会议记录。这是会议记录最基本的作用。在一些法定性会议中，会议记录经发言者和会议领导人确认签字后即具有法律效力。重要会议的记录，还可以成为一个部门和单位的宝贵历史资料。

（2）信息作用。把会议的全过程真实地记载下来，就可以进行会议信息的汇总，便于传达或宣传、讨论或学习、贯彻或执行。图像类会议记录还可以用于会议的宣传报道。

（3）素材作用。会议记录便于形成相关文件，如为连续编发的会议简报和后期制作会议纪要提供素材。会议的其他后期文件，如决定、决议、合同、条约、联合声明等，也必须根据会议记录进行拟写。

二、会议记录的分类

（一）按记录的手段分类

按记录的手段分类，会议记录可分为手工记录和机器记录。

（1）手工记录。就是由会议秘书用文字或专门的记录符号进行记录。这是最基本、最简便、最常用的记录手段。与机器记录相比，手工记录重在"记"。

（2）机器记录。即借助各种记录信息的机器或设备进行记录。目前常用的记录机器有照相机、录音机、录像机、摄影机、计算机等。与手工记录相比，机器记录重在"录"。机器录音录像的好处在于可以最大限度地再现会议的情境。但要注意，录音录像只是手段，最终还要将录下的内容还原成文字。

（二）按记录的载体分类

按记录的载体分类，会议记录可分为书面记录、音频记录和视频记录。

（1）书面记录。即在纸质材料上进行记录，其特点是简便易行。书面记录分为文字直录法和速记法。使用速记法时，在记录结束后要用规定使用的文字进行整理才能提交和归档。

（2）音频记录。即用录音带、磁盘、录音笔等记录会场内的语音信息。音频记录的优点是能完整记录与会者的发言内容，便于整理，是书面会议记录的重要补充。重要会议常常采用音频记录的方法，使重要讲话、报告、讨论和决议等能够原汁原味地得以保存。

（3）视频记录。视频记录又分为动态视频和静态图像两种。动态视频即运用摄像机、摄影机等视频设备将会议活动的场面记录在录像带、摄影胶片和计算机储存器中。动态视频记录能全程记录会场内活动的场面和声音，并能直观地再现，是书面会议记录的补充形式。静态图像即使用照相技术拍摄会议的现场，一般都是选择性、间断性、局部性的，只有图像没有声音。

（三）按记录的内容分类

按记录的内容分类，会议记录可分为概况记录和内容记录。

（1）会议的概况记录。也称为会议的组织情况记录。会议的概况记录一般包括9个记录点：会议名称、会议时间、会议地点、会议召集人或主持人、出席人（按规定必须参加会议的成员）、列席人（不是会议成员，因工作需要而特别邀请或允许参加会议的人）、旁听人、缺席人及原因、记录人。以上情况应尽可能在会议正式开始之前写好。

（2）会议的内容记录。也称为会议的进程记录，是会议记录的核心部分。会议的内容记录跟随会议的进展一步步完成，没有具体的固定模式。它一般包含：会议议题和议程、会议发言人和发言情况（如会议讲话、报告、讨论）、会议表决情况、会议结果（如会议决定和决议）、会场情况（如发言中的插话、笑声、掌声、临时中断以及别的重要的情况）、会议遗留问题，等等。不同的会议记录，其侧重点和顺序会有所不同。

小链接 3-9

会议记录与会议纪要的区别

会议纪要有别于会议记录。二者的主要区别是：第一，性质不同：会议记录是讨论发言的实录，属事务文书。会议纪要只记要点，是法定行政公文。第二，功能不同：会议记录一般不公开，无须传达或传阅，只作资料存档；会议纪要通常要在一定范围内传达或传阅，要求贯彻执行。

三、会议记录的方法和要求

（一）会议记录的方法

（1）详细记录。详细记录要求做到有言必录、有情况必录。会议概况、会议进程和会场情况三个方面的记录要详细全面。详细记录能全面反映会议的全过程，是重要的依据。详细记录对记录员的要求很高。为了确保详细记录的详细，最好同步录音或录像，然后全面整理。

（2）摘要记录。做摘要记录时，会议概况部分不能省略，可以省略的主要是会议进程中发言人发言的次要部分。也就是说，摘要记录与详细记录最大的区别是对发言过程和内容的记录详略不同。摘要记录是择言记录，详细记录是有言必录。从表面上看，我们会认为摘要记录更容易一些。实际上，摘要记录对记录者的要求更高、难度也更大。做摘要记录时，首先，要求记录者善听，能够在多句话中很快抓住发言者的要点和思想火花，理解发言者的真实意图，"取其精华"；其次，要求记录者善整，即能够迅速将发言者的即兴讲话整合为规范的语法结构，并保持其语言风格；最后，要求记录者善写，即直接用规范的文字而不用速记符号或其他省略符号进行记录，使会议记录一次性成文。

（二）会议记录的要求

（1）提前落实。第一是人员的落实。会议记录不论是内部承担还是聘请专业速记，一定要提前落实。记录人员首先要有高度的责任心和信息保密意识；其次要有较强的听知能力和熟练的记录技能，具有较宽的知识面、反应敏捷者尤佳。重要会议为保证记录的尽可能全面，可以安排多人担任记录，会后共同整理汇总。第二是场外准备的落实。为了保证记录的质量，记录人员在进场之前要做好充分的准备。例如，了解会议所属行业的行业知识、专业术语，了解会议的内容、目的、议题、议程、方式、手段，了解会议主要发言人的背景、发言题目、讲话风格、口音，等等。对这些情况的了解越充分，心里就越有底，记录就越有把握。同时，备好纸、笔、工具、器材等必需物品。会议记录用纸应尽可能统一印制，规范格式，便于存档。记录用笔应当符合归档的要求。会议记录用的录音录像和计算机等设备，要提前安装调试。

（2）准确完整。准确完整的第一个含义是内容真实。不添加，不遗漏，依实而记，与会议情况相同。会议记录员与其他文稿文章的写作者有一个重要的区别,就是记录员只有记录权没有改造加工权。会议是什么样就记成什么样,与会者发言时说什么就记什么,不能进行加工提炼,不能增添删减,不能移花接木,不能张冠李戴。因此,有人用"原始""原汁原味"等词汇来形容会议记录,很有道理。在这一点上,它跟会议简报、会议纪要有着很大不同。会议简报和会议纪要也是真实的,但不是原始的。虽然在内容上可能没有太大差别,但在存在形态上,会议记录跟会议简报和会议纪要的差异甚大。会议记录只有实事求是、客观真实,才能为形成会议的最后文件、圆满完成会议任务提供保障,才能给后人留下可靠的、珍贵的历史材料。准确完整的第二个含义是内容完整。会议记录只有完整真实地反映会议的情况才能体现其价值。内容完整就是要求对会议的时间、地点、出席人员、主持人、议程等基本情况,对领导讲话、与会者发言、讨论和争议、形成的决议和决定等内容,都要记录,一般情况下没有可记可不记的选择权。

(3)清楚规范。清楚首先是书写清楚,其次是记录有条理,最后是重点突出。规范是指符合会议记录和立卷归档的各种要求,如格式要求、用笔要求、用纸要求、签名要求等。录音录像记录、速记和多人同时记录,会后要整理誊清,共同签名,以示负责。整理后的记录稿,要做到字迹清楚、文字规范、语法正确。

小链接3-10

会议记录应该突出的重点

● 会议中心议题以及围绕中心议题展开的有关活动。
● 会议讨论、争论的焦点及其各方的主要见解。
● 权威人士或代表人物的言论。
● 会议开始时的定调性言论和结束前的总结性言论。
● 会议已议决的或议而未决的事项。
● 对会议产生较大影响的其他言论或活动。

四、会议记录的书写和处理技巧

(一)会议记录的书写技巧

会议记录的书写技巧被概括为一快、二要、三省、四代。"一快"指记得快。经验是字写小一些、下笔轻一些，尽量顺肘连笔、略斜。"二要"指择要而记。就记录一次会议来说，要围绕会议议题、会议主持人和主要领导同志发言的中心思想，与会者的不同意见或有争议的问题、结论性意见、决定或决议等做记录；就记录一个人的发言来说，要先记其发言要点、主要论据和结论，论证过程次之；就记一句话来说，要先记这句话的中心词，修饰语次之。"三省"指在记录中正确使用省略法。例如，使用简称、简化词语和统称，可省略词语和句子中的附加成分，比如"但是"只记"但"；省略较长的成语、俗语、熟悉的词组，句子的后半部分，画一曲线代替；省略引文，记下起止句或起止词即可，会后查补。"四代"指用较为简便的写法代替复杂的写法。例如，用姓氏代替全名、用笔画少的同音字代替笔画多的字、用可以辨认的简写代替全写、用数字和符号代替文字、用汉语拼音代替生词难字等。但在整理和印发会议记录时，均应按规范执行。

（二）会议记录的处理技巧

会议记录的处理技巧包括记录纸（本）、原始记录、签名、公开使用等环节的技巧。关于记录纸（本）的经验是尽量统一，将会议记录的一般内容印在上面，既便于规范存档，又整齐美观。关于原始记录的经验是，列为附件与整理件共同存档，以备查对。重要会议的原始记录更不能轻易损毁。关于签名的经验是根据重要性处理。一般会议的记录由记录员签名；较重要会议的记录要经主要领导人审核签名；论证会、鉴定会、听证会以及国际性组织的重要会议，与会者的发言常常是决策、定案的重要依据，因此除主要领导人之外，还可以要求发言人会后对记录进行核对、确认并签字。会后要公开使用的会议记录应征得发言者的审阅、确认、同意并签字。

第四节　会展活动服务

现代会展越来越讲究在会展期间举办一系列的相关活动，这些活动可以是会展组织机构主办的，也可以是参展企业或其他有关单位主办的，我们在此主要讨论由会展组织机构举办的相关活动。这些活动一般包括开幕式、表演、比赛和其他相关活动。它们是会展组织方提供的现场服务的有机组成部分，能丰富和完善会展的基本功能，活跃会展现场气氛，吸引更多的潜在参展商、潜在观众、潜在与会者。其作用主要体现在以下五个方面：

（1）活动能拓展会展的展示功能。展会是企业产品的重要展示平台，许多参展企业参加展会的目的就是为了在展会上充分展示形象，树立品牌。相关活动能很好地拓展会展活动的这一功能。例如，在展会期间举办的创新产品评比活动，给企业及其产品提供了绝佳的展示机会和平台，并能为企业的未来宣传提供素材。

（2）活动能强化会展的发布功能。会展活动人群密集，信息传播范围广、速度快，因此被许多企业选择作为新产品发布的场所。会展组织机构可为个别新展品举办专场新闻发布并设计个性化专题活动，使新产品的发布以更新颖灵活的方式展现在人们面前。例如，结合新产品的特点来设计相关表演活动，使新产品的优势得以更好地呈现，增强发布效果。

（3）活动能延伸会展的贸易功能。很多企业参展的主要目的是贸易成交，许多观众参观的主要目的是为了寻找合适的供应商，展会因此也成为一个重要的贸易平台。适当的活动能延伸会展的贸易功能。例如，展会期间举办产品订货会、产品推介会、项目招标活动等，能促进贸易成交，延伸展会的贸易功能。

（4）活动能活跃会展现场气氛。一些富于观赏性的表演活动以及一些大众参与性较强的比赛活动能极大地调动现场观众的积极性，使会展现场气氛活跃，为企业创造良好的会展现场氛围。

（5）活动能增强对潜在会展客户的吸引力。组织完善、丰富多彩的活动能为会展增加亮点，吸引眼球，还能为代表们创造美好回忆，提高满意度；而良好的口碑效应对潜在观众和与会者有很大的吸引力，是建立长期会展品牌的重要因素。

一、开幕式

会展组织机构通常用开幕式的形式向社会各界宣布会展正式开始。开幕式不仅是会展正式开始的标志，也是会展企业展示其规模和实力的良好机会，一般会邀请一些具有较大影响力和宣传价值的人物，如政府官员、工商名流等作为嘉宾出席。举办开幕式的主要目的是制造气氛、扩大影响，如果能与媒体工作紧密结合，将产生很好的宣传和公关效果。

由于开幕式涉及的因素众多，事务繁杂，因此，会展组织机构必须高度重视、精心策划和周密部署。

（一）开幕式时间和地点

开幕式通常安排在会展首日举行，但也可能因为某些原因安排在其他时间，例如根据所邀请到的关键嘉宾的时间安排来确定开幕式日期。如果开幕式不是在会展首日举行，开幕式之前的展出可以称作"预展"或"贸易日"等。如果是面对普通公众开放的展览，开幕式宜安排在周末和节假日；如果是商贸展览会，开幕式宜安排在工作日。

开幕式当日的仪式开始时间应充分考虑当地交通、工作习惯等因素，不宜太早，也不可过晚，通常定在上午9点左右。为避免观众产生厌烦情绪，开幕式应尽量按预定时间开始，不可随意拖延，仪式持续时间也不宜过长。

开幕式地点一般选择在会议场地或展馆前的广场上，可临时搭建舞台进行。

（二）开幕式现场布置

现场可摆放拱门、花卉，悬挂彩旗、空飘气球等进行装饰，还可以根据需要安排乐队奏乐、表演歌舞、敲锣打鼓等，以烘托热烈欢快的气氛。如果现场需要安排标语、横幅、背景板，则内容、尺寸、颜色、质地等都要提前考虑周全并交代清楚。

时间较长或规模较大的开幕式，可设桌式讲台并摆设座椅；时间较短或规模较小的开幕式，可设立架式讲台或不设讲台而只摆放立式话筒。讲台区域和通向讲台的走道都应配有适当的照明，走道的电缆和其他障碍物应事先清理好。如果来宾席位较多，要考虑是否在席位处贴上标签及在走道上设路标。

（三）开幕式程序

制定清晰简洁的开幕式程序是会展开幕式成功举办的重要保证。开幕式程序可以由主办单位自己策划，也可以承包给专业策划公司。其基本程序通常为：嘉宾签到留念—嘉宾在休息室集中，由礼仪人员为来宾佩戴胸花和来宾证—由礼仪小姐引导嘉宾前往主席台就位—主持人开场白和介绍到会领导及嘉宾—相关领导或嘉宾代表致辞—鸣放礼炮、嘉宾剪彩等开幕表演—关键领导或嘉宾宣布正式开幕—主持人宣布开幕式结束—由工作人员带领，主办单位负责人陪同嘉宾进场参观。有的开幕式还在其中安排一些演出和燃放烟花环节等，以活跃开幕式的气氛。

二、表演

在会展期间举办各种与会展题材相关的表演也是十分常见的活动，能起到活跃现场气氛和吸引潜在观众的作用。会展现场举办的表演活动大致可分为两类：

一类是穿插性表演活动。这类表演活动主要为了充实会展内容、扩大会展影响而举办，常被穿插安排在主要会展时段之中进行，起着间隔时段和充实内容的作用。例如，在会展期间举办有著名影视明星参加的文艺晚会。

另一类是程序性表演活动。这类表演活动多是依照行业惯例而举办的，是会展活动的常规程序。例如，在开幕式仪式上安排一些或大或小的表演活动，在等候答谢晚宴开席时安排一些文艺表演助兴等。（见图3-8）

图3-8　第十一届锦汉纺织服装及面料展览会开幕典礼上的表演

三、比赛

会展带来大量的人群聚集，特定会展题材常使同行业的多家企业齐集一堂，在此期间举办一些比赛活动拥有许多便利条件，也易在行业内和社会上产生较大的影响。和表演一样，比赛对于活跃现场气氛和吸引潜在观众也有较大帮助，另外，有些专业性的比赛活动对于吸引企业参加展会也有一定的帮助。

在会展期间举办的比赛活动大致可分为两类：一类是以大众观赏为主要目的的比赛活动，如在体育用品类展会中举办的各种球类比赛、在服装类展会中举办的各种时装表演比赛等；另一类是强调行业特征的专业性比赛活动，如为鼓励广大参展商提高展位质量而举办的展位设计比赛、为发掘行业新产品和新设计而举办的创新产品评比等。

四、其他活动

除了常见的开幕式、表演和比赛活动外，有些会展组织机构还在会展期间举办其他相关活动，如招标活动、访问活动、公益活动、明星见面活动等。这些活动对充实会展内容、扩大会展影响、树立会展良好形象起着积极作用,是会展组织方提供的现场服务的有机组成部分。

第五节 会展值班服务

一、会展值班服务的概念和作用

(一)会展值班服务的概念

在一般意义上,值班服务主要是为了保持工作的连续性和应急性,为相关人员提供便利,并保证人、财、物的安全。因值班服务有着与常态服务相互补充的功能,所以日益受到重视,并成为很多行业的竞争手段之一。过去人们比较熟悉的是医院、消防、公安、供电变电等行业和门卫、保卫等岗位必须安排值班,目前,不少商店、企业、政府机构、学校、幼儿园都会根据工作需要安排值班。

会展值班服务主要指在会展活动举办期间(进行时态)成立专门机构或安排专门人员不间断地坚守某些服务岗位,处理临时发生或需要办理的事项,以满足特定会展项目参与者和消费者的临时性需求的一种综合性服务工作。有的会展活动还需要将这种服务进行双向延长,即延长到会展活动前期和后期的部分服务岗位。例如,展览会前期展位申请的电话咨询、会议后期部分与会者的延时返回等。

(二)会展值班服务的作用

在会展活动中,各服务部门或服务人员主要提供常态性的服务,而正常工作时间之外的增加服务和临时服务,特别是一些职责界限不好划分的服务,往往设置专门的值班机构或安排专门的值班人员来承担。因此,除规模较小、时间较短、规格不高的会展项目之外,大多数会展项目,都会在举办期间安排一定岗位的值班,以及时解决临时发生的问题,满足参加对象的需要,确保会展活动的顺利进行。

二、会展值班服务的主要类型

（一）按值班服务的内容划分

按值班服务的内容职责来划分，可以分成很多种值班服务，主要有以下几种：

（1）报到服务值班。包括报到注册、缴纳会费、领取会议日程表和其他资料、安排住宿等。

（2）接待服务值班。会展项目接待服务工作范围很广，如临时租用会议室或会客室、临时增加用餐和住宿、临时需要用车、临时增加活动以及各种信息（出行路线、购物、求医）的咨询等。

（3）文秘服务值班。文秘服务值班常见的主要有：按组委会要求临时编撰和印发决议草案、会展简报、会展服务手册及其他各种资料；制发会展活动期间临时性的会议和活动通知、采办临时增加的文具用品；等等。

（4）安全服务值班。安全服务值班的主要职责包括：会展活动场地安检（如防爆、防窃等）；会展活动进场检查把关；会展活动现场人员安全、行车停车安全、饮食安全、用水安全、物品安全等。这种值班是24小时不间断值班。

（5）用品和设备供应值班。这类值班是针对会展活动正式开始后可能出现的对某些用品和设备的临时性需求而设的。这种值班除安排专人之外，还应配备一些技术人员，以协助解决设备使用中出现的技术问题，确保会展活动得以顺利进行。

（二）按值班服务的时间划分

按值班服务的时间划分，值班服务有以下两种类型：

（1）全天候值班。会展活动现场全天候值班的本质是会展活动的全过程值班。安保、医疗、总值班等服务都应该是全天候服务。会议的场内服务值班也属于这一种，工作人员住在会务组所在的办公房间里，随时可以为有需求者服务。

（2）部分时段值班。根据会展活动的规律，不少岗位只需要安排部分时段值班，如报到服务、接待服务、文秘服务等，这样可以节省人力、物力和财力。

（三）按值班服务的地点划分

按值班服务的地点划分，值班服务有以下几种类型：

（1）场内服务值班。场内服务值班指会展活动举行期间在现场提供的服务，包括文秘、接待、安保、保洁、统计等。一般情况下，会议的场内服务值班简单一些，多半集中安排在会务组所在的房间里；展览会和节庆活动的场内服务值班复杂一些，往往要安排多个值班地点。

（2）场外服务值班。场外服务是指会展活动举行期间在现场的外围提供的服务。这种服务根据会展项目的规格、规模、主题，参加人员的地位、身份、职务，以及保安保密级别等确定并安排。这种值班必须会同公安、工商等部门共同执行。

（3）住地值班。住地值班指在会展活动指定宾馆、饭店等下榻地点为与会者提供的服务。住地值班的一般任务是强化与会人员的人身安全、物品安全、饮食安全等方面的管理，为与会者的临时需要提供咨询和帮助。

（4）接站地点值班。接站地点值班指在会展项目目的地的机场、车站、码头等安排的值班，一般针对特邀嘉宾。

小案例 3-4

接站地点值班迎来"一个人的消博会"

经国务院批准，由国家商务部和浙江省人民政府共同主办，并于 2002 年起每年 6 月 8 日至 12 日在宁波举办的中国国际日用消费品博览会（以下简称"消博会"），2003 年因 SARS 来袭决定改期。组委会用各种方法将改期的决定通知所有与会人员。为以防万一，组委会在原定日期安排了接站地点值班服务，果然接到了一位不知道展览会改期的印度商人哈里斯。组委会临时决定，实施一对一的细致服务，使哈里斯圆满地完成了采购任务，使"一个人的消博会"美名扬遍中外，被评为 2003 年度宁波十大公关事件之一。消博会的值班服务使坏事变好事，赢得了良好的社会声誉，为日后的发展打下了坚实的基础，为宣传宁波市的品牌形象做出了不可估量的贡献。

（资料来源：根据马克斌《会展经典案例》"一个人的消博会"改写）

（四）按值班服务的岗位层次划分

按值班服务的岗位层次划分，值班服务有以下两类：

（1）总值班。这是承担会展活动举行期间值班工作全面责任的一种岗位。该岗位的值班人员习惯称为值班经理，一般应安排该项会展活动的领导人员或具有相当经验和能力的人员担任。在大型或特大型会展活动中，总值班可以分为二级或多级，如世博会可以安排总值班、展区总值班、展馆总值班等。

总值班的主要职责是：根据组委会或秘书处的授权，管理、检查、督促值班部门或值班岗位的各项工作；决定会展活动期间下级值班解决不了的比较大的临时性或突发性事项的处理方法；协调值班部门与各部门之间的关系，必要时调动各部门的力量共同解决临时性或突发性问题。

（2）部门值班。部门值班也叫岗位值班，指按具体工作部门或工作岗位承担的值班任务。例如，展览会的采购商报到处、展场保安处、参展商采购商问卷调查统计组、餐饮服务部等各部门各岗位按组委会或秘书处统一布置安排的值班。

部门值班和岗位值班的主要职责是在本部门或本岗位的分工范围内提供与常态时间内容相同的便利服务并完成上级交办的其他工作。

（五）按值班服务的性质划分

按值班服务的性质划分，值班服务有以下两类：

（1）常设性值班。常设性值班指一般的会展项目都会有的、几乎成为行业约定俗成的值班服务。例如，会议和展览会的总服务台，这种常设性值班预先会成立机构、安排人员、做出工作计划，所以，工作比较有序。

（2）临时性值班。会展活动期间的临时性值班有多种原因，如主要嘉宾到达误点、各种原因临时休会、节庆活动过于拥挤增加分流路线等。为了保证会展项目临时性值班有足够的人力、物力和财力，要在常规服务安排中留有一定的余地和机动性。

三、对会展值班员的基本要求

（一）道德品质和工作态度方面

会展项目值班员肩负解决各种临时问题、为参与者排忧解难、维护会展活动的正常秩序、塑造组办方的整体形象和项目品牌形象的重任。所以，首先要有优秀的道德品质和良好的职业素养，要有高度负责的工作态度，要有吃苦耐劳和脚踏实地的工作作风，要能够运用正直、诚实、热情来提升特定会展项目的内在价值。

（二）业务知识和基本能力方面

很多单位考虑到值班工作的辛苦（主要是时间长或非正常工作时间），尤其是晚上值班、双休日值班、节假日值班，于是往往将年龄、资历、性别等作为安排的前提条件，即年轻的人、资历浅的人、男性多值班，特别是多值别人不愿值的班。有的单位甚至专门招聘一些值班员来承担这种任务。对一般单位和岗位，这样做问题可能不大，但对有职业技能要求的岗位，这样安排就很不妥当。会展是职业技能很强的服务岗位，所以，会展项目值班人员的挑选和安排必须非常慎重。

会展项目值班员作为该项目直接面对与会者的一扇窗口和前沿岗位，意义重大。他们的一举一动、言谈举止、待人接物、工作方法、工作效率，都被与会者看在眼里，并作为评价服务质量的主要依据（从期望到感知）。所以，要挑选业务娴熟、知识面宽、熟悉会展接待的全部工作环节、熟悉特定会展项目的各种安排，尤其精通会展现场的运作和管理、能够独当一面妥善解决各种问题的优秀工作人员来担当。

同时，会展值班可能碰到各种各样不可完全预见的问题，尤其是大型国际型会展活动。所以，还必须要求会展值班员要有善于交际的沟通能力，能够快速了解客人提出的各种问题；要有较强的组织能力，能够调动各方力量，快速处理和解决客人的各种问题；要有灵活机智的应变能力，在紧急情况下以变通方法化大事为小事、变危机为机遇，尽量使现场值班成为问题的终结点。

（三）心理素质和身体素质方面

一方面，会展项目的现场服务内容很多；另一方面，会展项目的现场客流量大、消费群体复杂，有时还会出现拥堵。这就特别要求值班人员要有良好稳定的心理素质，不为现场的环境气氛所左右，不为客人的焦急烦躁甚至埋怨所影响，在复杂的问题面前，既能不急不躁，又能快速反应、沉着应对、果断解决，体现出良好的服务能力和水平。

值班员往往不是按正常的作息时间上班和下班，值班员的工作时间更长，任务更重，还需要有健康的身体条件和充沛旺盛的精力，能够始终保持良好的工作状态和高雅的职业形象。

四、会展值班的基本岗位制度

不同类型、规模、级别的会展项目对值班会有不同的要求，但以下一些基本制度属于共同遵守的范围：

（1）上下岗制度。会展值班人员接到值班任务后，要根据值班安排表，提前做好工作准备，按时上岗下岗；如有特殊情况不能值班者，要提前报告并马上调整，杜绝空岗、脱岗、提前离岗等不良现象发生；保证值班时间不搞其他娱乐活动，不嬉戏打闹、不聚众游戏、不看电视、不打瞌睡等；保证值班室不留外人休息和住宿。

（2）岗位责任制度。规范工作包括的内容很多，如值班人员的仪表仪态，包括着装必须整齐、精神必须饱满、必须保持值班室的清洁卫生等；如值班人员的工作方法，包括如待客必须热情周到、礼貌大方，座机和手机必须畅通等；如值班人员的工作内容，包括负责与会者的接待、各种突发事件的处理和报告、完整详细的工作记录等。

（3）接待和服务制度。如礼貌相待，包括主动问候、主动自我介绍、主动询问服务要求、使用文明语言、急人所急、及时提供服务等。

（4）记录和交接班制度。值班人员要负责做好值班记录和交接班工作，值班记录本要妥善保管，不得遗失。

（5）报告和保密制度。值班时涉及参展企业、采购企业或个人需要保密的信息，要特别注意保密，要有守口如瓶、不私下传递保密信息的良好职业习惯。

（6）奖励和惩罚制度。会展项目值班员按值班条例承担值班责任。在岗立功，按功行赏。因值班工作不到位而发生重大事故的，要追究值班人员的纪律责任和其他责任。

第六节 会展保洁、安保和其他服务

导入：一些展会上可以看到这样的现象：开幕时很隆重很壮观，开始的几天也整洁有序，接近闭幕的几天却乱了套，现场一片狼藉，各展位打包的打包，撤馆的撤馆，废纸、杂物和产品介绍满地都是，既浪费了宝贵的资源，影响后期观众的参观，而且如此凌乱不堪也有碍观瞻。这正是现场保洁服务虎头蛇尾的典型状况。

一、会展保洁服务

会展的保洁服务涉及时间和空间两个维度。从时间上看，保洁服务包括布展时的保洁服务、开幕期间的保洁服务和撤展后的保洁服务，在此我们只讨论开幕期间的保洁服务。从空间上看，包括展位内的清洁和展馆公共区域的清洁。会展组织方提供的保洁服务一般只覆盖展场公共区域，如通道、大厅等，参展商须自行清扫展位并将垃圾按指定时间放在指定地点。因此，我们在此只讨论展馆公共区域的保洁服务。

会展开幕以后，大量的观众进入展馆，因此展区里每天都会产生很多垃圾，加上许多参展商不断派发产品宣传资料，而许多观众会在接到宣传资料后随手丢弃，因此还会产生大量的废旧纸品，这些垃圾如果得不到及时的处理，会严重影响展会的形象。所以，展会组办方应每天都派出专门的保洁服务人员在展馆内巡回处理通道和公共区域的垃圾，并在每天展览时间结束后对通道和公共区域的垃圾进行集中清理，以维持清洁的展场环境。各种垃圾也应在分类整理后被分别处理。

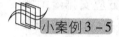
小案例 3-5

第十一届成都国际车展博览会的宣传单收荒匠

2008 年 9 月 22 日，第十一届成都国际车展博览会迎来第 2 个观众日，市民蜂拥而至，再度创下人流量新高。记者发现，展场内虽有专业清洁工，但有一群人专门买票入场，只为捡落在地上的宣传单。"小妹儿，你手上的宣传单不要就给我吧。"刚走到 2 号馆，记者就被一名中年妇女拉住，只见她手上的 3 个纸提袋已经装满了琳琅满目的宣传单。"这些纸质量好，拿到废品站去卖，能比普通的废纸多卖两毛钱呢。"中年妇女说，她姓刘，家住华阳农村，得知新会展要开汽车展，专程约同村妇女来捡宣传单。"除掉门票钱，每天大概能卖 20 块钱。"刘大姐笑着说。"哎，她们是买票入场的，我们怎么知道她们是观众还是收荒匠呢？"现场工作人员表示，汽车销售商为了宣传产品，专门雇了一些女生散发宣传单，而少数市民接过宣传单，看完就随手乱扔，这样才导致了这批"清道夫"的产生。

（资料来源：王了：《为"收荒"有人专门买票进场》，载于《天府早报》，2008 年 9 月 22 日，节选）

二、会展安保服务

会展活动是一个人流、物流和资金流密集的群体活动，存在较大的安全风险，因此现场安全保卫服务是会展组织者应提供的现场服务之一。自"9·11"事件后，安全问题被提上世界会展业发展的重要议程，安全的办会办展环境已经成为现代城市发展会展业的重要竞争力，也受到会展组织方的高度重视。

会展期间的安全保卫工作主要是防止可疑人员进入展会、防止展品丢失和被盗、做好展会消防安全保护、协助参展商处理一些安全保卫方面的工作等。

正规的会展活动应该有一系列的安全规定，包括政府、行业和会展组织制定的各种规定，应要求相关方面认真阅读、按章办事，防患于未然。组织方还应成立安全委员会，责任分配到人，负责展会的公共安全工作，并采取必要的安保手段，做好防火、防爆、防盗、防恐措施，保证参展商和观众的人身安全和财产安全。

会展组织机构对参展商在布展时或在展会开幕后有关人员的安全问题通常不负责任，但一般都要求参展商为其参展人员购买"第三者责任险"和"展出人员险"等以保障其人员的安全。会展期间，会展组织方应安排专门的安保人员在展会内轮番巡视，协助参展商保护展品安全。必要的话，可在与参展商签订的合同中就贵重物品、设施的安全保卫问题，组织方、承办方及场馆的免责事项具文备案，以避免将来可能发生的责任推诿。通常，会展组织方也会建议参展商为其贵重展品购买第三者保险，以更好地保护展品安全。

小案例 3-6

参展商安全责任书

我单位就 2008 首届中国国际循环经济成果交易博览会期间的安全保卫事宜，特做出如下保证：

认真阅读主办单位《参展手册》中关于安全、消防、布展须知等相关规定，做好展览会期间所租用区域内的安全、防火及治安工作，保证在展览会期间的活动符合规定。

指派参展安全责任人，负责本展位的安全、消防和展（物）品的防盗工作，维持展位的秩序，确保展位安全。妥善保管展（物）品（如贵重展品、证件、钱包、手提包、笔记本电脑、摄像机、照相机、手机等），防止失窃。遇有可疑人员和情况时，应及时通知保安人员，做好防盗工作。

展台工作人员在开、闭馆前应该进行安全、防火检查，确保无隐患；按照组委会规定的时间入馆离馆；展览会期间（包括布展和撤展）佩戴参展证。

遵守关于禁止在公共场所吸烟的规定，不在馆内吸烟，不使用、携带及在展位内存放易燃、易爆等危险品（如酒精、稀料、橡胶水等）。大件包装箱等杂物，按组委会规定堆放到指定区域。

保证展位内及相邻区域消防设施不被封堵及损坏，保证疏散通道的畅通。

未经允许不擅自铺设电源线，不使用电热器具，闭馆后关闭展位内所有电源。

发现火灾和治安事故时，及时与展览会保安人员联系，根据组委会紧急疏散方案，服从保安和消防人员的指挥，组织展位观众按指定路线疏散。对因未遵守相关安全规定和参展商自身原因产生的安全问题，组委会不承担任何责任。

对因未遵守相关安全规定和参展商自身原因产生的安全问题，组委会不承担任何责任。

（资料来源：首届中国国际循环经济成果交易博览会网站，http://www.cicexpo.gov.cn，2008）

对于安保要求高的展会类别，如珠宝展、奢侈品展等，应提供更严密的安保服务。例如，组建高素质的警卫队伍，加强安全巡逻；投资配备更高级别的进出场馆检查仪器及警报器、监控器等设备；对入场代表进行资格审查，要求代表入场时佩戴相应的徽章或照片识别证；增加对进出场人员的检查密度；对于贵重但体积不大的展品，提醒参展商使用保险箱或在闭馆后随身携带；为有需要的参展商提供封闭展示区域及晚间保险设备。

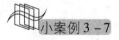

小案例 3-7

2008年上海国际珠宝首饰展的安保服务

2008年上海国际珠宝首饰展明天（2008年5月8日）起将在新国际博览中心举行，价值数千万元的翡翠项链、贵金属饰品、钻石等贵重物品将展出。记者昨天从主办方获悉，为了保证展品安全，本届展览会安全防范包括人防、技防、物防、犬防等方面，做到无监控盲点。

每届珠宝展安全保卫工作都备受关注。昨天，主办方介绍说，在登记大厅，一般情况下，所有观众都要出示身份证件，进行实名登记，取得胸卡后，在展厅入口处须再次出示身份证件。如果忘记带身份证件，必须与带身份证件的同伴合拍一张数码照片方能取得进场胸卡。

在展厅内外，100多个探头基本能拍到每个人的正面；公安部门将派出便衣、警察、特防人员以及2条警犬；在展柜玻璃上，将粘贴防爆膜，以防止玻璃破碎时，里面的展品被损坏。傍晚展览结束后，现场将有红外线布控，所有展品将被移到5个金库中。

本届展会的展区面积为 2 万平方米，国内展商包括老凤祥、老庙黄金、城隍珠宝、上海钻石交易所等，国际展商包括世界钻石加工中心——比利时安特卫普。不少展商带来了 2008 年最新设计的产品。中国台湾展团将展示价值 2000 万元的翡翠项链、重 91 克拉的哥伦比亚祖母绿、70 克拉红碧玺猫眼等 8 种稀有宝石。

（资料来源：郁文艳：《百个探头、红外线、玻璃防爆膜"站岗"》，载于《新闻晨报》，2008 年 5 月 7 日）

消防安全也是会展现场安全保卫工作的一项内容。由于会展活动人流、物流密集，如果发生火灾，灭火以及疏散措施不力，将会造成很大损失。因此，组织方应制定详细的消防预案，配备专职工作人员，加强消防巡逻，并对必要的消防设备和安全通道进行检查，尽可能消除一切安全隐患；在发生消防事故或出现消防隐患时，能够第一时间提供紧急服务。

三、会展其他服务

除了常规的报到、参会、活动等服务外，会展组织机构还需要不断创立新的服务项目，用以人为本、服务至上的态度进行配套服务、增值服务的开发，不断拓展会展现场服务空间，完善自己的服务体系。

（一）医疗服务

配置会展现场医疗人员和必需的紧急医疗设施，为参加会展活动的代表们提供医疗咨询、医疗保健和医疗急救服务。会展活动人流密集，有时会因为会展场地空气流通不畅而造成疾病的突发和传染；有人从外地来参加会展，由于旅途劳累或因为地域改换的不适应，也容易发生疾病。因此，会展组织者应该建立起一个紧急医疗救护系统，在会展现场安排医疗人员，提供及时有效的医疗卫生服务，避免意外事故的发生。

（二）参展顾问服务

会展组织者应向参展商提供全套的展览会咨询服务，包括全套的展览会文件、人员配备计划与培训、参展商参展培训等。全套展览会文件包括：场馆租赁、展台施工、运输、展览代理合同；招展通知；宣传广告；展商手册；展台划分；观众邀请函；现场服务文件；展出报道与总结；等等。在会展活动的全程都提供此类顾问指导，能帮助参展商切实实现参展效果。

（三）一站式服务

许多会展组织机构引入为参展商、客商提供服务的众多机构共同驻展馆办公，朝着"一站式""一条龙"服务方向发展。例如，在会展现场引入快递、货运、物流、邮政、银行、律师事务所、中介资质认证等专业服务部门，为参展商、客商提供极大的方便，使会展综合服务水平明显提高。

上海世博会参展者服务大厅正式启用

在2010年上海世博会倒计时600天之际，上海世博会参展者服务大厅上午正式开门迎客，世博会参展者服务工作全面启动。

世博会参展者服务大厅位于世博大厦西侧，面积约1000平方米，由闲置厂房改建而成。服务大厅设有一个总服务台和36个服务窗口，先期进驻了海关、出入境检验检疫、工商、卫生、电信、银行、保险系统等16家单位。各国参展者可通过大厅的网上审批收办平台，在任何一个窗口登记相关信息，办理签证延期、建设施工许可、客房预订等22项管理和服务项目。通过各部门在后台的协同办理，一般的项目审批、意见和订单可直接在窗口获得，大大方便了参展者。随着世博筹办工作的推进，今后还将有其他相关服务单位进驻服务大厅，为各国参展者提供高效、便捷的服务。

（资料来源：上海文广新闻传媒集团网站，http://www.smg.cn）

除上述服务种类外，会展组织机构还可以积极探索、突破常规，为会展活动提供更为灵活丰富的现场服务。目前，许多会展组织机构都在会展现场服务领域不断推陈出新，部分优秀会展已经在这一领域取得了很多值得业界借鉴的成绩。我们要应用人性化的思维模式、科学化的操作方式来进行会展现场服务的开发与实践，使之成为会展活动的关键亮点。

会展期间的现场服务工作繁杂，涉及面广，一定要事先周密布置，仔细安排，确保每一项工作都有专人负责、每位工作人员责任分明。工作人员之间分工协作，共同做好会展现场的各项服务工作。

报到工作是会展活动的"门户"，报到环节既起着建立会展秩序、控制会展规模的作用，还具备迎宾和提供信息的功能。组织者对提供报到服务必须全力以赴、精心组织。要在合适的位置安排报到地点和报到台，做好报到处功能分区、报到队列设置等，特别要求相关工作人员具有良好的素质和服务态度。

参会服务包括休息区和洽谈区设置、信息提供服务、展具租售服务、现场秩序维护、现场联络与调查、媒体服务等。

记录服务是会展现场文秘服务的一个重要组成部分。会议记录是由会议组织者指定专人，如实准确地记录会议的组织情况和会议内容的一种文字材料，属于应用性文体。会议记录的类型分为手工记录和机器记录、书面记录和音频视频记录、概况记录和内容记录、详细记录和摘要记录等。会议记录要提前落实，确保准确完整、清楚规范。记录的书写技巧为"一快""二要""三省""四代"。

会展值班服务是在会展活动举办期间（进行时态）成立专门机构或安排专门人员不间断地坚守某些服务岗位，处理临时发生或需要办理的事项，以满足特定会展项目参与者和消费者的临时性需求的一种综合性服务工作。会展值班服务类型多样。会展值班服务对会展值班员有道德品质和工作态度、业务知识和基本能力、心理素质和身体素质等方面的要求。为了确保会展值班服务的质量，必须制定会展值班的岗位制度。

会展保洁服务在时间维度上指开幕期间的保洁服务，在空间维度上指展馆公共区域的保洁服务。

本章关键词

会展当期服务（会展现场服务）　现场报到　会议记录　开幕式　值班服务　保洁和安保服务

复习思考题

1. 什么是会展现场服务？会展现场服务有哪些主要内容？
2. 以社团组织的一次年会为例，对报到区域的功能分区进行设计。
3. 会展值班服务有哪些主要类型？
4. 会议记录的方法有几种？会议记录有什么要求？
5. 在会展期间举办相关活动有何作用？
6. 以一个展览会为例，对会展保安工作提出要求。

综合案例

广交会细致周到的当期服务

中国进出口商品交易会即广州交易会,是中国目前历史最长、层次最高、规模最大、商品种类最全、到会客商最多、成交效果最好的综合性国际贸易盛会。该盛会的成功奥秘之一是细致周到的当期服务。

参展商现场服务

历届广交会筹展期、展出期、撤展期,客户服务中心均在展馆A区、B区、C区设若干服务点,按展会需要,在正常工作时间、晚班时间和通宵时间提供服务。现场服务点主要服务项目包括展位拆改、展具出租、水电申报及设备安装、花木出租、备案资料补录及文字制作、电话业务、宽带接入申请收费、加班申请、收费及开具发票、退押金等服务。

礼仪派单现场服务

主要开展报纸杂志代理发行,DM广告单的印刷、投递以及小件物品市内速递、展会派单举牌等业务。

与会一站式服务

广交会客户联络中心提供与会一站式服务,受理展会资讯、展品导航、办证咨询、客商与会、仓储运输、审图、交通、展具预订、设备预租、宽带接入、报障、投诉、酒店、租车、旅游、翻译等业务。

多语种服务

广交会客户联络中心在广交会期间为客商提供中、英、西、法、俄五种语种服务,服务时间为8:30～18:30(人工服务)、18:30～8:30(自助语音应答服务)。开通境内外服务热线、服务邮箱和在线客服。

广电商服务

广电商服务点是广电商在展会现场的形象展示窗口,同时也是连接广电商线上平台和线下展会运营的载体。第112届广交会上,广交会电子商务有限公司首次进驻展会现场,在A区、B区、C区分别设置了3个服务点,采用线上线下无缝连接(O2O)的运营模式,除升级了原有的现场服务,还将线上电商服务延伸到线下展会现场,为广大采购商提供更加优质、便捷、有针对性的现场服务。采购商会员可在服务点内享受免费的广电商会员专属服务,包括采购信息匹配推荐、免费互联网使用、平台信息查阅、免费饮品(咖啡、水)等。各服务点均有广电商服务精英驻点,采购商会员如需任何帮助,可随时前往各服务点咨询。很多老采购商一到达展会就直接来到服务点,要求为其查找匹配的参展供应商信息，还有的甚至是专程来找寻上次为他提供服务的"老朋友"。广电商服务点因其提供的服务内容远远超越普通人工服务而受到好评。

免费全球通话服务

2013年春季广交会最大的亮点不是有更多的参展商，而是在服务这块有了亮眼的升级：为到会的所有人提供免费的全球通话服务。该服务来自香港通讯服务商东方电讯，他们提供了T2F智能固话产品支撑这一服务。通话双方均无须安装任何App。直接在固话上输入对方的号码即可拨打，实现了即时的通讯。

参展商信息服务

"一条龙广交会服务网"的核心服务内容为广交会相关信息。网站客服代表为参展商提供线上线下咨询服务。包括：订房订车甚至送水送饭，为参展商节省参展时间；你做喷绘装修印刷地毯，以小成本获取更多关注；帮助在场馆内外分发产品印刷资料，获得更多广告效果；帮收集尽可能多的国际采购商资料；帮助提供真实的展位行情分析，以节省展位购买成本。

进口展区参展商服务

广交会进口展区参展商服务中心下设主场承建、服务咨询、现场服务、标摊搭建、运输等项目组，为参展商提供方便快捷的与展位相关的项目申报服务。服务内容包括：特装展位图纸审核、特装进场手续办理、标准展位改装、展具及用电服务、花木租赁、参展商资料补录及文字制作、电话配置、宽带接入申请、现场申报加班、撤展服务等。

早在第111届广交会客服中心现场（当期）服务工作总结上，客服中心领导庄洪同志就提出了今后的工作重点：一是不断提升专业化水平；二是树立"以人为本、顾客至上"的专业服务意识；三是不断强化责任意识和安全意识；四是继续倡导"绿色广交会"和绿色展馆建设；五是积极推进各项业务改进和工程改造项目；六是加强党风廉政建设。经过不断努力，广交会的现场服务受到广泛好评。

（资料来源：根据中国进出口商品交易会官方网站相关资料编写，2016年4月）

■讨论题

1. 以广交会为例，列出大型展会当期（现场）服务的主要内容。
2. 分析广交会当期服务的特别项目（内容）及其作用。
3. 你认为广交会当期服务还可以利用哪些新技术来实现更大的提升？

第四章　会展后期服务

①了解清场退场服务的主要工作及流程；②了解送往服务的主要工作及流程；③了解信息和资料服务的主要工作及其重要意义。

第一节　清场退场服务

无论哪一类会展活动，都需要特定的空间和一定的举办场地，如会议的会场、展览会的展览馆、节庆活动的临时舞台和观众席、大型赛事的比赛场地和观众看台等。除永久性场地或场馆外，在活动前期如何搭建如何布置场地，活动后期就必须如何拆除如何还原。尽管会展项目不同，场地搭建布置和拆除还原的具体工作相差甚远，但还是可以统称为清场退场。本节以会议场地和展览场地为例。

一、会议场地的清场退场

相对而言，会议场地的清场退场工作比展览场地或节庆活动场地的清场退场工作要简单一些。会议场地的清场退场工作主要包括文具物品的清点收取、设施设备的清点退还、专门会议的协助清理、场地的检查退出。

（一）文具物品的清点收取

1. 文具回收

会议结束后，会务服务小组要安排人员对大小会场逐一检查，将主席台、桌面、抽屉、地面甚至窗台上由会议组办方自购的供参会人员使用的文具（如纸、笔、本子等）收回。

要特别注意，新的或还可以继续使用的笔要全部收回。从信息保密的角度来看，使用过的记录纸（本）也要全部收回，统一处理。

2. 会议资料和宣传资料回收

会议结束后，有些参会代表会将已使用过而不想保存的会议资料（如会议程序表等）留在会议室，有些参会代表则因用途或重量的原因，会将资料袋中的各种派发宣传品（如会议赞助企业的宣传品、会议目的地的宣传品等）剔出来，这些都要全部收回。

对文具和资料进行回收至少有三个方面的意义，一是不浪费，二是信息不外流，三是保持会场的清洁卫生。如果服务工作做得细致，一些印刷精美、成本不菲的企业宣传品和地方宣传品，最好整理打包、物归原主，这是节约型社会、可持续发展、绿色会展、低碳经济的共同要求。

3. 布置用品回收

布置用品回收包括：会标、旗帜的撤下和回收；桌牌的撤下和回收；指路牌、提示牌的撤下和回收等。

4. 自带物品清点整理

在会议进行期间，会议组办方的有关工作人员（如摄影人员、录音人员、记录人员等）会将各种相关器材和物品带到现场，需要认真清点整理，特别是比较小的配件和备件。如果由会议组办方自购矿泉水，也要逐一清点并将没有启封的回收。

现场清理还要特别注意与会人员和工作人员遗忘或丢失的个人物品，如外套、手机、相机、钱款、车票、证件等。所以，对文具物品的清点收取要非常细心并归类存放。

（二）设施设备的清点退还

会议组办方通常会专门租用同声传译设备、电脑和投影设备、鲜花红旗等设施设备，对这些物品必须逐一清点退还。

（三）专门会议的协助清理

对某些专门会议，如产品订货会和带有小型展览的会议，主办方还要注意协助客人清理展品、展架，既保证会议场所的设备设施完璧归赵，也保证参会企业的产品样品不被损坏。

(四)场地的检查退出

文具物品清点和设施设备退还之后,要邀请会场出租方共同检查会场的基本设施,包括桌椅、讲台、布件(如台布、台裙、窗幔)、照明设备、空调通风设备、安全消防设备、地毯等,这些都是会议场地提供商一并配备的,如有损坏需要赔偿。所以,租用方和出租方要共同进行检查,确定没有人为损坏后才办理场地退出手续,以免以后出现问题纠缠不清。

另外还要注意,如果是会议统一包房,最好安排工作人员参与查房,现场核实设施设备、付费消费、个人遗忘物品等,这样做,既是对参会人员的负责,也是对酒店的负责。

二、展览场馆的清场退场

展览场馆的清场退场又称撤展。从严格的意义上来讲,展览会的当期是从进入现场布展开始,到撤掉展品展台离开现场结束。由于业内的约定俗成,展览会主办方在参展企业撤展之后还要和场馆经营方办理各种手续,所以,我们将这部分内容放在后期服务当中。

一般认为,撤展时间大致相当于布展时间的一半。因为撤展不仅仅是拆除展台,它还包括参展商所有展品的重新打包及转运离馆,组展方和参展商的场地清理、组展方和场馆方的场地检查等多项工作。

(一)撤展工作计划服务

撤展工作计划也叫撤展工作方案,包括撤展时间、撤展人员退场路线、车辆的进出行走路线、展品临时集货区、废弃板材及垃圾临时堆放点、撤展证件办理、展品统一搬运服务、租赁物品退交流程、押金退回方法、国际长途电话费结账手续等。撤展工作计划应该在展会开始之前制定好,并与相应的规定或条例一起提前向参展企业公布。在正式撤展之前,要及时提醒参展企业,了解他们的具体准备情况。及时发现准备违规撤展的行为并坚决劝阻,协助处理特殊问题并解决特殊困难。

(二)撤展秩序维护服务

第一是撤展证件办理。撤展证件分为撤展证、撤展车证、参展展品清单或放行条等。有些展会还有参展商自带展览道具放行条。这些证件和放行条是参展商和展样品退出展馆、租用车辆进场拉货的合法证件,是维护撤展秩序的保证。要合理安排时间、人员、地点，高效办理。

第二是撤展时间的监督和管理。为确保展览会的正常秩序和各项工作的顺利进行，避免形成撤展高峰和交通拥堵，消除安全隐患，展览会一般都需要分区分时撤展，大中型展会尤其如此。各时间节点之间必须紧密衔接，才能环环相扣。这就需要严格的监督和管理。目前，国内展会提前撤展的现象时有发生。

第三是撤展交通的监督和管理。展会撤展时，往往是馆内的所有参展商和所有展品竞相"夺门而出"，造成门口"交通堵塞"，增加疏导的麻烦并延长撤展时间，甚至造成意外。所以，在分区分时撤展的同时，对运货车辆、行走路线、停靠时间、装货地点等也会有严格的规定和限制，在执行过程中必须严格监督和管理。对地形不熟的司机和车辆要及时引导，对有意违规方便自己的司机和车辆要及时制止，确保撤展按时有序进行。

（三）撤展便利服务

顾名思义，撤展便利服务是展会组办方给参展企业的撤展工作提供更多的方便。与其他便利服务一样，提供撤展便利服务是展会组办方争夺顾客、塑造形象的手段。只要真心实意为参展商着想，就可以发现很多提供便利服务的机会。

例如，统一安排展样品集货区。即按照撤展的时间，以不影响交通为前提，在装货地点附近设置展品集货区，杜绝车等货，实现货等车、车到就走，从而减少拥挤。又如，统一提供展样品推送车。像飞机场一样，准备一些适用的推送车，便利参展商将从展台展架上撤下的展样品安全快速地运到集货区。再如，统一提供展样品包装物销售、打包和包装服务。

还可以提供展样品统一搬运服务。广交会的展样品统一搬运服务有两种方式。一是现场收费搬运，车辆与工程机械展区、大型机械与设备展区、化工展品展区一般采用这种方式；二是"事前统一收费，现场统一搬运"，出口展区多半采用这种方式。不同的展会可以选择最适合的方式。但要注意，在搬运过程中参展商务必跟随展样品，以避免遗失和错搬。

（四）撤展物品和押金退还服务

首先是租赁物品和押金退还，包括检查检验、退还物品、退还押金等环节。参展商通常租用的物品有展台电箱、无线网卡及集线器、电视机、电话、电脑防盗锁、桌椅、插座、灯具、挂架、衣架等。这些物品虽然都在一个展台上使用，但往往分属不同的部门提供和管理。例如，租用电箱须由组办方安排电工统一拆除，并经电工检查签名后方可退电箱押金。租用无线网卡及集线器必须到现场服务点的"宽带接入申请"窗口办理退网卡事宜，并经宽带服务负责人对退还的网卡进行检测并在押金单上签名确认后方可办理退押金手续。国际长途电话费结账手续除结清话费外，还要对ADSL调制解调器及配件进行检查才可退还押金。所以，物品退还服务也要提前告知。比较大的场馆，在展览会结束后还应该在场内设置明显的导引标识，避免参展商满场奔跑寻找，确保租赁物品退还工作能够顺利进行。

其次是参展场地押金退还。参展商清场完毕后，场馆经营单位要派人对场地进行检查，确保没有人为损坏后在清场押金单上签名确认，参展商才可办理退押金手续。

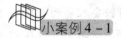
小案例 4-1

深圳国际工业博览会撤展流程

一、2010年4月27日15：00撤展人员进馆，包装箱进馆。撤展车辆按照保卫部门要求停放在指定位置，各馆展架不动，施工队清点桌椅。

二、各展团参展人员摘除展板、包装展品，在服务台办理好出门手续后运出展厅。

三、参展企业撤展后施工队开始拆除展架。

四、展览结束时，主场搭建单位必须按照规定时间安排人员现场清除所有的材料，尤其是清除在其客户展位中使用的双面地毯胶带。如果合同单位未做到这一点，请向华南城物业部支付相应费用以完成清除工作。

五、场馆有权就清除过多废物（展位搭建垃圾、板箱/货盘、纸箱、包装材料或印刷品）而向该参展单位收费。

六、撤展期间，使用的包装及建筑材料或碎片不得堵塞大厅通道。

编制与发布：中国（深圳）国际工业博览会组委会办公室

（五）撤展安全服务

第一是人员安全。会展项目撤出的时候，往往是场馆最乱的时候。要特别强调人身安全，必要时还应该配备专门的保安人员巡视监督。例如，防止人流车流逆向行驶，造成混乱；防止展品随意堆放，造成拥堵；防止工人野蛮施工，造成人身伤害。第二是物品安全。例如，防止野蛮搬运，损毁展样品；防止民工等外来人员顺手牵羊；防止梁上君子趁机混入场馆实施盗窃。第三是环境安全。按照各种安全管理制度，对撤展时的水电、倒台、搬运等进行检查和监督，确保安全。

小链接 4-1

新国际博览中心撤展时再发事故 1 死 3 伤

2008 年 11 月 29 日，新民网记者接到网友报料称，中午 11 时许，浦东新国际博览中心撤展时，发生一大型脚手架倒塌事故，导致 1 人死亡、3 人受伤。

在新国际博览中心 E5、E6 等出入口，新民网记者遭到保安人员的百般阻挡。虽然在各个卸货区门口都有红色标识提示搭建及撤展期间进入施工现场的施工人员必须佩戴安全帽，但新民网记者在现场看见还是有不少施工人员未戴安全帽，有些施工人员更是将安全帽提在手上。发生脚手架倒塌事故的是杭州橡胶（集团）公司。

（资料来源：新民网，作者：胡彦珣，2008 年 11 月 29 日）

（六）撤展垃圾清理服务

参展商将物品和展台撤出展馆后，组办方和场馆经营者要在第一时间安排人员全面清理垃圾和剩余物品，并有权就清除过多废物（展位搭建垃圾、板箱/货盘、纸箱、包装材料或印刷品）而向参展单位收费。

另外，还要特别注意撤展期间的餐饮、医疗等配套服务。很多组展商习惯按照展会公开展出的日期提供这类服务，其他时间则不问不管。这样就留下了布展（筹展）和撤展的服务盲区，给参展商造成诸多不便。扫清服务盲区，可以给参展商省掉许多麻烦，又可以扩大业务范围，对于主办单位而言是名利双收的机会和好事。

（七）撤展验收服务

最后，由组委会和参会有关部门共同验收撤展工作。

第二节 送往服务

送往与迎来相对应。从理论上说，有迎来就应该有送往，但在会展实践当中，重迎来轻送往的现象比比皆是，以赢利为最大目标或唯一目标的会展项目尤其如此。从会展项目实施的角度来说，送往服务的有头无尾造成了项目的明显缺陷和不完整性；从会展产品消费的角度来看，送往服务的虎头蛇尾给消费者增添了很多麻烦并留下不良印象，直接影响回头率；从组办方的角度来说，不组织送往虽然可以节约一些人力、物力和经费，但失去了服务接触的机会、推进关系的机会和塑造形象的机会，最终将得不偿失。

结论是，不论从哪个角度来看，送往服务都必须引起会展活动主办方和承办方的高度重视并真正落到实处。送往服务的主要工作有结账、处理投诉、告别宴会、致谢、征求意见、参观或旅游活动协调、送站等。

一、结清账目

在会展活动结束后，会展的主办单位和承办单位、会议场所经营单位、展览场馆经营单位、会展服务提供单位以及其他各类相关单位之间的费用应该及时结清。以下我们以会议为例对账目结清工作的内容和方法进行阐述。

（一）明确费用和交纳方法

会议组织方在参会通知中就要明确费用和交纳方法。多数情况下，与会者向酒店交纳个人住宿费，向会议指定旅游服务商交纳旅游费，向会务组交纳会务费、资料费、餐饮费等。有时，主办方也把会议快餐或自助餐完全包给酒店，要求与会者直接向酒店交纳餐饮费并领取用餐券。

（二）协助做好结账工作

一般情况下，与会者都是到店时交费、离店时结账。为避免出现与会者集中在同一时间到前台结账而造成拥挤、等候、耽误乘机赶车的现象，会议主办方要提前做好结账服务工作。例如，安排与会者在不同的时间段结账，以避免出现结账高峰期；或者将预测的客流量提前通知前台，让酒店配备好相应的收银人员和收款设备，尽量缩短与会者离店的结算时间。

（三）当场办好票据

票据主要指由会议主办方开出的票据。会议主办方一定要在会议现场按与会者要求开出有效发票，为与会者提供便利，也省却会后逐一邮寄的人工和费用支出；还要准备一部分有红色公章的会议正式通知，供需要者取用，因为有些单位的财务制度规定不能使用在电脑上下载、自行打印的黑色公章的会议通知。

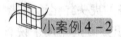
小案例 4-2

首届全国相关高校大学生会展策划大赛票据服务工作的欠缺

2009 年 11 月下旬，由中国商业联合会主办，中国会展经济研究会、中国国际贸易学会会议与展览专业委员会共同支持，中国商业联合会商业职业技能鉴定指导中心承办的"首届全国相关高校大学生会展策划大赛"在全国市长培训中心顺利举行。因中国商业联合会商业职业技能鉴定指导中心的票据服务人员不能到场，致使多所参赛院校无法拿到会前通过邮局汇出的参赛费发票。会务组只好在会后逐一邮寄，给双方造成不便。

二、衷心致谢

致谢应作为会展项目结束后的例行工作之一。致谢是一种符合中国传统文化、反映个人修养和美德的基本礼节，致谢还对建立良好的业缘关系、塑造和提升会展公司的整体形象、为会展项目赢得更多回头客等都有良好的促进作用。

（一）致谢对象

成功的会展项目，致谢对象应该包括协助单位、支持单位、政府机构和政府官员、行业协会、赞助商、媒体、社区、与会者、参展商、采购商、普通参观者、承办场馆、各种服务的供应商以及为本次会展活动的成功举办付出辛苦劳动的员工、志愿者等。

（二）致谢方法

致谢的方法大致有以下几种：

（1）举办答谢宴会或闭幕宴会。规模较大、时间允许、经费充足或有赞助的会展项目可以采取这种方法。在宴会融洽的气氛中，主办方的一份答谢词就可以表达对各方的谢意，而且效果会很好。

（2）发致谢函、致谢信或电话致谢。采用这种方式的好处是成本低，书面致谢信还可以保留，同时赢得了一次沟通的机会。人是有感情的高级动物，在正常情况下，总是越走越熟，越来往越亲切。

（3）登门致谢。对于最重要的支持者，即公共关系学中所称的首要公众、名流公众，应该登门致谢。

（4）公关礼品致谢。采用这种方式，关键是公关礼品的设计要做到与会展项目有内在关联性、有创新、便于携带、能让大多数人满意，且礼品的保留价值或审美价值高于商品价值，同时礼品的制作费用不超过经费预算，等等。

（5）表彰致谢。设计一些奖项，对做出了突出贡献的单位或个人，以颁发奖状或锦旗的方式公开致谢。

（6）口头致谢。当其他方式来不及采用时，利用给嘉宾送行的短暂机会，说几句真诚的话，也足以表达感谢之情。

三、真诚道歉

与衷心致谢一样，真诚道歉在会展活动中也是经常需要的。特别是在目前我国会展业尚不成熟的阶段，会展服务普遍存在不尽如人意的地方。就连有"中国第一展"之誉的广交会，每届都不能幸免服务投诉。面对服务不周时，致以真诚道歉可以消除怨气、赢得谅解、消除误会、增进了解、促进关系。道歉是一种处事方法，也是一种处事艺术，在生活中正确使用，能使人生充满阳光；在会展活动中正确使用，能部分消除服务不周给消费者带来的怨气。

（一）需要道歉的缘由

从宏观角度来看，在会展活动中，除不可抗力的因素之外，不论何种原因影响到参加者的利益，主办方都有或多或少的责任，都应该致以真诚道歉。从微观角度来看，至少在出现以下情况的时候，主办方应该致以真诚道歉：

（1）已被投诉的事件。在会展活动中，只要被投诉过的事件，不论大小、不论轻重，不论已经解决、正在解决或还在寻找解决的方法和对策，借助送行告别的机会，都要再一次致以真诚道歉。

(2) 已经发生并曾经道歉的事件。

(3) 因服务不周给会展活动参与者增添了麻烦。

(4) 因各环节的信息沟通延迟导致会展活动参与者的不满情绪。

(5) 会展现场没有达到预期效果。

(6) 因管理不严或不力而发生意外。

小案例 4-3

关于展会改期举办的通知暨致歉函

尊敬的各参展商/合作媒体/专业观众：

你们好！

2010 中国（上海）国际人造革合成革工业展自 2009 年筹备以来，得到了广大参展商的积极参与，同时亦得到了人造革合成革行业几十余家相关媒体的大力支持。首先衷心感谢各参展、参观单位，各大媒体、网站及各社会团体、专业观众对本次展览会的关注、参与和支持！

原定于 2010 年 4 月 7—9 日在上海光大国际会展中心举办的 2010 中国（上海）国际人造革合成革工业展，由于目前展会参展商较多，部分参展企业设备太大，为了扩大展会的规模、彰显展会的效果、利于参展、便于参观、确保展会安全顺利举行和展商的利益，经"2010 中国（上海）国际人造革合成革工业展览会"组委会研究决定：将展会地点由原上海光大国际会展中心展馆的二楼迁至一楼，时间由之前的 2010 年 4 月 7—9 日改至 2010 年 4 月 13—15 日举办。我们十分歉意地通知您这一决定。请您及时调整准备工作，我们将及时与您沟通展会的最新动态。在开展前的这段时间内，作为主办方，我们将与各大支持单位调动行业各方力量，做细各项筹备工作，把展会办成一个真正意义上的高规格、高档次的专业盛会。

由于展会改期给参展商、合作媒体、专业观众带来的不便，我们在此表示深深的歉意，并希望能得到宽容谅解！同时我们再次感谢各参展、参观单位，各大媒体、网站及各社会团体对本届展览会的支持与厚爱，希望你们一如既往地关心和支持本次展览会！借此机会祝各参展商、参观单位事业顺利、财源广进！

（资料来源：中国会展门户网，www.cn-expo.net，2009 年 12 月 12 日）

目前中国会展市场尚不规范，只要有钱就可以办展览会，使展会服务质量问题成为关注焦点。据 2010 年 6 月 18 日《新闻晚报》所载"展商投诉展会冷清 业内自曝市场混乱：有钱就能开"一文指出，仅上海市会展行业协会每年处理的会展投诉案件数量就超过 30 例，而这只是其中的一部分，更多的参展商并没有维护自己的权益。排除一些非法企业或个人利用虚假信息诈骗参展商的钱财外，更多的有关会展的投诉都集中在实际会展举办情况与资料介绍不符。例如，"傍名牌"展会利用已经成名、成功的展会打"擦边球"，导致外地不明真相的企业直到参展日方才发现真正有名气的展会在另一块场地；"傍大腕"展会则将展会面积、规模、参展数等做夸大宣传，而实际上，展会可能只在一个很小、很偏僻的场所举行；"傍洋名"展会则以国际的名义进行招商宣传等。由于想象与现实差距太大，参展商因而产生不满情绪。

小案例 4-4

《深圳市政府部门责任检讨及失职道歉暂行办法》的执行对会展业的启示

深府（2007）216 号文《深圳市人民政府关于印发〈深圳市政府部门责任检讨及失职道歉暂行办法〉的通知》指出，该办法已经市政府同意，现予印发，请遵照执行。

该办法规定，政府部门不履行或者不正确履行职责，造成严重后果或者严重社会影响的，应当向公众道歉。该办法明确，该市政府部门自我发现或者经人民代表大会及其常务委员会、政府、监察机关等有权机关依法认定有失职行为，致使国家利益、人民利益和公共利益受到严重损害或者造成严重社会影响的，应当采取召开新闻发布会、在深圳市主要报纸刊载道歉书等形式向公众道歉，并说明履责不力的原因、整改的具体措施及进度安排。

深圳大学管理学院马敬仁教授在接受记者采访时说，政府部门失职公开道歉制度，体现的是一种现代政府管理理念。深圳市政府确立此制度意义重大：一是此制度强化了政府部门对公众负责的意识，有助于从总体上提高政府部门及其人员的服务和管理水平，推动法治政府的建设；二是此制度有助于在作为公共服务提供者的政府部门和作为服务受众的市民之间建立起良性互动关系，从而化解不必要的矛盾和误解，推动和谐社会的建设。

（资料来源：《〈深圳市政府部门责任检讨及失职道歉暂行办法〉颁行》，载于《法制日报》，2007 年 10 月 22 日）

(二) 道歉的注意事项

道歉的注意事项如下:

(1) 调查研究有的放矢。道歉之前要了解问题出在哪里、服务错在哪里、给别人的影响或伤害在哪里,只有清楚地认识到错误,有针对性地道歉,效果才会更好,说服力才会更强。

(2) 敢于承担责任而不是推卸责任。是不是真心地道歉,很容易被对方识破。有效的道歉不是为自己狡辩,也不是骗取宽恕,而要敢于承认过失、敢于自责。

(3) 用清楚、正确、平和的语言或文字表达,不用情绪性、煽动性的语言和文字表达,更不可带有挑衅成分。通常,受影响者或受侵犯者要的是对方诚恳地承认错误和今后不再发生类似错误的承诺。所以,道歉的重点是清楚诚恳的道歉信息。

(4) 把握道歉的最佳角度。道歉可以是角色对角色、个人对个人、团队对个人等,要针对情况选择最佳角度。

(5) 给对方一个发泄不快或委屈的机会。让对方把委屈说出来,将心中的怨气发出来,高声大嗓甚至骂几句,是平息事件的好方法。把不满淤积在心中,并不能解决问题。

(6) 采取补偿的具体行动,如请对方一起吃饭、送点小礼物、承诺参加下届会展活动的某种优惠等。具体行动更能表现诚意,更能化解矛盾。

(7) 选择比较自然、合适的方式进行道歉。选择自然、合适的道歉方式更有助于解决问题。

小案例 4-5

拉斯维加斯会展中心致歉 BlizzCon 事件尘埃落定

日前,拉斯维加斯会展中心已经就这几天传得沸沸扬扬的 BlizzCon 2010 移驾拉斯维加斯事件做出了澄清。他们在声明中表示,这是工作人员的失误,不小心将 BlizzCon 2010 的 Logo 放在了拉斯维加斯会展中心的官方主页上,就此他们已经向公众进行了道歉。截至目前,暴雪还没有就下一届 BlizzCon 透露任何详细信息,所以大家应该耐心等到暴雪在 Blizzard.com 或者 BlizzCon.com 发布关于 BlizzCon 2010 的官方声明。

(资料来源: http://www.gamersky.com/news/200911/152934.shtml)

道歉是否被接受，可能是会展活动主办方无法控制的，但是是否有道歉的意识和是否能把道歉做好，却是会展活动主办方完全可以控制的。目前，中国会展业整体要加强这方面的意识。

四、征求意见

（一）书面方式征求意见

会展项目组织者一般比较喜欢采用书面方式来征求参与者的意见和建议。征求意见表通常在会展登记注册时就夹在资料袋中随同会展资料一并发给与会代表、参展商和参观者。有的会展项目则做现场问卷调查。这种征求意见的方式比较正规，有据可查，便于统计。

（二）口头方式征求意见

与送往工作结合，还应该提倡用口头方式来征求意见。在结账、致谢、致歉、参观和旅游陪同、送站等每一个环节，都可以顺便征求参与者的意见。这样做，既不会增加工作量，又给服务人员找到了合适的话题，还可能因为即将告别和不属于非正式调查而更容易获取真实的意见。所以，对主办方来说，这种调查机会决不能轻易错过。为此，要对一线服务人员进行专门的培训，让他们掌握口头调查的基本知识和技巧。

五、参观或旅游活动协调

如何安排会展活动后期的参观或旅游活动，主办方通常有两种做法：一是完全外包，由专业旅行社全权负责；二是主办方安排好行程、时间、内容，再外包给旅行社。前者多半是选择现有的旅游产品和路线，并顺路参观市容市貌；后者安排的多半是与会展活动紧密相关的带有调研、考察、学习性质的活动。两种安排方式各有利弊，可以根据具体情况来选择。但要注意的是，主办方最好能够参与其中，负责各种问题的处理与协调；尤其是大中型会展项目参加后期活动的人数较多，更需要主办方的参与协调。协调的内容主要包括以下三个方面：

（1）行李物品的存放。如会议后期活动参加者的各种物品是随车携带还是统一集中存放在开会的酒店，主办方就要根据参观行程、往返时间、回程人员的航班和车次、行李物品（包括展品、纪念品、资料等）的重量，以及到达机场、车站、码头的便利程度等进行综合考虑，做出最佳安排，确保参观旅游和返程两不耽误。

（2）参观或旅游过程的安全服务。即使会展项目已经结束，只要没有离开目的地，主办方就得对参与者的人身安全和财产安全负责。最好的办法就是安排工作人员全程陪同，随时跟进，处理和解决各种临时出现的问题。

（3）参观或旅游过程的活动服务。由于是某项会展活动集中包车，在参观或旅游的过程中，有时会出现多数参与者提出要求改变原定行程的意见或建议，有时也会因为堵车、下雨等原因使部分急于赶车的参与者要求改变原定行程，这些问题也需要主办方的工作人员与旅行社的导游和司机进行协商。

六、送站

（一）大批送行

比较大的会展项目可以根据大多数与会人员的返程时间，在活动结束的当天或次日，集中安排相关工作人员在机场、车站、码头大批送行；主办方主要领导人尽可能抽出时间在上车点与参会或参展人员进行告别，并由工作人员代表主办方将他们送到机场、车站、码头，并送上祝福，送行即告结束。

（二）个别送行

会展活动邀请的重要嘉宾（领导、专家、学者等）必须安排专车送行。身份较高者还应该由主办方领导亲自到机场、车站、码头送行；下车后由送行人员负责行李搬运；挥手告别时，以对方视线看不见我方送行人员为送行结束。

第三节 信息和资料服务

信息服务是贯穿会展活动前期、当期和后期的一种重要的服务工作。前期信息服务如会展活动举办信息的发布和送达，中期信息服务如报告、研讨、通知等口头信息服务和文件、资料、论文等书面信息服务，后期信息服务主要包括本次会展项目总结报告和评估报告的反馈、本次会展项目参加人员和单位信息与资料的反馈等。

一、信息和资料服务的主要内容

（一）总结报告

总结报告是对一定时期内的工作加以总结、分析和研究，肯定成绩，找出问题，得出经验教训，摸索事物的发展规律，用于指导下一阶段工作的一种书面文体。它所要解决和回答的中心问题，不是某一时期要做什么、如何去做、做到什么程度的问题，而是对某种工作实施结果的总鉴定和总结论，是对以往工作实践的一种理性认识。总结报告是做好各项工作的重要环节。通过它，可以全面地、系统地了解以往的工作情况，正确认识以往工作中的优缺点；可以明确下一步工作的方向，少走弯路，少犯错误，从而提高工作效益。因此，总结报告对各行各业、单位或个人都有重要的意义。

（二）评估报告

会展评估是对会展活动的展览环境、工作效果等方面进行系统、客观、真实、深入的考核和评价，并做出权威的反馈。它是会展整体运作管理中的一个重要环节，是对主办单位、参展商和会展主管部门三方负责的执行性活动。评估作为对一个会展项目的目的、执行过程、质量、服务、直接和间接的经济效益与社会效益、作用和影响所进行的系统的、客观的分析和评价，既为项目的主办者与承办者提供借鉴，又通过及时有效的信息反馈，为参展商、采购商乃至一般观众提供参考。

评估报告与总结报告的主要区别是：第一，评估报告多指第三方的评价，或第三方与主办方共同的评价；总结报告多指自我评价。第二，评估报告以定量方法为主，用大量的数据说明问题；总结报告则是定量与定性方法相结合，有些则以定性方法为主。第三，评估报告可信度更高，专业性、权威性的评估机构出具的评估报告尤其如此；总结报告可信度较低。第四，评估报告送达面和使用面更宽；总结报告则以内部使用为主。

 小链接 4-2

会议项目评估的主要内容

按美国学者伦纳德·纳德勒、泽西·纳德勒的观点，会议项目评估的主要内容包括：承办者、策划委员会、指导委员会、秘书处、主题相关性、目标明确性、整体策划、相关活动、会议地点、市场宣传、公共关系、预算、发言人、交通、展览、注册、与会者手册、娱乐活动、休息、招待会、陪同人员等。给我们的直观印象是：评估的覆盖面很宽、内容非常丰富；直接针对人的评估不少；其中"接待陪同人员"一项我国一般不会作为评估因素；对策划委员会的评估非常重要。

[资料来源：（美）伦纳德·纳德勒：《成功的会议管理：从策划到评估》，机械工业出版社2002年版]

小链接 4-3

大型活动项目评估的主要内容

按澳大利亚学者约翰·艾伦的观点，大型活动项目评估的主要内容包括：活动的时间选择、会议地点、票务和入场、筹备、性能标准、工作人员水平和职务表现、人群控制、安全、通信、信息和信号、运输、停车、饮食措施、旅馆、急救、小孩失踪、感谢资助者、集会安排、广告、宣传、媒体联络等。给我们的直观印象是：评估的覆盖面很宽、内容非常丰富；与会议相比，直接评估人的内容更少；与安全管理有关的评估非常重要；媒体联络也要进入评估。

[资料来源：（澳）约翰·艾伦、威廉·欧图等：《大型活动项目管理》，王增东、杨垒译，机械工业出版社2002年版]

（三）参加者信息

以展览会为例。参加者信息包括参展商信息、采购商信息、服务商信息等。参展商之所以参加展览会，是因为采购商构成了参展商品的目标市场。目标市场越广、购买能力越强、购买潜力越大，参展商则会越多。与此同理，采购商之所以选择某个展会，是因为该展会集中了自己所需要的某些产品。提供产品的企业越强、提供的产品越多，越能够实现择优采购、集中采购、便利采购、优惠采购，专业买家就来得越多。而服务商则直接牵涉展览会的服务内容、服务质量、服务价格等，会直接影响参展商和采购商参展的便利与否、心情舒畅与否。所以，有必要将采购商信息和服务商信息反馈给参展商，将参展商信息和服务商信息反馈给采购商，做到彼此沟通，双向吸引、双向选择，充分发挥顾客信息库的作用。这样做还有利于减少会展市场上因信息不对称而产生的骗展、展会蒸发现象，从而规范会展市场的秩序。

(四) 其他信息或资料

以会议为例。在许多重要的学术研讨类和交流类会议中，经常会出现与会者纷纷拿着优盘，围在主席台的电脑前，争先恐后拷贝嘉宾发言的 PPT 的情况。这不仅造成现场的混乱，而且还会影响会程的进展和正常散会。因为应邀在大会发言的嘉宾（如重要官员、专家学者、企业总经理等），其发言内容往往不在主办方和承办方早就汇编制作好的会议手册和会议论文集中。对于这些信息和资料，主办方在征得发言者本人同意之后，也应列入后期服务范围。

二、信息和资料服务的基本要求

（一）信息真实准确

要做到信息真实准确，必须注意以下几个方面：

（1）全部工作都要积累和提交原始资料。会展项目的评估要用各项真实数据说话，每项工作都要提交原始资料。所以，会展项目评估的工作计划要与项目开始阶段的其他工作计划同步制订、同步布置，针对每项工作，都要安排专人及时收集资料、统计数据，保证评估的真实准确，而不能在事后用回忆和估计的方法来进行大概的评估。

（2）确立科学的评估体系。当前，会展评估在世界会展经济发达国家已经相当成熟，通常是由全国性统一的行业机构按评估体系进行评估认证工作，对各类数据进行审核认证，定期公布认证结果，为会展业内和其他相关机构提供比较分析。例如，国际博览会联盟就有一套成熟的会展评估体系，对展览会的规模、面积、水平、质量、成交额、参展商、采购商等进行严格的评估，达到标准的企业可以被接纳为会员，或准予刊登在年度展会目录上，向全球宣传推广。在我国，如何进行会展评估，已引起广泛重视，但时至今日，尚无一个成熟的并被广泛接受的会展项目评估的科学方法及其指标体系。中国会展经济研究会正在加紧这方面的工作，在借鉴国际同行先进经验的基础上着手制定符合我国国情的会展项目评估体系。

（3）采用第三方评估。这是确保信息真实准确的必要方法。在会展业发达国家，会展活动评估多由主办单位委托独立的专业会展咨询公司或行业协会承担，有的是全程封闭性执行。如德国就有权威的会展评估中介机构。在我国，目前虽然有国外的评估公司进入，也有愿意承担评估的单位，但评估市场尚不成熟，还是多由主办单位自己执行，或外聘部分专家共同执行。中国会展经济研究会正在加快该项工作的规范。

(二) 信息全面翔实

要做到信息的全面翔实，会展主办方和承办方的各项工作都要积累和提供原始资料，同时，还要注意现场相关资料的收集、整理、统计和分析，要保证现场各种信息收集渠道的设计合理和畅通无阻。会展活动结束后，再安排专人对所有收集到的信息和资料进行整理汇总。另外，信息的全面翔实还与评估内容的全面和翔实有密切关系。下面以展览会为例，说明会展项目的评估内容。

小链接 4-4

展览会项目评估的主要内容

展览会项目评估的主要内容包括：展览会的历史和影响（如该展览会已举办届期、近3年或5年的参展商及行业代表性、近3年或5年的采购商及行业代表性）；展览会主题的策划（如主题是否明确、能否为地方经济服务、能否与时俱进不断创新）；展览会的规模（如参展商的数量、海外参展商的数量及其占总数的比例，观众的数量、专业观众的数量及其占总数的比例，展览会总面积、室内展出面积、室外展出面积）；展品的质量和品牌（如品牌产品的数量及其占总展品数量的比例——要用观众、媒体、承办商的意见来说明）；展览会的广告宣传（如广告投入的数量、时间、媒体、金额）；展览会承办商的收益（如参展费收入、门票收入、广告收入、其他收入）；展览会展馆提供商的收益；展览会参展商的收益（如直接交易金额、签订协议金额）；展览会采购商的收益（如便利性采购、经济性采购所节约的采购时间和成本）；展览会服务商的收益（如展台设计制作搭建商的收益、展品物流商的收益、广告服务商的收益、金融服务商的收益、礼仪服务商的收益、交通服务商的收益、饮食服务商的收益、住宿服务商的收益、其他服务商的收益）；展览会目的地的收益（如安排就业、城市宣传、带动旅游）；展览会的服务质量和水平（如报名报到服务、文案服务、信息服务、场所服务等——要用参展商、观众、媒体的意见来说明）；展览会观众的满意度（如普通观众的满意度、专业观众的满意度）；新闻媒体对展览会的报道（如报道媒体的级别和类型、报道的次数、报道的时间长度或篇幅）；等等。

（资料来源：根据相关资料编写）

关于信息的全面，还有一个前提是遵守商业保密的原则。

（三）信息送达及时有效

信息送达及时建立在总结评估及时的基础之上。以展览会为例。展览会评估的准备工作（收集资料）贯穿始终，从最初的策划开始。但执行是分段的。前期阶段工作的评估一般应该在正式展出前一个月开始，这样可以一边评估一边检查，发现了问题还可来得及弥补。当期阶段的工作评估则在工作结束后马上开始。只有及时高效地完成评估，形成报告，才能保证信息的及时送达，不至于因时间太长让人遗忘。

三、信息和资料服务的常用方法

信息和资料服务主要采用以下几种方法：

（1）邮寄书面材料。书面材料包括总结报告、评估报告、参展商目录、可采购商目录等。要特别注意新闻报道资料的收集，可采用复印、扫描、拍摄等多种手段进行收集。

（2）邮寄电子材料。配合纸质材料，制作一些光盘、录音带，如非纸质新闻报道就必须用这种方法；还可以整合全部信息，做成PPT、视频、宣传短片，图文并茂、声形兼具，以达到更好的宣传效果。

（3）网上宣传。网上宣传的途径有：利用主办方或承办方的网站或网页进行宣传；利用项目的网站或网页进行宣传；利用会展行业的著名网站进行宣传；利用会展项目所属行业的网站进行宣传。

（4）新闻传播。新闻传播也叫大众传播，是指利用报纸、杂志、电视、广播四大媒体和各种新型媒体对会展项目的评估结果进行宣传。与前期宣传相比，很多会展项目的主办方和承办方不重视后期宣传。其实，后期宣传不仅仅是回顾性和跟踪性的报道，更是会展项目整体宣传的重要组成部分。正常情况下，特定会展活动的全部新闻稿要提供给合作媒体。如果效果确实不错，则可以通过记者招待会将各种统计数据（如参观人数、专业含量、平均参观时间、展位布局、成交额、展商和观众的反馈意见等）提供给新闻界。

（5）其他方法。如群发邮件、传真等。

四、信息和资料服务的主要意义

会展活动后期进行材料总结和信息评估能起到多种作用。例如，可以作为会展主办方或承办方进行纵向和横向比较分析的主要数据，可以为某个特定的会展项目品牌建设提供支持，可以作为向行业协会或政府管理机构报告的依据等。下面介绍的是把这些信息反馈给会展项目参与者所起到的两个主要作用。

（一）再次宣传会展项目

会展项目总结或评估信息的传播和送达服务，对特定项目而言，也是一次难得的宣传机会。与前期宣传推广相比，后期信息有更实在、更具体的内容，信息接受者又有亲身经历，因而更加容易引起他们的关注，他们对信息内容也更能理解。这种宣传效果不容忽视。很多会展项目的组办方、承办方对会展的服务都是以当期为界，人散了就不愿再做工作，把后期信息传播当作多花精力多花钱的事情，这是一个很大的认识误区。其实，会展项目的运作尤其是连续性会展项目的运作，其本身就是一个周而复始的过程，前一届活动的收尾工作与后一届活动的启动工作几乎没有明显的界线；也就是说，后期信息服务工作对会展项目的再次宣传就是下一届会展项目前期推广的开始，这样周而复始，就能形成良性循环。

（二）坚定消费信心

通过真实、全面、及时的信息和资料服务，让会展活动的参与者得出对本次活动的全面评价；同时，对本单位或本人参加会展活动的工作也做出比较客观的总结和反思，并促使他们做出以后是否继续参加同一项目的决策。

本章小结

会展后期服务主要包括清场退场服务、送往服务、信息和资料服务。

尽管会展项目不同，场地搭建布置和拆除还原的具体工作相差甚远，但还是可以统称为清场退场。相对而言，会议场地的清场退场工作比展览场地或节庆活动场地的清场退场工作要简单一些，主要包括文具物品的清点收取、设施设备的清点退还、专门会议的协助清理、场地的检查退出。展览场馆的清场退场又称为撤展，主要包括撤展工作计划服务、撤展秩序维护服务、撤展便利服务、撤展物品和押金退还服务、撤展安全服务、撤展垃圾清理服务、撤展验收服务。

不论从会展项目实施的角度、会展产品消费的角度、组办方的角度来看，送往服务都必须引起会展活动主办方和承办方的高度重视并真正落到实处。送往服务的主要工作有结账、处理投诉、告别宴会、致谢、征求意见、参观或旅游活动协调、送站等。

信息和资料服务是贯穿会展活动前期、当期、后期的一种重要的服务工作。后期信息和资料服务主要包括本次会展项目总结报告和评估报告的反馈、本次会展项目参加人员和单位信息及资料的反馈、其他相关信息和资料的反馈等。信息和资料服务的基本要求是：真实准确、全面翔实、送达及时有效。信息和资料服务的常用方法是：邮寄、网上宣传、新闻传播、群发邮件、传真等。向会展活动参与者提供信息和资料服务的主要意义是：再次宣传会展项目、坚定消费信心。

本章关键词

会展后期服务　　清场退场服务　　撤展　　送往服务　　信息和资料服务

复习思考题

1. 会议场地的清场退场有哪些主要工作？
2. 展览场馆的清场退场有哪些主要工作？
3. 试举例说明送往服务的主要工作有哪些？
4. 为什么说真诚道歉在会展活动中也是经常需要的？
5. 试举例说明会展信息和资料服务的常用方法。

综合案例

广交会强化对撤展展品的集货管理

为进一步提高展览运输集货规模程度，以规范化、制度化手段提升展览运输服务水平，广交会组委会从第106届起试行撤展展品集货运输，并不断总结经验，于2011年11月出台《广交会撤展展品集货管理办法》。并于2015年第118届广交会筹撤展期间实行全员电子验证。

撤展展品集货管理办法主要条款如下。

第一条　展品集货运输资格申报适用范围

展品集货运输资格申报适用范围：在广交会从事"门对门"一站式展品集货运输服务的运输企业或其他运输单位（以下简称运输商）。

运输商必须按照《广交会撤展展品集货管理办法》的规定，为参展商提供规范、专业、高效的"门对门"一站式展览运输服务。

交易团（分团）和参展企业应推荐经广交会审核合格的运输商为集货运输单位。

第二条 申请集货运输资格的条件

一、具备一定资质，能独立提供运输服务的运输企业或其他运输单位（包括邮政单位）。

二、参加广交会撤展展品集货管理工作的运输商，须提供经交易团（分团）推荐公函。

三、具备相关资质、受参展企业委托的其他运输单位，凭参展企业推荐函，直接向主办部门提交申请。

四、在一个展期内，一个展区（A、B、C区中的一个）展品运输的总货量达到50立方米以上。

第三条 资格审核须提交的资料（略）

第四条 申请程序

一、组团单位参展企业在500家以上的，可推荐运输商2到3家，组团单位参展企业在500家以下的，可推荐运输商1到2家。

二、申请单位按要求备齐资料，统一交至客服中心展会服务部储运科（所有资料一律采用快递邮寄或送交方式，不接受传真件）。详细办理程序，请登录广交会网站下载或查阅《参展手册》关于《广交会撤展展品集货申报工作须知》。

第五条 资格审定和公布

一、由中国对外贸易中心（集团）客户服务中心（下称客服中心）负责对参加撤展展品集货运输商的资格进行审核确定。

二、审核内容为核实申请资料是否齐全、属实，是否全部满足必备的展品集货资格条件。

三、在收齐申请资料后15个工作日内完成审核工作，并在广交会网站（www.cantonfair.org.cn）公示通过资格初审的运输商名单，若无重大异议，上报审批。

四、审批后，在广交会网站正式公布通过资格审核的运输单位名单，并向各交易团（分团）发出通知。

第六条 现场撤展集货运输要求（略）

第七条 资格审核的时效

广交会撤展展品集货运输商资格审核，采取"优存劣退、每届复核、每年审核"的办法。

一、"每届复核"即每届广交会期间对获得展品集货资格的运输商，客服

一、会展房务服务的方式

会展房务服务的解决方式主要有会展顾客自行负责和会展组织者负责两种方式。

（一）会展顾客自行负责

采用这种服务方式，会展组织者可向会展顾客提供本地的住宿指南，让他们自由选择。这种方法的好处在于会展顾客有更多选择的自由，不受约束。但为此他们就不能享受酒店的团体优惠价及其他只有大型团体才能享受的价格折扣；并且，如果参展商、观众等人数众多，预订不及时的话，有可能出现找不到客房或只能高价住宿等情况，这将严重影响会展顾客的经济利益。

（二）会展组织者负责

由组织者根据会展开办日期、会展顾客人数等情况，提前做好宾馆、酒店的预订工作，避免出现无法住宿或者住宿价格过高的情况。对于大型会展或者国际会展，通常采用这种会展服务方式。例如，每年春秋两季在广州举办的中国进出口商品交易会，仅海外观众就有12万人之多，他们对广州的酒店不熟悉，因此，住宿问题的解决就更加依赖会展间接服务。

会展组织者在指定接待的酒店时，还应当注意：要根据会展参展商和观众的不同需求，在酒店档次、客房标准的选择上尽量丰富；酒店与会展现场的距离要适中；酒店客房的规格要与会展的规格统一。

二、会展房务服务的要求

（一）会展房务服务的基本要求

酒店档次不同，房价不同，反映在客房服务项目上和客房服务规格上也就有多寡和高低的不同。但是，不管服务项目、服务规格有多大差异，客人对客房服务的基本要求还是一致的。如求整洁、宁静、安全、方便、尊重，是所有客人对客房服务的最基本要求。

（1）整洁。力求做到客房内外整齐清洁是会展客房服务的首要任务。它能使客人在生理上有一种安全感，从心理上产生舒适感。就会展房务服务而言，清洁卫生是构成客房商品质量的重要组成部分。

（2）宁静。客房是客人的主要休息场所，宁静的环境是保证客人休息不受干扰的重要因素。从心理角度来看，宁静的环境能使客人感到平和、舒适，减轻疲劳并起到催眠作用。

（3）安全。客人的人身、财产安全能否在住店期间得到保障，是客人选择客房的重要考虑因素。这主要体现在对客房设施设备的安全、防火、防盗、卫生标准等方面的要求。

（4）方便。客人在选择客房时，除要求客房酒店的位置、交通等外部条件方便外，对酒店内部尤其是客房内的方便程度同样有较高要求。例如，房内设备的操作是否简便易行、有无一目了然的使用说明，房内物品的摆放是否既美观又拿取方便，等等，均是客房服务工作不可忽视的问题。

（5）尊重。最大限度地满足客人各方面需求，是尊重客人的一种表现。除此之外，在服务工作中给客人留出更多的私密空间，不过多地打扰客人，根据客人的需求并站在客人的立场上为其提供服务，这种更深层次上尊重客人的观念，应在服务工作中得到充分体现。

除客人的上述基本要求外，会展商务散客（国际的和国内的）、会展旅游团体、与会代表、政府官员、体育代表团、新闻记者等不同类型的客人均有其不同的特殊需求，而且客人的需求呈现出更复杂化、多样化趋势。服务人员只有真正站在客人立场上准确把握客人需求，才能有更多更好的创意，为客人提供更完美的会展服务。

（二）会展房务服务的特殊要求

会展房务服务还具有以下特殊要求：

（1）办公安全。服务人员不要动会展客人房间桌椅上有文字的记录和资料，不要翻阅会展的各类文件。对房间内的垃圾处理要十分慎重，对垃圾篓里的丢弃纸张必要时用碎纸机做粉碎处置，避免泄密。

（2）客房商用。客房往往是与会者会后相互交流的场所，有时几个人的分组会也会在房间内进行。楼层会展服务人员应主动、及时地提供机动座椅，增添房内的茶杯、茶叶，确保开水供应。事后应及时对房间进行清理。还可以围绕会展主题，在客房内做些简单装饰，增加会展气氛，提高会展效果。

（3）其他随机需求。服务人员在进行客房服务常规操作的同时，要十分细心地观察会展客人的需求差异，尽可能满足其要求，提供其他相关服务。例如，客人在晚上阅读会展材料或准备发言稿，但桌上照明设施不足，应及时协助处置；有时会展资料很多，返程携带不便，服务人员可提供塑料绳等协助客人把会展资料托寄；等等。

三、会展房务安排的原则

大型的、重要的、国际性的会展,人数众多,与会者的身份、职务、年龄、生活习惯等差异很大,对住宿的要求也不一样,因此,合理安排客房显得十分重要。

在具体对会展客房进行分配时,应遵循以下原则:

(1) 参加会展的主要人员,或者是职务和级别以及身份最高的人员,一般安排套间;主要人员的副手,或者是职务、级别、身份都较高的人员,一般安排单人房。

(2) 涉及有外国人居住的,按照国际惯例应该一个人住一间房。

(3) 要为因各种原因不能按时抵达的会展人员留足条件优越的房间。

(4) 在分配会展团队客人的客房时,应尽量将与会者分配在同一楼层或相近的楼层,且各种朝向的客房数应尽可能均匀。

(5) 会展主要人员的贴身随员用房,应尽量安排靠近主要人员的房间,以方便照顾其起居生活。

(6) 对老弱病残的与会人员,应安排在底楼或其他各楼层服务台附近、电梯门附近的房间,或专设的残疾人客房。

(7) 会展服务人员工作用房,应设在靠近住地出入口、楼梯和电梯、走廊和通道口处,方便与会人员寻找。

(8) 不同类型的会展客人应分开安排。

(9) 对于互相敌对的国家、团体的与会者,应尽量把他们安排在不同的楼层。

(10) 分房时,应注意客人的特殊要求并尽量予以满足。

(11) 尽量将提前抵达或提前离开的与会者安排在一起,有利于房间周转,在某种情况下还能降低会展成本。

第二节 会展餐饮服务

会展餐饮服务是餐饮服务人员为会展就餐客人提供食品、饮料的一系列行为的总和。

会展餐饮服务的质量高,既可吸引客人,留住客人,还可增加会展其他项目的收入；会展餐饮服务的好坏直接关系到会展的声誉和形象。同其他任何一种服务一样，会展餐饮服务不能够量化。无形的餐饮服务只能在就餐客人购买并享用了餐饮产品后，凭生理和心理的满足程度来评估和衡量其质量的优劣。

一、会展餐饮服务的分类

能否把会展工作做好，会展的餐饮服务是决定其成败的关键之一。参加会议和展览的顾客，不同于一般的散客和团体旅游客，这一市场的顾客对餐饮有不同于其他类型市场的要求。根据会展的内容，会展餐饮可分为展览餐饮、会议餐饮和商务宴请。

（一）展览餐饮

展览餐饮主要包括参展商的工作餐。这种餐饮的特点是预算低、时间紧，其要求是最好在同一地点。

（二）会议餐饮

会议就餐以自助餐为主，少数为客房用餐。就餐形式是自助餐或大型圆桌工作餐。

会议餐饮的特点如下：

（1）就餐人数多，时间集中。早餐：如果参加会议的住店客人就餐时间集中，则早餐人数多。午餐：就餐人数可能是早餐人数的几倍，时间同样集中，人数更多。晚餐：以宴会为主，就餐人数和午餐人数基本相同。

（2）同样团体，就餐标准并不一样。如果一个为期3天的会议，参会者是2000人的话，同样一个会议团体，同样的就餐地点，就餐标准却是多样的。有工作午餐标准的、有一般宴会标准的、有豪华宴会标准的，以每人所花金额来计，可以从50元至500元不等。

（3）除了口味与品位，更讲究氛围与气派。吃有各种吃法，从想吃者的角度来看，是吃什么和到哪里去吃的选择；从提供吃者的角度来看，是给吃什么和怎样给的区别。从理论上来分析，即为买卖双方寻求理想产品和寻求品位的问题。就会展宴会来说，除了一般所讲究的口味与品位外，更讲究氛围与气派。晚餐的豪华宴会，无论是会议组织者，还是当地的政府东道主，都会对这种宴会提出很高的要求，要求在规定预算价格的基础上，实现品味、品位、氛围全到位。除此之外，由于有重要领导出席，对讲话、上菜、表演的时间也都有规定。

（4）一处开会，多方得益。除了规定的宴会，有的宴会会在附近的大酒店举行。除了宴会，参会者一般在晚餐时会寻求当地著名的风味餐厅，在品尝不同的风味菜的同时，欣赏当地的文化。只要是在当地有名气的特色餐厅，都会有大量的机会接待这些会展客人。

（三）商务宴请

商务宴请和一般宴请无大区别。国际上通用的宴请形式有宴会、招待会（Reception）、茶会（Fea Party）、工作餐等。举办宴请活动采用何种形式，通常根据活动目的、邀请对象以及经费开支等各种因素而定。

1. 宴会

宴会为正餐，坐下进食，由服务人员顺次上菜。宴会有国宴、正式宴会、便宴之分。按举行的时间，宴又有早宴（早餐）、午宴、晚宴之分。其隆重程度、出席规格以及菜肴的品种与质量等均有区别。一般来说，晚上举行的宴会较之白天举行的更为隆重。

国宴（State Banquet）是国家元首或政府首脑为国家的庆典，或为外国元首、政府首脑来访而举行的正式宴会，规格最高。宴会厅内悬挂国旗，安排乐队演奏国歌及席间乐。席间致辞或祝酒。

正式宴会（Banquet, Dinner）除不挂国旗、不奏国歌以及出席规格不同外，其余安排大体与国宴相同。有时亦安排乐队奏席间乐。宾主均按身份排位就座。许多国家正式宴会十分讲究排场，在请柬上注明对客人服饰的要求。外国人对宴会服饰比较讲究，往往从服饰规定体现宴会的隆重程度。对餐具、酒水、菜肴道数、陈设，以及服务员的装束、仪态都要求很严格。通常，菜肴包括汤和几道热菜（中餐一般用四道，西餐用二三道），另有冷盘、甜食、水果。外国宴会在餐前通常要上开胃酒。常用的开胃酒有雪梨酒、白葡萄酒、马丁尼酒、金酒加汽水（冰块）、苏格兰威士忌加冰水（苏打水），另上啤酒、水果汁、番茄汁、矿泉水等。席间佐餐用酒，一般多用红、白葡萄酒，很少用烈性酒，尤其是白酒。餐后在休息室会上一小杯烈性酒，通常为白兰地。我国在这方面的做法较为简单，餐前如有条件，在休息室稍事叙谈，通常上茶、汽水、啤酒等饮料；如无休息室也可直接入席。席间一般用两种酒，一种是甜酒，另一种是烈性酒。餐后不再回休息室座谈，亦不再上饭后酒。

便宴即非正式宴会，常见的有午宴（Luncheon）、晚宴（Supper），有时亦有早上举行的早餐（Breakfast）。这类宴会形式简便，可以不排席位，不做正式讲话，菜肴道数亦可酌减。西方人的午宴有时不上汤，也不上烈性酒。便宴较随便、亲切，宜用于日常友好交往。

家宴即在家中设便宴招待客人。西方人喜欢采用这种形式，以示亲切友好。家宴往往由主妇亲自下厨烹调，家人共同招待。一般在会展中较少有家宴形式出现。

2. 招待会

招待会是指各种不备正餐的较为灵活的宴请形式，备有食品、酒水饮料，通常都不排席位，可以自由活动。常见的招待会有冷餐会（自助餐）和酒会两种形式。

冷餐会（自助餐）（Buffet，Buffet-dinner）这种宴请形式的特点，是不排席位，菜肴以冷食为主，也可用热菜，连同餐具陈设在菜桌上，供客人自取。客人可自由活动，可以多次取食。酒水可陈放在桌上，也可由招待员端送。冷餐会在室内或在院子里、花园里举行，可设小桌、椅子，自由入座，也可以不设座椅，站立进餐。根据主、客双方身份，招待会规格的隆重程度可高可低，举办时间一般在中午12时至下午2时、下午5时至7时。这种形式常用于官方正式活动，以宴请人数众多的宾客。我国举行大型冷餐招待会，往往用大圆桌，设座椅，主宾席排座位，其余各席不固定座位，食品与饮料均事先放置桌上，招待会开始后，自行进餐。

酒会又称为鸡尾酒会（Cocktail）。这种招待会形式较为活泼，便于客人之间广泛接触交谈。招待品以酒水为主，略备小吃。不设座椅，仅置小桌（或茶几），以便客人随意走动。酒会举行的时间亦较灵活，中午、下午、晚上均可，请柬上往往注明整个活动延续的时间，客人可在其间任何时候到达和退席，来去自由，不受约束。

鸡尾酒是用多种酒配成的混合饮料。酒会上不一定都用鸡尾酒，通常用的酒类品种较多，并配以各种果汁，不用或少用烈性酒。食品多为三明治、面包托、小香肠、炸春卷等各种小吃，以牙签取食。饮料和食品由招待员用托盘端送，或部分放置小桌上。

近年国际上举办大型活动采用酒会形式日渐普遍。庆祝各种节日、欢迎代表团访问，以及各种开幕式、闭幕式典礼，文艺、体育招待演出前后往往举行酒会。自1980年起，我国国庆招待会也改用酒会形式。

3. 茶会

茶会是一种简便的招待形式。举行的时间一般在下午4时左右（亦有上午10时举行）。茶会通常设在客厅，不用餐厅。厅内设茶几、座椅。不排席位，但如是为某贵宾举行的活动，入座时，有意识地将主宾同主人安排坐到一起，其他人随意就座。茶会，顾名思义是请客人品茶。因此，茶叶、茶具的选择要有所讲究，或具有地方特色。一般用陶瓷器皿，不用玻璃杯，也不用热水瓶代替茶壶。外国人一般用红茶，略备点心和地方风味小吃。亦有不用茶而用咖啡者，其组织安排与茶会相同。

4. 工作餐

按用餐时间工作餐可分为工作早餐（Working Breakfast）、工作午餐（Working Lunch）、工作晚餐（Working Dinner）。工作餐是现代国际交往中经常采用的一种非正式宴请形式（有的时候由参加者各自付费），利用进餐时间，边吃边谈问题。在代表团访问中，往往因日程安排较紧而采用这种形式。此类活动一般只请与工作有关的人员参加。双边工作进餐往往排席位，尤以用长桌更便于谈话。如用长桌，其座位排法与会谈桌席位安排相仿。

二、会展餐饮服务的要求

（一）总体要求

会展餐饮服务的总体要求如下：

（1）最大可能了解顾客的需求（时间地点/国籍风俗/特殊要求）。
（2）同样价格，多套菜单。
（3）根据任务订单详细时间表，严格控制厨房出菜时间。
（4）服务人员的准备培训（社会化问题）。
（5）统筹使用服务人员，服务时间服从任务时间。
（6）准备快速搬椅铺台方案，解决同场地开会、用餐不同需求。
（7）服务程序中西结合，尽量融入餐饮文化。
（8）宴会布置采用高新技术，充分体现国际现代化都市风貌。

（二）具体要求

会展餐饮服务的具体要求如下：

（1）要有针对性地准备食物以及配备服务人员，避免出现备餐不足或过多等情况。会展组织者必须提前告知每次餐饮服务中就餐的人数并予以签单担保，如果届时与会者没有按计划数到场进餐，餐厅有权要求会展组织者为他们付费（提前的时间可以从24小时到一周不等）。

（2）由于与会人员多，餐饮服务人员很难准确辨认每一位与会者，且与会者在用餐问题上有一定的变动性，会展组织者可以通过发放餐券来控制就餐数。而小型会展中的餐饮服务，只要让与会者彼此结伴或出示会展胸卡就行，不必使用餐券。

（3）餐饮服务是相当复杂的，会展组织者要给餐厅提供详细的特殊餐饮要求清单。比如，犹太教教徒进餐时，肉类和乳制品不能同时进食；有些天主教徒星期五不吃肉；等等。餐厅服务人员必须在烹调方式、餐厅安排、服务顺序等方面都要做仔细安排。

（4）对因会展和活动原因导致不能按时吃饭或因患病需吃病号饭的人员，应给予特别的餐饮照顾。

（5）食品与餐具卫生要有严格的检测制度与措施，严防食物中毒。

（6）国内会展多采用坐着进餐形式，国外会展则流行站着进餐形式，因此在国内举办国际性会展时，可采用站、坐兼顾的进餐形式，让进餐人员自由选择。

（7）采用自助餐进餐形式时，服务人员要确保食品及饮料的持续供应，做到及时添加点心、菜肴和饮料，保证有足够数量的盘、碟、叉、勺。服务人员要仔细观察客人的饮食偏好，便于菜单的调整与修改。一般情况下，每25～30位客人配备1名服务人员，管理酒水的服务员1人可负责40～45位客人。

三、会展菜单设计的原则

会展菜单的设计要遵循以下原则：

（1）与会者来自不同地区、不同民族，其生活习惯差别较大，菜单设计要考虑到民族习俗与地域饮食文化。

（2）确保口味的协调与质地的完善，要考虑甜、酸、苦、辣、咸及软、硬的平衡。

（3）在注重人们的口味和饮食习惯的同时，应考虑食品的营养结构，要提供高热量、低脂肪、维生素含量丰富的食品。

（4）如果会展规模大、用餐人数多，设计菜单时应考虑到烹调时间以及菜肴保温和服务准备时间。

（5）为使午餐后的会展更有效，避免与会者期间打瞌睡，午餐要保持清淡，并可采用方便的自助餐服务方式，不要提供酒精饮料。如果晚间还有会展，菜品的安排应与午餐一样，以清淡为宜。若晚间没有会展，可以安排精致的菜肴。

（6）国际性会展的与会者并不希望在会展举办国吃到自己国家的菜式，但也不能提供过于令他们不可接受的食物。

四、宴会服务的主要内容及要求

（一）宴会现场的布置

宴会厅和休息厅的布置取决于活动的性质和形式。官方正式活动场所的布置应该严肃、庄重、大方，不要用红绿灯、霓虹灯装饰，可以少量点缀鲜花、刻花等。

宴会可以用圆桌，也可以用长桌或方桌。一桌以上的宴会，桌子之间的距离要适当，各个座位之间也要距离相等。如安排有乐队演奏席间乐，不要离得太近，乐声宜轻柔。宴会休息厅通常放置小茶几或小圆桌，与酒会布置相似；如人数少，也可按客厅布置。

冷餐会的菜台用长方桌，通常靠四周陈设，也可根据宴会厅情况，摆在房间的中间。如坐下用餐，可摆四五人一桌的方桌或圆桌。座位要略多于全体宾客人数，以便客人自由就座。

酒会一般摆放小圆桌或茶几，以便放花瓶、烟缸、干果、小吃等；也可在四周放些椅子，供妇女和年老体弱者就座。

（二）宴会餐具的准备

根据宴请人数和酒、菜的道数准备足够的餐具。餐桌上的一切用品都要十分清洁卫生，桌布、餐巾都应浆洗至洁白并熨平，玻璃杯、酒杯、筷子、刀、叉、碗、碟等，在宴会之前都应洗净擦亮。如果是宴会，还应准备每道菜撤换用的菜盘。

中餐用筷子、盘、碗、匙、小碟、酱油碟等。水杯放在菜盘上方，右上方放酒杯。餐巾叠成花插在水杯中，或平放在菜盘上。我国宴请外国宾客，除筷子外，还应摆上刀、叉。酱油、醋、辣油等佐料，通常一桌数份。公筷、公勺应备有筷、勺座，其中一套摆在主人面前。餐桌上应备有烟灰缸、牙签。

西餐具的摆设与中餐不同。西餐具有刀、叉、匙、盘、杯等。刀分食用刀、鱼刀、肉刀（刀口有锯齿，用以切牛排、猪排）、奶油刀、水果刀；叉分食用叉、鱼叉、龙虾叉；匙有汤匙、茶匙等。杯的种类更多，茶杯、咖啡杯均为瓷器，并配小碟；水杯、酒杯多为玻璃制品，不同的酒使用的酒杯规格亦不相同。宴会上有几道酒，就配有几种酒杯。公用刀、叉规格一般大于食用刀、叉。西餐具的摆法是：正面放食盘（汤盘），左手放叉，右手放刀；食盘上方放匙（汤匙及甜食匙），再上方放酒杯，自右起依次摆放烈酒杯或开胃酒杯、葡萄酒杯、香槟酒杯、啤酒杯（水杯）。餐巾插在水杯内或摆在食盘上。面包奶油盘在左上方。吃正餐，刀、叉数目应与菜的道数相等，按上菜顺序由外至里排列，刀口向内。用餐时应按此顺序取用。撤盘时，一并撤去使用过的刀、叉。

（三）宴请程序设计及现场服务

1. 宴请程序设计

主人一般在门口迎接客人。如是官方活动，除男女主人外，还有少数其他主要官员陪同主人排列成行迎宾，通常称为迎宾线。其位置宜在客人进门存衣以后进入休息厅之前。客人握手后，由服务人员引进休息厅。如无休息厅则直接进入宴会厅，但不入座。

有些国家官方隆重场合，客人（包括本国客人）到达时，有专责人员唱名。

休息厅内有相应身份的人员照料客人，由招待员送饮料。

主宾到达后，由主人陪同进入休息厅与其他客人见面。如其他客人尚未到齐，由迎宾线上其他官员代表主人在门口迎接。

主人陪同主宾进入宴会厅，全体客人就座，宴会即开始。如休息厅较小，或宴会规模大，也可以请主桌以外的客人先入座，贵宾席最后入座。

如有正式讲话，各国安排讲话的时间不尽一致。一般正式宴会可在热菜之后、甜食之前由主人讲话，接着由客人讲；也有一入席双方即讲话的。冷餐会和酒会的讲话时间则更灵活。

吃完水果，主人与主宾起立，宴会即告结束。

外国人的日常宴请，在女主人为第一主人时，往往以她的行动为准。入席时，女主人先坐下，并由女主人招呼客人开始就餐。餐毕，女主人起立，邀请全体女宾与之共同退出宴会厅，然后男宾起立，尾随进入休息厅或留下抽烟（吃饭过程中一般是不能抽烟的）。男女宾客在休息厅会齐，即上茶（咖啡）。

主宾告辞，主人送至门口。主宾离去后，原迎宾人员按顺序排列，与其他客人握别。

家庭、便宴则较随便，没有迎宾线。客人到达时，主人主动趋前握手。如主人正与其他客人周旋，未发觉客人到来，则客人应前去握手问好。饭后如无余兴，即可陆续告辞。通常男宾先与男主人告别，女宾先与女主人告别，然后交叉，再与家庭其他成员握别。

2. 宴会现场服务

服务人员应提前到现场检查准备工作。如是宴会，服务人员事先将座位卡及菜单摆上。座位卡置于酒杯或平摆于餐具上方，勿置于餐盘内。菜单一般放在餐具右侧。

席位的通知，除请柬上注明外，现场还可采用以下做法：①在宴会厅前陈列宴会简图，图上注明每个人的位置；②用卡片写上出席者姓名和席次，发给本人；③印出全场席位示意图，标出出席者姓名和席次，发予本人；④印出全场席位图，包括全体出席者位置，每人发一张。这些做法各有特点，人多的宴会宜采用后面的做法，便于通知。各种通知卡片，可利用客人在休息厅时分发。有的国家是在客人从衣帽间出来时，由服务员用托盘将其卡片递上。如果是口头通知，则由交际服务人员在休息厅通知每位客人。

如有讲话，要落实讲稿。通常双方事先交换讲话稿，举办宴会的一方先提供。代表团访问时，欢迎宴会的讲稿由东道国先提供，答谢宴会的讲稿则由代表团先提供。双方讲话由何人翻译，一般事先谈妥。

（四）宴会服务对会展服务人员的要求

服务人员的工作直接关系到宴请活动的顺利进行。因此，国际上对服务人员的礼貌礼仪、服务水平以至服饰、行为举止的要求都很高；尤其隆重的官方活动，如国际性的会展活动，对服务人员的要求更为严格。

宴请中，服务人员大体应注意以下几个方面：

（1）服饰整洁、平整，头发梳理平整，指甲修剪清洁。

（2）讲礼貌，待人和气谦逊，面带笑容。说话声音要轻，语言亲切，用词得当，多带"请""您""谢谢""对不起""请原谅"等词语。熟悉宴请礼节。客人入座，协助其挪动椅子。熟悉菜单，掌握上菜速度。正餐上菜，先客人，后主人；先女宾，后男宾；先主要客人，后其他客人。如一人上菜，也可以从主人右侧的客人开始，按顺序上菜。隆重的宴会，也有要求严格按礼宾顺序上菜的。上菜时，左手托盘，右手夹菜，从客人左边上；倒酒水时，右手下瓶，从客人右侧倒。每道菜上完第一轮后，待一些客人吃完、参与撤盘，先问问客人："是否给您添一点？"不要勉强客人。如客人是否已吃完菜稍作整理放置桌上，供客人自取，待上下道菜后再尚未吃完，不能宜选在两位主方陪客之间进行，并先打招呼，以是很不礼貌的。撤换（西餐可看刀叉是否已合拢并列，如不吃葱蒜。在一旁侍立撤）。如无把握，可轻声询问。

餐具，动作要轻，还需用

（3）客人吃完，应从右侧撤换餐具

（4）工作时不吃东

时，姿势要端正，不要歪身倚在墙上或服务台上，更不要互相聊天、谈笑。多人侍立，应排列成行。正式宴请，主人或客人发表讲话时，应立即肃静，停止上菜、斟酒，在附近备餐间亦应安静，不要发出声音。演奏国歌时应肃立，停止走动。

（5）在宴会厅内走动时，脚步要轻快，动作要敏捷，拿取物品时轻拿轻放。

（6）遇招待人员或客人不慎打翻酒水，应马上处理，撤去杯子，用干净餐巾临时垫上。如溅在客人身上，要协助递送毛巾或餐巾，帮助擦干（如对方是妇女，男招待员不要动手帮助拭擦），并表示歉意。

五、会展餐饮服务的质量管理

餐饮工作包括很多，各岗位的服务内容和操作要点都不尽相同。为了检查和控制服务质量，餐厅必须分别对零点、团队餐和宴会以及咖啡厅、酒吧等的服务过程制定出迎宾、引座、点菜、走菜、酒水服务等全套的服务程序。

会展餐饮服务分为三个阶段，即准备阶段、执行阶段和结果阶段。相应地，会展餐饮服务质量控制可分为预先控制、现场控制和反馈控制。

预先控制是指会展餐饮准备过程中各环节的监督检查，其目的是防止餐饮服务中所使用的各种资源在质和量上产生偏差。

现场控制是指现场监督正在进行的会展餐饮服务，使其规范化、程序化，并迅速妥善地处理意外事件。

反馈控制是为了不断提高服务质量的一种信息反馈的监督管理。为了确保信息畅通，还必须建立和健全两个信息反馈系统，即信息来自员工的内部反馈系统和信息来自宾客的外部反馈系统，进行反馈控制，及时发现与找出服务工作准备阶段和执行阶段的不足，以便采取措施加强预先控制和现场控制。

西安曲江会展餐饮服务有限公司，其餐厅经营面积约2000平方米，其中操作区400 厨具设备，可满足各类展会的现场供餐服务及大型宴会、 接婚宴、单位年会、会议用餐以及大型活动的盒餐配送 70%以上，可供应各类经典川、粤大菜及家常炒菜，主推"陕西风味小吃宴"，由风味小吃名师主理。

公司致力于会展配套服务，除各类宴会服务外，餐厅可提供展会现场盒饭，每日不少于8000份，并可同时为现场提供各类小吃以及餐厅内的明档快餐服务、零点服务、商务用餐等，总计每日可接待上万人次，还可组织相关方配合超大型展会的现场服务工作。餐厅同时可容纳600人就餐，大型宴会可一次性开席不少于60桌。

西安曲江会展餐饮服务有限公司的管理严格按照 ISO 9001、ISO 14001、OHSAS 18001 的标准运行，在管理上做到专业化、标准化、程序化、规范化，以顾客为关注焦点，不断地改进和完善管理水平，提高服务质量，并与集团其他公司密切配合，与时俱进，充分发挥和谐团队的作战力量，共同完成国际一流会展企业的高品质服务。

第三节 会展票务服务

有效而经济地安排与会者到达或离开会展现场，或帮助与会者购买并使用会展门票是一项非常重要的服务内容。

一、会展票务服务的内容

（一）会展交通类票务服务

会展交通类票务服务尽管很烦琐，但对会展组织者来说是不需要花费太多成本的工作。

（1）会展组织者可自行向与会人员提供有关信息服务。例如，离开或到达的准确无误的车、船、航班时刻表，车站、码头、机场的位置，从会场到车站、机场和港口所需要的时间，车、船、航班的价格表及季节性的价格变动和有关手续费等的说明。

（2）会展组织者也可安排专人与航空公司、火车站或旅行社等联系，由具有票务服务经验的人来完成相应的服务。

（3）返程票的预订。票务服务是与会者最为关心的问题之一，因为这直接关系与会者能否按时返回工作岗位。做好这项工作，能解除与会者的后顾之忧，使与会者安心参加会展，有利于提高会展的效率。

预订返程票时，要注意以下几点：①会展项目如果在1周以内完成，登记时就应订回程的票；如果在1周以上，应提前3～6天订票。②在汇总会议通知回执的同时，仔细登记与会者对回程票的具体要求，包括：回程的交通工具（如飞机、火车、轮船、汽车等）、返程日期、航班或车次、座卧等级、抵达地点、回程票数等。③在登记与统计的基础上，及时同有关交通部门联系订票事宜。④与会者报到时，要进一步确认其订票要求并收缴票款，如有变化，应及时与交通部门联系更改。若某个日期、某个班次的票据缺额，无法满足预先登记要求时，要及时告知与会者，并提出改日期、改班次等具体解决方案，供有关人员选择。⑤交割回程票时要与购票者当面确认票面日期、班次无误，并做好交割记录，一旦出现问题或差错便可查阅。⑥现场订票时，通常要求订票者填写一份订票表，订票表内容包括：订票人的姓名、性别、单位，所需交通工具种类，离开的日期和时间，航班或车次，座位种类，押金数额；另外，还应包括所交证件的名称和编号以及所住的房间号和电话号码等。

根据会展规模的大小，会展组织者可设票务处、票务中心等，但多数情况下由登记处或询问处代办。而随着网络技术和电子商务的发展，联网订票越来越方便，但以上信息还是必不可少的。

（二）会展门票类票务服务

会展门票类票务服务主要有两种方式，一种是由人工现场提供门票服务，另一种是由电子票务系统提供门票服务。

各种会展（含各种赛事）的发行门票主要有两大类：参观者（听众）门票和服务人员证件。而服务人员证件又包括参展商、场馆服务人员、组委会人员、临时进馆证等。目前，绝大多数会展采用人工票务服务的方式。对一些重大（重要）的会展活动而言，传统的人工票务服务方式主要存在以下问题：

（1）假票问题。对于参会价值高的展会、会议和体育赛事，出现假票的可能性非常高。而传统的门票很少采用防伪功能，有的即使采用了防伪功能（如条码、激光等），技术手段也容易被仿冒者掌握和利用，很难杜绝假冒票证。这不但给主办方带来经济损失，也给现场管理、服务、安全等埋下隐患（这点在体育赛事中尤为明显）。

（2）有些会展门票允许持有人多次出入场馆，这样就造成许多人将门票借给他人或再次出售给他人使用，这也给主办方带来巨大的经济损失。

（3）"黄牛票"问题。对门票紧俏的会展，"黄牛票"也是不可避免的问题。"黄牛党"为了牟取暴利，大量购买囤积门票，高价倒手，不但妨碍了真正有需要的观众正常参与，票务信息失真也对主办者的管理和市场活动造成干扰甚至误导；此外，会展的声誉也因此受到损害。

（4）采用人工票务服务的效率低，难以应对人员购票、持票进场等高峰期，而且不可避免地给假票提供了可乘之机。

（5）人工票务服务方式不利于对会展信息的管理和挖掘。目前，几乎绝大多数的会展组织者都没有建立参展商尤其是观众的数据库，没有在服务上精耕细作，更没意识到数据库对自身和顾客带来的巨大价值。

因此，采用电子票务系统提供会展门票服务是会展票务服务一大趋势之一。

二、RFID 门票系统在会展票务服务中的应用

（一）使用 RFID 门票系统的目的

RFID 门票系统是采用先进的 RFID 技术（射频识别技术）结合通信、数据库和信息管理技术，为会展主办方和管理者提供基于电子标签实时数据采集的新型会展信息化系统。使用 RFID 门票系统的目的是：

（1）建立完整的电子标签票务计算机管理系统，实现计算机制票/售票、检票/查票、票务管理、数据采集及结算、数据汇总统计、信息分析、查询、报表等整个流程的业务管理。

（2）使会展的业务工作全部纳入计算机统一管理，提高工作效率，堵住财务和票务发行的漏洞。

（3）解决票证防伪问题，避免可能的巨额经济损失。

（4）数据采集更加准确、及时，为顾客（包括参展商和观众）提供丰富、到位的信息增值服务（客流量、人员构成、身份、兴趣、活动等），为主办者和参展商的市场决策提供信息支持。

（5）通过对会展顾客信息的深度挖掘，进一步提高展会的服务水平，提高顾客满意度。

（6）提升会展活动的形象和品牌。

（二）RFID 门票系统简介

对于大型会议、展览、演唱会、体育赛事等，由于参与的人数众多，数据量巨大，因此要将数据集中存储于中心数据库服务器中，需要时（包括统一制票、统计各种数据等）发送请求进行调用；另外，对于一些临时购票的用户，需要在各售票点采集其个人信息，然后上传至中心数据库，因此各售票点

客户端需要有一定的数据处理能力。除此之外，部分观众由于因购票高峰排队、路途遥远等造成不便，需要提供网上交易的平台。

因此，RFID 门票系统结合 C/S 模式和 B/S 模式进行开发，突出两种模式的优点，可以较快较好地实现系统需求。

1. 制售票子系统的基本功能

制售票子系统的基本功能如下：①售票员选择出售的票的种类、单价及有效期等参数，完成现场的交付，标签发行/打印终端便可将所有完成交付的门票打印出售；②显示当前售票状况；③向服务器提交售票信息。

2. 验票监控子系统的基本功能

验票监控子系统的基本功能如下：

（1）出入场馆验票时通过固定读出器读取电子标签门票的信息，通过合法人员名单和安全认证模块进行安全认证，如果认证通过，信息被正确读出，返回确认信息，合法通过；否则，系统将提示报警。

（2）再严密的入口验票程序也有可能会造成少量疏漏，在场馆内进行门票稽查是一种随机性抽查，目的是在例行安全巡查中进一步发现不合法的进馆人员。稽查人员可以用一种手持式验票机，在不打扰观众的情况下，远距离直接读取观众身上的门票信息。如果确有疑问，可要求观众配合做进一步检验。

（3）通过 RFID 检票、查票两重关卡，最大限度地杜绝了假票的出现。

（4）下载合法的观众名单，上传入场人员和门票鉴别真伪信息。

3. 展位观众记录子系统的基本功能

展位观众记录子系统的基本功能如下：对于有兴趣的客户，在征得对方同意的前提下，参展商可使用手持机进行识别该观众的 RFID 门票，在展会后可到数据库中调出其资料进行分析及打印（有条件的话也可以通过手持机上的无线传输功能连接中心数据库进行实时数据更新与查看）；有助于收集客户感兴趣的展位以及逗留的时间等数据。

4. 统计分析子系统的基本功能

统计分析子系统的基本功能如下：①现场统计不同场次、各个时间段的售票情况；②按照售票时间、售票地点、售票种类、进场情况等有条件的查询统计；③每场、每日、每月收入统计与查询；④打印各种数据的统计报表；⑤可进一步进行如下的统计和分析：参加会展的单位数和人数统计（包括参展商、采购商、其他单位和普通参观者），可按地域、行业、规模、性质等各种方法统计；⑥观众基本信息的统计分析：性别、年龄、职位、所在单位性质等；⑦参展商和观众参展的目的：采购、寻找合作伙伴、了解市场、学习等；⑧会展中各行业/参展商和产品受关注的程度，观众对不同场馆和展位的访问频率和逗留时间。

5. 系统维护子系统的基本功能

系统维护子系统的基本功能是：完成门票系统的操作用户注册、授权、操作日志、系统参数设置、数据接收与传递等功能。

6. 网上注册子系统的基本功能

网上注册子系统的基本功能是：展会参展商和参观人员可提前在网上提交并修改相应的个人信息，避免临时填写信息购票时因排队拥堵造成的不便，同时也在一定程度上减缓了系统超负荷运转的压力。

（三）RFID 门票系统工作流程

RFID 门票系统工作流程如下：

（1）登记。和目前展会流程相似，参观者在进入场馆之前应先填写信息采集卡进行登记，以便打印门票和后续信息的采集与统计，可以结合网上注册子系统在参展之前提前登记以避免拥堵。

（2）领票。信息录入人员将填写好的信息采集卡基本信息录入到数据库中并制作相应的门票，门票上印有参观者的基本信息（如姓名、单位等）。

（3）入口。参观者佩戴门票直接通过入口通道，RFID 读取设备有效识别自动放行，门票无效、过期或超过次数限制时，系统会提示报警。

（4）展位。对于有兴趣的客户，在征得对方同意的前提下，参展商可使用手持设备识别该客户的 RFID 电子门票，在展会结束后可到数据库中调出其个人资料，根据其浏览过的展位及逗留时间等进行分析及打印。

（5）出口。参观人员出馆时也要通过出口通道，RFID 读取设备能有效识别并自动放行，门票无效时，系统会提示报警，同时也便于记录客户在展馆内逗留的时间以及统计展馆内的人数等。

（6）门票回收。出于环保考虑，出馆后，参观者可以将 RFID 门票投掷到回收箱内。

（四）RFID 门票系统的优点

RFID 门票系统具有以下优点：

（1）该系统具有全方位的实时监控和管理功能。

（2）杜绝了因伪造门票而造成的经济损失。

（3）可有效杜绝无票人员进场，加强了场馆的安全保护。

（4）能准确统计参观者流量、经营收入及查询票务，杜绝了内部财物漏洞，对于提高场馆的现代化管理水平有着显著的经济效益和社会效益。

（5）通过对参展商和观众不同身份的归类划分，可提供信息归类和可利用的增值服务。

（6）通过长期的数据积累分析，可积累相关行业的市场动态数据资料。

（7）对于主办方而言，更可在提高顾客满意度、改善顾客体验等方面取得革命性的突破。

（五）RFID 门票系统的潜在不足

RFID 门票系统的不足之处主要体现在两个方面：

（1）效率不高。该系统的实施对于杜绝假冒票证、降低安全隐患有较好的效果。然而，由于目前技术条件还不是很成熟和人们对 RFID 的认知程度不高等原因，如进出场馆固定读出器对于多标签有错读或漏读现象，同时需要人工或摄像头核对进出人员身份等都在一定程度上降低了系统的运行效率。随着技术的逐渐成熟和人们对 RFID 的了解，相信该系统的效率会进一步提高。

（2）个人隐私问题。自从 RFID 引入身份识别领域以来，个人隐私问题就一直是被人们争论的话题，RFID 门票系统也同样面临这一安全隐忧。系统数据库中保存了用户的个人资料信息，一旦泄漏将带来意想不到的后果。

我们认为，应当在双方自愿的基础上，遵循以下隐私政策：①与会人员在将个人资料传给主办方之前，双方应当签署保密协议书。与会人员授权主办方在会展期间使用该信息用做合法用途；主办方也应保证不得将该信息以任何理由泄漏给第三方，同时保证在会展结束之后立即删除资料。②使用 RFID 标签的读取器与标签附近必须注有明示的通知和隐私声明。③应具备合理的存取权限修改或矫正个人信息。④应存在解决与会人员和 RFID 数据收集方（此为展会主办方）发生纠纷的相应机制。此外，如相关投诉和争议解决未果，还应存在独立的机制，以将争议和投诉提交有关方面解决。

总之，基于 RFID 技术的会展门票系统是结合国际最新自动识别技术——射频识别技术（RFID），以及现代计算机技术、数据库技术、无线通信技术、自动控制技术等于一体的高科技应用系统。它将会展票务全部纳入计算机系统来管理，极大地提高了工作效率，最大限度地杜绝伪票、换人入馆等现象出现，减少了门票收入损失；同时对于主办方而言，更可在形成管理决策、提高顾客满意度、改善顾客体验等方面取得革命性的突破，提升展会形象，具有显著的经济效益和社会效益。

相信在不久的将来，RFID 门票应用系统必将得到广泛的推广和应用。

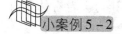
小案例 5-2

中国进出口商品交易会的票务服务

为做好到会展客商的返程机票、火车票的服务工作,大会票务中心在展馆内设有 6 个售票服务点,提供预订票、购票服务。具体位置及服务内容如下:

流花路展馆 5 号门售票服务点、1 号馆西走廊:直售国内飞机票、火车票,广九直通车票,香港市区、机场巴士票,穗港船票;电话:8666××××、2608××××、2608××××、2608××××。流花路展馆 5 号馆、12 号馆:直售国内、国际飞机票,火车票,广九直通车票,香港市区、机场巴士票,穗港船票,并提供民航快递服务;电话:2608××××、2608××××。流花路展馆 5 号馆还提供明珠俱乐部的现场服务。流花路展馆 12 号馆可办理预订火车票服务。琶洲展馆 23 号馆 1、2 号柜台,琶洲展馆 26 号馆 1 号柜台:直售国内、国际飞机票,火车票,广九直通车票,香港市区、机场巴士票,穗港船票;电话:8913××××、8913××××、8819××××。琶洲展馆 26 号馆 1 号柜台还提供民航快递服务,电话:8819××××。

(资料来源:中国进出口商品交易会官方网站,http://www.cantonfair.org.cn)

第四节 会展旅游服务

很多成功的会展都需要安排旅游活动,一方面使会展有张有弛,促进会展成功;另一方面,为与会者增加沟通的机会,加强交流。

一、会展旅游服务的内容

与会者及其伙伴常把会展所在地旅游当作参加会展的目的之一。这就要求会展组织者提供必要的旅游服务。

首先,会展组织者应提供当地的旅游信息,包括当地的历史名胜、风景点、文化事件、影剧院、音乐厅、健身运动场所及购物中心等信息,并提供各地点具体的开放时间、天气状况等。可能的话,提供一套当地旅游观光小册子,为那些想自己安排旅游活动的与会者提供方便。

在我国,多数会展尤其是会议都要安排一次或两次当地旅游活动。旅游时间表应和会展时间表相衔接。有的旅游安排在会展期间，让与会者有休息时间，但多数安排在会展结束后。

会展团体旅游应做好宣传工作，保证最基本的人数。在我国，旅游通常是按人头收费，收费标准应考虑到最低人数限制，如果达不到最基本人数，则每人所支付的价格会稍高一些。一般价格包含了导游服务、交通费、门票及入场费、过桥过路费和保险费等。如果超过4个小时并需要用餐的话，还应包括餐费。组织团体旅游，还需要有详细的时间安排和旅游项目的游览安排，尤其是每一站到达和离开的具体时间。另外，还需要明确在何种情况下（如天气变化）取消旅游。

一般会展所在地的旅游服务分为导购旅游服务和观光旅游服务。

（一）导购旅游服务

对很多与会者来说，到一个新的会展地点，总是要购买一些当地的土特产品。会展组织者根据协定提供导购服务，一般是包租客车，并由组织方提供向导，分期分批将与会者送到各个不同的地点。

购物属于旅游者的非基本要求。一个地区的商业中心、购物街，反映了当地的经济发展水平和产品特色。在会展旅游过程中，没有购物的旅游是极少的，所购物品不仅可以成为美好的纪念，而且是旅游活动中丰富多彩不可缺少的一部分。这时，告诉客人们遵守约定的乘车时间很重要。

导购服务的基本信誉，就是保证公平、合理的价格，让客人放心满意。会展旅游服务者应详细向与会者介绍有关商店的特色及购物注意事项。

（二）观光旅游服务

观光旅游的组织应由会展服务经理同旅行社联系，并要求提供导游。观光旅游地点一般都是历史古迹、风景区、公园、大学校园、民俗住宅区等。

有组织的旅游是一种集体活动。组织者要根据旅游目的，根据参加人的兴趣爱好、年龄特点、旅游时间的长短、经济条件及交通食宿条件等，通盘考虑，确定要去的地方，制定出切实可行的旅游计划。

观光旅游的类型有很多种，会展旅游服务者要一一向与会者介绍，协助其做出决策，并提供相应的会展旅游服务。观光旅游的类型具体如下：

（1）风景旅游地。构景条件多是青山秀水、奇峰异洞、喷泉飞瀑、云海怒潮、阳光沙滩等，这些地方景色奇佳、环境清幽、气候宜人，使人身临其境，心旷神怡。

（2）古迹旅游地。新旧石器时代的文化遗址、人类文明遗存的名胜古迹，是寻古旅游的目标所在地，游览这些地方，使旅游者回溯历史、增长知识。

（3）疗养旅游地。这类旅游地依地理特征，有山地、湖畔、海滨、泉区等。

（4）宗教旅游地。这类旅游地，如宗教圣地、著名寺院等，既吸引虔诚的信徒，也吸引对具有宗教特色的古建筑和艺术品有兴趣的旅游者。

（5）体育旅游地。这类旅游以体育锻炼、比赛或探险为目的，如登山和滑雪运动。

（6）科教旅游地。这类旅游地兴建有先进的科研中心、大型会议场所和科学展览馆等，吸引专家学者及广大旅游者到此交流、参观和游览。

（7）综合性旅游地。指具有多种旅游功能的地区。

二、会展旅游服务的要求

（一）确定会展旅游活动的日程

会展旅游活动是会展期间的一种休息，日程安排不能太紧，但又不能太松，活动要有节奏地把高潮放在后面，或是一个高潮接一个高潮，这都要计划好。会展旅游活动的日程安排、行程路线的制定，需根据会展活动的情况来具体安排。

1. 确定会展旅游目的地

会展期间的旅游是为了休闲放松，选择旅游目的地时，要选择会展所在地具有知名度和影响力的景区或文娱场所，让与会者增加阅历和知识；同时要考虑旅游时间的长短，一般会议组常安排半天或一天的游览活动。

2. 把握好会展旅游的时间

把握好时间是会展旅游活动安排中一个十分重要的问题。能否合理分析和把握时间，可以说是衡量一个会展旅游计划是否成功的标志。

把握会展旅游时间的前提是要有周密的计划，而制定周密计划的目的，在于合理地分配时间。如何才能合理地分配时间呢？分配时间的基本原则是有张有弛，先张后弛。

"有张有弛"，是会展旅游安排计划的总原则。要保证会展旅游活动在各方面都取得满意的结果，就必须有张有弛。人不是机器，要休息，要娱乐。过分的紧张，或只张不弛，其结果只能是因疲劳过度而失去"张力"。因此，我们在安排计划的同时，要做到有张有弛。

"先张后弛"，是会展旅游者在完成会展旅游计划过程中，时时应该遵守的原则。这就要求服务提供者在会展旅游开始时紧张些,直到已经有把握按时完成计划的时候,再把赢得的时间疏散回去,给游客造成一种精神上无拘无束的怡然状态。相反,如果前松后紧,使游客以一种疲惫不堪或是被意外事故搞得丧魂落魄的状态结束旅游,势必使他们感到厌倦,留下颓丧的记忆,从而破坏会展旅游的美感。

3. 会展旅游的必要准备

会展旅游开始前,通常要做如下基本准备:

(1) 备用药品。如清凉油、人丹、感冒药、止泻药、通便药、晕车药等及专用药。

(2) 其他。摄影爱好者可带上照相机,喜欢绘画者可带上画夹,爱好文艺创作或文物研究者可带上必要的资料、笔记本,如有望远镜也不妨带上,另可带些杂志或书籍在路上看。

(3) 旅游目的地资料。事先了解旅游目的地的资料有助于增加旅游效果。

(二) 会展游览活动的安排

为了使会展旅游活动顺利进行并获得成功,会展服务人员尤其是导游员应认真准备、精心安排、热情服务、生动讲解。

1. 出发前的工作

首先,做好必要的物质准备,核实餐饮落实情况,与司机联系。其次,清点人数,发现有人未到,要与会议组织者联系寻找,若有人愿在饭店休息或外出自由活动,要将其情况通知组织者。总之,若有缺席者,一定要了解其原因并做妥善安排。最后,提醒注意事项,要向出游者预报天气和游览点的地形、行走路线的长短等情况,讲明游览路线、所需时间、集合时间和地点;提醒顾客旅游车的型号、颜色、标志、车号和停车地点,以便旅游者万一离队、掉队时能准时到达集合地点。

2. 旅途的沿途导游

汽车离开饭店后,要向旅游者重申当天的活动内容。游览途中,导游要不失时机地介绍沿途景物,回答顾客的问讯。快到目的地时,要介绍其概况,包括历史、形象、实体及传闻等。讲解要简明扼要。目的是为了满足与会者事先了解有关知识的心理,激起他们游览景点的欲望,也可节省到目的地后的讲解时间。如果旅途长,可以组织游客讨论一些大家感兴趣的各种问题;如有外国游客,可教他们一些中文词组,并组织唱歌等娱乐活动,以活跃气氛。到目的地后,要求派现场导游进行讲解。

(三) 会展旅游活动的协调管理与服务

会展旅游组织者和会展旅游服务者为了最好地安排会展旅游活动，应做到如下几点：

(1) 主动争取各方的配合，力戒短视行为和本位主义。

(2) 尊重各方的权限和利益，在平等的前提下本着互利的原则进行合作，切忌干预对方的活动，侵害他方的利益。

(3) 注意建立友情关系。要正确运用人情关系，努力使理性关系与人情关系统一起来。

(4) 主动交流信息和沟通思想。相互沟通是消除误解、促进相互理解的重要途径，是搞好协作、提高工作质量的重要保证之一。

(5) 敢于承担责任。出现事故或矛盾，应分清责任，各方要勇于承担相应的约定责任，不得相互推诿。

(四) 会展旅游中的卫生与安全

会展旅游过程中，无论是乘车、坐船，或者是在酒店用餐，在一定的空间内人数相对比较集中，人与人之间的接触比较频繁，并且由于旅行中人的流动性大，可多次与不同的人群接触，因此传染病的预防是十分重要的。

会展旅游中暂时停留地点，来自四面八方的陌生人之间的接触比较频繁，要注意预防传染性伤寒、副伤寒、痢疾、传染性肝炎、胃肠炎等肠道传染病。在目前条件下，不要喝生水或未经煮沸的水，尽可能少用公共茶具和餐具。床上用品力求清洁，并注意不与口、鼻接触。尽可能不用公共毛巾、浴巾。如果发现旅舍有臭虫、跳蚤等病媒生物，应立即请服务员采取杀虫措施。

有的人乘坐车、船，因路上颠簸、座位或座舱（卧舱）比较狭窄、柴油味或汽油味较重而感到眩晕、恶心以至呕吐。有晕车、晕船、晕机病史的人，可以在开船或乘机半小时前口服海宁之类的镇静剂，必要时应闭目躺卧。一般稍有不适感时，要有意识地不乱看摇晃的景物，如波涛、附近的船舶、摇摆桅杆、起伏的地平线等，注意闭目养神，注意不要低头看书写字、不吃油腻的食物、不能过饱（一般吃七分饱），这样可以减轻或避免发生眩晕或呕吐。晕车、晕船的人乘坐车、船应尽可能地坐在车、船的中部靠窗口的地方，因为车、船的头部和尾部比较颠簸。

(五) 会展旅游活动的开支管理

会展旅游活动的开支要有计划，无论是参观游览，还是购物活动，都要按计划进行。一般要在会展前期做好安排，并进行预算，其费用通常都计算在会务费或其他会展收费中。所以，对于景点门票或娱乐活动要讲明哪些是统一安排由会务组开支；哪些是自费项目，由个人根据爱好自己选择。个人自费项目一般包括：①交通费。即会展团体外出游览，在旅游活动过程中所发生的交通费用，包括包车费、司机小费等。②景点门票或文娱活动场地费等。③途中的饮料费、餐费（景点用餐或外出用餐）。④导游小费。⑤不可预见的费用。

收支管理不仅是控制会展支出的必要手段，而且是会展旅游活动安排成功的保证。

第五节　会展其他服务

会展的间接服务项目很多，除前面介绍的会展房务服务、会展餐饮服务、会展票务服务和会展旅游服务以外，还有会展礼宾服务、会展翻译服务、会展广告服务、会展设备租赁服务、会展劳务服务、会展租车服务、会展花卉服务、会展休闲服务、会展购物服务等。下面简单介绍会展礼宾服务、会展翻译服务、会展广告服务的内容和要求。

一、会展礼宾服务的内容与要求

会展公司通常与政府有关外事部门、行业协会、机场口岸、新闻媒体及全国各地酒店、交通、旅游机构建立有密切的合作关系，可以提供从代表迎送接待、代表注册签到、交通通讯保障、导游翻译配备、现场迎宾引导、秘书事务安排以及招待会、宴会、酒会、剪彩、揭幕、赠礼、会议休闲和观光旅行安排等全方位的礼宾接待服务。

二、会展翻译服务的内容与要求

会展公司可以对国内外优秀翻译资源进行整合，配备一部分系统化、专业化、经验丰富的专、兼职翻译人才，以便随时根据需要提供文件的翻译服务和现场的口译服务。

根据会展项目的需求，会展公司应承接英语、日语、韩语、俄语、法语、德语、西班牙语等多语种与汉语之间的双向翻译业务。业务范围包括商务和法律文件、网站新闻、公司介绍、设备安装和调试、产品说明、大型项目招标、市场调研报告、财经分析、工商管理、出国申请和公证资料等所需的笔译，影视剧本、录像带、VCD 等音频和视频资料的翻译制作和编辑，以及各种商务性谈判、展览会、讲座的口译与传译。翻译领域涉及 IT 业、通讯、电力、经济、法律、贸易、冶金、机械、化工、医学、环保、生化、农业、文艺等近40 种专业领域。

三、会展广告服务的内容与要求

会展广告服务指由主办方提供给参展商的广告服务（简称"参展商广告"），它与主办方对展会活动的广告宣传（简称"展会活动广告"）完全不同。从宣传目的来看，展会活动广告是为了吸引更多的参展商、采购商和观众，而参展商广告是为了吸引到场的买家和观众的眼球；从发布时间来看，展会活动广告周期较长，参展商广告时间仅限于展期内；从影响范围来看，展会活动广告的影响面更广，而参展商广告仅限于场馆及场馆周边地区。

展会活动本身就是一个给企业进行自我宣传和展示的过程。在展会期间，主办方和承办方可以向参展商提供更多的企业或产品宣传机会，以期和参展商达到双赢。

一般来说，会展活动期间可提供给参展商的广告宣传形式有三类：第一是印刷类广告，如会刊广告、门票广告、参展商指南页面广告、导览图图中广告、资料袋广告等；第二类是悬挂张贴类广告，包括横幅、条幅、彩旗、喷画、气球、充气拱门、灯箱、飞艇等；第三是视频广告，包括展厅内的等离子电视、场馆内的大屏幕以及网站广告。

提供的广告服务包括广告资源的定价和发布、广告申请的处理和审定、广告策划和制作、广告评估和管理等。

本章小结

会展辅助服务也叫会展间接服务，主要包括餐饮、住宿、交通、票务、旅游等服务。

会展房务服务的方式主要有会展顾客自行负责和会展组织者负责两种。会展房务服务的基本要求是整洁、宁静、安全、方便、尊重；会展房务服务的特殊要求是办公安全和客房商用。会展房务安排要遵循国籍、级别等原则。

会展餐饮服务是餐饮服务人员为会展就餐客人提供食品、饮料的一系列行为的总和。会展餐饮可分为展览餐饮、会议餐饮、商务宴请等。会展餐饮服务要注意总体要求和具体要求。宴会服务包括现场布置、餐具准备、宴请程序设计及现场服务等。宴会服务对会展服务人员的礼仪、服务水平乃至服饰、行为举止等都有很高的要求。隆重的官方活动如国际性的会展活动，对服务人员的要求尤为严格。要特别注意会展餐饮服务的质量管理。

会展票务服务包括交通类票务服务和门票类票务服务。会展票务服务应使用RFID门票系统。该系统是结合国际最新自动识别技术——射频识别技术（RFID），以及现代计算机技术、数据库技术、无线通信技术、自动控制技术等于一体的高科技应用系统，它将会展票务全部纳入计算机系统来管理，极大地提高了工作效率，最大限度地杜绝了伪票、换人入馆等现象出现。

会展旅游服务的内容分为导购旅游服务和观光旅游服务。要特别注意会展旅游中的卫生与安全。

会展辅助服务还包括会展礼宾服务、会展翻译服务、会展广告服务、会展设备租赁服务、会展劳务服务、会展租车服务、会展花卉服务、会展休闲服务、会展购物服务等。

房务服务　餐饮服务　票务服务　旅游服务　其他服务

1. 会展辅助服务主要包括哪些内容？
2. 考察一个大型会展的服务情况，对其所提供的辅助服务进行评价。
3. 如何提高会展房务服务的质量？
4. 如何提高会展餐饮服务的质量？
5. 如何提高会展旅游服务的质量？

全国糖酒商品交易会的展览服务对接国际标准

有着中国食品行业"晴雨表"之称的全国糖酒商品交易会，始于1955年，是中国历史最为悠久的大型专业展会之一。近年来，全国糖酒会把"打造国际一流水准的行业展会平台"作为办会的主要目标之一，不断提升展览服务的标准化、精细化、多元化水平。

2016年3月举办的第94届全国糖酒商品交易会堪称范例。

糖酒会针对参展厂商和到会的专业观众，在展会信息、展馆介绍、展区图示、参展资质、预登记、现场导览、搭建服务、户外广告、会刊服务、专线交通、物流指南、物流代理、配套服务、交通信息、参展商预登记、参会指南下载、参展手册下载、观展理由、展会信息、主要日程、观众预登记、参展商信息、酒店信息 交通信息 主题论坛 行业论坛、食品科技交流、竞赛表演、企业活动、主要日程安排等方面，继续提升服务质量，努力打造用户满意的展览服务体系，同时完善和发展"展商展品信息推送""厂商一对一洽谈""展店联动"等商贸对接促进活动。增设门禁和安检入口，缓解展商和观众入场压力。

糖酒会安排主场服务商（中展励德国际展览北京有限公司）负责本届糖酒会施工搭建报馆、搭建商报到、现场安全管理、加班手续办理、ABCD类标准展位楣板收集及制作、标准展位搭建、展位用电、展具、家具租赁服务等主要服务。安排成都展馆方负责场馆相关事宜咨询，如场馆结构及尺寸、实地参观及考察等。安排预登记及门禁服务商（北京昆仑亿发科技发展有限公司）负责本届糖酒会展商，观众网上预登记、人流疏导及门禁检录。安排酒具租赁服务商（成都秦沥文化传播有限公司）负责本届葡萄酒及国际烈酒展区A、B类标准展位及净地展位酒具配置、租赁服务。安排四川西南食品包装机械有限公司在布撤展期间免费为食品机械展区所有参展单位统一提供展区指定地点的样品上下车装卸和转运服务。安排国内物流服务商（成都纵连展会物流有限公司）负责本届糖酒会布展撤展车辆引导、国内展品运输、机力租赁服务。安排国际物流服务商（敦豪全球货运中国有限公司，DHL Global Forwarding China）负责本届糖酒会海外展品的报关、报检、物流服务。同时，对主场服务的收费标准和价格体系进行了全面梳理和相应调整，做到了公开、透明，受到普遍欢迎。

糖酒会组织机构与60余家大众媒体、行业媒体和地方媒体建立了合作关系。会期邀请了近百家媒体的近千名记者及工作人员到会。人民网、新华网等在展会现场设立了直播间或媒体展位，为广大参展商、参会业界人士通过全国糖酒会宣传品牌形象，提升参会附加价值，提供了必要的助力。糖酒会官网、官方微信公众号、官方微博等也发挥了新媒体的作用，参与传播。

糖酒会进口食品专区在成都市内9家商超举办"宅在成都，乐吃全球"活动，共有50多个海外品牌近300款单品参与，继续探索"展店联动"新模式，为展商和采购商全面分析和了解市场提供了帮助，也受到零售终端的欢迎。

糖酒会的信息化服务得到提升。本届展会"酒咔嚓"在已有数据的基础上，为糖酒会进口葡萄酒展商建立"全国糖酒会进口葡萄酒数据库"，收录了葡萄酒款的产区信息及相关展商资料，可供永久查询推广。实现了一次参展，长期收益。2016年年初，"酒咔嚓"基于过去一年的统计数据，向社会及业界公开发布了《酒咔嚓2015年度大数据报告》。本届还会结合展期搜索的数据，深度剖析中国葡萄酒市场趋势，为众多参展商提供进一步的发展参考。

另外，成都地铁运营有限公司还特别推出2016年"糖酒会地铁畅行卡"。该卡为定期不计次票卡，可在会期不限次数、不限距离使用，过期作废。方便了广大参展商快捷地乘坐地铁，也在一定程度上缓解了糖酒会期间成都地铁的客运组织压力，获得双赢。

糖酒会的国际化水平，不仅体现在参展的企业及产品的国别数量、展位面积占比等方面，更体现在展览服务标准与国际标准接轨和一致方面，而后者要走的路肯定会更长，也更有挑战性。

（资料来源：根据全国糖酒商品交易会官方网站相关资料编写，2016年4月）

■讨论题

1. 以全国糖酒商品交易为例，列出大型展会的辅助服务项目。
2. 评析全国糖酒商品交易会辅助服务的质量。
3. 你认为全国糖酒商品交易会的辅助服务有哪些启示？

第六章 会展服务管理的基本理论

学习目标

①了解服务管理理论形成与发展的四个阶段;②了解从顾客导向到综合管理导向的各种服务理念;③了解会展服务管理的内容与难点;④掌握会展服务管理的原则与研究方法;⑤掌握会展服务需求预测和协调的主要方法。

第一节 服务管理理论的形成与发展

当今世界以知识经济为主导,各国经济活动中一个共同的趋势就是服务业所占的比重越来越大,并逐步上升成为国民经济的主导产业。据统计,在许多发达国家,几乎80%的GDP和就业机会是由服务业创造的。按照国际公认的标准,一个国家服务业的产值占GDP的比重超过50%时,就认为该国已经进入服务经济时代。早在30年前,英国、美国等西方发达国家就已实现了这一转变。

伴随着这一转变,对服务管理的探索和研究与日俱增,服务管理理论逐渐形成,并不断得到发展。到目前为止,服务管理的概念已基本清晰,服务过程中的诸多问题也都有相应的研究成果。从总体上看,服务管理理论的研究已经跨越了不同的历史阶段。按照西南财经大学张宁俊教授的观点,大致可以将服务管理理论的形成与发展划分为服务觉醒、跳出产品模式、跨学科研究和回归本原四个阶段。

一、第一阶段:服务觉醒

(一) 时间与背景

这一阶段为20世纪70年代。随着服务业产出占GDP的比重不断上升,服

务业在社会经济活动中扮演着日益重要的角色，并成为世界上工业化国家经济主体的主要部分。服务生产、服务营销、服务消费等服务管理过程中的各种问题成为研究的热点。

（二）主要特征与研究内容

这一阶段的主要特征是理论界和学术界初步认识到服务的存在及其与工厂生产有很大的不同，需要重新认识。研究内容主要有：服务与有形商品的差异、服务的特点、服务的运作、服务的实现等。在研究过程中提出了一些新概念、新方法和新模型。但从总体上来看，本阶段的服务理论研究还是深受传统的工厂式运作研究的影响，未能突破制造业管理研究的禁锢。

（三）代表人物和主要观点

这一阶段的代表人物主要有美国的约翰逊（Johnson）、伯法（Buffa）、埃尔伍德·斯潘塞·伯法（Elwood Spencer Buffa）、沙瑟（Sasser）等。1969年，约翰逊在一篇论文中首次提出了"商品和服务是否有区别"的问题，引发了一场服务与商品异同点的论战。1972年和1976年，约翰逊和伯法分别推出了两本探讨服务部门运作的著作，书名都叫《运作管理》。虽然书中真正涉及服务的内容并不多，但足以表明学术界已经开始将研究运作管理的注意力从制造产品为主的工业领域向服务领域转移。1976年，沙瑟在《哈佛商业》周刊上发表了名为《在服务业中平衡供应与需求》的文章。2年之后，由沙瑟等人所著的《服务运作管理》教材问世，这也是第一本直接以服务运作为主要研究对象的专著。

二、第二阶段：跳出产品模式

（二）时间与背景

这一阶段为1980—1985年期间。从20世纪80年代开始，全球产业结构呈现出"工业型经济"向"服务型经济"转型的总趋势。1980年至2000年期间，服务业占GDP的比重不断上升，服务业吸收就业的比重不断增加。这种经济现象引发了人们对服务问题的普遍兴趣和高度热衷。

（二）主要特征与研究内容

这一阶段有两个主要特征：一是服务理论研究脱离了以产品为基础的研

究，开始了主要以服务领域自身内容和特征为对象的研究活动；二是其他相关学科也开始将自己的研究项目与服务管理相结合，尝试进行跨学科的服务研究。研究内容主要集中于对服务管理和服务质量管理中的一些基本概念的界定，构建有助于理解服务和服务管理特性的概念结构。这种起步阶段的研究为以后的研究打下了坚实的基础。但其不足之处是，研究大多局限于单个概念，所设计的也大多是静态模型，对感知服务质量与其他要素（如顾客满意等）的相关关系研究还很少。

（三）代表人物和主要观点

这一阶段的代表人物有芬兰学者克里斯蒂·格罗鲁斯（Christian Gronroos）等。格罗鲁斯于1982年提出了顾客感知服务质量的概念，感知服务质量与其他要素（如顾客满意等）的相关关系研究还很少。美国市场营销学家帕拉休拉曼（A. Parasuraman）在1985年发表的文章中就指出：当前的服务研究者建立了服务质量的概念模型并开始了对未来服务的研究，这是构建服务管理职能结构的非常重要的一步，因为服务质量对各个职能管理领域意义重大、作用突出。

三、第三阶段：跨学科研究

（一）时间与背景

这一阶段为1985—1995年期间。该阶段总的情况是由于20世纪80年代初期服务管理和营销科学的真正诞生，以及服务经济的快速发展，激发了更多的理论研究。

（二）主要特征与研究内容

这一阶段也有两个主要特征：一是基本形成了较独立的服务管理研究领域，二是开始了多学科、多角度、多层次的较为科学规范的研究活动。第二个特征的形成与1990年首届国际服务管理研究大会的召开有密切关系。该次大会强调了服务管理研究的多学科性，指出服务管理研究涉及的学科包括经济学、管理学、心理学、市场学、组织行为学、社会学等，推动了服务管理研究的规范发展。研究工作主要集中于对有关概念做定性分析、验证基础结构、测试模型等，形成了许多概念性的结构和观点，并形成了进行经验研究的新的理论基础。

从服务管理学科整体发展的角度来看，这一阶段无疑是一个重要的里程碑。服务管理的理论与方法已被广泛接受和应用，服务管理理论尤其对原本基于生产导向的运作管理的核心领域产生了很大的影响，对推动运作管理朝着适应新的顾客导向和市场驱动的方向发展做出了贡献。

（三）代表人物和主要成就

这一阶段的代表人物主要有芬兰学者克里斯蒂·格罗鲁斯、汉斯凯特（Heskett）和美国哈佛大学商学院、范德彼尔特大学服务研究中心等院校的一批学者和专家。

在众多的研究成果中，有代表性的是芬兰学者克里斯蒂·格罗鲁斯发表的一系列论著。他在1990年出版的《服务管理与营销》一书中，将企业的竞争战略划分为以成本、价格、技术和服务为主的四种形态，指出目前的市场处于服务竞争阶段，企业经营战略开始转向以"服务"为主导的战略。他发表的《从科学管理到服务管理：服务竞争时代的管理视角》一文，从理论上阐述了服务管理与科学管理的区别，论证了服务管理的特征及其理论和实践对经济发展的贡献。他根据认知心理学的基本理论，提出了顾客感知服务质量的概念，论证了服务质量的本质是一种感知，是顾客的服务期望与服务经历比较的结果。服务质量的高低取决于顾客的感知，其最终评价者是顾客而不是企业。克里斯蒂·格罗鲁斯在这一领域的研究成果为服务管理理论体系的形成奠定了基础。

美国哈佛大学商学院、范德彼尔特大学服务研究中心等院校的学者和专家在服务质量领域的研究也日趋深入。汉斯凯特（1994）在有关研究中，探讨了影响利润的变量及其相互关系，建立了"服务利润链"式结构，形象而具体地将变量之间的关系表示出来。这个结构对研究服务问题和寻找影响服务质量的原因具有十分重要的作用。

四、第四阶段：回归本原

（一）时间与背景

这一阶段从1995年至今。服务业对经济发展的重要性得到全面认可，服务管理的研究与服务经济的发展同步，取得了诸多成就。

（二）主要特征与研究内容

这一阶段的主要特征是在服务管理的研究上真正实现了由跨学科研究向交叉边缘学科本质的回归。服务管理与其他各学科分离开来并保持相对的独立性。研究内容主要包括在本学科领域中实践服务管理的理念、服务管理的新模型和新方法、服务管理理论的预测与验证等。最后一种研究内容是因为大量的前期理论付诸应用，从而引起理论界采用一定的方法对应用结果进行预测。

（三）代表人物和主要观点

这一阶段的代表人物是拉斯特（Rust）、美国服务管理领域的学术权威詹姆斯·A. 菲茨西蒙斯（James A. Fitzsimmons）等。拉斯特在主持服务质量回报的研究中阐述了提高服务质量给企业带来的收益途径和机理，论证了服务质量与企业获利性之间的关系。例如，从广义的服务质量角度来看，高质量可减少返工成本，进而导致高利润；高质量可以导致顾客高满意度，可达到效率提高、成本降低的目的；高质量可以吸引竞争者的顾客，产生高的市场份额和收益。因为利用现有顾客的口碑宣传吸引新顾客，可以达到增加销售和减少广告费用的目的。所以，一些学者认为，持续的服务质量改进不是成本支出，而是对顾客的投资，可以带来更大的收益和利润。

这一阶段的各种理论研究成果集中体现在詹姆斯·A. 菲茨西蒙斯的专著《服务管理》（机械工业出版社 1998 年中文版）一书中。作者以其深厚扎实的理论积淀，从服务业与经济的关系讲起，逐步展开，依次涉及服务的内涵与竞争战略、服务性企业的构造、服务作业的管理、迈向世界级服务、服务应用的数量模型等，基本上涵盖了服务管理的所有重要理论。可以说，该书是服务管理作为独立学科研究的开山之作与奠基之笔，对于开展服务管理的研究有着重要的指导意义和参考价值。

五、会展服务管理理论的创立阶段

会展业是我国的一种新兴产业。会展服务管理必须在借鉴的基础上，用服务管理第四阶段的理论来指导，对会展服务的概念与内涵、会展服务的特点与类型、会展服务战略管理、会展服务需求预测、会展服务流程设计、会展服务质量管理等主要问题进行系统研究。用研究成果指导会展服务实践，力争少走弯路、不走弯路，高起点、快速度形成会展服务管理的理论框架和体系。

第二节 服务管理的重要理念

一、服务管理理念的形成背景

(一) 科学管理理论的局限性被认识

从泰勒建立科学管理理论以来,传统管理的重点主要是放在建立规模经济,通过大量重复劳动不断提高效率,努力减少产品生产成本与管理成本,为降低单位成本进行积极的传统营销和销售促进,以及持续努力开发新产品等。瑞典学者诺曼(Norman,1982—1984)和芬兰学者克里斯蒂·格罗鲁斯(1982)提出,过分强调成本降低和规模经济的传统管理可能会使服务质量受到破坏,然后导致员工士气低落,进而损伤顾客关系,最终出现利润问题。增大营销和销售预算可能在短期减缓这种不利趋势,但是这往往意味着增加对顾客的劝说和过度承诺,从长期看,只会导致顾客的不满,他们把这种现象称为"管理陷阱"。

由亚当·斯密和科学管理学派发展起来的传统的管理原则的基石是专业化和劳动分工。实行这种管理原则的结果常常是出现短期的、操纵性的、交易导向性的市场关系,在企业内部各职能部门之间、企业与外部伙伴之间,如企业与顾客、供应商和中间商产生敌对的关系。

(二) 服务管理的差异性被认识

服务管理对于如何看待和建立组织内部及组织之间的关系有着不同的基本假定。服务管理关注的重点不是企业的内部效率、规模经济性以及降低成本,而是以全面管理的观点,将企业的外部效率、顾客如何感知核心产品及服务的质量和企业的整体运作置于优先地位。全面管理的观点包括顾客驱动、顾客感知质量导向、长期发展、员工导向和重视综合管理等方面。服务管理的重点是通过团队工作、跨职能合作、跨组织的伙伴关系以及长期观念等整体运作方法,形成被顾客感觉到的服务质量。

服务管理的重点主要在于通过组织整体运作的方法,形成被顾客感知的服务质量。与传统管理不同的是,服务管理关注的重点不是企业内部效率、规模经济性以及降低成本,而是如何看待、怎样发展企业的内外部关系。服务管理的基本观点是将企业的外部效率,顾客如何感知核心产品或服务的质量和企业的整体运作置于优先地位,具体包括顾客导向、顾客感知质量导向、长期发展导向、内部营销导向、综合管理导向等方面。

二、以顾客为导向的服务理念

(一) 顾客导向的形成

顾客导向是40多年前在质量管理研究过程中提出来的概念。从1960年开始,在质量管理文献中就多次出现这个观点,认为使顾客满意是所有企业的终极目标。该观点提出后一直与质量管理研究紧密相连。

在质量管理研究的初级阶段(质量检验阶段),质量管理的重心在于质量检验,通过质量检验来确保提供给用户的产品质量符合企业标准。至于企业制定的产品质量要求标准能否真正反映顾客的需求则不是企业考虑的重点,顾客只是企业产品的购买者或受益人。在质量管理研究的中级阶段(统计过程控制阶段),控制技术的应用得到强化,但质量管理所关注的依然是企业范围内的活动,如建立质量标准、增加样本、增加质量控制的有效性等。顾客对于质量而言还是被动的,他们只是质量的接受者,其作用仅限于质量控制失败导致他们购买了残次品时可以向企业报告并得到补偿。进入质量保证阶段(战略质量管理阶段)以后,企业质量管理的范围在原有的基础上向两头延伸,向前覆盖了设计过程直到市场调研以有效识别顾客的需求,向后覆盖了储运交付直至售后服务以确保顾客满意。这样,质量管理形成了一个闭环系统,从顾客开始到顾客结束,所有质量工作的目标就是让顾客满意,显然顾客处于质量管理的中心地位。顾客可以积极地对产品质量发表意见和建议,这些意见和建议都成为产品设计的重要信息;同时他们也成为最终质量的仲裁者,他们对产品和服务的不满意将严重地影响企业形象。为此,质量保证成为企业对顾客的庄严承诺,企业产品质量的要求是零缺陷。这就是顾客导向的开始。

(二) 顾客导向的运用

1995年,ISO/TC176在策划2000年版ISO 9000族标准时,提出其中最重要的是质量管理原则。ISO 9000族标准正式颁布时,以顾客为关注焦点作为八项质量管理原则的首要原则。它将质量描述为:产品、体系或过程的一组固有特性满足顾客和其他相关方要求的能力。它揭示了企业生存的意义和市场竞争的真谛：企业的价值在于为顾客、社会创造价值，一个把顾客利益和企业利益对立起来的企业是没有前途的。企业要生存就必须以顾客为中心开展经营活动，否则必将陷入困境，被市场无情淘汰。

目前，除了服务领域，企业与顾客合作生产的方式也在工商企业领域慢慢出现。顾客的重要性在组织理论、经营管理、战略管理和市场营销等学科中都得到强调。

（三）顾客导向的重要意义

以顾客为导向，就是要强调质量、信誉和服务上的完美。这并不意味着公司在技术或控制成本方面没有能力。但是，公司对顾客的重视程度远远超过了对技术和降低成本的重视程度。以 IBM 公司为例，它一直是走在时代前沿的公司，但多数观察家认为，在过去的几十年里，它并不是技术方面的领头羊。IBM 的成功主要得力于它无可挑剔的服务。

惠普的一位管理者说：唯一能让我们在长期竞争中幸存的方法就是，每一个人都要时时摸索并生产出顾客所期待的下一代产品。顾客对企业的每一个方面都有举足轻重的影响，如生产、销售、研究开发、财务制度等。

无论企业是否愿意，在全球性的买方市场格局下，以顾客为关注焦点已经成为企业必须遵循的基本原则。企业只有以积极主动的态度，研究顾客需求，为顾客服务，才能增强顾客满意度。只有牢牢树立顾客导向的观念，将顾客满意贯穿于质量管理活动之中，其质量管理体系才具灵魂，才能够得到真正实施，企业的经营目标才能够实现。

综观"顾客导向"从争取顾客满意逐步上升到争取顾客忠诚，再上升到顾客价值，可以说这是企业质量管理理念和生产管理理念的不断进步和飞跃，这是不可能倒退的管理理念，也是新兴的会展业必须导入的管理理念。

三、以顾客感知质量为导向的服务理念

（一）顾客感知质量导向概念的来源

顾客感知质量导向源于顾客感知服务质量概念。该概念是北欧学派（Nordic）代表人物克里斯蒂·格罗鲁斯在20世纪80年代初期提出来的，是服务管理和营销科学诞生的重要标志。格罗鲁斯对顾客感知服务质量的构成要素、评价方法与差异结构等进行了详细的研究，对服务管理与科学中最重要的概念之一进行了重要的界定，为服务质量管理研究奠定了最为重要的理论基础。同

时，引发了诸多学者长达 20 多年的研究。

（二）顾客感知质量导向的贡献

在以往的管理和营销理论中，质量是一个黑箱。在作业和生产管理中，质量从内部效率的角度，被看成是一个生产问题。顾客感知服务质量的提出，彻底改变了这种观点。迄今为止，学者们在一系列与顾客感知服务质量相关的问题上都达成了共识：第一，顾客感知服务质量是顾客感知的质量，具有极强的主观性，也具有极强的差异性。第二，顾客感知服务质量由顾客所追求的"结果质量"（技术质量）和"过程质量"（功能质量）两个方面组成。第三，顾客感知服务质量是在服务提供者与服务接受者的互动过程中形成的。第四，顾客感知服务质量可以分解为两层，即服务接触质量和服务关系质量。在研究过程中，学者们提出了感知服务质量模型、质量差距分析模型等质量管理模型和工具。这对我们今天如何进行服务质量管理具有重要的意义。

（三）顾客感知质量导向的启示

例如，顾客感知质量与生产率的关系。一些观点认为，过于重视顾客满意和改进顾客感知质量会影响生产率与盈利能力。但对服务管理的深入研究发现，努力改进质量和提高生产率之间不是必然相互排斥的。企业采用正确的方式，就可以既促进服务质量，又对提高生产率起到有利的影响。

在顾客感知服务质量领域，至今还有许多未知数，需要我们去解释、去说明。例如，顾客情绪与顾客感知服务质量的关系、不同文化背景下顾客感知服务质量的形成特点分析、顾客感知服务质量评价与企业服务质量评价的耦合等。但是，可以肯定，顾客感知服务质量作为服务管理和服务营销学的核心，其对服务企业的指导作用是其他内容无法替代的。

四、以长期发展为导向的服务理念

（一）长期发展导向的基本观点

服务管理中长期发展导向的观点认为，一味追求短期利益可能会牺牲长期发展，将会极大地影响企业的竞争力，最终对企业不利。即使短期内提高内部效率带来成本下降和利润增加，但由此可能产生的服务质量问题及其所带来的后续影响将使顾客满意度下降，进而影响业务，造成收入下降。一旦这种情况发生，企业若要保持市场份额，需要再加大现有市场的营销费用，其结果反而增大了成本,于短期利益也不利。

(二) 长期发展导向的重要意义

第一,服务管理中的长期发展导向与当今社会企业界的发展趋势相吻合。在很多产业,无论国际经营还是国内经营,都出现了大量的伙伴关系、网络和战略联盟。不仅如此,这种战略合作伙伴关系对国内市场也变得日益重要。从学术或理论角度看,将营销概念集中于利润最大化问题和在市场交易等相对狭隘的范围内,越来越不能反映与日俱增地强调长期顾客关系和建立管理战略联盟的事实。第二,服务管理中的长期发展导向与当今社会企业界的营销实践相吻合。服务营销的观点认为,如果将传统的营销更多地看作交易营销,现代企业则更加注重从交易营销到关系营销的重点转移。由于企业运作的传统目标是利润最大化,以往相对狭窄的营销概念主要集中于市场交易,关注每一次的交易行为可能带来的收益。分析企业的发展趋势可以看出,关系营销的研究重点从将产品和企业作为分析单位,转移到将人、组织和现行关系中的各种角色连接起来的社会过程进行分析,更为重视长期顾客关系,重视形成战略联盟关系。在服务管理中,营销努力被看成是对顾客的投资而不是费用,这是服务管理长期发展理念的充分体现。

如何看待短期利益与长期发展的关系,是企业必须解决好的一个重要问题。如果短期利益得不到满足,就拒绝需要经过较长时期才能得到回报的投资行为,是一种短视行为。

五、以内部营销为导向的服务理念

(一) 内部营销的提出

服务管理理论十分关注员工的发展和员工对企业目标和战略的投入。服务营销研究人员注意到了内部营销的必要性。1982年,克里斯蒂·格罗鲁斯提出内部营销(Internal Marketing)的概念。他认为,要在内部员工市场注入服务意识和创造顾客导向的行为,最好的方式是采用积极的、类似于营销的方法,将一系列内部活动以积极的、类似于营销的协调的方式统一起来。例如,在服务营销系统中,提出"交互营销职能"概念来反映服务生产和传递过程对营销的影响,从而将营销、作业和人力资源管理整合在一起。

（二）内部营销的做法

内部营销包含四个方面：①公司对业务部门的营销；②后勤部门对业务部门的营销；③公司对后勤部门的营销；④公司对上述所有部门的营销。前两者服务于外部目标，即为外部客户提供产品和服务；对后勤部门的营销服务于内部目标，即创造有利于实现外部目标的内部环境；对所有部门的营销既服务于外部目标，也服务于内部目标。

内部营销包括了态度管理和沟通管理两个方面。首先，内部营销要管理的是企业员工对待顾客的态度以及树立顾客导向和服务导向观念的积极性。态度管理是内部营销的重要组成部分，是实施内部营销的先决条件。其次，企业管理人员、一线员工和辅助人员需要各种信息以支持他们完成工作，需要与管理层就顾客需要、要求、提高工作业绩的经验、界定顾客需求的方法等内容进行沟通。这些信息包括岗位规章制度、产品和服务的特征、向顾客做出的承诺或者由广告和销售人员做出的保证。

（三）内部营销的实质

内部营销的实质是，在企业能够成功地达到有关外部市场的目标之前，必须有效地运作企业和员工间的内部交换，在组织中各个层级之间建立良好的内部关系，让企业的所有员工，包括与顾客接触的员工、参与内部服务过程的员工、团队领导及各级经理的头脑中都具有服务导向和顾客导向的思维，都认同企业的价值观。菲利浦·科特勒指出："内部营销是指成功地雇用、训练和尽可能激励员工很好地为顾客服务的工作。"用综合管理的方法作为连接企业传统职能之间、传统学科之间的桥梁，正是内部营销较之于外部营销的先进性。

六、以综合管理为导向的服务理念

（一）综合管理的形成

在服务管理的发展过程中，许多学科都在本学科领域或交叉领域的研究中为服务管理做出了贡献，提出了许多适应时代发展和环境变化的新理念、新观点和新方法。例如，服务竞争、长期关系营销、感知服务质量模型、服务管理系统、授权和人才作为公司主要资源、顾客导向和可视运作方法、一线作业、二线作业、服务保证、留住顾客、经济性分析等，使服务管理成为一种比较突出的综合管理。

(二) 综合管理的作用

综合管理对服务业和其他行业都有积极的影响。从事营销、运作、组织理论、心理学、金融、经济学以及其他学科的研究者们从服务的角度讨论了管理的各种要素，形成了一些共同观点和新的研究方向。例如，在营销领域中提出，需要对企业中从事市场交易人员的概念进行扩展。例如，古门森（Gummesson）于1991年提出了对"非专业营销人员"进行管理的概念。他认为，任何服务组织中都有大量的"非专业营销人员"，即兼职营销人员。他们的主要职责是完成组织交给的本职工作，营销只是他们的次要职责。如果他们没有兼顾履行次要职责，顾客就会对服务质量产生负面感知。事实上，几乎每个服务组织中的兼职营销人员都是专职营销人员的数倍，通过管理来发挥这些兼职营销人员的作用十分重要。再如，在服务营销的研究中，学者们注意到运作作为营销的一个组成部分非常重要。格罗鲁斯（1982）提出了"互动营销功能"的概念，指出服务生产与服务实现对营销有着重要影响。克里斯托弗·洛夫洛克（Christopher Lovelock，1988）在他的服务营销系统中对营销、运作和人力资源管理进行了整合。

对服务的综合管理及管理方法已对外产生了一些效应，但尚需加强对服务设计、服务质量、服务运作等方面的研究，以使管理更加严密。

第三节 服务和会展服务管理的内容与难点

一、服务系统的构成

（一）以三大功能为核心的服务系统

按照系统工程的观点，服务系统可以被视为以输入、处理和输出三大功能为核心所构成的系统。按运营管理的观点，服务过程是一个投入、转换、产出的过程，是一个劳动过程或价值增值的过程。其中，输入或投入系统主要是输入或投入劳动力、原材料、信息、技术等，输出或产出系统是输出或产出服务产品或半产品。输入、处理、输出三者之间或投入、转换、产出三者之间相互衔接、相互制约、相互依存，构成一个整体，循环往复，达到服务企业的经营目的。

（二）服务系统的主要元素

按照输入、处理、输出的程序，可以将服务系统的主要构成元素分成三类。第一类是服务提供者，包括服务机构、服务人员、服务项目、服务递送、服务技术、服务补救、服务质量、服务开发等；第二类是服务消费者，包括个人顾客、团体顾客、服务消费选择、服务消费行为、服务消费心理、服务购买、服务参与、服务评价等；第三类是服务设施、设备和支持物品，包括服务设施的空间分布、服务设备的添置、服务设备的使用与维修、服务过程所需要的各种物品等。这些要素的不同组合方式以及它们之间的关系决定着服务系统的结构和特点，并影响服务系统整体功能的发挥。

二、服务管理的一般内容

服务管理缘起于服务业的蓬勃发展，是对提供服务的企业经营全过程的管理，也称为服务运营管理。由于服务产品的特殊性，导致了服务管理内容的复杂性。所以，对服务管理的内容有多种概括方法。例如，从企业管理的角度，将服务管理的内容按照计划、组织、实施和控制四个阶段进行划分。从运营管理的角度，将服务管理的内容分为服务过程和服务系统两大方面。从服务系统和主要构成元素出发，有两种概括方法：一是把服务管理的内容归纳为服务提供者、服务消费者、服务提供系统三大部分，二是把服务管理的内容归纳为服务概念、细分市场、组织形象、服务战略、服务提供系统五大部分。事实上，不论从哪个角度展开，服务管理的主要内容基本上都是相同的。服务管理的核心都是为了提高服务系统的效率、有效发挥其总体功能。本书汲取各种划分方法的优点，从供方与需方、主题与职能、操作与实践三个方面进行归纳。

（一）供方与需方相关管理

1. 服务组织管理

组织结构是组织的构成形式，即组织的目标、协调、人员、职位、相互关系、信息等组织要素的有效排列组合方式，它是将企业的目标分解到职位，并把职位综合到部门，由众多的部门组成垂直的权力系统和水平分工协作系统的一个有机的整体。当一个组织通过战略管理过程确立了既定战略之后，如何通过组织结构为其提供有效配置资源的保障便成为管理的关键问题。

2. 服务企业人力资源管理

在分析人力资源管理基本框架的基础上，针对服务企业的特性，通过人力资源规划、招聘、选拔、培训、开发、工作设计和职业发展等让一线员工提供稳定的服务；并通过有效的考核、激励、晋升等，保持一线员工的工作热情，让员工能够持续地承担义务并稳定地完成服务工作，为顾客提供连续稳定的高水平服务，在此基础上培育并获取企业服务运作的竞争优势。

3. 服务企业形象管理

形象是服务管理系统的一个组成部分。提高服务满意度可以为组织塑造良好的形象，为企业造就宝贵的无形资产，可以极大地增强组织的凝聚力和竞争力。在现代社会中，良好的企业信誉和形象已成为企业一项越来越重要的无形财富，它是企业生存和发展的有利条件。企业形象是顾客感知服务质量的过滤器。如果企业拥有良好的形象，些许的失误会得到顾客的谅解；如果失误频繁发生，则必然会破坏企业形象；倘若企业形象不佳，则企业任何细微的失误都会给顾客造成很坏的印象。

4. 服务消费管理

认识顾客消费的影响因素，全面描述和分析顾客购买服务的过程，并阐述顾客购买服务的行为特征及顾客购买服务的决策过程。一般来说，服务消费可以分为确定需要、信息搜寻、服务的选择、服务的评价、购买和消费以及购后行为七个部分。

（二）主题与职能相关管理

1. 服务战略管理

战略作为经营发展的长远性、指导性、原则性、宏观性的规划和意见，对任何企业来说，其重要意义都是一样的。服务企业也必须对内外部环境进行分析研究，以市场需求为导向，确定本企业的组织战略、业务战略和职能战略。在职能战略方面，主要是研究职能战略的管理，如计划、人力资源、营销、财务等职能部门的发展战略和竞争战略。"先有战略，后有组织"，这些战略的直接目的是服务于组织内部、提高组织效率、建立新型的服务竞争理念、构建科学的服务体系。

2. 服务计划管理

服务计划是指为企业服务工作预先做好的程序安排和实施方案。服务计划的制定必须建立在对信息的全面收集和准确分析的基础之上。服务计划的目的是使服务企业能把握服务需求的变化趋势，更好地规划自己的服务能力，适应消费者需求。服务计划在内容上要求专业内行、细致具体，具有完整的业务流程，明确所涉及的组织及人员的权利和责任，分工科学合理。在形式上要求使用标准的报告格式。

3. 服务项目管理

所谓项目管理，就是项目的管理者在有限的资源约束下，运用系统的观点、方法和理论，对项目涉及的全部工作进行有效的管理。即从项目的投资决策开始到项目结束的全过程进行计划、组织、指挥、协调、控制和评价，合理安排、科学调度各种活动，以最低的成本为顾客提供高质量的服务，实现项目的预定目标。

4. 服务企业文化管理

著名的服务管理学者瓦拉瑞尔·A. 泽斯曼尔认为，服务文化就是鼓励优质服务的存在，给予内部和外部最终顾客以优质服务，并把这种文化当作自然而然的生活方式和每个人最重要的行为标准。服务文化的构建是一门科学，是企业全员参与的一项系统工程。托马斯·彼得斯和罗伯特·沃特曼在《追求卓越》一书中确认，企业文化在组织成功中居于决胜一切的枢纽地位。

(三) 操作与实践相关管理

1. 服务营销管理

在过去的数十年里，营销学者就有关服务营销的问题进行了广泛的讨论。从20世纪80年代后期开始，营销学者在服务营销组合上达成了较为一致的意见，即在传统的4Ps基础上，又增加了"人员"（People）、"有形展示"（Physical Evidence）、"服务过程"（Process）三个变量，从而形成了服务营销的7Ps组合。随着7Ps的提出和广泛认同，服务营销理论的研究开始扩展到内部市场营销、服务企业文化、员工满意、顾客满意和顾客忠诚、全面质量管理、服务企业核心能力等领域。这些领域的研究正代表了20世纪90年代以来服务市场营销理论发展的新趋势。服务营销的核心理念都是顾客满意和顾客忠诚，通过取得顾客的满意和忠诚来促进相互有利的交换，最终实现营销绩效的改进和企业的长期成长。

2. 服务流程与服务系统设计

服务流程是服务组织向顾客提供服务的整个过程和完成这个过程所需要素的组合方式。服务流程是富有创造性的作业，它能够提供一种与竞争对手有所不同的服务概念和战略。服务流程的设计过程是复杂的，对于一个好的服务流程，应当详细指明顾客何时何地会提出何种要求、何时将会离开、在服务过程中顾客与服务流程之间有什么样的接触、顾客是否有可能改变流程等。在系统开始运转后，在条件允许的情况下，要不断地对服务流程进行修正，以提高流程运作的效率。服务缺乏流程，就如同练功缺乏套路、学书法不学章法、学摄影不讲构图一样，会将我们的学习带入混乱状态，学起来不知道从何下手。

服务系统设计是服务战略能否成功实施的关键。科学的流程设计涉及多方面的问题：服务场所选择、服务设施设计和布局、质量保证措施、顾客参与程度、设备选择、服务能力规划、服务流程设计的内容和步骤、服务流程的定位和分类、服务流程设计的方法、服务流程中可能出现的瓶颈现象与解决方案、服务蓝图的概念和基本框架、如何绘制和解读服务蓝图等。

3. 服务接触管理

大多数服务企业的基本特征是服务提供者和顾客之间发生接触。通常，这种短暂的接触往往发生在顾客评估服务的一瞬间，同时也形成了对服务质量好坏的评价。所以，组织存在的目的就是支持那些直接与顾客接触的一线员工。组织中的每个员工的职责是服务这些一线员工，后者直接为顾客服务。服务接触管理要研究服务接触的特征、服务交互性质、服务交互管理、服务交互剧场模型以及服务关键时刻模型等内容。服务接触管理体现了企业对顾客的关注和对关键时刻的重视。

4. 服务保证、投诉处理和服务补救

目前，服务企业研究如何将产生的投诉和失误与组织的改进结合起来，组织应当怎样从失误中进行学习，怎样在顾客投诉之前就预先发现和处理失误，怎样通过投诉处理、服务保证和服务修复促进企业业绩等问题。旨在通过服务保证、投诉处理和服务补救方面的工作，以改进企业经营业绩。这是服务管理作为实践工具研究的重点领域。

5. 服务质量管理

当顾客评估服务质量时，要把他们对服务绩效的感知与服务传递的期望相比较。期望是评估服务绩效的标准和参考点，感知服务是对所受服务的实际反映。服务组织的中心工作就是弥合顾客期望和顾客感知之间的差距，使顾客满意并与他们建立长期的关系。

6. 服务收益管理

善用产能以达利润最大化，是为收益管理。收益管理是一个综合系统，研究如何保证充足的资金流，如何通过对现金流转的管理和对成本的控制，实现企业利润最大化目标。要实现这一目标，一是扩大收入，二是减少成本，其实就是对现金流转和对成本进行有效管理和控制。

7. 服务扩张管理

当组织在管理上走向成熟，并达到了一定程度的成功时，就获得了可持续性竞争优势。要想保持企业的持续竞争力，组织需要实施持续改进战略，促进

服务增长，有些组织还向国际化、多元化扩张，不断应对新的挑战。所以，服务管理还要研究服务的扩张问题，即要研究全面动态的服务系统。

8. 服务业绩测量与运作改进

围绕运作测量从模型建立到标准设定及具体实施展开研究工作，包括建立合理的业绩测量结构，确定测量方式和测量目标以及测量标准对期望结果的支持程度等。

三、会展服务管理的难点

会展业作为综合性的、边缘交叉性的新兴服务业，其管理除了有与一般服务业相同的内容之外，还有自身独特的内容和鲜明的特点。这里主要对会展服务管理的难点进行简要概括和说明，其中最重要的管理问题将分章进行详细介绍。

（一）会展服务需求管理

服务的生产和消费是同时进行的，是不可储存的。如果服务需求不足，结果将导致服务人员和设备的闲置。在一般的服务企业，人们的需求会有钟点高峰或淡旺季的变动，这种需求水平的自然波动造成了服务在某些时间闲置，而在另一些时间又人满为患。但这种有规律可循的变动，总可以逐渐摸索相应的管理办法。例如，有些服务企业采取在需求高峰期利用加班、倒班、临时修改运作计划等措施来满足峰值的需求；有些服务企业则利用安排实习生上岗训练来补充人力资源的缺口；有些服务企业则采用促销手段来促进非高峰期的需求，甚至开发互补性服务分流高峰期的需求。

与一般服务相比，会展服务的需求管理更加困难。因为有相当一部分会展项目的需求和消费没有规律可以探寻。这种需求可以来自各个方面，但不是显而易见；这种需求会因为天气等外部因素而随时变更；这种需求有多种多样的类型；这种需求不容易用文字明白无误地表达。例如，展览会和节庆赛事活动的现场服务。服务岗位安排过多，将降低会展服务的利用率；服务岗位安排不够，则会因排队等候带来各种负面影响。所以，会展服务特别需要导入需求管理（Demand Management）。需求管理是基于制造业的一种管理理论，指认识和管理对产品的全部需求，并确保生产计划反映这些需求的功能。需求管理包括预测、订单录入、订单承诺、分库需求、非独立需求、厂际订单及维修件需求等。有效需求管理的关键在于维护需求的明确阐述、每种需求类型所适用的属性，以及与其他需求和其他项目工件之间的可追踪性。为了提高会展服务的利用率，需求管理是会展服务管理者必须解决的问题，这也是服务计划和控制的基础。

(二) 会展服务项目交叉管理

一般的服务企业，只要管理企业本身所提供的服务。会展业却不同。可以从会展的运作流程来看。举办一个展览会，与组展企业的市场调查、项目策划、申请报批、展馆租用、招展招商、现场服务等相配套的还有许多服务，如金融、法律、公关、翻译、报关、商检、物流、设计、制作、展装、邮政、电信、信息、咨询、广告、印刷、媒体、保安、保洁、医疗、餐饮、住宿、交通、旅游、购物等，这些都由不同的单位提供。其中有公共服务，也有行业组织的服务，但更多的则是通过合同外包，由传统行业和新兴行业中的企业所提供的服务。要对各种服务项目进行有效的交叉管理，其复杂程度普通服务业无法相比，需要单独研究。

(三) 会展服务技术提升管理

随着人类步入21世纪，服务设计与交付的方式也发生了重大变革。究其根本原因，就在于"技术"二字。纵观社会生活，关于技术改变服务提供方式和顾客行为方式的例子比比皆是，如自助取款、网上购物、在线理财、电子机票等。但是，在服务理论中，专门研究和论证引进新设备和实施新技术的困难，以及新技术带来的成本降低和经济效益的成果不多。因此，在服务技术方面本身就有许多问题需要研究。例如，哪些主要因素影响新技术的成功，技术投资和降低成本之间存在何种关系，服务技术如何分类，等等。在会展服务管理中，这个问题更加明显。从场馆、设备到材料、网络，技术和知识密集程度不断提高，会展项目的服务过程日趋复杂。这种发展趋势使会展的运作管理也面临许多新课题，需要认真研究。

(四) 会展服务标准制定管理

服务标准是跟服务流程相配套的一些基本要求和指导原则。有了科学的服务流程，还要为每个流程环节配套设置一些服务指标，这样做的目的是使员工领会该环节的目的是什么，如何才能达到该环节的目的。与普通的服务企业相比，会展业非常需要服务标准，以规范服务人员的工作和行为，确保在多种服务交叉的情况下供给与消费的有序和有效。

(五) 会展服务行为规范管理

服务行为规范又叫服务守则，是对员工服务行为的规定。既可以是指导性的原则规定,也可以是指示性的具体做法规定。这是服务文化系统的最具体部分,也是执行服务文化时的具体依据,其目的在于让抽象的服务理念变为具体的执行方法。大型会展项目服务人员众多,且大量录用临时工和实习生,特别需要借助服务行为规范指导和约束服务行为。

(六) 会展服务的外包管理

服务外包是指企业为了将有限资源专注于其核心竞争力,以信息技术为依托,以协议或契约为依据,利用外部专业服务商的知识和人力,来完成原来由企业内部完成的工作,从而达到降低成本、提高效率、提升企业对市场环境的应变能力并优化企业核心竞争力的一种服务模式。

在会展业,服务外包是一种习惯做法。外包的服务项目多种多样,几乎覆盖项目运作的全过程。外包的类型多种多样,有离岸外包、近岸外包和境内外包,有战略性外包和策略性外包,有单级外包和多级外包,有一对一外包和一对多外包等。可以说,通过外包,形成了一条很长的会展服务供应链。在我国,对这种供应链的管理是一个全新的课题,需要认真研究,以帮助会展业在日趋激烈的市场竞争中胜出。

第四节 会展服务管理的原则与研究方法

服务管理的研究对象主要是处于服务领域的服务型企业,尽管服务管理中许多理论、方法、观点也同样适用制造业和其他行业,但基本理论研究模型的前提与假设、论证推理与实证都主要以服务企业为参照系,服务管理的研究对象主要就是服务型企业中的服务竞争、服务质量和服务能力。

一、会展服务管理的原则

服务管理的原则是指以服务的内涵与特性为基础,指导企业的决策过程,并决定企业在服务竞争中的管理行为的基本原则(如表6-1所示)。服务管理是根据服务和服务竞争的特性来设计的一种管理方法,也是高度"市场导向"的管理方法。服务管理所要研究的是如何在服务竞争环境中对企业进行管理并取得成功,这种研究并不考虑企业的类型,即不管是服务企业还是制造企业都是其研究的对象。

会展服务管理适用服务管理的普遍原则。

表6-1 会展服务管理原则汇总表

原则	内涵	评论
利润等式和企业经营法则	利润来自顾客感知的服务质量	有关外部和内部效率的决策（顾客满意度、资本和劳动生产率）必须有机结合起来
决策权	决策权尽可能向一线下放	但有些重要的决策权仍需集中
组织的重心	构建和运行组织的目的是使资源配置有利于支持服务一线的运行	要求企业组织结构扁平化，减少不必要的层次
监督的重心	管理人员和监督人员最重要的职责是激励和支持员工	尽量减少不必要的监督
奖励系统	奖励系统的重心是鼓励员工为顾客提供较高的感知服务质量	尽管奖励系统不能将所有的要素全部纳入进来，但必须考虑相关的因素
绩效衡量的重心	绩效衡量的唯一标准也是顾客对服务质量的满意度	在衡量内部效率和生产效率时可利用外部效率的衡量标准

［资料来源：克里斯蒂·格罗鲁斯著：《服务管理与营销：基于顾客关系的管理策略（第2版）》，韩经纶等译，电子工业出版社2002年版，第151页］

二、会展服务管理的研究方法

胡适认为，中国传统研究中存在的最大的问题，就是"方法盲"，而西方现代学术最突出的优势，就是方法上的自觉。所以，不管做什么学问，首先要确立起现代的科学研究方法。这既是"五四"科学精神的体现，也是现代学术发展的要求。会展服务管理具有复杂性和特殊性，亟须进行理论研究；既要使用科学研究的一般方法，也要寻找适合会展服务自身特点的独特的研究方法。

（一）跨学科的研究方法

从服务学的角度来看，需要运用跨学科的研究方法。任何学科的产生和发展,都得益于综合运用相关知识领域的理论、技术和方法。这是任何一门学科成熟完善的必要条件,对关联性强、交叉重叠关系复杂的服务学的研究更应如此。这与现代科学发展的两大趋势——学科层次的日益细分化和跨学科层次的日益整合化是一致的。从会展服务学的角度来看,更需要运用跨学科的研究方法。

(二) 理论联系实践的研究方法

理论联系实践的方法作为科学研究普遍使用的方法,同样适用于服务的研究。只有从实践中来,到实践中去,理论才有针对性和指导性,才有生命和活力。一方面,会展服务是一种操作性和实践性很强的活动,需要从理论到实践、再从实践到理论的循环往复过程;另一方面,我国会展业还处在起步阶段,实践中成功的经验需要总结推广,不足的地方需要咨询诊断、对症下药。反过来,理论也需要通过实践的检验,不断完善和提升。

(三) 系统分析的研究方法

服务从内容上来看,是由众多要素组成的一个具有特定功能的整体,即一个系统;从服务质量管理和控制上看也是如此。因此,系统分析的方法也是进行服务研究必不可少的手段之一。

(四) 数量分析法

数量分析法就是通过确定服务模型,更直观、更精确地反映服务的真实客观面貌,更易于把握隐藏在各种复杂关系背后的服务的本质。

(五) 管理学研究的方法

服务管理的一般理论研究方法,是从管理学的角度出发,综合运用规范分析与实证分析、案例分析、历史分析与比较分析、宏观分析与微观分析等多种方法,重点对服务竞争战略的构建和竞争战略的选择、服务组织管理和服务过程管理等领域进行全面和系统的研究。

(六) 经验总结的方法

经验总结法是根据实践所提供的事实,分析概括现象,挖掘现有的经验,并使之上升到理论的高度,以便更好地指导新的实践活动的一种科学研究方法。关键是要能够从透过现象看本质,找出实际经验中的规律。

（七）个案研究的方法

个案研究也叫典型研究、重点研究，是对单一的研究对象进行深入而具体研究的方法。个案研究一般对研究对象的一些典型特征做全面、深入的考察和分析，也就是所谓"解剖麻雀"的方法。个案研究对象少，研究规模较小，一般都是在没有控制的自然状态中进行的，也不需要在一段时间内突击完成。所以，个案研究特别适合会展项目。

（八）案例研究的方法

一般认为，案例是对现实生活中某一具体现象的客观描述。会展服务管理案例是会展服务活动中具有典型意义的、能够反映某些内在规律或某些原理的具体服务工作的描述、总结和分析，它通常是真实的故事，对这些"真实记录"进行分析研究，寻找规律或产生问题的根源，进而寻求解决问题或改进工作的方法，或形成新的研究课题。在案例法的研究中，研究者自身的洞察力是关键。

第五节 会展服务需求预测与供需协调

会展服务的生产和消费在特定的时间和空间同时进行。如果会展服务需求大、会展服务供给不足，将导致各种排队现象、拥堵现象的发生，从而引发参与者的不满情绪；反之，则将导致服务人员和服务设备闲置，提高会展项目的服务成本。动态环境中的会展服务需求与供给的预测和协调，对会展经理人员和现场管理人员是一种挑战。

一、会展服务需求的概念和特点

（一）会展服务需求的概念

会展服务需求指会展项目的参与者或消费者出于便利、经济等角度的考虑，要求会展组办方、承办方、场馆供应方等相关各方为他们提供的各种有偿和无偿的会展服务。

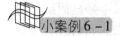 小案例 6-1

2010 上海世博会提供的人性化服务

为迎接来自各方的参观者，上海世博会组织者在世博会期间将进一步优化服务系统，在世博园区内为参观者提供一系列便捷、优质的人性化服务。包括问询接待服务、走失儿童服务、租赁服务、失物招领服务、一般公共服务、医疗急救服务等。

（资料来源：中国 2010 年上海世博会官方网站，http://www.expo2010.cn）

（二）会展服务需求的特点

会展服务需求具有以下特点：

（1）多样性。指会展项目的参与者或消费者对会展服务内容的需求多种多样。包括对会展前期各种服务的需求、对会展当期各种服务的需求、对会展后期各种服务的需求等。如某个会议的本地参与者和外地参与者、本国参与者和外国参与者对该会议服务内容的需求就完全不同。本地参与者往往不需要住宿服务、交通服务、旅游服务等。

（2）差异性。指主观因素和客观因素使会展项目的参与者或消费者对服务需求档次的不同。如主观因素中的个人身份差异。任何一次会议，一般与会者和特邀嘉宾对服务档次的需求都有很大差异。

（3）波动性。指会展项目的参与者或消费者对会展服务的需求往往随着时间的变化而变化。如有些提前预订了的服务会随意取消或自动改期，有些没有预定的服务会突然增加；便利时间段服务需求多、非便利时间段服务需求少；如此等等。

二、会展服务需求的预测方法

会展服务需求预测指针对特定的会展项目，预测拟提供（包括直接提供和间接提供）服务项目的潜在消费人数、消费内容、消费档次、消费时间、消费成本等，并分类录入，其数据作为该会展项目各项服务合作的设计、安排和提供依据。

收集需求听起来似乎是个相当简单的任务。但在实际会展项目中却会遇到很多困难。一方面是因为会展服务需求具有多样性、差异性、波动性等特点；

另一方面是因为会展服务需求还可能随时来自各个方面，既不是显而易见的，又不易用文字准确描述。所以，必须选择一些专门的方法来进行预测。

常用的预测方法有数十种之多，每种方法都有自己的特点、用途和适用范围。在具体应用过程中，要选择得当。为尽可能提高预测的准确度，建议同时采用多种方法进行预测，相互检验相互补充。

需求预测方法基本上分为定性预测和定量预测两大类、若干种。

（一）定性预测方法

定性预测方法又称为经验判断法，主要是利用二手资料和现实材料，结合个人的经验、知识、分析能力、判断能力，甚至直觉，加以综合分析，做出判断和预测。

对于一些缺乏历史资料、影响因素比较复杂而难以分清主次，或主要影响因素无法定量的会展项目，使用这种预测方法比较合适。

具体的定性预测方法主要有以下五种：

（1）消费者意向法。可以通过专门问卷、报名表、申请表等收集消费者的意见。以会议为例。会议组办方一般会在会议报名表后附上住宿选择。通过反馈意见就可以大致得知应该如何提供住宿服务。展览会申请表与会议报名表一样，通过反馈意见就可以大致得知标准摊位和特装展台的数量，进而统计出展览总面积。

（2）部门经理意见法。由会展企业总经理召集各项目经理、市场部经理、财务部经理、人力资源部经理等，广泛交换意见，共同讨论，对服务需求进行预测，最后由总经理做出判断。这种方法集中了各部门负责人的经验和智慧，解决问题比较快。不足之处是容易因情报、资料数据的不全面或欠准确，以及主管人员的情绪和个人意志影响结论性意见。

（3）营销人员意见法。营销人员直面市场和顾客，比较了解消费者的要求和意向。听取他们的意见，得出的预测往往比较接近实际。采用这种方法，平时就要注意培养营销人员的信息意识，使他们能够在日常工作中主动自觉的收集、整理消费者的情况或背景资料。采用这种方法，还要注意尽可能听取多数营销人员的意见，避免偏差。

（4）专家意见法，即德尔菲法。该方法是美国兰德公司在20世纪40年代末期提出来的。这是一种面向专家的反复函询调查法，即将所要预测的问题和必要的背景材料，用通信的方法向专家们提出，然后将他们回答的意见综合整理、归纳，匿名反馈给各个专家，再次征求意见，然后再加以综合、反馈。如此经过多次反复，直到预测问题的目标得到较为满意的结果为止。

（5）集思广益法。又称为专家会议法、经验判断法、头脑风暴法。这种方法是请熟悉预测问题的专家或技术人员参加讨论会，对预测问题进行探讨。会议一般分三个阶段，即明确问题阶段、发表意见阶段和讨论阶段。该方法既能在充分利用专家丰富的知识和经验的基础上，较全面地考虑事件发生的可能性，对事件做出预测，又简单易行、节省时间。该方法的最大局限是，在面对面的讨论过程中，容易受权威人士意见或观点的影响。

（二）定量预测方法

定量预测方法是指依据市场调查所得的比较完备的统计资料，运用数学特别是数理统计方法，建立数学模型，用以预测经济现象未来数量表现的方法的总称。

运用定量预测方法，一般需具有大量的统计资料和先进的计算手段。定量预测方法大致可分为两大类，即时间序列预测方法和回归分析预测方法。

（1）时间序列预测法。即把被预测的量按照时间序列排列起来，构成一个所谓的时间序列，从所构成的这一组时间序列过去的变化规律，来推断今后变化的可能性。该方法简单易行，同时又充分考虑到了偶然因素的影响产生的随机性。但这种方法准确程度较差，且不能向外延伸进行外推预测，只适用于短期预测。具体方法有简单滑动预测法、加权滑动预测法和指数平滑预测法。

（2）回归分析预测法。即根据事物变化的规律，确定因变量和自变量之间的关系，来预测事物未来的发展趋势。它的可靠程度主要看历史资料的完备性、因变量和自变量之间的关系的变动性。预测的主要步骤是：相关关系分析、模型中参数的计算、回归预测模型的建立、利用预测模型进行预测、预测值置信度检验。按照自变量的分类，预测方法有时间回归分析法、计量经济模型法。

三、会展服务供需的协调方法

通过更好地协调服务供给与需求来提高服务能力和设施设备的实用率，是会展经营公司的重要课题。服务系统能够通过使用主动和被动的方法来调节需求。通过调节需求，可以降低服务需求周期性的变化。虽然消费需求有较大的变动性，但平均需求率在一段时间中将会是稳定的。下面介绍三种常用的调节方法。

（一）以科学安排来满足服务需求

会展服务需求可以划分为计划需求和随机需求。计划需求是通过各种渠道预先知道且很多是经过消费者确认的（如已交定金、已买门票等）需求。把已知的服务需求当作基数，再加上预测数，就能够比较准确地安排服务提供量、提供类型、提供标准等，基本满足服务需求。

（二）以价格杠杆来拉开服务需求

使用价格手段可以刺激低谷期的需求，分流高峰期的需求，提高会展服务的效率和效益。面向广大消费者的会展项目（如奥运会、世博会、节庆、消费展等），都可以使用这种方法。

小链接 6-1

2010 上海世博会门票价格

（会售期 2010.5.1—2010.10.31）

票　种	价　格
指定日普通票	￥200
指定日优惠票	￥120
平日普通票	￥160
平日优惠票	￥100
当日普通票	￥160
当日优惠票	￥100
3 次票	￥400
7 次票	￥900
当日夜票	￥90
普通团队票	（仅向世博游指定旅行社销售）
学生团队票	（仅向世博游指定旅行社和教育机构销售）

（资料来源：中国 2010 年上海世博会官方网站，http://www.expo2010.cn）

（三）以提前预约来控制服务需求

 小案例 6-2

2010 上海世博会的预约服务

为分散热门场馆人流，减少排队时间，组织者为参观者提供预约服务。参观者可凭当日已检入园的门票在 22 个预约服务点的预约机上预约当日参观 5 个主题馆中的一个场馆。此外，部分展馆及文化演艺活动提供单馆预约服务，参观者可在其单馆预约机上预约，每张门票最多可约 5 次。预约成功后，在预约时段凭门票及对应预约券到达场馆验票入馆。

（资料来源：中国2010年上海世博会官方网站，http://www.expo2010.cn）

（四）以互补性服务来分流服务需求

开发互补性服务在饭店业已经得到普遍的认可。这种做法稍加改进就可以搬进大型会展项目（如展览、节庆、赛事）当中。例如，大型会展项目受到场地限制，围餐和自助餐之外，可以增加若干快餐点、小茶室、糕点房、咖啡厅等，既可缓解就餐拥堵的现象和消费者焦急等待的心情，又可以多样化的服务来满足不同消费者的不同消费需求。

 小案例 6-3

2010 上海世博会的餐饮服务

上海世博园区公共区域商业配套面积共有约 10 万平方米。其中，公共餐饮面积为 8.5 万平方米（浦东 6.5 万平方米、浦西 2 万平方米），共有约 128 家餐饮店，提供餐位 3.2 万个以上，每日供餐能力可达到 40 万套，套餐平均价格为 30 元至 100 元。同时，公共零售面积有 1.5 万平方米，约 81 个特许品店，其中浦东 62 个、浦西 19 个，另外还有 9 个便利店，6 个糕点、面包零售店。

（资料来源：中国2010年上海世博会官方网站，http://www.expo2010.cn）

开发互补性服务还可以用在会展交通服务、会展信息服务、会展休息服务等方面。

本章小结

伴随着服务经济时代的到来，对服务管理的探索和研究与日俱增，服务管理理论逐渐形成，服务管理的概念已基本清晰，服务过程中的诸多问题都有相应的研究成果。按照西南财经大学张宁俊教授的观点，服务管理理论的形成与发展经历了服务觉醒、跳出产品模式、跨学科研究和回归本原四个阶段。

服务管理的重要理念是：以顾客为导向的服务理念、以顾客感知质量为导向的服务理念、以长期发展为导向的服务理念、以内部营销为导向的服务理念、以综合管理为导向的服务理念。

按照系统工程的观点，服务系统可以被视为以输入、处理和输出三大功能为核心所构成的系统。按运营管理的观点，服务过程是一个投入、转换、产出的过程，是一个劳动过程或价值增值的过程。

会展服务管理的难点有：会展服务需求管理、会展服务项目交叉管理、会展服务技术提升管理、会展服务标准制定管理、会展服务行为规范管理、会展服务外包管理等。按照克里斯蒂·格罗鲁斯的观点，会展服务管理的原则有：利润等式和企业经营法则、决策权、组织的重心、监督的重心、奖励系统、绩效衡量的重心等。

会展服务管理的主要研究方法有：跨学科的研究方法、理论联系实践的研究方法、系统分析的研究方法、数量分析法、管理学研究的方法、经验总结的方法、个案研究的方法、案例研究的方法等。

会展服务需求的预测方法基本上可以分为定性预测和定量预测两大类、若干种。会展服务供需的协调方法主要是：以科学安排来满足服务需求、以价格杠杆来拉开服务需求、以提前预约来控制服务需求、以互补性服务来分流服务需求。

本章关键词

会展服务管理　服务管理理论　服务管理理念　服务系统　会展服务需求预测　会展服务供需协调

复习思考题

1. 举例说明什么是以内部营销为导向的服务理念。
2. 举例说明服务系统的主要构成元素。

3. 如何理解服务系统是输入、处理和输出三大功能所构成的系统？
4. 会展服务管理的难点主要有哪些？
5. 会展服务管理的研究方法有哪几种？
6. 会展服务需求的预测方法有哪几种？

综合案例

2005年爱知世博会的服务

2005年3月25日至9月25日在日本名古屋市爱知举行的爱知世博会，无论从空间距离上还是时间距离上，都是离中国2010年上海世博会最近的一届综合类世博会。认真学习爱知世博会的经验，积极吸取爱知世博会的教训，显得非常重要。在总结出来的诸多经验中，摘取以下几点。

一、入场人数的控制

世博会的特点就是参观人数多且集中，因此，合理控制入场人数是一项伴随始终的工作，既要满足从世界各地而来的观众参观的需要，也要平衡不同展馆的接待能力。爱知世博会入场总人数的目标为1500万人，如此庞大的参观人群在185天的展期集中涌向各个展馆，平均每天都有8万人左右入场，每天最少入场人数为5万人，最多则为20万以上。为了控制合理的入场人数，主办方确定了15万人为标准日，根据标准日确定各种管理设施和人员的规模，并在具体做法上主要采取了两方面的措施。

第一，通过排队控制在展馆内参观的人数。主办方在这方面的管理比较严格，总的感觉是到处需要排队。每天早上，在磁悬浮的起点站藤丘就开始排起了长队，要坐上磁悬浮得排半个小时。到了世博园区门口，一眼望去，黑压压的一片，据说有时要排2个小时。而到了各场馆也基本上都要排队，有的企业馆要排5个多小时。这样做的好处是能保证一个良好的秩序，确保馆内观众参观的质量。而不足之处在于大部分时间花在排队上了，游客十分疲劳。结合笔者的亲身体验，排队的极限一般在2个小时左右，超过时限，人们就会对节目有更高的期待，进馆后，如果节目很精彩，那也没什么，如果没有什么新意，那就很不满意了，游客会觉得自己花的钱不值。大多数人只能到现场来排队，而排这么长的队，并不是人人愿意的。总体而言，日本人还是比较讲秩序的，都能老老实实地排队，中间需要上厕所，出去一下，回来继续排队。但并不是所有国家的人都能这样做的，据说等候时间过长也是吸引不了外国游客的原因之一。

第二，通过预约方便参观者选择参观。爱知世博会有一些热门展点非常吸引游客，为能提高参观效率和参观质量，主办方提供了两种预约参观的方法，包括网上预约和购买特别的预约卡，凭预约可以优先进入展馆参观。笔者向日本馆工作人员请教了网上预约的办法，按规定需提前一个月在网上预约，到时按照预约的号码来现场换取"整理券"（预约单）。另外，本次世博会还出售一种植入了IC芯片的磁卡门票，参观者用这种磁卡可以事先预约热门展馆，一个参观者一次最多只能预约两个展馆。预约可以预先平衡场馆的接待能力，对解决排队的问题也有所帮助。但客观地说，爱知世博会在这方面做得并不成功，预约的网上界面只有日语，把大量的外国人排除在外，加之，许多中老年人不会上网，又把相当多的人排除在外，而且要提前一个月，其预约时间也太长了，所以，采用网上预约办法进馆参观的人数很少。

二、交通流量的精确预测和交通设施的合理配置

爱知世博会对参观人数的预测不仅有总量1500万人次的大概念，而且预测到185天展览期间每一天的参观人数，得出极端高峰人数为22万人（仅1天），接近或超过15万人的为11天，其中超过15万人的有6天。据此，爱知世博会的交通设施是按15万人配置的，而不是按极端高峰22万人配置的。据介绍，在极端高峰日他们将采用有预案的临时措施，如增加短途驳运车辆、时段交通管制等措施解决。

三、以人为本的服务

参观爱知世博会，处处能感受到设计者以人为本、与人方便的设计理念。

世博会占地100公顷，其间有很多道路。除了缆车线路之外，只要是供人通行的地方都采取了防滑措施。

会场大门旁备有上千辆婴儿手推车和轮椅，供带小孩的家长和腿脚不便的老人使用。

世博会内的厕所，可以说是集中体现这一理念的场所之一。公共厕所男女厕位比例均1：1.5设置，均不收费，内部非常整洁卫生、无异味。厕所内部除配置洗手盆、洗手液、卫生纸、烘干机、擦手纸、挂衣钩、废物箱等，还有供女性化妆使用的座椅。每座厕所都设置了供残疾人和老人等行动不便者使用的无障碍通道和专用厕位间。女厕所内设置了有栏杆的婴儿睡位，可供怀抱婴儿的人员使用；特意安置了男孩用的小便器，为方便带男孩的女士而设。在细微之处考虑得周到至极。特设的残疾人厕所，设施一应俱全，普通厕所内一柄扶手、一个衣钩，无不让人感觉舒适、方便、恰到好处。厕所设有报警装置，一旦有人身体不适或发生意外，只要按下电钮，救护人员会很快赶到。

保持舒适的环境也是集中体现以人为本的设计理念的地方。第一，喷雾降

温。展出时间主要在炎热的季节，大量观众要在露天活动以及排队等候，为抵挡日晒，除很多地方设遮阳篷外，还广泛采用定点的喷雾冷却装置。如"全球环路"上每隔一段，就在参观者休息点上方3.5米处装喷雾设施，雾滴非常细小，由于蒸发冷却，所以喷雾区内温度比周边低1～2℃，其舒适性为参观者认可。第二，淋水降温。如三井东芝馆、三菱未来馆等，采用外壁淋水遮阳方式，高达47米的"大地之塔"自上而下淋一层薄薄的水。日立馆部分壁面构筑了"大瀑布"，降温并提升景观效果。屋顶淋水同样对降低室内温度有良好的作用，有些场馆的部分屋顶及室外顶棚材料上采用纳米二氧化钛的涂层，既保持表面清洁，防止吸收热射线，又因其具有超亲水性而使洒上的水滴易于形成水膜，强化蒸发吸收的效果。第三，大地降温。濑户日本馆防暑对策中的"利用地热空调系统"也值得一提。在这个系统中，外部的空气通过埋在地下4.5米深的管道后得以降温，起到空调的作用，可以大幅度减轻空调机的负荷，并随之控制二氧化碳的排放量，不愧是"善待"地球的系统。第四，生命绿肺。这是日本20多家相关企业协作开发的技术。世博会会场除保存原有的大量绿化外还采用屋顶绿化、墙面绿化等设施。此外，还用装配化方式建设了许多垂直安装的生命绿肺（Bio-lung），有的高达4.5米、宽达150米，由小块单元植物模块装配而成，配有灌浇系统和盛土地面，这种专门开发的绿化壁可以方便地移植在所需的地方。

（资料来源：根据世博网"爱知启示录"专栏中的系列文章改写）

■讨论题
1. 2005年爱知世博会的服务体现了怎样的服务理念？
2. 你认为2005年爱知世博会对入场人数的控制是否成功？为什么？
3. 试比较分析2010年上海世博会与2005年爱知世博会的某种服务。

第七章　会展服务设计

①理解会展服务设计的内涵和类型；②了解会展服务接触的类型；③了解会展服务传递的渠道；④了解会展服务场所布局的类型；⑤熟悉服务流程设计过程并分析一项会展服务；⑥熟悉服务传递中会展工作人员和会展客户的角色；⑦掌握会展服务流程图和会展服务蓝图的绘制方法。

服务设计是一种系统设计，关注于系统使用的情境。人们在结构化的流程和一定的环境中使用产品。服务设计就是设计整个系统，这个系统就是"服务"。会展服务设计（Service Design in MICE）是指会展企业根据自身特点和运营目标，对会展服务的运营管理做出的规划和设计。会展服务设计的结构性要素包括流程的设计、传递过程的设计和场地设施的设计。本章介绍会展服务设计的结构性要素，即流程、传递和场所。

第一节　会展服务流程设计

会展服务流程是会展服务设计的基础，它有助于会展企业管理者选择恰当的服务系统流程、识别服务系统的各个要素。会展服务流程的总体设计是从服务提供系统的总体出发，确定服务提供的基本方式和服务生产的特征，为进行服务流程各要素的具体的、细节性的设计规定基本方向和总体思路。会展服务流程的设计直接关系到会展服务系统的运作效率、成本和质量，对会展企业竞争力有着重要的影响。因此，会展服务流程设计是会展服务系统设计的基础。

一、会展服务流程的定义

服务流程是指服务组织向客户提供服务的过程和完成这个过程所需要素的组合方式，如服务行为、工作方式、服务程序和路线、设施布局、材料配送、资金流转等。从运作管理的角度出发，服务流程可视为服务组织对服务对象即客户和必需的信息与材料进行"处理"的过程，以及这个过程的组成方式。（见图7–1）

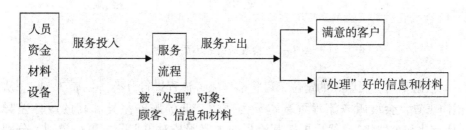

图7–1　服务流程示意

（资料来源：陈觉：《服务产品设计》，辽宁科学技术出版社2003年版，第62页）

服务业门类众多，服务内容各自不同，所以对应的服务流程"处理"的服务对象也不同。对于会展服务流程，其对应要"处理"的客户为与会者、参展商以及专业观众；对应要"处理"的信息和材料则包括客户基本信息、会展活动日程，以及会议通知、参展指南、招展说明书等文书。

会展服务流程是指会展企业向客户提供服务的整个过程（作业步骤和行为事件），以及完成该过程所需要素的组合方式、时间与产出的具体描述。

二、会展服务流程的类型

划分服务流程可有多种方法，本书根据肖丝丹克（G. Lynn Shostaek）提出的划分方法，按照生产的复杂程度和产品类型的多少，对会展服务的不同类型进行分类。（见图7–2）

图中纵坐标表明了服务提供的复杂程度，如服务环节的多寡、服务连接的紧密度；例如，展台设计与搭建服务的复杂程度要远远高于注册报到服务。图中横坐标表示客户对服务产品需求的差异化程度（产品类型的多少），例如，票证服务的标准化程度很高，而餐饮服务需满足不同客户对餐饮的个性化要求。各类会展服务都可在上图中找到其定位。

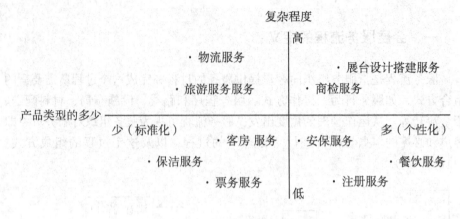

图 7-2 会展服务的不同类型

根据不同会展服务的定位，可将会展服务流程进行分类（见表 7-1）。从横向来看，会展服务流程可基本分为两类，低的服务差异和高的服务差异（标准化和个性化）；然后再按其流程的主要服务对象划分成更小类别，分别有三类：客户、信息和有形物品。从纵向来看，按客户与服务者的接触程度，会展服务流程可分为无客户接触、间接客户接触和直接客户接触三种；而直接客户接触又可分为自助式服务和全面接触服务。

表 7-1 会展服务流程的分类

客户接触程度		低产品差异化（标准化）			高产品差异化（个性化）		
		处理物品	处理信息	处理客户	处理物品	处理信息	处理客户
无客户接触		资料印制	处理会展信息		货物运输	收集二手会展资料	
间接客户接触		保洁服务	网上注册		展台设计		电话联络
直接客户接触	自助服务		自助餐				自选休闲活动
	全面接触		收集客户信息	交通服务、注册服务	会展设施提供维护		接待服务、客房服务

三、会展服务流程设计的基本方法

会展服务流程设计的方法与会展服务流程的类型有着必然的联系，会展活动相关企业应根据各自不同的服务流程类型来选择相应的流程设计的基本方法。总的来说，会展服务流程设计有三种基本方法。第一种是生产线方法，用于设计标准化程度较高的服务流程；第二种是自助服务设计法，以鼓励客户参与流程为目标；第三种是客户接触设计法，区分高接触部分和低接触部分，以及使低客户接触的那部分服务设计成独立于客户而存在的技术型单元。当然，会展流程设计不可能仅局限于这三种形式，在实践中，更多的是这三种方法的结合型。

（一）生产线方法

这种方法的目标就是要设计一种可控的服务环境，提供一种质量稳定的标准化产品并提高组织的工作效率。它适应于客户对服务需求差异化程度较低的服务流程设计。虽然这类服务不能给客户以过多的个性化照顾，但其规范统一的服务形象、稳定可靠的服务质量和高工业化高效率的服务提供，满足了那部分个性化要求不高的客户。

会展物流服务就是一个典范。它基本上采用工业化生产方式，货物包装、装卸、运输、交接等各个环节都实现标准化，入库、仓储、发货都实施严格的工业化管理，如称重、标准包装、标准操作。员工在制作过程中不需做出各种判断，只要依照标准去做就行了。这种流程可以说是从头至尾都是经过精心"工程设计"过的。

生产线设计方法就是将工业设计的理念引入服务设计之中，运用系统化、标准化原则，将小规模、个性化和不确定的服务系统改造为大规模、标准化和稳定的服务系统，形成标准化服务流程。

（二）自助服务设计法

生产线法适用于技术密集、标准化和大规模的服务类型，而在许多服务类型中，服务产品消费的同时决定了大部分服务消费中的客户总是扮演着一种非常主动的"合作生产者"的角色。会展客户参与服务的生产过程，为会展企业提供了一个将部分服务工作转移到客户方面的机会，而且这种转移还能增强服务的个性化程度。例如，自助餐服务允许客户自己选择合乎自己习惯的进餐时间和食品口味，服务人员只需补充已消耗光的品种就行了，而不需像宴会晚餐一样按不同客户需求制作特定的食物。

自助式服务设计法就是以增加客户参与程度为目的，使客户在服务设施设备和少量甚至无人工服务的帮助下，依照一定的服务流程进行自我服务。

1. 选择自助服务设计法的参照标准

以下七条标准中的绝大部分可以成为服务组织在考虑是否采用自助式服务

方式时参照的标准：
(1) 完成服务消费所需的时间。
(2) 顾客对各种服务情形的控制程度。
(3) 服务流程的效率。
(4) 服务中人际接触的多少。
(5) 服务中可能存在的风险大小。
(6) 完成服务享受所需付出的努力。
(7) 顾客在服务消费中对他人的依赖程度。

2. 自助服务设计法的要点

自助式服务设计要围绕两个核心展开：减少服务中的人际接触和提高服务的个性化程度。围绕这两个核心，进行自助式服务设计应遵循以下四条设计原则：

(1) 以服务设施设备的投入来取代服务人力的投入。
(2) 简化服务操作，傻瓜型服务"人—机"关系最为合适。
(3) 服务标志明显，有足够的信息传递来告诉客户"下一步"应怎么办，服务信息传递通畅。
(4) 服务路线与界面的设计应符合人们的自然消费习惯，客户很"自然"地沿着服务路线（程序）继续下一环节的自助式服务。

（三）客户接触设计法

这是介于前两者之间的一种方法，兼顾了鼓励客户参与服务提供和组织有效的后台生产两个方面。服务系统可分为高客户接触区和低客户接触区两部分。低客户接触区，即后台区的运作与制造业类似，应用生产线法进行设计。高客户接触区，即前台区的运作表现出服务业的独有特征——生产者与消费者直接发生接触，共同完成服务的提供与消费；应该采用人性化的设计思想，满足客户的个性化需求，灵活处理各种具体问题。同时，前、后台区之间的衔接部分用于信息和物料交换，对前台区的个性化服务进行初加工，以利于后台区的批量处理。因此，客户接触设计法即是保证在后台进行规模化生产的同时又在前台为客户提供人性化服务的方法。

客户接触设计法的关键是区分高客户接触部分和低客户接触部分，并分别对这两部分进行设计，所以必须对各部分的设计特点认识清楚。高客户接触服务要求工作人员有较强的人际关系处理技能，其服务水平和行为不确定；低客户接触服务则可以在后台区，与前台实体分离，按工厂方式作业，高效使用生产能力。

四、会展服务流程设计的工具

会展服务流程设计通常要借助服务流程图和服务蓝图作为基本工具,将会展服务产品从输入转化为输出进行规划。会展服务流程图是从会展企业角度对服务系统的描述;会展服务蓝图是从会展客户角度对服务系统的描述。

(一)会展服务流程图

服务流程图是进行服务流程设计的基本工具,它由不同的符号组成(见图7-3)。流程图中各种符号的含义如下:长方形表示流程中的作业(事件、步骤);箭头(流向线)表示流程的方向;倒三角形表示缓冲区(处于等待状态);菱形表示决策点。

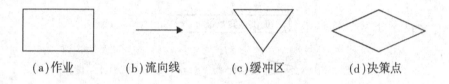

图7-3　会展服务流程图中各种符号的含义
(资料来源:蔺雷、吴贵生:《服务管理》,清华大学出版社2008年版,第121页)

根据作业步骤之间的关系,服务流程图分为串行流程图和并行流程图。串行流程图是指一项服务任务按照有序的步骤加以完成的流程图。生产线设计法就是按照串行流程设计的。串行流程图又分为两种:一般串行流程图和带缓冲区的串行流程图(见图7-4)。并行流程图是指一项服务任务由并行的多个步骤完成的流程图。并行流程图又分为一般并行作业流程图、提供同类服务的并行流程图和提供不同类服务的并行流程图(见图7-5)。

图7-4　串行流程图的类型
(资料来源:蔺雷、吴贵生:《服务管理》,清华大学出版社2008年版,第122页)

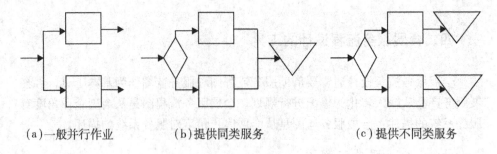

(a) 一般并行作业　　　　(b) 提供同类服务　　　　(c) 提供不同类服务

图 7-5　并行流程图的类型

(资料来源：蔺雷、吴贵生：《服务管理》，清华大学出版社 2008 年版，第 122 页)

图 7-6 和图 7-7 分别为会议服务流程图和展览会策划及实施流程图，流程图中只保留了服务中最基本的步骤。

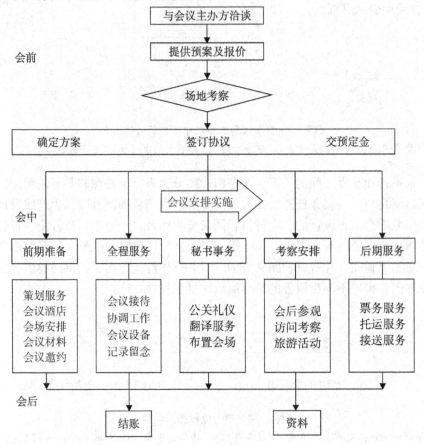

图 7-6　会议服务流程

(资料来源：牟红：《会展服务管理》，机械工业出版社 2007 年版，第 130 页)

第七章 会展服务设计

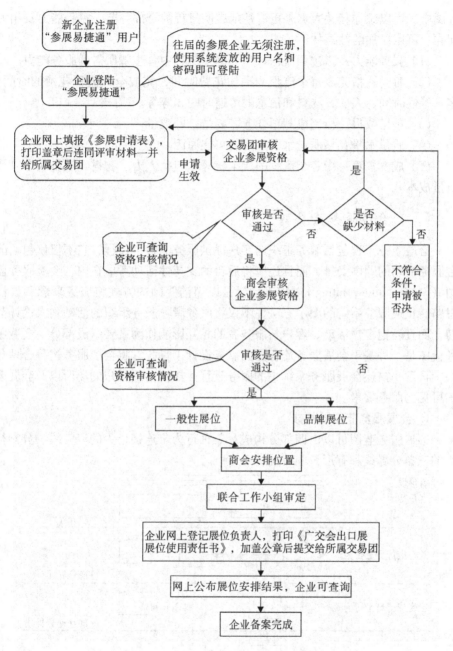

图 7-7 广交会展位申请与安排流程图
（资料来源：《第 104 届中国进出口商品交易会出口展参展手册》，第 9 页）

根据需要，流程图中任何步骤都可以进一步细化和深入。在一张详细的流程图中，可以添加相关数据来更清楚地表明过程的全部环节、流程能力及相关问题。可以添加的数据如下：

（1）服务能力：指按照流程顺序，确定流程中各步骤所需的服务能力。

（2）时间：指完成每个流程的平均花费时间，完成全部流程花费的时间，客户等候时间，人员、物料和信息的传递时间，等等。

（3）员工数目：指完成某项任务需要员工的数量。

（4）质量水平：指质量水平下降的可能原因。

（5）成本核算：指各个流程的成本核算，包括人力、物料、设备成本以及质量成本。

（二）会展服务蓝图

会展服务流程包括服务组织向客户提供服务的整个过程，它不仅仅包括前台服务活动的顺序安排，而且还应将后台的支持性活动考虑在内。会展服务蓝图（Service Blue-printing in MICE）就是以简洁明确的方式将服务理念和设计思路转化成服务系统的图示方法，不仅将服务者、服务组织的活动列入设计范畴，而且还把客户活动、客户与服务者的相互影响作为重要组成部分。会展服务蓝图是一种基于会展服务流程图的服务设计工具，它将会展服务过程合理分块，再逐一描述会展服务系统中的服务过程、接待会展客户的场所以及会展客户可见的服务要素。

1. 会展服务蓝图的构成

会展服务蓝图可以由四部分构成：三种行为、连接行为的流向线、分割行为的三条分界线和有形设施（见图7-8）。

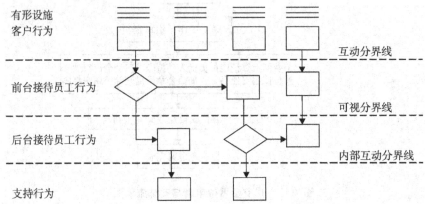

图7-8 会展服务蓝图的构成

（资料来源：蔺雷、吴贵生：《服务管理》，清华大学出版社2008年版，第126页）

（1）三种行为。①客户行为，是指客户在购买、消费和评价服务过程中的步骤、选择、行动和互动。②服务人员行为，包括前台员工行为和后台员工行为。③支持行为，是指服务企业的内部服务、支持服务人员的服务步骤和互动行为。

（2）流向线。流向线是指用来连接三种服务行为的箭头，它表明发生了服务接触，并指明了行为步骤的顺序。

（3）分界线。服务蓝图的三个行为部分由三条分界线分开。第一条线是互动分界线，表示客户与服务组织间直接的互动，穿越互动分界线的垂直线表明产生了客户与组织间的直接接触。第二条线是可视分界线，它将客户能看到的服务行为与不能看到的服务行为分开。第三条线是内部互动分界线，用以区分服务人员的工作和其他支持服务的工作及人员。

（4）有形设施。服务蓝图的最上方是服务的有形设施，典型的服务蓝图设计方法是在每一个接触点上方都列出相应的有形展示。

2. 会展服务蓝图的建立

会展服务蓝图的建立过程如下：

（1）识别需要制定蓝图的服务过程。要对建立蓝图的意图进行分析。服务蓝图可以在不同水平上进行，还可以开发出更为详细的子过程蓝图。

（2）识别客户（细分客户）对服务的经历。不同细分市场中客户对服务的需求不同，服务过程也有所差异。在抽象的概念水平上，各种细分客户可纳入同一幅蓝图，但若需要达到不同水平，则必须为某类细分市场开发单独的服务蓝图。

（3）从客户角度描绘服务过程。描绘客户在消费和评价服务中要执行或经历的选择和行为，这样可以避免将注意力集中在对客户没有影响的过程和步骤上，为确定客户如何感受服务过程进行细致的研究。

（4）描绘前台与后台服务员工的行为。画出互动线和可视线，然后从客户和服务人员的观点出发绘制服务过程，辨别前台服务和后台服务。

（5）把客户行为、服务人员行为与支持功能相连。画出内部互动线，识别服务人员行为与内部支持职能部门的关联。

（6）在每个客户行为步骤上加上有形设施。说明客户在经历每个步骤中得到的有形物质。

3. 会议注册报到服务蓝图举例

会议注册报到服务蓝图见图7-9。

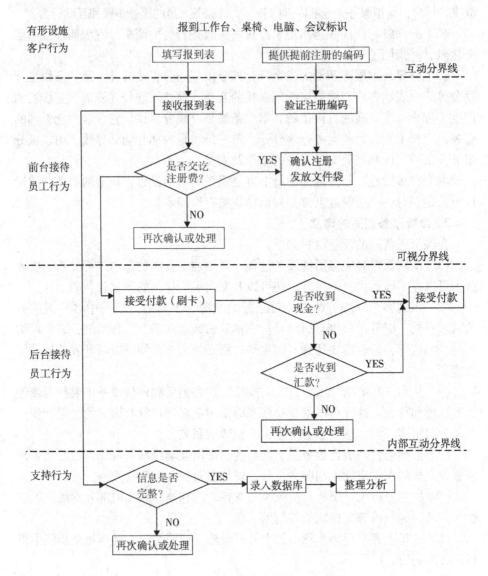

图7-9　会议注册报到服务蓝图

五、会展服务流程设计的步骤

会展服务流程设计是指从整个会展服务提供系统的总体出发，确定服务提供的基本方式和服务生产特征，设计各要素具体的、细节性的思路和方向。因此，会展服务流程设计应包括以下内容：

（1）确定会展服务流程的类型。

（2）根据会展服务流程的类型选择服务流程设计的基本方法，以明确服务提供的基本方式和服务生产特征。

（3）对会展服务提供（生产）系统进行总体描述和规划设计。

第二节　会展服务传递设计

在会展服务系统中，会展客户通常要参与会展服务传递的过程，"服务过程就是服务产品"，不能忽视与会展客户接触有关的行为问题。会展企业作为一种服务型企业，提供的就是特殊的商品——服务产品，因此，会展企业应该重视与会展客户接触的相关行为问题。

一、会展服务接触

在绝大部分会展服务的提供过程中，都免不了会展服务提供者与客户之间的接触。会展服务提供者与客户之间的相互接触和作用，影响会展服务传递的结果和效率。认识到服务接触对服务传递的重要性，有助于会展服务组织设计出更加有效率的服务传递系统和更为合理的后台支持性工作。

（一）会展服务接触的概念

会展服务接触（Service Encounter in MICE）是指在会展服务传递过程中客户与会展服务组织的某些方面（服务提供者或有形实体要素）进行接触而发生的相互影响和相互作用。

会展服务接触是会展服务传递过程的关键点，也是客户进行会展服务体验的主要环节。在会展服务接触过程中，服务提供者的一举一动，都被客户视为一种组织行为。因为，服务提供者被看作会展服务组织的"代表"，与客户发生接触。在会展服务接触过程中，客户的接受程度、反应速度和行为，也会影响服务提供者的服务质量和服务传递效率。因为，会展服务提供者需要在客户的协助下，完成服务传递过程。

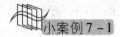 小案例 7-1

参加一次会议的服务接触过程

参加一次会议至少包括表 7-2 中所示的服务接触，会议组织方应该精心设计和把握每一个会展服务接触的环节。

表 7-2 会议服务接触示例

会展服务接触的内容	会展服务接触的特点
1. 一名与会者收到会议预通知	·不需要事先认识 ·不需与会展服务人员面对面接触 ·会议通知的设计很重要
2. 打电话给会务组，询问会议具体信息	·不需要事先认识 ·与会展服务人员发生电话接触 ·服务人员的信息交流能力和态度很重要
3. 接受会议邀请，到达会议地址，看到会场布置	·与会展服务人员发生面对面接触 ·有形设施很重要 ·服务人员的现场接待能力和态度很重要
4. 参加会议过程	·与会展服务人员发生面对面接触 ·会议内容很重要 ·服务人员的现场控制能力很重要
5. 会议结束，离开会场	·不需与会展服务人员面对面接触 ·会后跟踪服务设计很重要

（二）会展服务接触的类型

按照接触的程度或接触的方式，会展服务接触可以划分为不同类型。

1. 按照接触方式划分会展服务接触类型

按照接触的方式，客户与会展服务组织的服务接触可分为三类：远程会展服务接触、电话会展服务接触和面对面会展服务接触。

远程会展服务接触是指不发生在人与人之间的服务接触。它又可分为邮寄接触和网络接触。例如，客户通过网络与会展服务组织接触，进行网上注册、查询等；或者接到会展服务组织邮寄的会议通知或招展说明书等。在远程会展服务接触中，技术过程和技术系统的质量成为影响远程会展服务接触成败的关键，要求员工要具备相应的文书技能和网络管理技能。

电话会展服务接触是指客户与会展服务组织之间通过电话发生的接触，如电话咨询服务、电话营销等。影响电话会展服务接触的因素有很多，如接电话员工的语气、专业知识、口头表达、沟通技巧、处理客户问题的效率等。

面对面会展服务接触是指客户与会展服务员工之间的直接接触，如现场注册服务、会议室现场服务、展会现场服务等。在面对面会展服务接触中，决定因素最为复杂，语言和非语言行为都很重要，包括员工服装、其他服务标志、客户自身的参与和互动等都起到重要作用。

2. 按照接触程度划分会展服务接触类型

按照接触的程度，客户与会展服务组织的服务接触可分为四类：无接触、低接触、中接触和高接触。这种分类能够展示出客户与会展服务员工或实体服务要素或同时与两者相互作用的程度。

无接触，即客户无须参与会展服务的提供，比如会展物流、会展财务处理、会展资料整理与情况分析等活动，完全是在会展服务组织后台部门进行，无须客户的参与。

低接触，即客户与会展服务组织之间只有很少的实体接触，主要是通过网络、邮政、电话等渠道远程实现，或是客户来到会展服务现场但无须与其员工发生接触，只是通过人—机互动方式完成自助式服务。前者如网上展会、电话会议等；后者如电脑触摸屏查询会展信息等。

高接触，即需要客户亲自到达会展服务现场、使用服务设施，如各种会展现场服务。

中接触，即介于高接触度服务和低接触度服务之间。

借助信息和网络技术等手段，越来越多的会展服务环节可以从传统上的高接触度服务转变为低接触度服务。例如从实体会议转变为网上会议，从现场展会转变为网上展会物等。

（三）会展服务接触的三元模型

不仅会展服务组织的前台服务人员与会展客户发生接触，后台服务人员、职能部门工作人员，还有管理人员乃至整个会展服务组织都会与会展客户有着直接或间接的联系。会展服务接触过程牵涉三个方面的要素：会展服务员工、会展服务组织和会展客户。图7-10表明了组成会展服务接触的三元组合及各要素之间的关系和各种可能出现的矛盾。

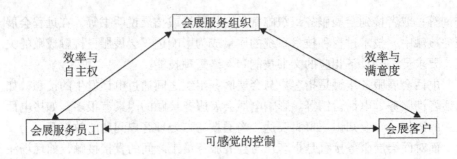

图7-10 会展服务接触的三元组合

(资料来源：根据蔺雷、吴贵生《服务管理》，清华大学出版社2008年版，第204页整理而得)

三个要素在会展服务接触中扮演的角色和追求的目标不同，它们之间往往存在着矛盾和冲突。会展服务组织往往以利润为导向，为了维持边际利润和保持竞争力，会尽可能地提高会展服务传递的效率，因此，为控制服务传递过程，会展服务组织会利用相关的规定或程序限制与客户接触的员工的自主权，如建立一系列严格的操作规程使服务系统标准化，这容易导致会展服务缺乏个性化或客户不满意。即使是非营利性的会展服务组织，也必须在一定预算约束下开展会展服务活动，也会倾向于尽可能提高会展服务的有效性。会展服务员工则希望能在一定程度上控制客户的行为，以利于更顺利和轻松地完成服务工作。会展客户本身又希望能控制服务接触的过程，以便从中获得更多的利益。

会展服务接触的三元组合的理想状态是，三要素协同合作，创造出更大的利益。如果三者不能和谐地相处，三者中任何一方试图要主宰服务接触，都可能导致会展服务传递的失败。

二、会展服务传递的参与者

会展服务的一个鲜明的特征就是客户参与会展服务的提供过程，无论是何种形式的会展服务接触，会展服务的提供者和客户在会展服务传递（Service Delivery in MICE）过程中都各自扮演着各自的角色，并互相影响着对方。

(一) 服务提供者在会展服务传递中的角色

会展服务提供者在服务传递中具有关键作用。因为，对客户而言，与服务提供者的接触是服务中最重要的环节；而且对会展组织而言，服务提供者也是差异化和竞争优势的主要来源，他们向客户展示出不同的服务水平和服务方式；再者，客户能够形成较高的忠诚度，往往是与某一位一线服务人员亲切的微笑、平和的态度以及高效的服务分不开的。

服务提供者在会展服务传递过程中扮演如下角色：

（1）会展服务的生产者，即服务人员是创造会展服务产品的核心，其提供的服务决定着客户的满意度和会展服务质量。

（2）会展服务的传递者，即服务人员之间在会展组织内部由不同的分工造成工作内容的传递，以及服务人员将会展服务产品传递给客户，其传递的效率不仅受到服务人员本身素质的影响，还受到客户的反应和接受能力的影响。

（3）会展服务的营销者，即服务人员代表着会展服务组织的品牌形象，其言行和态度关系到建立、维持、巩固与客户及其他参与者的关系，影响会展服务组织形象的传播。

（二）客户在会展服务传递中的角色

由于服务生产与消费的同时性，在会展服务传递中必然存在着一定程度的客户参与。客户在会展服务传递中主要扮演如下角色：

（1）会展服务的生产者。客户在会展服务传递中的第一种角色是作为服务企业的"兼职员工"，或者从某种意义上说，客户是一种能够增加会展服务组织生产能力的人力资源。

例如，在展览会现场咨询服务中，若客户能更积极地参与服务传递，清楚地说明最终期望得到的解决方案、需要提供的信息，并积极配合展会咨询人员的工作，那么客户将得到更好的服务，而且展会咨询人员也会减少在收集信息、反复调整解决方案上所花费的时间，从而在数量和质量上提高展会咨询人员的生产效率。

（2）会展服务质量和满意的贡献者。客户在会展服务传递中的第二种角色是作为其本身所感受到的服务质量的贡献者，因为有效的客户参与会提高会展服务满足客户需要的可能性。

例如，如果与会者能够依照会议组织方的安排进行现场报到，而不是随心所欲插队，或填写报到表时不得要领，那么众多与会者所感受到的就是快捷有序的报到服务，这对于客户能否满意（客户期望的服务产出）非常重要。

（3）会展服务的竞争者。客户在会展服务传递中扮演的第三种角色是潜在竞争者。当会展服务以自助的形式或以组织内部的形式提供相应服务时，客户即可以部分地或完全地为自己服务，而不再需要会展服务人员，尤其当客户企业选择由组织内部提供时，客户在某种程度上就成为会展服务组织的竞争对手。

例如，展览会现场人工咨询服务改为人机交互式的电脑设备服务，客户即以自助的形式为自己服务。或者参展商舍弃展会组织方安排的展后旅游活动，而自行组织旅游，即成为展会组织方的潜在竞争者。

（4）会展服务的干扰者。许多会展服务同时为多名客户提供，也要求多个客户一同在场，如现场注册报到服务，其他客户的不当行为或耽搁会影响客户对服务质量的感知。

三、会展服务传递的渠道模式

会展服务传递渠道是指会展服务从服务提供者传递到客户所经过的各级中间环节联结起来的通道。根据会展服务的提供者和方式的不同，会展服务传递渠道可以分为直接服务渠道、中间商服务渠道和电子服务渠道。

（一）直接服务渠道

有些会展服务是核心会展企业（如会议公司或展览公司等）要向客户提供的，由于服务的不可分割性，需要会议公司或展览公司的员工直接向与会者或参展商及观众提供服务，如现场注册服务、会议室现场服务、展会现场服务等。这种基于人员的服务往往是涉及高接触度的个性化服务，需要对员工进行培训、加强专业技术人员和客户间的紧密合作，严密监控整个服务过程，才能保证服务质量的一致性。

直接服务渠道有以下优点：

（1）有助于实现服务质量的一致性，即核心会展企业的员工基本上参与了会展活动策划和准备的整个过程，较了解相关信息，在面对客户提供服务时，比较容易根据前期的工作，提供一致的信息和服务，也有助于会展企业内部服务运作的管理控制。

（2）有助于较方便地评估客户的需求和期望，即核心会展企业的员工直接面对客户提供服务，能够及时掌握客户的反馈信息，避免了因中间服务提供商的存在而导致的双方信息沟通不畅，能够有效地进行内外交流，并做出相应的调整来满足客户需求，从而与客户建立长久关系。

（3）有助于降低渠道成本，即免去了中间环节，交易链条的缩短导致相应的交易成本也随之降低。

（二）中间商服务渠道

有些会展服务可以依赖于可靠、有效的中间商，其具有专业的服务设施和技能。例如，物流服务、客房服务、餐饮服务、旅游服务、安保服务、保洁服务等，需要相应的物流公司、酒店、餐厅、旅行社、保安公司以及保洁公司等中间商提供，会议公司或展览公司本身并不具备相应的服务设施和人员。

涉及中间商服务渠道的主要问题是核心会展企业与中间商的企业目标和实施方面可能存在冲突，例如双方在成本控制上存在分歧，或者对报酬的期许不同，甚至核心会展企业对中间商的服务质量和一致性的控制都可能比较困难。当然，信息技术的发展使得核心会展企业可以较容易地与中间商保持密切联系并对中间商的活动进行控制。

通过中间商传递服务，有以下三种策略：

（1）控制策略。核心会展企业通过建立收入和服务绩效的标准，以度量绩效水平为条件给予中间商报酬或奖励。使用这种策略的核心会展企业一般具有较强的影响力，拥有大量高忠诚度的客户，或其他形式的经济权利，才可能通过较强的控制手段要求中间商提供高质量的会展服务。

（2）授权策略。核心会展企业给予中间商以较大的灵活性，中间商可以根据自行的判断和服务惯性提供会展服务，不用完全服从核心会展企业。使用授权策略时，核心会展企业需要提供信息及相应的支持系统来帮助中间商更好地完成服务。

（3）合伙策略。核心会展企业与中间商合伙，一起建立会展服务标准、了解最终客户需求、改善服务。使用这种策略时，核心会展企业对中间商的控制更小，只有利用双方各自的优势，才能建立稳固的信任基础和合作关系。

（三）电子服务渠道

有些会展服务可以互联网技术和通信技术为基础，客户仅借助终端服务设备，就可自助获取服务，如客户进行网上注册、查询，甚至是参加网络会议或网上展会等。通过电子服务渠道，客户不需要与会展服务人员交流，它要求事先设计好会展服务并通过电子渠道进行传递。

电子服务渠道克服了会展服务不可分性的局限，有助于实现标准化，能够带来以下两个方面的好处：

（1）有助于实现会展服务的标准化，即会展服务的提供不会受到人为因素的干扰，每个客户得到的是一样的服务，这保证了服务质量的一致性。

（2）有助于提供更高效的会展服务，即信息技术的使用能够大大提高会展服务的效率，如果一小时的现场注册只能服务20位与会者的话，那么网上注册即可同时为1000位与会者提供服务。

当然，电子服务渠道也有局限性：

（1）电子服务渠道需要一种技术环境，只适用于事先设计好的服务，不能进行调整，也难以根据客户的需求进行及时的改变。

（2）一旦所使用的服务界面对客户不友好的话，也会对客户产生负面的影响。

（3）电子服务渠道的安全问题也会使客户有所顾虑，密码保护、信息泄漏等方面的风险使得电子服务渠道的应用受到一定的影响。

（4）电子服务渠道经常产生大量无用信息（如垃圾邮件、广告、病毒等），也使客户难以接受，很容易致使其将无用信息与电子会展服务一并抛弃或忽略。

四、会展服务利润链

会展服务利润链是一种表明利润、客户、员工和会展企业四者之间关系的链条，反映的是会展员工满意、员工忠诚、员工能力和服务效率，客户满意、客户忠诚，以及会展企业利润、成长能力之间的直接相关关系。

"服务利润链"理论来源于1994年以伦纳德·施莱辛格（Leonard A. Schlesinger）教授为首的五位哈佛商学院教授组成的服务管理课题组提出的"服务利润链模型"（Service Profit Link Model）。该课题组历经了20多年、追踪考察了上千家服务企业。其结果发现，企业内部员工的满意逐步转化为对公司的忠诚，员工对公司的忠诚反映到实际工作中就是工作质量与效率的提高，这就进一步反映出为顾客所提供价值的提高，使顾客满意与忠诚，最终导致了公司利润的提高，从而使公司步入了良性循环。

服务利润链将服务企业内部运营、外部客户以及企业绩效联系起来，会展企业作为典型的服务企业，其服务传递过程中的会展服务提供者和接受者既关系到会展企业内部运营，又关系到会展企业外部客户反应，从而影响企业绩效。因此，可以勾画出会展服务利润链，如图7-11所示。

会展服务利润链的基本逻辑是：会展企业盈利能力的强弱主要是由会展客户忠诚度决定的（忠诚的客户会给会展企业带来稳定的业绩增长，忠诚的客户会重复购买服务，降低会展企业运营成本，同时还义务宣传和推荐服务）；会展客户的忠诚度是由会展客户的满意度决定的（满意度越高的客户对会展企业产生的忠诚度越高）；会展客户的满意度是由客户认为所获得的服务价值大小决定的（会展企业通过增加服务效用、提高服务质量、降低服务价格等途径提高会展服务价值，高会展服务价值导致高客户满意度）；会展服务价值大小最终要由工作富有效率、对会展企业忠诚的员工来创造（会展企业员工的忠诚会提高工作效率，减少因员工流失所带来的重新招聘及培训成本，也会避免因员工交替所引起的生产率下降和客户流失，同时更加懂得识别客户并与其建立良好关系，使会展企业获利）；而员工对会展企业的忠诚取决于其对企业是否满意（员工满意度的提升会使员工更加热爱自己的会展服务工作，更倾向于留在会展企业努力工作，从而导致更高的员工忠诚度）；员工满意与否主要应视会展企业内部是否给予了高质量的内在服务（内部服务质量通过员工对工作环境的感知来体现，会展企业内部服务质量的提升意味着员工自身能力的提高、工作权利的提升，辅以福利、薪酬等因素的满足，从而提升员工满意度）。

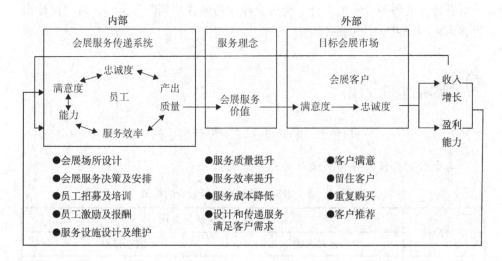

图7-11　会展服务利润链

（资料来源：根据蔺雷、吴贵生《服务管理》，清华大学出版社2008年版，第214页整理而得）

第三节　会展服务场所设计

服务场所对服务提供者和体验者都会产生极大的影响，在创造服务体验和传递客户期望的过程中发挥着重要作用。因此，构造良好的服务场所是会展服务提供商提供优质会展服务的重要前提条件。

一、会展服务场所的概念

会展服务场所（Service Space in MICE）是指会展服务者提供服务和客户

进行服务体验的物质环境，会展服务场所为会展服务提供商提供无形服务奠定有形物质基础。

会展服务场所设计的目的即是为会展服务的展开和客户体验营造一个恰当的服务场景，通过有形展示使无形服务实现有形化。因为会展服务本身是无形的，客户在支付费用之前需要通过各种有形的线索来增强对服务的确定性，例如，客户通过听觉、嗅觉、视觉、味觉、触觉等感觉手段的感知和体验到的关于服务特征的各种线索的组合。会展企业为帮助客户判断和选择，就要设计出能够为客户提供证明的服务场所。

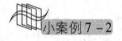小案例7-2

与会者对会议服务场所设计的感知

与会者对会议服务场所设计的感知见表7-3。

表7-3　与会者对会议服务场所设计的感知

不同阶段	会议服务场所的设计	
	超过预期	低于预期
现场注册	合理布置报到处服务台数量，当与会者排队时，有提供座椅用于休息，还可浏览当地报纸，了解会议信息	报到处服务台数量太少，排队的队伍很长，需要等待很长时间，而且长时间站立使得本来经长途跋涉而来的与会者更加身心疲惫
开会进场	整洁的大厅，清楚地标明会议室的方向，会议室内干净整洁、桌椅完好、布局合理舒适、温度适宜	凌乱的大厅，方向指示不明，容易误导与会者，会议室桌椅破损，布局不合理，地面黏糊，空气污浊
会议进行	完美的音响系统和高质量的投影设备，会议进程流畅	音响设备质量差，电脑演示多次出现故障，没有明确的"禁止吸烟"的标志
中途去洗手间	干净整洁、明亮宽敞、设施完好、空气清新	脏乱，垃圾清理不及时，散发难闻气味
会后离场	礼仪接待人员鞠躬送别，与会者顺畅离场，并根据指示牌顺利地返回住处	与会者拥堵在狭小的出口，出来后指示牌已不见踪影，无法找到来时的路

二、会展服务场所的功能

（一）包装功能

会展服务场所的"包装"，能够对客户起到形象沟通的作用，其对客户形成初步印象和建立期望非常重要。恰当的会展服务场所能创造出可靠的会展企业形象和品牌，增强客户的体验与回忆。包装功能的实质即是把会展服务场所建为信息传递的媒介。

（二）辅助功能

会展服务场所作为辅助物，为身临其境的客户和员工提供支持。设计良好的会展场所能促进服务更好地进行，让客户方便、舒适地体验服务，让员工愉快地工作，从而使客户和员工更容易完成活动。例如，餐厅恰当的座位安排能凸显客户的身份，宽敞而便捷的快速注册通道能使员工更为高效地工作。

（三）交际功能

会展服务场所的设计有助于员工和客户之间的交流，帮助客户与员工之间传递期望的角色、行为和关系。例如，展会现场电脑自助触摸屏的设置，为参展商和观众提供制式信息的沟通平台；同时，人工咨询服务台的设置，又弥补了电子自助服务的不足，从而满足更多元化、更深入的信息咨询与沟通。

（四）区别功能

会展服务场所的设计还可以将一个会展企业同其他竞争对手区别开来，同时，会展服务场所的设计也是将同一次会展服务中的不同区域分开来的有效方法。例如，会议酒店通过不同的会议室布置，有助于多种会议形式同时举行，满足不同的会议需要。

小案例 7-3

九寨天堂国际会议度假中心独特的大堂设计

九寨天堂国际会议度假中心位于四川省九寨沟县甘海子，集会议、度假、餐饮、娱乐、休闲、养生、购物、住宿为一体。大堂采用的是钢拱架、可移动、全透明、玻璃结构，高 24 米，长 75 米，跨度 86 米，占地 10000 平方米，整个建筑背靠群山，掩映在原始森林中。同时，大堂内满是绿树花枝，加上小桥流水、瀑布、棕榈树、假山等，桌椅周围包裹的绿色挂藤充满了天然情趣，天鹅、鹭鸶、鸳鸯等多种动物悠然嬉戏，整个大堂内外宛如一个全生态化的大堂。九寨天堂国际会议度假中心以环保、绿色和天然为特色，配合世界一流的会议硬件设施，为各种会议提供服务。

（资料来源：根据九寨天堂国际会议度假中心网站信息整理，http://www.jiuzhaiparadise.com/center/centerbp.jsp）

三、会展服务场所设计的原则

会展服务场所与制造业生产场所有所不同，主要是由于客户参与服务过程、出现在服务场所中，并与员工发生交互作用。因此，会展企业在进行服务场所设计时，除了考虑效率和成本外，还必须考虑客户的感受以及员工与客户之间的互动要求，具体来说，要遵循以下几点原则：

（1）人员、材料及物品的移动距离应最短。对于会展活动而言，运输往往是主要问题，无论是人员的流动还是货物的搬运，都要在会展服务场所设计时纳入成本控制。

（2）充分利用空间，考虑日后扩张的需要。展馆或会议室的部分空间需要考虑到今后发展的需要，允许暂时的利用率较低，或者在建筑物的建设中预留出可增加楼层、扩大面积的余地。

（3）考虑重新调整的适应性。整个会展服务场所的设计要能根据不同的展会、会议服务以及需求规模的变化进行调整。

（4）为客户和员工提供满意的环境。会展服务场所通常要提供良好的照明设备和影音设备、温控装置、低噪音设施、舒适干净的卫生间和安全通道等。

四、会展服务场所设计的分类

前文会展服务蓝图提到会展服务流程包括会展服务组织向客户提供服务的整个过程，不仅包括前台服务活动，还包括后台的支持性活动。所以，会展服务场所也应既包括服务前台场所，其通过外观、装修、风格、摆设等"可视环境"，造就服务氛围，影响会展客户的服务体验和心理感受，同时，作为会展服务的"生产场所"，其功能性设计的合理性对员工的工作效率和工作态度产生一定的影响；会展服务场所又应包括服务后台场所，其虽然是纯粹的工作场地，但设计的科学性仍然会对后台工作人员的生产效率和心理产生影响，进而关系到"支持性服务"的提供。

因此，会展服务场所的设计既要考虑服务前台场所又要涉及服务后台场所，既要顾及客户的服务体验要求又要照顾员工工作的需要。一般包括场所环境条件、场所空间布局、场所标识装饰三大要素。会展服务场所设计也主要分为以下三大类。

（一）会展服务场所环境条件的设计

会展服务场所的环境条件是指会展服务的基本背景要素，如温度与湿度、气味、音乐与噪音、照明及色调等，需要保持舒适性。

1. 温度与湿度

湿度与温度会影响人的舒适度和工作效率，在极端情况下，温度与湿度的波动会严重地影响舒适度。有些会展服务场所需要依赖于天然气候，如户外展会、开幕式等，更多的会展服务场所在室内，需要对温度与湿度加以控制。

2. 气味

气味往往遍布整个会展服务场所，它会对客户的感知和服务评价产生很大影响。例如，洗手间里消毒药水的气味传递着清洁卫生的信息。会展服务提供商必须严密监控服务场所的气味，预防不良气味的出现；还要对客户进行分类，例如，将吸烟人士与不吸烟人士分开，或把素食人士与非素食人士分开。这都需要会展服务提供商在设计会展服务场所时做好通风设施和空气循环的设计。

3. 音乐与噪音

音乐对客户的感知和行为有较大影响。例如，在展馆、休息室或休闲场所选择配以慢节奏和低音量的音乐，会使客户停留的时间较长。

背景噪音会干扰人的注意力，而且间歇、不熟悉的噪音比连续、熟悉的噪音更容易使人心烦。会展服务提供商在设计会展服务场所时必须考虑到这一点，辨别和控制潜在的噪音源。

4. 照明

自然光是最舒服的光源，所以在进行室内普通照明设计时，要尽量与自然光接近，除非特殊照明需要，人工照明才采用创造效果的设计。例如，展厅内整体照明要与自然光接近，而珠宝展示台则需要聚光灯，进行特殊照明。

5. 色调

色调对人的感知也有较大的影响，它经常与灯光混合使用。色调首先影响人对环境温暖程度的感知，如在蓝色墙壁上加点橙色，感觉会更暖和一点；其次，色调影响人的情绪，如冷色调让人轻松和安静，暖色调让人紧张和兴奋。

（二）会展服务场所空间布局的设计

会展服务场所的空间布局需要各种设施、设备按照一定的功能分布组成，对客户和员工都有重大影响，既会影响客户的体验感受和满意度，又会影响服务设施功能的发挥。例如，在为与会者准备的自助早餐服务中，餐饮设施的配置、服务设备的易用性和消费路线设计的合理程度都会影响与会者的服务体验，如自动饮料机放在柜台和桌子之间，冷热菜食物放在中间位置，废物箱放在出口处等。

会展服务场所的空间布局设计需要考虑一系列因素，可概括为OPQRST。[①]

O：活动目标（Objects of the Activities），即会展服务场所布局要考虑会展活动目标的多样化、成本目标以及会展企业今后的发展。

P：人员或服务的素质和数量（People/Service - Nature and Number），即无论会展企业提供何种服务，员工与客户之间的交互程度以及服务的个性化程度都会对服务场所的布局和设施配置产生重要影响。

Q：需求数量（Quantity Demand），即会展服务设施的配置要受到服务需求数量的影响。

R：日常工作（Routing），即会展服务场所布局要考虑服务流程、物资供给、信息传递以及客户参与等日常工作内容。

S：空间与服务（Space and Service），即要考虑会展服务场所可供使用的面积、容积、空间形状，也要考虑所提供的服务类型。

T：时间（Timing），即会展服务场所的布局应考虑今后会对原有布局进行改变的可能，因此，要留有增加服务空间或调整布局的余地和时间。

总之，空间布局是会展服务场所设计的核心，下面将重点讲述。

（三）会展服务场所标识和其他装饰物的设计

会展服务场所的标识等装饰物是指在服务场所中用以传达信息的各种物品，如标志牌、指示牌、宣传招贴、装饰物等。首先，标识能为客户在服务场所中引导方向。例如，指引会场方向的指示牌、现场注册的"报到处"标志牌、会场内"贵宾席"的标记、会议资料摆放的位置指示，以及各服务地点的指示等。其次，这些装饰物能传达一种引导客户行为的信息。例如，会场内"禁止吸烟"的标记，以及会议室地毯和壁纸的使用向与会者传递着"请勿喧

[①] 根据蔺雷、吴贵生《服务管理》，清华大学出版社2008年版，第244页整理而得。

哗"的行为规范信息；餐厅里高档的桌布、装帧考究的菜单和精致的餐具向就餐的与会者传达了文明就餐的信息。

小案例 7-4

展馆停车场的装饰设计

展馆停车场中的标识等指示牌的设计要考虑到参展商以及观众的停车需求，要能有效地帮助客户找到正确道路并规范其行为。

（1）提供友情提醒。例如，"消防通道：为了每个人的安全，请不要将车停在消防通道内"，或"专用车位，请勿占用"等，减少客户停车时不必要的麻烦。

（2）及时更新标志和设施。护栏、通道和人行道在破损前应及时重新粉刷，使标识更加醒目，便于客户识别。

（3）帮助客户记住车位。可以采用颜色分类或设置特殊标记等方法。

（资料来源：根据蔺雷、吴贵生《服务管理》，清华大学出版社 2008 年版，第 226 页内容整理而得）

五、会展服务设施布局的基本类型[①]

（一）固定位置型布局

当会展服务对象由于某种原因而不能轻易移动时，会展服务的提供者就只能将服务提供系统移至客户处，正因为客户的位置相对固定，所以这种布局称作固定位置型布局。

在固定位置型布局设计中，主要目的是组成服务系统的所有要素能够最大限度地向固定位置的客户提供高效率的服务。所以，理论上需要解决的主要问题是，通过合理地安排，使提供服务的所有要素都能够：①有满足其生产需要的足够的空间；②接收和储存各种所需物品；③在互不影响的情况下共同完成服务提供；④最大限度地减少它们之间的移动。

而在实际中，这种布局的效率主要体现在各种要素进入提供场所的时间安排的合理性以及服务提供的可靠性上。例如，会议期间举行晚宴活动，与会者

---

① 根据陈觉《服务产品设计》，辽宁科学技术出版社 2003 年版，第 129～151 页内容整理而得。

进入宴会厅后,不可能自己起身取菜肴、餐具等,而是需要服务人员进行贴身服务。那么,服务人员接触客户的时机非常重要。首先,迎宾员引导入座之后,侍者上前服务,摆好餐具,供应食品,在适当的时候斟上酒水,其间还要找准时机及时收拾餐具。另外,酒水供应台的位置、餐具储放柜的位置、菜肴的储放设备与位置,对服务效率的影响较大。

一般而言,进行固定位置型布局,需要四个步骤:①确定布局总体区域和各种可能的位置点;②确定各设施的位置要求;③设定位置衡量标准并评估各设施与可能位置点的适合程度;④根据计算结果确定初步的布局。

下面以会议晚宴为例,介绍固定位置型布局的设计。假若宴会厅内有 15 张餐桌,以及酒水供应台、迎宾台、餐具储放柜、成品菜肴临时摆放台,需要对各种设施设定的不同位置进行衡量,评估在各种可能位置上的设施对服务效率的影响,最终确定布局位置。

1. 步骤一:定义布局区域

如图 7-12 所示,宴会厅有两个入口,一个是与会者进入宴会厅的大门,一个是厨房进入餐厅的入口,共有 9 个相同大小的区域是安排各种设施的可能位置。

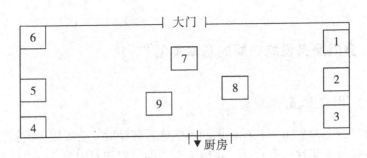

图 7-12 宴会厅可安排设施的区域

2. 步骤二:确定各设施的位置数量和区域

(1) A——迎宾台,需要 1 个位置大小的区域,供迎接与会者进入宴会厅之用,越靠近大门越好。

(2) B——酒水供应台,需要 2 个位置大小的区域,要求离各餐具储放柜和餐桌距离较短,这样才能提高酒水供应的速度。

(3) C——餐具储放柜,需要 3 个位置大小的区域,供侍者储放餐具和临时放置物品之用,要求距离各餐桌距离适中,能在尽可能短的服务距离内为各餐桌提供服务。

（4）D——成品菜肴临时摆放台，需要 2 个位置大小的区域，要求比较靠近厨房入口。

（5）E——洗手间，需要 1 个位置大小的区域，可视面不需要太大，但距离成品菜肴临时摆放台、厨房、餐桌要远一点。

3. 步骤三：设定衡量标准并评分

将设施距离的远近作为衡量指标，对不同设施在不同区域的位置打分。例如可以设定为：位置理想 = 3，位置一般 = 2，位置不理想 = 1，位置很不理想 = 0。（见表 7 – 4）

表 7 – 4　位置点的评分

标　准	位　置								
	1	2	3	4	5	6	7	8	9
与大门距离	2	1	0	0	1	2	3	2	1
与厨房入口距离	0	1	2	2	1	0	0	0	0
与餐桌距离	0	2	1	1	2	0	3	3	3

然后，对每个设施的位置本身衡量标准依据其重要性分别给予权重，例如可以设定为：非常重要 = 3，重要 = 2，一般 = 1，不重要 = 0。（见表 7 – 5）

表 7 – 5　权重的评分

标　准	迎宾台	酒水供应台	餐具储放柜	成品菜肴临时摆放台	洗手间
与大门距离	3	0	0	0	0
与厨房入口距离	0	0	0	3	0
与餐桌距离	0	2	3	2	– 1*

注：表中带 * 号处需要说明，其他设施都是以距离越近越好，唯有洗手间是以距离较远更好，所以设为负值。

最后，计算"适合程度"，将位置点评分与权重评分相乘。例如，将迎宾台放在位置 1 的适合程度为：位置 1 与大门距离评分 × 迎宾台与大门距离权重 + 位置 1 与厨房入口距离评分 × 迎宾台与厨房入口距离权重 + 位置 1 与餐桌距离评分 × 迎宾台与餐桌距离权重 = 2 × 3 + 0 × 0 + 0 × 0 = 6。表 7 – 6 列明了各个设施与各个位置的适合程度。

表7-6 各个设施与各个位置的适合程度得分

设施	得分								
	1	2	3	4	5	6	7	8	9
A	6	3	0	0	3	6	9	6	3
B	0	4	2	2	4	0	6	6	6
C	0	6	3	3	6	0	9	9	9
D	0	7	8	8	7	0	6	6	6
E	0	-2	-1	-1	-2	0	-3	-3	-3

4. 步骤四：设计初步的布局

从表7-6中可以看到，迎宾台在位置7处得分最高，所以应该安排在该处；餐具储放台与酒水供应台一样，都是在位置7、8、9处得分最高，在位置2、5处得分次高，但考虑到餐具储放台的得分普遍比酒水供应台的高，所以分别在位置8、位置5和位置2处安排餐具储放台，分别在位置9和位置1处安排酒水供应台；成品菜肴临时摆放台在位置3和位置4处得分最高，所以安排在这两处。洗手间需要安排在离餐桌较远的地方，应该考虑得分最高的位置1和位置6处，但位置1处已经分配作为酒水供应台，所以位置6处安排洗手间。（见图7-13）

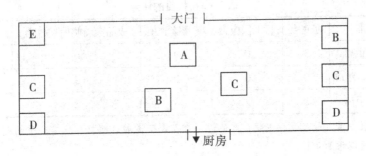

图7-13 宴会厅初步的布局安排

（二）分块型布局

客户通常有不同的服务需求，或者会展服务提供者也需要把客户进行分类，并把功能类似的服务设施放置在一起，引导客户到不同的服务功能区接受服务，那么，引导客户选择不同的路线前往不同的服务功能区接受服务的布局，称为分块型布局。

分块型布局设计的重点是设施布局要能为不同的服务路线提供便利，既要最大限度地提高服务设施的利用率，又要不出现服务路线的重复、交叉和拥挤，并尽可能地减少服务设施之间人员、物品流动的距离和成本。因为涉及多条服务路线的选择和设计，分块型布局相对比较复杂，假如有 N 个设施或服务功能区，可选方案就有 N! = N × (N-1) × (N-2) ×…× 1 种，所以最终目标简化为尽量减少客户移动的距离。

一般而言，进行分块型布局，需要四个步骤：①收集有关功能区域和它们之间人流或物流的信息；②画出体现上述信息的初步示意图；③考虑建筑物形状的限制，修改示意图；④结合示意图和各功能区域的面积要求，画出布局的设计图。

下面以会议酒店为例，介绍分块型布局的设计。假若会议策划者选择在一家会议酒店举行会议，需要在 2000 平方米左右的长方形楼层设计布局会议室、休息室、贵宾接待室、餐厅、客房区以及办公室、复印室，希望通过布局设计减少与会者和工作人员在不同区域之间的移动距离，以提高服务效率。

1. 步骤一：收集有关信息

图 7-14 所示为有关与会者和工作人员在不同区域之间来往的人次数和各区域的面积要求。此图又称为关系图。

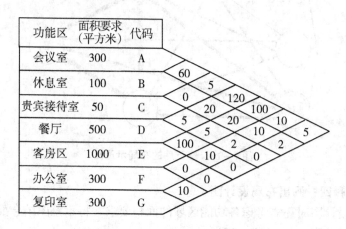

图 7-14 关系图

2. 步骤二：画出初步布局的示意图

图 7-15 是关于各功能区域之间的初步布局示意图。各区域之间发生的人员来往次数以不同粗细的线条表示，线条越粗表示人次数越多，线条越细表示

人次数越少。

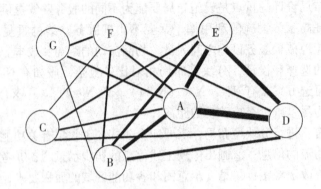

图7-15 初步布局的示意图

3. 步骤三：修正示意图

功能区域的布局需要与建筑物形状相吻合，所以要对上一步骤的初步示意图依照会议酒店形状进行修正。（见图7-16）

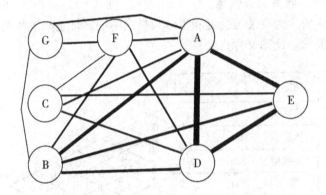

图7-16 修正后的布局示意图

4. 步骤四：画出布局设计图

形成设计图时还需考虑各功能区域的面积要求，将示意图结合面积要求便形成布局设计图。（见图7-17）

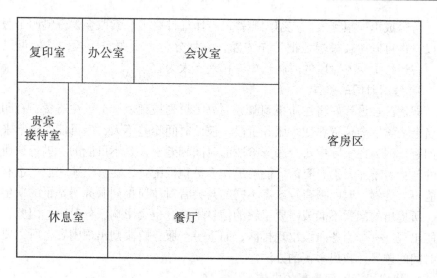

图 7-17　会议服务场所布局设计图

(三) 流水线型布局

有时，会展服务的提供是顺次的，客户或待处理的信息按预先确定好的顺序顺次接受服务，就像工业品沿生产线被逐步"处理"加工至成品一样。适用于顺次提供会展服务的布局称为流水线型布局。

流水线型布局比较适用于容易被标准化的一系列的顺次会展服务，比如注册报到服务，几乎每一个到达的与会者或参展商都需要经历填列报到表、交纳注册费、打印证件名卡、索取会议资料等一系列顺次服务。流水线型布局设计的重点在于如何安排不同服务（或手续）的顺序。

下面以会议注册报到服务为例，介绍流水线型布局的设计。

1. 确定每位员工服务一位与会者的周期时间

周期时间是指服务一位与会者报到从开始到结束的时间，其计算公式为：

$$周期时间 = \frac{某一服务期间的总时间}{某一服务期间需服务的与会者}$$

例如，每天工作人员接待前来报到的与会者的服务总时间为 10 小时，预计将有 100 位左右的与会者报到，那么周期时间为：

$$\frac{10 \times 60 \,（分钟）}{100 \,人} = 6 \,（分钟）$$

即每服务一位与会者需要花 6 分钟。

2. 确定注册报到的服务阶段

确定注册报到的服务阶段即是将注册报到服务进行细分，由员工分工协作，可分成填列报到表、交纳注册费、打印证件名卡、索取会议资料四个服务阶段；也可以比较极端地把工作浓缩，只划分为一个服务阶段，具体可以选择。一般每个服务阶段的时间长短以相差不大为宜。

3. 考虑时间的差异

即使已经设计好将注册报到服务划分为填列报到表、交纳注册费、打印证件名卡、索取会议资料四个服务阶段，彼此时间相差不大，但可能实施起来难以如愿，因为在实际中每个服务阶段的时间相差不大是不可能的。进行注册报到的与会者千差万别，有的可能与工作人员积极配合，能够快速完成；也有的可能不以为然，时间拖沓；或者不同的与会者对注册报到服务所寄予的期望不同、所提出的问题不同或需要了解的信息不同，也会影响服务时间。因此，很可能出现上一个服务阶段出现排队，而下一个服务阶段则出现闲置，所以要考虑时间的差异，找出平衡的办法。

4. 找出平衡时间差异的办法

平衡时间差异的办法有很多，其中一种较简单实用的是把一些服务环节归并，尽量使每个服务阶段所花的实际时间接近。例如，打印证件名卡和索取会议资料的时间可能比填列报到表和交纳注册费要短，那么就尽量将打印证件名卡和索取会议资料合并为一个服务阶段，这样经过调整后，就分为三个服务阶段：填列报到表、交纳注册费、打印证件名卡和索取会议资料。

5. 服务阶段的多样选择

前面所介绍的布局设计都是假定注册报到各服务阶段按照单线顺序进行的，其实，还可以选择非单线顺序。即除了按照单线顺序，把注册报到服务分为填列报到表、交纳注册费、打印证件名卡和索取会议资料三个服务阶段，还可以分成分别包含两个服务阶段的两条线顺序，或者直接设计成四个平行的服务台。只不过两条线顺序的服务所包含的两个服务阶段其实是进一步合并，填列报到表为一个服务阶段，交纳注册费、打印证件名卡和索取会议资料合为一个服务阶段，更加极端的四个平行服务台，其实就是每个服务台负责完成所有注册报到服务环节。也就是说，后两种选择是对分工不同程度上的摒弃。

无论是单线顺序服务，还是四个平行服务，都各有优缺点。越是分工细致，越有助于提高效率，因为每个员工只负责一小部分工作，更加简化，也更加容易熟练。但对突发问题不容易灵活处置，比如前一环节出现服务失误，后一环节的员工需要与前一环节的员工进行沟通或了解情况，才能很好地进行服务补救，或者直接耽误了后面环节的服务。而这恰恰是不分工能够避免的，因为由同一位员工提供多个服务环节，就可以灵活掌握，如果自己出现服务失误，不用与别人沟通就可以及时补救，而且也不会影响其他服务台的正常服务。但不分工也就意味着每个服务点要承担所有服务，那么工作的复杂性可能会降低服务效率，而且对员工的要求也比较高。

6. 注册报到服务台的形状选择

注册报到服务台采用什么形状也会影响到注册服务的进行。一般有直线形、"U"形、"S"形三种形状可以选择（见图7-18）。"U"形和"S"形比直线形有更大的优点，主要是因为"U"形和"S"形缩短了起点服务和终点服务的直线距离，那么，分布在各个服务阶段和环节的工作人员无须行走多少距离就可以同时照顾到多个服务点，如果某段时间前来注册报到的与会者人数不多，可以灵活地减少调整人手；而且各个服务点之间传送文件资料等物品也比较方便；另外，一旦在某个环节发生服务失误，多个邻近环节的服务点都可以及时地进行服务补救。

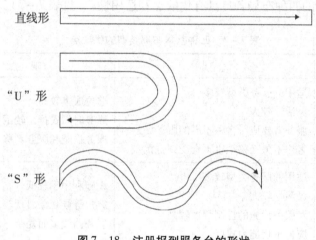

图7-18 注册报到服务台的形状

（四）单元型布局

单元型布局是指在业已存在的会展服务设施布局当中，设立一个或几个独立服务单元，该独立单元能够满足特定客户的所有需要，从而特定客户不必与其他客户一起等待排队。

仍然以会议注册报到服务为例。由于信息和网络技术的发展，与会者可以不必经历现场填列报到表和交纳注册费，他们可以事先在家中通过互联网完成网上注册和网上支付，这样就不必在报到现场浪费时间。通过提供网上注册码，与会者就可以迅速调出相关信息，从而直接打印证件名卡和索取会议资料。如果所有的与会者都采取这样的方式，无疑会大大减轻现场报到的服务工作。但是，与会者总是千差万别，有的可能事先进行了网上注册和支付；有的可能仅仅进行了网上注册，但考虑到资金安全问题，坚持要到现场支付；还有的可能参加会议的决定非常紧急，没来得及进行网上注册和支付。因此，现场报到服务依然要设置。那么，在进行会议注册报到服务布局时，就要考虑到，既有提前进行网上注册支付的与会者，又有需要现场进行注册支付的与会者，他们需求的最终目的是一样的，但需要经历的服务环节却不同。所以，就要将已经完成网上注册支付的与会者列为特定客户，在报到现场独立设置一个服务单元来满足他们快速报到的服务需求，这样特定客户就不必与其他客户一起排队等待，直接打印证件名卡和索取会议资料就可以完成报到。

（五）混合型布局

前面介绍的四种布局各自具有优缺点和适用性。（见表7-7）

表7-7 四种基本布局类型的优缺点

类 型	优 点	缺 点
固定型布局	适用的服务类型较多 灵活性较大 服务者要应付多种不同的服务场景 客户不怎么移动也不会受到打扰	单位成本较高 服务时间安排比较困难 服务设施和服务者移动程度较高
分块型布局	适用的服务类型较多 灵活性较大 对服务设施的控制程度较高 应付干扰能力较好	设施利用率较低 客户等候现象出现较多 服务路线多而复杂
流水线型布局	单位服务成本较低 设施专业化程度较高 客户移动方便	灵活性较差 服务工作重复性较大 应付干扰能力差
单元型布局	服务生产率较高	需要更多设施，利用率较低

（资料来源：根据陈觉《服务产品设计》，辽宁科学技术出版社2003年版，第133页整理而得）

要选择会展服务设施布局类型，就必须先仔细考察各种布局类型的优缺点，采用多种布局类型的混合方式，来应对不同会展服务的特殊情况。例如，会议注册报到服务设施布局，就要考虑到已完成网上注册支付和未进行网上注册支付的与会者的服务需求，并进一步采用流水线型布局和单元型布局相结合的混合型布局。

六、会展服务场所设计的影响因素

会展服务场所的设计会直接影响到会展服务质量。所以在进行会展服务场所设计时,要考虑到服务目的、所需空间、美观、安全性以及人体工程学等要素。

(一) 服务目标

会展服务的目标决定着会展服务场所设计的基本参数。例如,展馆必须有足够的空间安排展位、服务台、餐厅、休息区等来满足参展商和观众的需要,从而更好地提供展会服务;会议室的布置要符合举行会议的目的,以信息传递为主要目的的会议需要教室式的会议室布置模式,而以多方会谈磋商为主要目的的会议则需要中空圆形的会议室布置模式。

(二) 空间需要

会展服务场所同样受到空间的限制,需要留出足够的空间安置服务区、工作区、活动区等场所。除了要考虑空间面积和容积,还要考虑空间特殊形状。空间特殊形状也会影响会展服务场所设计,这需要有足够大的灵活性和创造性来应对。

(三) 美学因素

会展服务场所设计的美感除对客户的感觉、态度和行为有着显著影响,还会影响员工提供服务的感觉、态度和行为。例如,拥有宽敞、明亮的空间和精美装潢的展位明显要比狭窄、阴暗且装修一般的展位更容易吸引观众停留。

(四) 安全因素

安全因素是会展服务场所设计要重点考虑的因素。因为会展服务场所往往是众人集中聚集的地方,人多就容易发生意外,而且一旦发生安全事故,很容易引起恐慌和恶性循环,所以在设计会展服务场所时,要考虑安全隐患,运用先进的安全技术来防止事故的发生,并为突发事故做好应对准备。

(五) 人体工程学

之所以要考虑人体工程学,主要是一种"以人为本"的设计理念的体现。

这里的"人"既指到会展服务场所的客户,又包括在会展服务场所提供服务的工作人员。因为,会展服务场所的设计既影响客户体验服务的感知,又影响员工提供服务的效率和质量。所谓人体工程学,就是一门研究人、物、环境三者关系的科学。以人体工程学为原理设计会展服务场所,要考虑人体自然生理形态特征、人体感觉器官的匹配性和诸如温度、照明、噪音等因素对人生理上和心理上的影响。

七、几种典型会展服务场所的布局设计

(一)会议室布局

1. 剧场式(礼堂式)布局

剧场式布局的特点是,椅子成排地面对讲台或主席台,有时配有简易桌子或连体桌椅,以提供适当的书写空间。(见图 7-19)

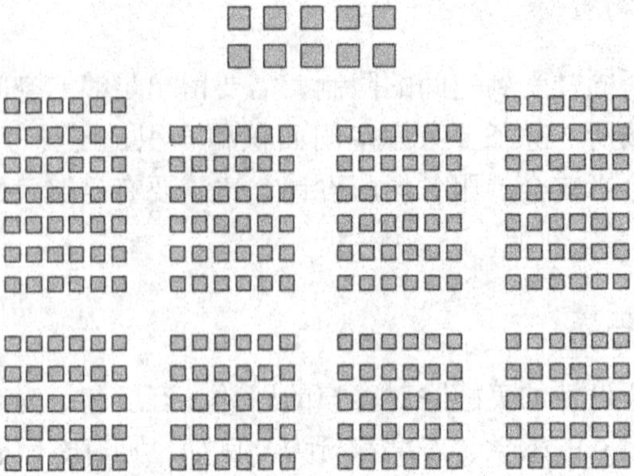

图 7-19 剧场式(礼堂式)布局

相邻的两把椅子两侧要相隔 2 英寸①,前后两排椅子之间至少距离 36 英寸。最前排的椅子要与主席台或讲台前沿有 6 英尺②的距离。还要留出 2～3 条纵向过道的位置,通常每条过道要有 4 英尺宽。如果会场较大,还要在会场前后之间留有一条横向过道。由过道隔成的不同区域内的椅子数量,每排不要

---

① 1 英寸≈0.0254 米。
② 1 英尺≈0.3048 米。

超过7个椅子，因为与会者在不得不穿过十几个人才能达到他的位子时通常会感到不舒服。

2. 教室式（课桌式）

教室式布局的特点是，人们只坐在桌子的一侧，通常用18英寸深的长方形桌子，每排桌子的间距是48英寸。中间留有一条中央过道。（见图7-20）

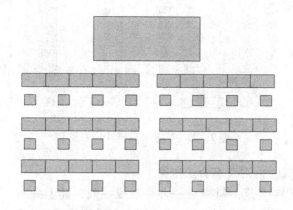

图7-20 教室式（课桌式）布局

教室式布局也有变形。每排桌子与主席台或讲台垂直。这种桌子两侧都要坐人，所有要采用30英寸深的长方形桌子。又由于与会者要调整座位方向面对演讲者，所以椅子要采用转椅，而且每个座位之间的空间要足够与会者转动椅子，至少要有5英寸的间距。

3. 中空圆（正方、多边）形式布局

这种布局的特点是，四周围成封闭的图形，适合小型会议，有助于与会者互动。由于中间是空地，所以最好摆上鲜花或盆景等装饰物；还有桌子要铺上桌布，内侧垂到地面，保持美观。（见图7-21）

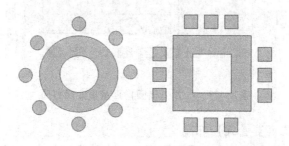

图7-21 中空圆（正方、多边）形式布局

4. U形（马蹄铁）布局

这种布局的特点是，将中空形布局一段撤掉，也适合于小型会议，比较适合视听讲演或者角色扮演。桌子也要铺上桌布，内侧垂地，保持美观。（见图7–22）

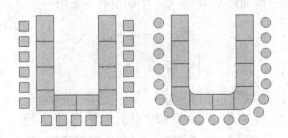

图7–22　U形（马蹄铁）布局

5. 长方（椭圆）形董事会式布局

这种布局的特点是，两排桌子合并形成一列，铺上桌布，下垂长度较随意，同样适合于各种小型会议。许多会议室都采用优质的木质桌和豪华的经理椅，布置成永久性会议室布局。（见图7–23）

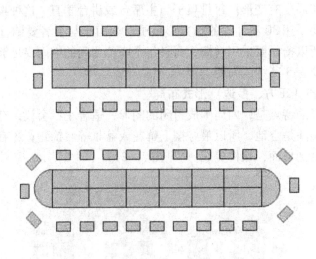

图7–23　长方（椭圆）形董事会式布局

6. 讨论会式（宴会式）布局

这种布局的特点是，多数采用圆桌，每张圆桌安排8～10个座位，每张桌子中心之间的距离不少于9英尺，适用于分组讨论型的会议。（见图7–24）

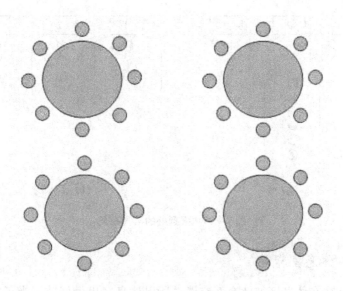

图7-24 讨论会式（宴会式）布局

（二）报到处布局

报到处一般分为前后两个区：注册区域和工作区域。报到处前面作为注册区域，通常要划分为几个部分，并用眉板标明每个部分的功能，一般至少有预先注册服务台和现场注册服务台，如果有必要，还要区分国内与会者服务台和国外与会者服务台；另外，还有咨询台、留言板或信息中心、衣帽或行李存取处等。报到处后面的区域是工作区域，主要是工作人员提供报到服务的地方。电脑和电话是报到处的两个必需品。电脑可以提高注册登记的效率，电话可在出现紧急情况时直拨办公室或负责人的电话，尽快解决问题。如果会议是收费式的，还要在现场报到处配备刷卡机。在工作区域内，还要留出足够的空间堆放会议文件袋等资料，因为有很多会议材料要发给与会者。

设计报到处布局时还要考虑排队问题。如果有一群客户同时到达，排队等候总是避免不了的。此时，队形布局设计必不可少。队形的布局设计有多队形和单队形之分（见图7-25）。多队形允许客户根据自己的要求自主挑选服务台，但如果前面的人花费太多时间，后面的人就不得不等待，其结果是可能晚到的客户却在其他服务台先得到服务。单队形是安排所有的人都排成一队，根据需要由多个服务台同时接待客户，能够保证服务的公平性，坚持"先到先服务"，还能有效地减少客户排队等候的平均时间。

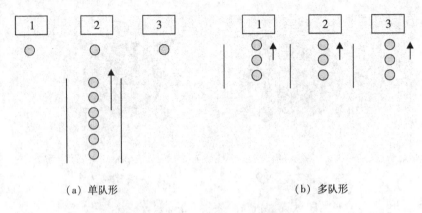

(a) 单队形　　　　　　　　　　(b) 多队形

图 7-25　报到处的队形布局

（三）休息室布局

人们往往在休息区彼此会面交谈，所以休息区里最好放置半正式的桌椅。如果桌椅过于沉重，则不方便人们自由组合。桌椅的摆放，一般可事先摆成两三个一组或四五个一组的形式（见图 7-26）。

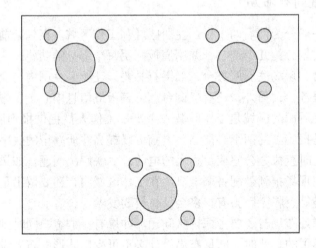

图 7-26　休息室桌椅的摆放

（四）展位布局

1. "单开口"展位

"单开口"展位，又称为排式展位，还可以称作标准展位或直线展位，它夹在一排展位中间，观众只能从其面前的过道进入展位内（见图 7-27）。

另外，还有环形展位，基本上与标准展位相似，只是后墙和侧翼的高度略有增加，一般可高达12英尺，而且是沿墙搭建。

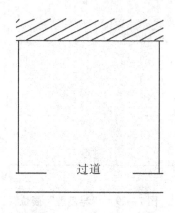

图7-27 "单开口"展位

2. "双开口"展位

"双开口"展位，又称为"墙角型"展位，它位于一排展位的顶端，两面邻过道，观众可以从它前面的通道和垂直于它的过道进入展位（见图7-28）。

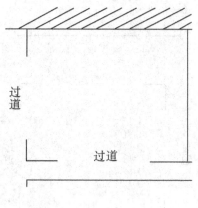

图7-28 "双开口"展位

3. "半岛型"展位

"半岛型"展位是展位的三面与过道相接，标准高度可达到12英尺，通常位于一排展位的尽头，观众可从三个侧面进入展位（见图7-29）。

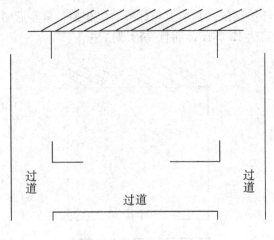

图 7-29 "半岛型"展位

4. "岛型"展位

"岛型"展位是展位的四面都与过道相接,观众可以从任意一个侧面进入展位(见图 7-30)。由于没有毗邻的展位,也没有其他类型展位所产生的种种视线的限制,这种展位的高度可以高至展厅天花板,更能吸引观众的注意力。

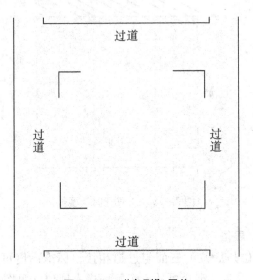

图 7-30 "岛型"展位

本章小结

会展服务设计是一种系统设计，要求设计者根据会展服务特点和会展运营目标做出规划和设计。会展服务设计包括流程的设计、传递过程的设计和场地设施的设计。

会展服务流程设计是会展服务设计的基础，涉及服务行为、工作方式、服务程序和路线、设施布局、材料配送、资金流转等多个方面，要"处理"的客户为与会者、参展商以及专业观众，对应要处理的信息和材料则包括客户基本信息、会展活动日程以及会议通知、参展指南、招展说明书等文书。会展服务流程设计有三种基本方法：生产线方法、自助服务设计法和客户接触设计法；在实践中，更多的是这三种方法的结合型。会展服务流程设计通常要借助服务流程图和服务蓝图作为基本工具，将会展服务产品从输入转化为输出进行规划。

会展服务提供者与客户之间的相互接触和作用，影响会展服务传递的结果和效率。按照接触的方式，客户与会展服务组织的服务接触可分为三类：远程会展服务接触、电话会展服务接触和面对面会展服务接触。按照接触的程度，客户与会展服务组织的服务接触可分为四类：无接触、低接触、中接触和高接触。无论是何种形式的会展服务接触，会展服务的提供者和客户在服务传递过程中都各自扮演着各自的角色，并互相影响着对方。根据会展服务的提供者和方式的不同，会展服务传递渠道可以分为直接服务渠道、中间商服务渠道和电子服务渠道。

构造良好的服务场所是会展服务提供商提供优质的会展服务的重要前提条件。会展服务场所设计包括场所环境条件、场所空间布局、场所标识装饰三大要素。会展服务设施布局包括固定位置型、分块型、流水线型和单元型四个基本类型。在进行会展服务场所设计时，要考虑服务目的、所需空间、美观、安全性以及人体工程学等要素。

本章关键词

会展服务设计　会展服务蓝图　会展服务接触　会展服务传递　会展服务场所

复习思考题

1. 阐述三种基本的服务设计方法。
2. 客户和员工在会展服务传递过程中各扮演什么角色？

3. 举例说明会展服务传递的渠道模式。
4. 阐述四种会展服务设施布局的基本类型。

综合案例

2008 年北京奥运会食品安全追溯系统的保障服务

2008 年北京奥运会的举办，给国人带来了无限的荣耀与自豪。奥运食品安全保障服务是其中的一个亮点，可以说，奥运食品安全保障为北京奥运会的成功举办起到了最重要的"护航"作用。

北京奥运会食品安全保障政策的主要措施有周密的奥运食品安全制度保障、得力的奥运食品安全组织保障、严格的奥运食品安全标准体系保障、广覆盖的奥运食品安全监测体系保障、全过程的奥运食品安全追溯系统保障等。

安全追溯系统保障显示如下。

当一名运动员进入一家奥运餐厅时，他的身份信息会被自动识别。同时，他所点菜的菜单中的食品的来源、运输渠道、加工方式等信息也都会被系统一一记录。一旦发现问题，从检测、确定结果到该食品下架，只需要 10 分钟左右的时间。这就是比喻为"食品安全电子警察"的北京奥运食品安全追溯系统。为保障奥运食品安全，北京奥运会借鉴悉尼奥运会的成功经验建立了奥运食品可追溯系统，对所有包含果蔬、水产品、畜禽类在内的奥运食品进行统一编码并加贴电子标签，综合运用 RFID（无线射频识别）、GPS、温度、湿度自动记录与控制，以及加密通信等技术，对奥运食品的生产、加工、运输、储存等全程进行追踪和信息记录，在重要节点设立质量监测点对食品质量进行检测并记录检测信息，实施从食品生产基地到加工企业、物流配送中心直至最终消费地的全程监控，实现奥运食品可追溯。具体表现在：一是建成了中英文两种文字的奥运食品安全监控体系，对食品中违禁药物和有毒有害物质的名称、分子式、危害、检测和救治方法逐一进行了备案。将奥运食品供应商、赞助商等相关企业的供应品种和能力进行备案，对其生产环境、食品理化、卫生和微生物等安全指标和动物性食品抗生素、激素残留情况提前 2 年开展动态监控。经过几年时间的监测和搜集样本，北京奥运食品安全追溯系统已归集数据 218 万条，涉及 151 家农产品生产基地和配送企业、22 家畜禽屠宰加工企业，已形成了完备的奥运食品安全监控和风险评估数据库。二是将奥运食品备选供应基地、物流配送中心、食品运输车辆、餐饮服务场所等全部纳入监控范围，运用多种技术手段，实施奥运食品从奥运食品种植养殖源头、食品原材料生产加工到配送至奥运餐桌,进行全过程监控和信息追溯。奥运食品可追溯系统对食品供应链上的所有环节实施监控,能够实现奥运食品的可追溯和信息透明化,保障奥运食品的安全,是2008年北京奥运会成功举办的重要保障之一。

1. 源头控制

为防止含"兴奋剂类"的食品物质进入,《奥运食品安全行动纲要》规定,在生产源头的奥运备选定点养殖基地就必须严禁使用"兴奋剂类"或产生相似效用的物质,并提前2年实施重点动态监测,保留所有记录,一旦发现阳性样本,立即启动食品安全突发事件应急预案进行下架、销毁处理。为此,专门建立了奥运食品安全追溯系统和奥运食品安全追溯数据中心,对奥运食品生产基地,对包括空气、土壤、水环境、是否添加兴奋剂等有关奥运食品安全的追溯信息因素进行归集、查询、分析、评估、跟踪和预警。电子标签采用国际先进的非接触性无线射频识别技术,从食品种养殖及生产加工环节开始加贴,实现从"农田到餐桌"全过程的跟踪和追溯,包括运输、包装、分装、销售等流转过程中的全部信息,如生产基地、加工企业、配送企业等都能通过电子标签在数据库中查到。同时,对奥运食品生产基地派员进行驻点监控,做到封闭管理、现场检测、逐批检验、严格准出,实现食品质量可控制、安全问题可追溯。

2. 加工、运输流程控制

北京奥运会期间的炎热天气并不适合保持食物的新鲜度,因此,奥运会所需的蔬菜和肉类等都采用"冷链"技术进行冷藏运输。原料的运输全程使用GPS定位系统和温度自动记录装置,对运送的路线也都进行了严格规定。在奥运食品运输、物流配送环节,运用奥运食品安全监控、追溯系统,将所有运输车辆的型号、牌号、驾驶员姓名及其健康证逐一备案,奥运食品运输车辆专车专用,由专人签封开封。运用GPS定位系统、RFID电子签封系统和温度传感装置,实时监控食品运输车辆行驶轨迹、车门开启状况和车厢内的食品温度,确保运输途中食品的安全。8月8日至24日,共监控食品运输车次3838次,未发现温度超标、车门非正常开启及偏离行驶轨迹等现象。

3. 终端控制

为对奥运食品消费终端的餐饮单位实施有效管理,北京市全部推行餐饮业食品卫生量化分级管理,分级由高到低分为A、B、C、D四个等级。按照奥组委的规定:所有奥运会竞赛场馆和非竞赛场馆周边1公里内和繁华地区、重点街道和景区内不得出现D级餐饮企业;所有奥运签约饭店、三星级以上饭店、国家特级酒家和酒店达到A级,所有一星及二星级饭店、星级餐馆、特色餐厅、国家一级酒家和酒店、接待旅游团队的餐饮单位、所有连锁餐饮企业的各家餐饮单位达到 B 级以上。全市 26 家奥运送餐单位、119 家奥运签约饭店全部达到食品卫生监督量化分级管理 A 级标准。在奥运会期间，北京市对奥运餐饮服务场所食品和奥运食品物流加强了监控，在奥运村、奥运场馆内外重点地区的餐饮场所、各种饮食供应点设置了 280 个电子信息监测点。同时持续加大对奥运场馆、签约饭店周边、比赛途经路线以及城乡接合部、农村地区、旅游景区、繁华街区、交通枢纽等地区的监督和治理，打击非法食品生产经营行为。全市农业、卫生、质监、工商、商务、城管等部门共出动执法人员 42854 人次，开展联合检查 97 次，检查各类食品生产及经营单位 50988 户次，共抽检食品样品 2986 个，食品安全总体状况均良好。在人们普遍关注的奥运场馆食品卫生保障工作中，重点监控"四关"：一是食品原、辅料进货关，对奥运场馆餐饮服务商的食品原、辅料货源渠道及索证情况进行核准；二是餐饮加工关，每日对奥运场馆的餐饮加工过程现场巡回实施卫生监督检查；三是餐饮检测、监测关，每日至少对 10 件样品的食品卫生状况进行现场快速检测；四是食品留样关，高风险食品 48 小时留样。此外，成立"奥运食品安全应急指挥中心"，一旦发生食品安全事件，立即启动应急预案。

（资料来源：白文杰：《2008 北京奥运会食品安全保障政策及对我国畜牧业影响浅析》，载于《中国动物保健》，2009 年第 3 期）

■讨论题

1. 试概括 2008 北京奥运会食品安全追溯系统保障服务的流程。
2. 你认为 2008 北京奥运会食品安全追溯系统保障服务对会展服务设计有何启示？

第八章 会展服务质量管理

学习目标

①了解服务质量的构成因素与特性;②了解期望服务质量与感知服务质量;③掌握会展服务质量评价的方法;④掌握如何对会展服务质量进行监控;⑤掌握服务补救的方法。

服务在社会经济中的重要性与日俱增,服务质量已引起人们的广泛关注,而关于服务质量管理理论和方法的研究却相对滞后。由于会展服务具有与实体产品不同的特性,因此,产生于制造业的传统质量管理理论和方法在会展服务质量管理中的应用比制造业更强调全面的、全员的质量管理。

会展服务质量是会展服务管理的核心,会展服务质量之所以引起人们的高度关注主要是因为以下几个方面的原因:第一,服务质量成为会展企业竞争的重要手段。特别是近几年来,越来越多的会展企业认识到,在市场竞争日益激烈的情况下,提高服务质量对于改善顾客关系、维持市场份额具有十分重要的意义。第二,提高服务质量可以改善会展企业的经营绩效。服务质量影响顾客对服务的评价和顾客满意度,进而决定着顾客未来的消费行为;服务质量是会展企业财务业绩的重要驱动力。第三,服务与实体产品存在本质差异,服务质量管理需要新的理论和方法。第四,会展服务质量管理在会展企业经营过程中有着重要的作用。因此,专家学者及其业界人士对于会展服务质量管理的研究具有重要的现实意义。

第一节 服务质量概述

服务质量是顾客感知服务的关键因素。在纯粹服务的情况下,服务质量是顾客评价服务的主要因素；在将无形服务与有形产品混合在一起提供给顾客的情况下，服务质量在决定顾客满意度方面至关重要。

一、服务质量的定义

服务企业在改进服务质量时，首先应该对服务质量的内涵予以明确定义。在服务业中，服务质量是顾客感知的质量。服务企业的服务质量评估是在服务传递过程中进行的。每一次服务企业与顾客的接触都能创造一个使顾客满意或者不满意的机会，也就是说，服务质量是顾客对特定产品和服务所感知的质量。

马克思在《剩余价值理论》中指出："任何时候，在消费品中，除了以商品形式存在的消费品以外，还有一定量的以服务形式存在的消费品。"我国著名的服务营销与服务质量管理学学者汪纯孝在引用该段话后认为："商品形式的消费品表现为实物形式，而服务形式的消费品则表现为'活动'形式。"也就是说："产品是有形的，而服务是无形的。"因此，有形的产品质量概念和无形的服务质量概念就有所不同。

从传统上来看，人们对有形产品质量的认识大体可以分为四种情况：①无瑕疵；②符合某种规范或标准；③对顾客需求的满足程度；④"内部失败"（指产品离开工厂之前）与"外部失败"（市场表现）的发生率。例如，一个有裂缝的水晶酒杯，一辆经检验质量不合格的小轿车，一批配置完全落后、与市场完全脱节的电脑产品，等等。这些都是人们对于有形产品质量是否合格的认知。

然而，上述对质量的认知却不足以说明服务质量的概念，因为服务与有形产品各具有不同的特点。一方面，由于服务产品的无形性和异质性，服务企业无法制定明确的质量标准来衡量服务的质量；另一方面，由于服务产品的生产与消费过程是同时进行的，服务企业不可能通过控制生产过程来减少操作上的失误，以保证服务产品的质量符合既定的质量标准。也就是说，有形产品购买者很少看到生产场所，而服务产品购买者必须亲自到服务场所接受服务，并且亲身体验服务。

相对于有形产品的质量而言，服务质量的概念是比较复杂的，它是一个必须考虑服务企业、服务人员、接受服务的对象以及外部因素等影响的概念。当然，正如国外学者所认为的"质量即为顾客所言所察之物"，美国质量学会给出的质量定义是：质量是一个产品或服务的特色或品质的总和，这些品质特色将影响产品去满足各种明显的或隐含的需要的能力。

综上所述，无论是有形产品还是无形服务产品，其质量都是由顾客决定的，并取决于顾客对产品质量的感知程度，因此，顾客感知的服务质量决定了质量的内涵。

二、服务质量的构成因素

服务质量概念比较复杂，评价服务质量的构成因素一般来说包括服务设施与服务设备、服务材料、显性的服务、隐含的服务四个方面。

（一）服务设施与服务设备

1. 建筑物外观、飞机的型号、停车场、园林等

服务设施是影响顾客期望和感觉中的服务质量的重要因素之一。例如，旅行社答应为游客提供的是五星级的宾馆，如香港的半岛酒店和文华东方酒店、广州的东方宾馆和中国大酒店、深圳的五洲宾馆和香格里拉大酒店，如果让从未入住过并对该类酒店一无所知的顾客从中选择，相信绝大部分的顾客都会选择半岛、东方和五洲，原因就是上述酒店比它们的竞争对手拥有更加宏伟和美丽的建筑物外观。又如，让从没有坐过飞机的乘客评价波音747和波音737的飞行服务质量，乘客也会因为波音747的气派外观而先入为主，认为波音747一定比波音737好。

2. 建筑物内部装饰与室内陈设

与建筑物的外表相呼应的是建筑物的内部环境。当顾客走进内部装修豪华的酒店和灯火明亮的餐厅，登上宽敞整洁的交通工具，进入有格调、有品位的旅行社或者旅游纪念品商店，他们主观上会认为该类服务企业的服务质量比别的地方好。

3. 自助服务设备

当顾客走进有自动柜员服务设备（自助取款机和自助存款机）的银行，走进有自助信息咨询系统（通过电脑来传播电子旅游信息）的旅行社，住进有自助洗涤机器和自助零食售货机的酒店，他们也会对该类服务企业的服务质量有较高的期望。

4. 车辆与其他服务设备

如果房地产开发商购置最先进的车辆作为接送居民往返市中心与居住区之用，居民会认为该房地产公司的服务质量比别的公司好；如果网络公司使用最新型的服务器为网络用户提供支援服务，网络用户也会认同该公司的服务质量。

（二）服务材料

1. 直接的服务材料

服务材料品质的优劣会直接影响顾客对服务质量的看法。例如，一间理发店如果采用名牌洗发水和护发素，就会让顾客对于该理发店的服务质量更有信心。同样的，一家餐馆如果采用高品质的食用油来烹调，用高质量的餐具来盛载食物，用餐的顾客也会觉得该餐馆的服务质量比较好。

2. 间接的服务材料

有一些材料在服务过程中没有发挥任何实际绩效的功能，但是它们对于顾客如何看待服务质量的问题却起到不可忽视的作用。例如，一本印刷精美的行程介绍书会让游客觉得该旅行社的服务质量有保证。同样的，一个视觉和内容都富有品位的电视广告、一件精美的"导购"小纪念品也会让消费者觉得该服务企业的服务质量比别的服务企业好。

（三）显性的服务

显性的服务，指的是服务企业的服务人员为顾客提供的核心服务。例如，旅行社提供的核心服务是旅游信息与资源的整合服务；电信业提供的核心服务是通讯服务；酒店业提供的核心服务是住宿服务；餐厅提供的核心服务是餐饮服务；歌舞厅和电影院给顾客提供的核心服务是娱乐服务。在提供核心服务的时候，服务人员的服务质量评估可以从服务的可靠性、响应性、保证性、移情性和有形性来进行。具体来说，航空公司提供准点和安全的航班服务是服务可靠性的表现；医护人员迅速给流血不止的车祸受伤者包扎伤口是服务响应性的表现；旅行社把服务质量保证金交付旅游监督单位保管并许诺赔偿条件是服务保证性的表现；旅游投诉部门认真聆听游客被骗经过、以同情的态度开导游客并承诺为游客讨回公道是服务移情性的表现；而医院利用最先进的仪器为病人诊断和治疗是服务有形性的表现。此外，服务企业服务人员在提供服务时的仪态仪表、服务态度、服务方法、服务程序和服务行为等，也是显性的服务，这些都直接影响顾客对于服务质量的评价。

（四）隐含的服务

服务人员提供的核心服务（显性的服务）直接影响顾客对于服务质量的评价，然而，服务企业的信誉度、形象与口碑、资金的雄厚程度以及兑现诺言的能力等，构成了隐含的服务，间接地影响着顾客对于服务质量的评价。例如，索赔记录非常良好的外资保险公司就让顾客感觉到他们的服务质量比国内的保险公司好；信誉良好的外资美容健身公司也让顾客觉得他们的服务质量要高于国内同行的服务质量。此外，懂得利用传媒的力量（新闻报道）或者有公信力的单位（政府部门）来为服务企业做宣传，也会让顾客相信其服务质量。

三、会展服务质量的特性

近年来，国内外许多专家和学者对服务质量的属性进行了论述，其中美国的营销学专家帕拉索拉曼（Parasuraman）、泽丝曼尔（Zeiththaml）和贝里（Berry）的观点最具代表性，他们认为服务质量的属性包括五个方面，即可靠性、反应性、保证性、移情性、可感知性。在此基础上，服务营销专家格罗鲁斯认为，补救性也是服务质量的一个重要的属性。结合服务的特性，我们认为会展服务质量的属性包括可靠性、反应性、保证性、移情性、有形性和补救性。

（一）可靠性

可靠性是指会展企业可靠地、准确无误地完成所承诺的服务的能力。这是会展服务质量属性的核心内容和关键部分。顾客希望借助可靠的服务来获得美好的经历，而会展企业也把服务的可靠性作为树立企业信誉的重要手段。例如，前来参展的顾客希望航空公司的飞机能正点起飞、正点降落，在酒店登记住宿和结账离店时，不要等候太长的时间。

（二）反应性

反应性是指会展企业准备随时帮助客人并提供迅速有效服务的愿望。反应性体现了会展企业服务传递系统的效率，并反映了服务传递系统的设计是否以顾客的需求为导向。会展服务传递系统要以顾客的利益为重，尽量缩短顾客在会展服务中的等候时间，如尽量缩短顾客在酒店办理住宿登记的等候时间、在餐厅就餐等候的时间等。当会展服务传递系统出现故障导致服务失败时，及时地解决问题将会给顾客的感知质量带来积极的影响。例如，误点时间较长的航班就需要向顾客提供及时的休息场所，并供应必要的食品和饮料；酒店应及时处理客人的投诉；等等。

（三）保证性

保证性是指会展企业的员工所具有的知识技能、礼貌礼节以及所表现出的自信与可信的能力。首先，员工应具有完成会展服务的知识和技能，这是赢得顾客信任的重要因素；其次，对顾客的友好、礼貌和尊重，会使顾客虽在异乡却有宾至如归的感觉；最后，员工要有可信的态度，主动与顾客进行沟通与交流，适时地帮助他们。保证性使顾客消除了跨越地理空间的不适应感。

（四）移情性

移情性是指会展企业的服务工作自始至终以顾客为核心，关注他们的实际需求，并设身处地地为顾客着想。在服务过程，员工要主动接近顾客，掌握他们的需求。同时要对他们的心理变化和潜在需求有很强的敏感性，从而使整个服务过程充满着"人情味"。例如，里兹·卡尔顿酒店提供的富有人情味的个性化服务。

（五）有形性

有形性是指会展企业通过一些有效的途径（如设施设备、人员、气氛等）传递服务质量。会展服务具有无形性的特征，因此必须通过有形的物质实体来展示服务质量。一方面，有形性服务提供了会展企业服务质量的线索；另一方面，有形性服务对顾客评价服务质量提供了直接的依据。例如，酒店通过装饰材料、色彩、照明、温度、湿度、背景音乐等来塑造高贵、富有情调的氛围；服务人员得体的服装、高雅的举止、甜美的语言不仅提高了服务质量的外在表现形式，也会对顾客评价服务质量带来有益的贡献。

（六）补救性

补救性是指会展企业在服务传递系统发生故障导致服务失败时，所采取的解决问题的态度和能力。会展企业追求100%的服务可靠性，但由于会展服务本身的同时性和复杂性决定了100%可靠性的难度。因此，补救性的价值就凸显出来了。补救性可以提高顾客的满意度，避免顾客的负面宣传，并可能与他们建立良好的关系。但是补救性的服务质量必须有保障，否则服务质量的评价会更糟糕。例如，在会展和旅游的旺季，酒店实施超额预订，导致部分已预订的客人没有房间。此时，酒店不仅要向客人道歉，协助客人解决问题，而且要给客人一定的补偿，尽一切努力使客人满意；总之，既要维护客人的利益，又要维护酒店的形象。

第二节 期望服务质量与感知服务质量

会展服务质量取决于顾客对会展服务质量的感知程度，会展企业与顾客互动关系的质量决定了顾客的满意度，对顾客满意度的评价要从其构成要素开始。影响顾客满意度的因素有三项：顾客经历的服务质量、顾客期望的服务质量和顾客感知的服务质量。而顾客满意度就是顾客对服务的期望值与顾客实际感受到的服务之间的对比。当顾客经历的实际服务感受超过其期望值，服务质量则被认为是十分好或超值的；当顾客经历的实际服务感受没有达到其期望值，服务质量则被认为是差的或不可接受的；二者刚好匹配时，服务质量被顾客认为是满意的。因此，服务质量实质上是一种主观的对比感受，是服务期望值与服务经历实际感受的对比关系。

一、顾客经历的服务质量

顾客经历的服务质量是用顾客对近期服务消费经验的评价来表示的，它直接影响服务中的顾客满意度。评价的结果具有很强的主观性。在实际操作中，用服务的个性化程度和服务的标准化程度来衡量会展服务消费经验的构成。

（一）服务的个性化程度

服务的个性化程度指服务企业针对顾客不同的选择、不同的需求、不同的偏好，提供有针对性的个性化服务的程度。例如，里兹·卡尔顿酒店安装了一个可记录客户爱好需求并自动把信息传递到世界各地的知识系统，可以针对客人的不同偏好，提供有特色的个性化服务。网络经济的迅猛发展，为服务企业提高个性化服务创造了良好的条件，如 ctrip.com 所提供的富有个性化的自助旅游。

（二）服务的标准化程度

服务的标准化程度是会展企业提供标准化、程序化、规范化服务的可靠程度，是提供优质服务的基础。研究表明，提供标准化服务可以消除顾客的不满，但不能带来所有顾客的满意。因此，仅提供优质的、标准化服务并不能使顾客真正满意。

二、期望服务质量

(一) 期望的构成

期望是顾客感知服务质量的重要组成部分。下面我们分别从期望的两个水平和期望水平的变化两个方面对期望的构成进行研究。

1. 期望的两个水平

研究人员发现，顾客对服务质量的期望存在着两个不同的水平：渴望的水平与满意的水平。渴望的服务质量水平反映了顾客希望得到的服务，即他们认为服务质量能够且应当是什么样的；满意的服务质量水平是顾客认为可以接受的服务质量。（见图 8-1）

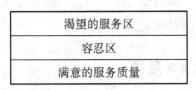

图 8-1 期望的两个水平

从图 8-1 中可以看到，在渴望的服务质量水平和满意的服务质量水平之间有一个容忍区，代表顾客认为满意的服务质量的范围。在容忍区之下的服务质量水平将会使顾客产生沮丧的心情并减弱顾客的忠诚度。容忍区之上的服务质量水平将会使顾客感到惊喜并增强他们的满意度和忠诚度。例如，有一个银行的顾客，他希望在 3 分钟之内将一张支票换成现金（渴望的服务质量水平），然而，基于过去的经验，正在等待服务的顾客数量、所处的时刻以及其他各种因素，这位顾客认为可以容忍 10 分钟的总体交易时间（满意的服务质量水平）。因而，如果总交易时间在 3 至 10 分钟的范围内（容忍区），顾客将会对银行的服务速度表示满意。但是，如果总交易时间不在容忍区之内，则会给顾客留下非常强烈的印象，即：如果交易时间少于 3 分钟，则留下好的印象；如果交易时间超过 10 分钟，则留下坏的印象。

不同的顾客有不同的容忍区，而且对于同一个顾客来说，在不同的服务中有不同的容忍区。顾客在评价一项服务时通常对它的五个重要方面进行评价，即可靠性、有形性、敏感性、可信性和个性化，在这五个方面有着不同的容忍区。概括地说，哪个方面的重要性越大，则它的容忍区就越小，顾客越不愿意放松这个评估服务质量的标准。还有一个结论就是，顾客在技术质量（可靠性）方面比在过程质量（有形性、敏感性、可信性、个性化）方面具有更高的期望水平和更狭窄的容忍区。同时，与第一次服务相比，以后的再次服务的期望可能会更高，容忍区会更小。

由此，我们可以将顾客感知的服务质量数量化。由于顾客感知的服务质量等于顾客体验感觉的服务质量与期望质量的差距，而期望的质量又分为渴望的服务质量水平和满意的服务质量水平，因此，我们把顾客感知的服务质量水平也分为两个方面：合格服务质量和优秀服务质量，对它们分别定义如下：

合格服务质量 = 感知的服务质量 - 满意的服务质量

优秀服务质量 = 感知的服务质量 - 期望的服务质量

2. 期望水平的变化

研究人员还发现，相当多的证据表明顾客的期望水平是动态的，并随着各种因素的变化相应地发生波动。顾客的期望水平比满意水平变化得更慢而且变化量更小。期望的水平通常是上升的，而满意的水平则很容易上升或下降。因此，容忍区的变化类似于一架手风琴的运动，大多数情况是由于满意的服务水平出现了波动。

能够影响顾客的期望水平并导致容忍区发生变化的因素包括：持久的服务加强物、个人需要、短暂的服务加强物、服务的可选择范围、自己感觉到的服务角色、明确的服务允诺、暗示的服务允诺、口头交流宣传以及过去的经验。从某种意义上说，顾客的期望是顾客感知的服务质量的基准。要想确保服务生产满足甚至超出顾客的期望，其中重要的一点是要理解这些顾客期望的性质及其决定因素。

（二）顾客期望的服务质量

顾客在参与会展活动之前会通过各种渠道收集有关的信息，并结合自己的经验和心理偏好，形成对会展服务的期望。影响顾客期望形成的因素包括会展企业的市场沟通、会展企业的形象、其他顾客的口碑宣传、顾客自身的状况等。

1. 会展企业的市场沟通

会展企业会利用各种市场渠道与顾客进行沟通，其中包括广告宣传、人员推销、营业推广、公共关系等。这些沟通可以增加顾客对会展企业的了解，但片面夸大其词的宣传，会使顾客形成较高的期望，若实际体验的服务质量不能与其相符，则顾客感知的服务质量会很低。因此，会展企业要严格控制市场沟通的准确性，使其与提供的服务质量相吻合。

2. 会展企业的形象

会展企业在长期的经营过程中，会逐渐树立起自己的形象，这对顾客评价服务质量有重要的影响。良好的企业形象会使顾客较容易接受企业的各种宣传，对企业在服务过程中的失误也更为宽容；反之，市场形象差的企业，顾客的要求也会较为苛刻，同时对企业的宣传也难以接受。另一方面，形象好的企业，顾客对他们的服务往往有较高的期望，若他们不能保持高质量的服务，其形象会逐渐受损。

3. 其他顾客的口碑宣传

通常，一些有过类似会展服务经历的顾客会向亲朋好友或其他人进行正面或反面的企业宣传，这是会展企业难以控制的因素。需要注意的是，有的顾客由于受到了会展企业特别的优待或对服务非常满意，他们往往会夸大宣传的效果，这在无形当中会增加其他人对服务过高的期望，从而影响顾客感知的服务质量。

4. 顾客自身的状况

顾客形成服务期望与自身的状况有很大的关系。首先是顾客过去的经历会影响服务期望。例如，高级商务客人由于经常出入高档次的场合，他们对服务质量的期望会较高。其次是顾客的心理偏好。这是一个比较复杂的问题，与顾客的成长环境和遗传因素有关系，在期望形成的过程中会自觉地起作用。最后是顾客的需求。不同的需求会有不同的期望，需求强度越大，期望值也会越高。

三、感知服务质量

服务质量的好坏是由顾客来判别的。顾客感知的服务质量决定着顾客的满意度。我们用下面两个例子来帮助我们理解服务质量的概念。比如，某会计师自认为所提供的服务完全符合专业标准，但来自客户的投诉却从不间断；某发型师认为给顾客设计的发型是最满意的一种，而顾客却多有怨言。这样的例子在实际中还有很多。这些例子说明，服务产品的质量水平并不完全由企业所决定，而同顾客的感知有很大关系，有时即使是生产商自认为符合高标准的服务，却不为顾客所喜爱和接受。所以，莱维斯和布姆斯（Lewis & Booms, 1983）把服务质量定义为一种能够满足顾客期望程度的衡量企业服务水平的工具，而克里斯蒂·格罗斯则明确提出了"顾客感知服务质量"的概念，认为服务质量是一个主观的范畴，它取决于顾客对服务质量的预期［即预期质量（Expected Quality）］同其实际感知的服务水平［即体验质量（Experienced Quality）］的对比。如果顾客对服务的感知水平符合或高于其预期水平,则顾客获得较高的满意度,从而认为服务企业具有较高的服务质量;反之,则会认为服务企业的服务质量较低。这一概念被后来的其他相关研究所证实。例如,布栽尔和盖勒(Buzzell & Gale)在研究市场战略的利润效应(PIMS)时即得出支持性结论:"质量即为顾客所言所察之物";他们认为,无论是有形产品还是无形服务,其质量都是由顾客决定的,并取决于顾客对产品质量的感知程度。因此,服务提供者必须认识到,服务质量要由顾客来认可和判别,必须按照顾客感知的服务质量来界定质量的内涵。如果把服务质量定义得太狭窄、质量计划的范围规定得太小,如仅仅把服务产品的技术特征作为商品最重要的质量,那么,质量计划就会发生错误,从而浪费时间和金钱。

(一)技术质量和过程质量

一般来说,顾客感知的服务质量包括技术或产出方面的质量和功能或过程方面的质量两个基本方面。

1. 技术或产出方面的质量

这是指服务结果和产出的质量,也就是服务交易时顾客获取的实际产出、企业为顾客提供的服务结果的质量。例如,旅馆的客人需要一个房间和一张床睡觉,餐馆的顾客需要菜肴和饮料,搭乘航班的乘客需要从起飞地到达目的地,咨询客户需要得到一份崭新的组织方案,银行客户需要获得一笔贷款,机器需要得到维修人员的修理和保养,顾客需要在零售商店买到满意商品,诸如此类。对于这些方面的服务质量,顾客容易感知,也易于评价。

技术质量是顾客在服务过程结束后的"所得"。顾客从他们与服务企业的互动关系中所得到的东西对于评价服务质量具有重要意义。服务企业常常认为这就是服务,但事实不是这样,这些只是服务质量的一部分,即服务生产过程的结果所形成的技术质量(Technical Quality);在服务管理中,也称其为结果质量(Outcome Quality)。顾客通常对结果质量的衡量是比较客观的,因为结果质量牵涉的主要是技术方面的有形内容。例如,在酒店中住宿者得到一间房和用以睡眠的一张床,在餐厅就餐的顾客得到他所要的饭菜,搭乘飞机的乘客被航空公司的飞机从一个地方运到另外一个地方,企业咨询公司的客户会得到一份公司发展规划,工厂中的产品从仓库被运到顾客那里,银行客户可以得到一笔贷款,设备制造商会对其所生产的设备进行维修,商店会努力去解决顾客的抱怨,等等。所有这些都是服务的结果,它们无疑是顾客服务体验的一个重要组成部分。

2. 功能或过程方面的质量

这是指服务过程的质量。顾客接受服务的方式及其在服务生产和服务消费过程中的体验，都会对顾客所感知的服务质量产生影响，这就是服务质量的另外一个组成部分。这个部分与服务接触中的关键时刻紧密相关，它所说明的是服务提供者是如何工作的。因此，我们将其称为服务过程的功能质量（Functional Quality）。在一些关于服务营销的著作中，也将其称为过程质量（Process Quality）。

既然服务是无形的，而且服务生产的过程与顾客消费的过程同时发生，服务过程也就是顾客同服务人员打交道的过程，服务人员如何提供服务，必然会影响顾客对服务质量的看法。因此，服务过程的质量不仅与服务时间、服务地点、服务程序以及服务人员的仪态仪表、服务态度、服务方法、服务行为方式有关，而且与顾客的个性特点、态度、知识、行为方式等因素有关。另外，对于一个特定顾客而言，其他顾客接受类似服务后所做的评价也会影响该顾客对过程职能质量的评价，这种影响可能是积极的，也可能是消极的。

在顾客与服务提供者之间存在着一系列的互动关系，包括不同的关键时刻，所以，技术质量只是顾客感知服务质量的一部分，而不是全部。除了服务结果外，服务结果传递给顾客的方式，对于顾客感知服务质量也起到很重要的作用。例如，自动提款机是否易于使用，网站是否易于进入，饭店或管理咨询是否易于获得，以及饭店服务员、银行职员、旅行社职员、公交车驾驶员、客轮服务员和维修人员的行为、外貌和工作、言行方式等，都会对顾客服务印象的形成产生影响。在电信行业中，服务质量是如何提高的也非常重要，如接线员态度的好坏、技术熟练程度和网吧的可信性等都会对顾客服务体验产生影响。

从更深层次上来看，如果顾客能够亲自参与以前必须由服务企业提供的服务过程，那么，他对服务质量的评价可能会更高。当然，其他同时消费的顾客也会对顾客感知服务质量的形成产生影响，如顾客排长队等候服务或者顾客之间的相互干扰。但在另一些情况下，他们也许会在服务接触中对顾客与服务企业的互动关系产生正面的影响。

总之，顾客如何接受服务，如何参与生产和消费的过程都会对顾客感知服务质量产生一定的影响。这是质量的另一方面，它与买卖交易者之间瞬间真诚的产生和服务供应者的职能休戚相关。显然，功能或过程质量难以被顾客进行客观的评价，它更多地取决于顾客的主观感受。图 8-2 描述了顾客感知服务质量的两个基本方面：顾客接受的事物和接受的方式，即技术效果或过程产出和过程质量。

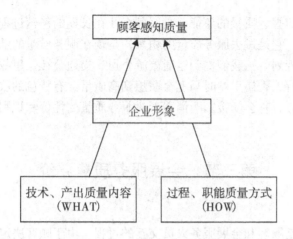

图 8-2　顾客感知服务质量的两个方面

这两个方面的感知质量，即内容和方式，也可以适用于服务以外的领域。例如，机器或商品的功能是顾客可感知技术质量的一部分。如果按照顾客要求定制机器，就形成一种职能性的附加价值，顾客又能获得一部分功能质量。

邮寄、物料管理、技术服务、投诉处理、顾客培训等各种服务增添了产品的附加价值。作为技术特征的一部分，这些服务就提高了技术质量；作为功能特征的一部分，这些服务又提高了功能质量。例如，妥善处理一项顾客投诉，那么投诉的结果就是一种良好的技术质量的反映。但是如果在投诉过程中手续烦琐、费时费力，那么顾客还是会有怨言。在这种情况下，投诉处理的功能质量就低劣了，从而降低了整体的感知质量。

（二）企业形象是过滤器

由于服务企业大都不需要中间商来协助推广自己的产品，在服务的过程中，顾客往往能够接触到企业的各个方面，包括资源、组织结构和运作方式等，所以服务企业的形象将不可避免地影响到顾客对服务质量的感知和评价。如果服务企业在顾客心目中拥有较好的企业形象，那么，顾客可能会原谅企业在服务生产过程中的个别失误；但是，如果这些失误频繁发生，则必然会破坏企业形象。而倘若服务企业形象不佳，则企业任何细微的失误都会给顾客造成很坏的印象，影响顾客对服务质量的感知。所以，我们把企业形象称为顾客感知服务质量的过滤器（Filter）。

企业形象对于顾客的影响逐渐会形成企业服务产品的品牌。顾客会根据自己的经验和阅历来判别，进行品牌性识别，从而来选择服务企业。对服务企业而言，品牌是信誉、质量的象征，是服务企业在长期的经营过程中积累起来的一种无形资产。它是过去服务质量的积累，是现在服务质量的承诺，更是对未来服务质量的规划。当我们提到运通旅游公司、交通公社、里兹·卡尔顿、希尔顿、马里奥特、香格里拉时马上会联想到高质量、有特色的服务。服务品牌具有隐性的效应，它会间接影响消费者对服务质量的评价和识别。

第三节　会展服务质量评价

会展服务是顾客和会展服务人员交互的过程，由于顾客决定了会展企业的生存和发展，因此顾客是服务质量评价的权威。顾客对服务质量的评估并不存在统一的标准，这是由会展企业和顾客两方面的因素所决定的，同时也给会展企业评价服务质量带来了困难。

美国著名的营销学家帕拉索拉曼、泽丝曼尔和贝里在顾客评估服务质量问题上提出了"差异理论"（Gap Theory）。他们认为，顾客的感知服务质量（Perceived Service Quality）的高低决定了顾客对服务质量的评价，而顾客感知的服务质量取决于服务过程中顾客的感觉（Perception）与顾客对服务的期望（Exception）之间的差异程度；进而指出感知服务质量是"顾客做出的与服务是否优质有关的全面的判断和看法"，顾客的感觉是"顾客关于所接受的及所经历的服务的感受"，顾客的期望是"顾客的愿望与需求，比如说他们觉得服务提供者应该为他们提供某种服务"。该理论同样适用于会展服务质量评估，顾客亲身感受到服务质量，且会与他们以前所形成的期望进行比较，形成顾客感知的服务质量。若顾客实际感受的服务质量符合甚至超过他们预期的服务质量，感知服务质量就高，顾客就会满意。若顾客实际感受的服务质量低于预期的服务质量，感知服务质量就差，顾客就会不满意。

一、会展服务质量评价要素

在服务质量的各种定义中，比较常见的有生产导向的定义和市场导向的定义。根据生产导向的定义，优质服务指的是服务符合规格，因此会展服务企业必须确定服务质量标准，使得所有服务工作都符合质量标准。至于在市场导向的定义下，优质服务指的是服务符合顾客的需求，适合顾客使用；这个定义特别强调服务的使用价值和顾客的满意程度，要求会展服务企业根据顾客的需要，确认服务质量标准，为顾客提供正确的服务。汪纯孝等人认为："生产导向的定义和市场导向的定义必须合二为一，才是正确的服务质量的定义。服务质量是服务的客观现实和顾客的主观感觉融为一体的产物。服务性企业为顾客提供正确的服务，并做好所有服务工作，才能提高顾客感觉中的服务质量。管理人员应采用不同的质量定义，为本企业产品和服务整体组合中的各个组成部分确定适当的质量标准。"因此，服务质量的评价要素必须是根据顾客的需要并切合会展企业自身的能力来拟定的。

既然优质服务必须既符合生产导向又符合市场导向，服务质量评价要素既要根据顾客需要又要切合企业自身能力，那么该如何评估有效的服务质量要素呢？汪纯孝总结了国外著名学者泽丝曼尔、帕拉索拉曼和贝里的观点后认为，有效的服务质量评价要素应该具有下列特点：

（1）满足顾客的期望。管理人员应该通过营销调研，了解顾客对各类服务属性的期望，再根据顾客的期望，确定各类服务属性的质量标准。

（2）标准要具体。管理人员应该确定具体的服务质量标准，以便服务人员执行。例如，要求酒店电话话务员必须尽快接听电话，是含糊不清的质量标准；话务员必须在15秒之内接听电话，才是具体、明确的质量标准。

（3）员工接受。员工理解并接受管理人员确定的服务质量标准，才会执行。管理人员发动员工参与制定服务质量标准，不仅可确定更精确的标准，而且可得到员工的支持。

（4）强调重点。过于烦琐的质量标准，反而会使全体员工无法了解管理人员的主要要求。因此，管理人员应该明确说明哪些质量标准是重要的，从而要求服务人员严格执行。

（5）及时修改。管理人员应该经常考核员工的服务质量，并将考核结果反馈给有关员工，帮助员工提高服务质量。做好服务质量检查、考核工作，才能促使员工做好服务工作。此外，管理人员还应该根据考核结果，研究改进措施，奖励优秀服务人员，修改服务质量标准。

（6）既切实可行又有挑战性。如果管理人员确定的质量标准过高，员工无法达到管理人员的要求，就必然会产生不满情绪；如果管理人员确定的质量标准过低，就无法促使员工提高服务质量。所以，制定既切实可行又有挑战性的服务质量标准，才能激励员工努力做好服务工作。

二、会展服务质量评价方法

为了更为有效地评估服务质量，会展企业可以通过开通监督电话、网页、信访渠道，广泛收集顾客意见和建议，同时聘请内外部质量监察员和质量管理联络员，对服务质量进行评估和监督管理。

（一）开通服务质量监督热线

通过开通监督热线电话、设立投诉信箱和成立网上服务质量中心等服务，由专职部门和专职人员来负责受理和处理来自各方面的投诉。这种做法的好处是会展企业的管理人员能够通过顾客的反馈意见，及时地了解会展服务现场发生的事情，并以此作为服务质量检查手段，评估和考核员工的服务质量是否达到顾客要求的水平与标准。与此同时，管理人员还可以借鉴顾客的投诉意见，研究改进服务质量的措施，修改服务质量标准，以符合顾客的需要和达到他们期望的服务水平。

（二）定期进行市场调研

通过聘请专业的市场调研公司为会展服务企业设计相应的调查手段，了解顾客对于各类服务属性的期望，然后再根据顾客的期望，确定各类服务的质量水平。市场调研手段可以是通过问卷调查、面对面的深入访谈、邀请顾客组成小组来进行讨论等，而最后制定的服务程序必须根据顾客的期望来设计。例如，很多酒店都在客房内放置《住店旅客评价意见卡》以收集顾客的意见，然后由专人负责统计分析，测算每月旅客对于酒店各项服务的满意率，并以此研究改进措施，提高服务质量。

（三）制定具体标准，严格规定员工认真执行

通过顾客的反馈意见，会展企业管理人员应该根据顾客的需要并切合会展服务企业的实际情况，确定具体的服务质量标准，制定具体的服务程序制度，以便服务人员明确自己的岗位职责，并认真执行。例如，很多顾客反映会展服务企业设立的投诉热线整天没有工作人员接听，或者是接听之后又迟迟不对投诉个案进行跟进，并未把处理结果反馈给顾客。在这种情况下，会展企业管理人员就应该针对该类市场调研结果制定相应的具体服务程序，如要求客户服务中心的员工必须在 30 秒之内接听顾客的电话，在接到个案投诉后的 2 天内给予顾客一个明确的答复，等等。只有在明确的制度和严格的要求下，员工才能够提供定制化的服务，他们的服务质量标准才会得到保证。

（四）设立专职部门进行内部监督

会展服务企业应该在公司内部各部门挑选有责任心、业务熟练、正直的工

作人员组成内部服务质量监察员队伍,每月将自己在工作中发现的本部门和外部门有关服务质量的问题,按规定的格式(时间、地点、事情经过、原因、责任人、改进建议)报告给服务质量监察部门处理。例如,为了提高员工的业务水平和服务态度,香港很多旅行社的管理人员会经常指派一些内部员工假扮顾客,打电话去其他部门询问各类有关该部门业务的问题,一旦发现该部门的工作人员业务不熟或者态度不好,这些"顾客"就会把当时的情况记录在案,然后向上司汇报,让他们跟进处理。通过这些"顾客"发现的问题,管理人员能够系统地分析深层次的原因,并通过提升管理方法、完善管理制度,提高企业的服务质量水平与标准。

(五)请权威机构和行业专家进行监督

会展服务企业管理人员应该严格遵守政府部门对于该行业制定的相关政策,积极参加行业协会的活动,主动邀请行业专家和会展企业的忠诚顾客来企业做客,并聘请他们作为会展服务质量的社会兼职监察员,以加大对本会展企业服务质量的管理力度,从而达到有效地评估和提高会展服务质量标准的效果。

三、会展服务质量评估

(一)会展评估

到目前为止,全面系统的会展评估在会展行业内还是很少见到的。此前,虽有对会展进行量化分析,但要么是会展主办者为自己的会展做总结,要么是用于对会展划分等级,侧重于会展的规模影响,要么局限于一时一地的会展。真正以客观的身份对会展的整体进行评价,并把会展和整个产业大环境联系起来的会展评估还很缺乏。

会展评估是对展览环境、工作效果等方面进行系统、深入的考核和评价,是会展整体运作管理中的一个重要环节。而在实际工作中,会展评估则更多的是流于形式,其真正的意义与作用并没有得到各会展主办单位、参展商以及会展行业主管部门的重视,究其原因还是在于当前对会展评估的认识还不够。

1. 会展主办单位

对会展主办单位而言,会展评估可能只是相关会展数据、经验的总结和积累,如参展商数量、参观人数、取得的利润等,特别是对那些已举办多届的会展,在评估的内容和方式上已相对固定,并没有留意到每一届会展宏观大环境的变迁会对会展管理运作上产生重大的影响，而这种影响也必然会导致会展评估的内涵、特征发生变化，所以说每一次的会展评估都应该是不同的。同样，会展评估还应根据相关的会展调研来深刻地分析、评价当前的会展市场环境和走向，对今后会展项目的市场开发、运营管理提出相应的建议。

由于当前对会展项目进行评估的人员多为会展主办单位的员工，因而对会展的评估难免受到企业内部因素的影响，在对会展评估的数据乃至结论上有着一定的主观倾向，丧失了应有的客观性和公正性，这对会展将来的发展是十分不利的。在国外，会展的评估工作多是主办单位委托一些独立的专业会展咨询企业或行业协会等第三方机构来进行，这在评估的过程中和结论上保持了真实性和公正性，而他们提出的会展未来发展对策大多能对主办单位起到借鉴作用。会展主办单位则可根据每次评估的结论和建议，及时调整会展发展方向、运作管理方式等，扬长避短，从而完善自己的会展品牌。

2. 参展商

对参展商而言，每个参展商在参展前，一般都会制订他们的参展目标，即向专业观众、买家推出自己的新产品、新服务，建立新客户，争取更多的订单。而参展商们为参加会展所付出的参展成本，如资金、时间、精力等是否就与参加会展实际取得的成果相符呢？所以，协助参展商们做好参展评估也是十分必要的，比如从参展的总成本、会展取得的效果、成交的金额、观众和买家的反映等多个层面进行综合、详细的评估，这样既能帮助参展商面对形形色色的会展市场做出一个切合企业实际需要的选择，又能帮助参展商以尽可能小的成本取得最大的会展效果，同时，还能把参加会展这一营销方式与其他的营销方法如广告、人员推广等在成本效用上做比较，为参展企业今后选择何种方式进行市场拓展提供建议。

3. 管理机构

加强会展评估，对会展行业的管理机构也是有百利而无一害的。会展行业主管部门可以根据相关会展评估的标准、结论来制定会展行业发展的行业规章和制度，并可对一些评估良好的会展项目进行重点扶持，帮助它们做强、做大以形成品牌优势；反之，对一些评估差、缺乏市场前景甚至重复举办的会展，就可予以严格控制以达到规范会展市场秩序和行业竞争的目的。

4. 委托专业人员进行会展评估

目前无论是会展主办单位的会展项目评估还是参展商的参展评估，都缺乏专业、独立的人员和机构来进行，在此建议委托专业会展咨询公司和专业人员等第三方机构来为会展主办单位和参展商们提供科学、有效的会展评估和咨询服务。而由于在评估的标准和尺度上还缺乏一致性，为适应会展市场发展的需要，同时为了使会展评估更具科学性、客观性和公正性，还应用科学的方法来指导开展评估工作，应采取定性分析和定量分析相结合的原则，用客观真实的数据来演示会展市场的变化和发展趋势，并指导会展主办单位和参展商更好地办展、参展。

（二）会展评估应注意的问题

1. 明确会展评估标准

我国会展业的发展虽然只有 20 多年的时间，但发展迅速，其对区域经济、产业与行业经济发展都起着越来越重要的影响。然而，随着会展业发展的加速，各种弊端也逐步显现出来。目前，会展已成为我国的一种重要的经济活动，国内外大量企业参与其中。然而，无论是政府部门制定宏观政策，还是专家学者们进行深入研究，都需要大量的会展业真实、客观的数据和分析。但目前国内对会展的研究分析普遍地、比较多地仅从现象和个案入手，加上统计口径不统一，所得出的研究结论和观点一方面表现出较大的差异性，另一方面往往不足以服人而难以正确引导会展业的发展。

针对这种现象，会展评估已成为业界的迫切需要，特别是第三方客观公正的评估结论深受人们的欢迎。由第三方进行客观公正的评估，不仅可以对会展的成效进行宣传，而且有利于树立会展的品牌形象，打造品牌会展。客观公正的第三方评估报告，可以发现会展在组织、管理、服务等环节中存在的不足之处；作为中立的第三方可以得到第一手真实的参展商的反馈，为会展把脉，从中发现会展存在的弊端、突出矛盾和主要问题，从而使权威评估机构、评估专家可以对症下药。第三方根据国内外会展评估理论，集合所评估的会展自身实际情况，理论与实践双向互动，向会展组织者提供继续办好下一届会展的高招和策略；也可以将评估结果作为权威数据提供给国际认证机构，因其更真实、更客观，因此容易得到国际认证机构的认可。

总之，由于我国会展产业目前还处于散、乱的粗放型现状，会展评估标准就成为引导会展产业向品牌化、高层次化发展的迫切需要。

2. 借鉴国外经验确定评估标准

国外的会展评估标准一般都是单一的经济目标，而我国影响会展业发展的因素除了经济因素外，还有政治、文化等多方面因素。因此，我国的会展评估影响面更为广泛和深入，通过会展评估，可以准确地反映会展的整体情况，以及会展的统筹组织、现场情况、会展环境及综合保障等，反映会展的政治、经济、文化价值，成为地方政府或某个产业经济发展的参考素材。

会展评估与认证在我国还没有普及，会展评估机构也多处在初级组建阶段；而会展业较为发达的德国、法国、美国等国家已经有了适合本国需要的会展评估标准。德国会展评估机构FKM已成为德国会展界品牌和质量的象征，受到了参展商和会展主办者的青睐。除德国会展外，很多非德国会展主办者也愿意申请成为FKM的海外成员。借鉴德国的评估体系对于今后建立符合中国国情及会展业状况的认证体系是大有裨益的。但是，德国FKM的评估标准不考虑政治、文化等因素，而制定我国的会展评估标准要考虑较多的影响因素，面临的情况非常复杂，因而，我国会展业不能简单地照搬国外的成熟模式。我国各级政府对会展业还有着重要影响，各个地方还要考虑其地方的文化底蕴和经济发展水平等因素，如中国－东盟博览会的开幕式就代表了中国最高水平的文艺演出水平，这一重要的文化价值应当得到正确的评估和认可。

3. 制定统一的会展评估标准

根据我国会展行业的需求制定出统一的评估标准，这要靠业界专家与从业者的大力支持与努力，因此，制定全国性的会展评估标准迫在眉睫。目前，会展业人才匮乏、权威评估机构的缺位等行业自身的缺陷都制约着会展评估标准的出台。除了人才缺乏制约着会展评估标准的制定外，会展理论和实践相结合、评估标准的快速推广、组建评估专家团队等问题也成为制定全国性评估标准的障碍。地方研究机构要制定会展评估标准，首先面临的就是人才的缺乏，目前我国从事会展理论研究工作的高层次人才太少，而从事会展评估理论研究的专家则更少。其次，会展评估理论研究成果，即理论上的会展评估标准还需要在实践中提供磨合机会，评估标准只有在实践中才能检验出是否行之有效，是否对会展起到促进作用，否则只能在理论上徒有虚名，得不到会展组织者的认可。再次，评估标准如何在会展业快速推广，也是其成为权威会展评估标准的障碍，一个评估标准可能在某个会展或某个区域得到认可，但要成为权威标准还要在全国范围内甚至在国际上站稳脚跟，而这对于一个地方性研究机构制定的会展评估标准来说是一个很艰巨的任务。最后，组织最高层次的评估专家团队组织会展评估，不仅需要会展业的高层管理者，而且还需要针对专业展会邀请相关的专家。因此，进行会展评估需要组建一个评估专家库，让专家对会展评估体系的建立出谋划策，并且理解和熟悉会展评估标准。

（三）会展服务质量评估的一般程序

会展服务质量评估与其他营销活动的评估是类似的，即按照一定标准，对统计数据和观察资料进行分析和研究，最后得出判断和结论。因此，会展服务质量评估一般按照选择标准、收集资料、统计分析、得出结论的程序进行运作。会展服务质量评估是一项复杂的工作，必须按照一定的程序科学地进行。

1. 选择评估标准

选择评估标准，即选定一个评估方案，方案中有一系列的评价指标，且每一个指标根据其重要性有不同的分值（权数）。评估标准直接决定评估结果，对评估标准的选择，要求做到权威、客观、明确和具体。

（1）权威。评估标准必须为主办者、参展商及会展主管部门认可，否则难以保证评估结果为评估各方所接受。

（2）客观。评估标准要符合客观实际，不至于过高或者过低。因为评估标准对会展主办者有较强的引导作用，合理的评估标准可以有效地促进会展业的发展。

（3）明确。评估标准必须清楚，还要说明进行评估工作的方法。

（4）具体。评估标准必须易量化、可操作性强，能有效减少评分时的主观随意性。

2. 收集信息

收集信息是会展服务质量评估工作中最耗费时间和精力的步骤。收集信息的主要方法有收集历史资料、现场观察记录、问卷调查、会议座谈等。这些方法可从定性和定量两个方面获取信息，而问卷调查是最常用的方式。

（1）收集历史资料。历史资料主要有历届会展的统计资料、竞争对手的资料、报刊的相关报道，以及专业和内部媒体的评估资料等。

（2）现场观察记录。在会展进行过程中，需要组织评估人员对工作项目、工作环节、工作结果等方面进行记录。通过这些记录，可以得到诸如参观者数量、交通密度、意向成交金额等重要的评估数据。

（3）问卷调查。会展服务质量评估中使用的调查问卷主要包括参观者问卷和参展商问卷。参观者问卷用于了解参观者的基本情况及其对会展效果的评价。其中，主办者发送参观者问卷的目的在于了解会展整体效果，参展商也会向参观者发送问卷以测量其公司和产品的参展效果。参展商问卷重在了解参展商对会展服务的反馈意见及其对会展效果的评价。问卷调查工作通常用概率抽样的方式进行，可以委托专业的市场调查公司完成。

（4）会议座谈。会展期间可以组织各种规模的会议，邀请政府部门、商会、行业协会、展览会的专业人士参与座谈，定性地收集专业人士的见解和评价。

3. 统计分析

会展服务质量评估中的统计分析是将所收集到的数据资料统计整理成系统化的、条理清晰的材料，根据所选定的评估方案的标准进行评分，并分析存在的问题及其原因。通过统计分析，容易得到如潜在顾客数量、签订合同金额等指标，但是要想得到市场状况、市场趋势、竞争对手状况等资料，还需要结合其他手段来分析。在统计过程中，要合理运用各种统计工具，也可以委托专业的市场调查公司来处理统计分析工作。

4. 得出评估结果

会展服务质量评估结果是反映会展情况的一系列数字、比例和陈述，通常按照会展评估方案的要求提交。在会展服务质量评估过程中，需要特别注意两点：第一，会展服务质量评估要有权威的评估方。评估方必须以中立的身份主持评估工作，做到公平公正，通常可考虑由国家主管部门或行业协会开展评估活动。第二，要在评估工作开展之前制订合理的工作计划，特别要保证人力和物力的投入。

（四）我国会展评估的发展

我国政府部门从 2007 年开始关注会展评估工作。但是从总体来看，会展评估工作却呈现出"先急后缓"的局面。"先急"表现在商务部等主管部门在 2007 年年初的时候对会展评估工作抓得很紧。商务部外贸司和商业改革发展司分别要求中国会展经济研究会和商务部研究院起草"国际展"和"国内展"的评估办法。但是，其后由于中央政府有了对各级政府部门从事评估工作进行约束的精神而停顿下来，具体表现就是已经起草的相关文件都被搁置了。

开展会展评估，然后给予一定等级的称号，本质上是一种认证认可活动。按照《中华人民共和国认证认可条例》的规定，国家实行统一的认证认可监督管理制度，由国务院认证认可监督管理部门进行监督管理。因此，会展评估认证，要想获得足够的权威性，就必须得到国家主管部门相关权属和相关权限的授予。具体来说，我国会展项目评估发展的工作思路应当是：政府给予指导支持，努力造就市场需求，中介组织发挥作用，积极开展基础研究；尽快使中国的会展评估工作步入"政府指引、协会执行、统一标准、规范操作"的有序轨道上来；政府制定"奖优限劣"等相关政策，对会展产业实行支持、扶持和鼓励，引导会展项目向着做大、做强、做出品牌的方向发展。只有这样，与之配套的包括会展评估在内的会展服务市场才能被逐步带动起来。

1. 政府部门开始关注会展评估

政府部门关注会展评估主要体现在以下三个方面：①商务部委托中国会展经济研究会起草国际展览会评估认证标准；②商务部委托商务部研究院起草国内展览会评估认证标准；③农业部成立中国农业会展分类认定工作办公室。

2. 商贸协会组织促进会展评估工作

商贸协会组织促进会展评估工作，主要体现在以下几个方面：①中国国际贸易促进委员会展览部组织业内专家座谈会讨论会展行业标准；②中国会展经济研究会发出实行共同展览统计口径的倡议；③宁波、上海等城市开展展会评估活动；④长三角城市会展联盟开始组织对所属地区展会的评估工作；⑤中国展览馆协会等组织着手制定展览工程企业资质标准；⑥中国商业联合会制定了会展业职业经理人执业资格条件。

3. 会展媒体积极介入会展评估

会展媒体积极介入会展评估，主要体现在三个方面：①亚洲会展财富论坛与网站合作对行业展会评选三强；②中国会展杂志继续在每年的会展文化节上进行各种评优；③其他各种会展报刊对会展评估工作都给予较多报道介绍。

4. 国际会展评估机构已进入会展评估市场

目前，已经进入中国会展评估市场的国际会展评估机构主要有两个，即澳大利亚 INFO SALONS 公司和美国 BPA 公司。前者是会展数据统计公司，后者是会展、媒体等数据审计公司。从 2007 年开始，他们都加强了对中国市场的开拓。一是大力赞助相关的活动。例如，INFO SALONS 公司就是 2007 年 1 月第三届中国会展经济国际合作论坛（CEFCO）的主要赞助单位之一。二是积极在各种会展论坛、会议上亮相和进行宣传。例如，BPA 公司全年对会展业界的情况介绍有 10 次之多。三是先以外国展览公司或中外合资公司在中国的项目为业务突破口，再逐步扩大业务范围。例如，INFO SALONS 公司和 BPA 公司都曾为英国励展公司在天津、上海的展览项目做过服务，现在他们正以此作为在中国的业绩进行业务开拓。四是广泛与中国各种会展组织建立联系。公司的高级管理人员等广泛走访中国会展经济研究会、中国国际贸易促进委员会等单位，彼此建立联系沟通信息。

5. 逐步构建我国会展评估市场

从已经开展的会展项目评估的情况来看，会展评估是要走市场化道路的。所谓市场化的道路，就是要以被评估的项目为"买家"，让其自愿购买评估机构的"评估服务"。事实上，如果目前中国会展项目评估市场尚未成熟的话，就更加需要我们从中国的实际出发，探讨出具有中国特色的会展项目的评估道路。为此，我们必须有计划、有步骤地造就会展评估的市场需求，即要使会展项目的评估结果能与会展项目主办方和组织者的利益紧密结合起来。一方面，需要有关的政府鼓励和扶持政策；另一方面，也必须努力形成参展商和观众通过查看会展项目评估结果来选择或决定参加、参观某一个会展的习惯。只有这样才能够不断扩大对评估的市场需求，促进我国会展评估市场逐步构建与成熟起来。

6. 发挥会展中介组织的作用

从海外会展项目评估发展的过程来看，中介组织必须发挥其重要的作用。目前，中国全国性的会展协会尚无法尽快建立起来，但我们可以先支持地方会展协会积极组织开展评估工作。这样不断积累经验，不断发现问题，为以后建立全国性的会展项目评估体系奠定重要的基础。

当前一些地方协会、联盟等会展中介组织在推进会展评估方面开展了积极性的工作，对此，政府应当继续给予支持。为了开展会展评估的基础性研究工作，也可以充分借助全国性的会展组织作为平台。例如，中国会展经济研究会是以"中国"和"会展经济"为头衔的全国性的研究组织，具有相对"中立"的性质和相当广泛的影响。因此，在中国会展经济研究会旗下集中了全国会展的研究力量，具有自身的独特优势。2006年2月18日，中国会展经济研究会在成立大会上就提出了关于评估工作的研究意见，受到了与会者的普遍重视。2007年11月，中国会展经济研究会又发出《关于在展览行业实行共同统计口径的倡议》，已得到业界的良好反映。

第四节　会展服务质量差距管理与补救

为了进行有效的会展服务质量控制，首先需要对会展服务质量的现状有一个清楚的认识和把握，并评价其好坏。对于有形产品来说，质量的把握和评价有明确的、唯一的标准，这些标准通常是用产品的技术性能、尺寸、精度、颜色等指标来描述。而对于会展服务来说，如何描述其质量，本身就是一件不太容易的事。为此，在研究如何具体地进行会展服务质量管理之前，必须先分析如何把握和评价会展服务质量。

一、服务质量差距及其管理

1988年，美国Texas A & M大学市场营销系教授帕拉索拉曼、贝里和泽丝曼尔等学者提出了一种用于服务质量管理的服务质量差距分析模型，其目的是分析服务质量问题产生的原因并帮助服务企业的管理者改进服务质量。他们认为，服务质量是没有标准可言的——不同的人对服务标准有不同的阐述；不同的服务标准之间又无法达成一个共同的衡量准则；管理人员无法以服务标准来评价员工的工作表现，或者以之与企业的激励机制挂钩。因此，管理人员只能要求服务人员尽力为顾客提供最高水平的服务，而无法向员工演示何为最高质量的服务。为此，学者们提出了服务质量差距模型（Gaps）。该模型指出，许多不同原因都有可能导致顾客对于服务的期望与管理层对于顾客期望得到的服务的理解之间存在着距离。汪纯孝教授在《服务性企业整体质量管理》一书中也阐述了以上观点，他认为，服务性企业只有根据目标顾客的需要，按照他们的要求设计服务并为其提供服务，才能够提高顾客的满意度和顾客忠诚度，然后使他们愿意再次购买服务和为企业介绍新顾客，最后使服务性企业达到营业收入增长和盈利能力增强的目的。

（一）服务质量差距模型

确定服务质量的好坏显然会遇到许多困难。首先，对服务质量好坏的感知依赖于顾客对既定服务内容的期望和实际得到的服务之间不断的比较。对于一种服务而言，无论服务提供者对它多么精心，如果不能满足顾客的期望，也会被顾客看成是一种低质量的服务。其次，在工业产品市场中，用户一般只是对最终产品的好坏进行比较和评价，而对于服务业来说，顾客不但要对最终得到的服务内容进行评价，而且要对服务的"生产"流程进行评价。例如，一名去餐馆就餐的顾客，她（他）不但要对餐馆食品的质量进行评价，而且对餐馆服务人员的服务态度、服务方式和个人卫生等也会比较敏感。因此，为了确定服务质量的好坏，必须把握顾客和企业在服务质量认识上的差异。

如果企业对服务质量中存在的这几种差异有确切的把握，就可以通过致力于消除这些差异来提高服务质量。从这个意义上来说，服务质量的差距分析模型为我们提供了一个改进服务质量的工具。因此，我们有必要更具体地分析这几种差距。

1. 差距一：顾客期望与管理者认知之间的差距

顾客想要得到的服务和管理人员认为顾客希望得到的服务两者之间的差异往往是最直接的，也是最明显的差异。许多管理人员都认为自己了解顾客的需要是什么，而实际上他们并不了解。例如，银行往往认为顾客最看重存款利率，而顾客可能将所存资金的安全性看得最重要；餐馆有可能认为只要菜肴价格低廉顾客就会满意，而顾客可能还很看重菜肴的卫生情况、味道和就餐环境等；很多旅馆的管理人员认为顾客最看重房屋的舒适情况，但实际上顾客由于在卧室内待的时间很少，所以他们对周围环境的好坏也十分在意。

导致这一差异的原因是多方面的。顾客行为有时也是相当难以理解和相当多样化的。确定服务质量之所以复杂，其中一个重要原因就是企业管理部门容易根据少数顾客的想法对所提供的服务进行片面理解，从而不能准确把握大多数顾客的需求心理。

这一差异的大小通常取决于服务企业对顾客偏好的重视程度、能够获得的需求信息量的大小,以及高层管理人员与直接为顾客提供服务的一般服务人员之间信息传递的速度和准确性等因素。而这种差异一旦出现,它往往会使服务企业出现更多的错误,服务企业可能会使用不合适的设备和流程,雇佣不合适的人员,对这些人员进行不合适的培训,等等,最终将会导致服务企业提供的服务对顾客毫无用处,而服务企业又无法提供顾客期望得到的服务。服务企业要想消除或缩小这种差异,必须对顾客到底需要什么样的服务有相当细致的了解,从而通过其服务运营系统为顾客提供令之满意的服务。

2. 差距二:管理者的认知与服务设计及服务质量标准之间的差距

即使服务企业已经准确理解了顾客的需求,服务企业管理人员对顾客需求的理解同服务企业实际制定的服务质量标准之间往往也会存在差异。

导致这一差异的原因也是多种多样的,如资源限制、短期行为、市场情况发生改变、管理人员的能力限制等。这一差异还和管理人员对服务质量的重视程度、服务企业的目标设定、服务流程标准化的程度,以及对服务可行性的认识程度等有关。在许多情况下,服务企业管理人员在制定服务质量标准时认为,他们的企业无法提供或不应当完全提供顾客所需要的服务。有时,服务企业管理人员认为没有必要确保服务质量达到或超过顾客期望的服务质量,服务企业领导人员可能会以其他方面为重点,如注意短期行为,去掉他们认为是多余的服务环节来提高服务效率,等等。很多时候,这些做法无益于服务质量的长期稳定和提高,往往会给服务企业带来十分不利的影响。

3. 差距三:服务质量规范与服务传递之间的差距

存在这一差异意味着服务企业向顾客提供的服务未能达到企业制定的服务标准。当直接为顾客提供服务的员工不能或不愿按照服务企业制定的服务标准为顾客提供服务时,就会有这一差异出现。即使服务企业准确理解了顾客的需求,并制定了正确的服务质量标准,在提供服务过程中也会存在这一差异。这一差异是否存在以及差异的程度主要取决于直接与顾客接触的一线服务人员是否愿意完全按照服务标准来提供服务,以及是否有能力做到这一点。对于大多数企业来说,这是服务质量管理中存在的一个主要问题。

对于不同的服务人员来说,每个人是否愿意为顾客提供满意服务的愿望是不同的;对同一名服务人员来说,不同的时候这种愿望也可能会有很大差别。许多服务人员在长时间做那些重复性的服务工作时,往往会由于感到限制其潜能完全发挥或感到枯燥而不乐意将服务工作很好地完成。服务企业规定服务人员必须达到的最低服务质量水平和服务人员实际可以达到的最佳服务水平之间有相当大的差距，管理人员应当采取有效措施提高服务人员的工作积极性，以便使服务人员尽可能地以最佳服务水平来为顾客提供服务。

另外有一些服务人员，不论他们是否愿意为顾客提供满意的服务，总是没有能力按照服务标准来为顾客提供服务。这些人可能是以前从未接触过这一工作的新员工，也可能天生就不适合做这种服务工作，或者他们没有得到很好的培训。一名服务人员如果没有为顾客提供满意服务的能力，就会慢慢对这一工作失去兴趣，他的工作绩效也会越来越差。

导致这一差异的一个原因是"角色冲突"。角色冲突具体表现为：不管管理人员对顾客期望的理解和顾客的实际期望之间是否存在差异，服务的直接提供人员总感到管理人员要求他们提供给顾客的服务同顾客实际需要的服务之间存在一定差别。例如，餐馆的服务员在遵循工作规范为顾客热情介绍各种菜肴时，有时会使那些希望自己不受干扰地选择菜肴的顾客感到厌烦，这时一个聪明的服务员往往会随机应变，只在适当的时候给予适当的介绍。另外，有时候服务人员可能被要求在同一时间内做多种工作。例如，在接电话回答一位顾客询问的同时还要给另一位顾客提供一些其他形式的服务。当发生这些角色冲突时，服务人员往往变得缺乏耐心并且渐渐失去为顾客提供优良服务的积极。

此外，有时服务人员也可能无法完全理解他们在为顾客提供服务过程中的作用，无法理解他们的工作或者不知道如何给顾客提供满意的服务。这时往往会出现"角色模糊"的情况，即使服务企业制定了详细、准确的服务标准，服务人员有时也会因为不能正确理解服务标准而无法提供令顾客满意的服务。

还有一种原因是服务人员的"角色不明确"。服务人员有时缺乏有关他们的服务工作的足够信息，从而不能确切地知道他们应该如何做。而导致缺乏足够信息的原因又可能有多种，例如，管理人员没有给予他们明确的要求，或即使要求比较明确，但他们不知道具体的操作方法。此外，还有可能是由于没有明确的服务奖惩标准，从而使服务人员缺乏为顾客提供满意服务的积极性。

4. 差距四：服务传递与外部传播之间的差距

服务企业进行外部宣传时向顾客承诺的服务质量同企业实际为顾客提供的服务质量之间的差异就是所谓的"承诺—兑现"差异。服务企业在进行外部宣传时，希望顾客对本企业和本企业提供的产品和服务产生较好的印象，这是无可厚非的，例如，很多服务企业就采用了多种宣传方式和技巧，以期达到美化企业形象、提高产品知名度的目的。服务企业在各种媒介上进行的广告宣传以及其他形式的宣传活动会在一定程度上影响顾客的期望，但是如果企业在宣传中描述的服务同顾客实际得到的服务之间有很大差别，如夸张的广告言辞等，往往会使顾客对企业的服务质量产生怀疑从而给顾客留下不好的心理影响。例如，一名顾客从餐馆的菜单上看到了一种葡萄酒并点了这种酒，如果餐馆服务员告诉他这种酒卖光了，则顾客可能会怀疑餐馆陈列诸多精美食品的目的仅仅是为了招徕顾客，而实际上并不能提供这些食品。同样，一名顾客开始被告知在3天内会得到一种上门维修服务，如果过了一星期维修人员才来，这名顾客以后很可能不会再接受这家公司的服务。

产生这一差异的主要原因是服务企业内部缺乏横向交流和企业过度承诺的倾向性。服务企业内部缺乏横向交流主要表现在两个方面：一是企业的广告策划人员缺乏与服务运营部门的交流，因此，广告策划人员可能不了解服务企业的实际运营能力和运营特点，从而做出不切合实际的广告宣传；二是直接为顾客提供服务的一线人员可能不了解也不关心服务企业所做的外部宣传，这样他们在服务过程中不可能有意识地致力于使服务效果与外部宣传一致。企业之所以会做出过度承诺，则往往是由于其他竞争企业有过度承诺，所以企业也不得不为之；或者是为了推销一种新服务，所以在一开始就做出过度承诺，以期打开局面。

5. **差距五：顾客对服务的期望与顾客对服务的感知之间的差距**

这部分是差距模型的核心。这一差异其实是另外四种差异的综合反映。这一差异的大小往往取决于其他几种差异的情况。我们可以用下式来表示它们之间的关系：

$$差异五 = f（差异一，差异二，差异三，差异四）$$

这一式子告诉我们的是，尽管顾客仅仅根据自己对差异五的感受来对企业的服务质量进行评价，但企业不应仅仅注意差异五的存在，更应该注意到引起这一差异的其他四种差异。每种差异的量值和方向均对企业的服务质量有影响。例如，对于差异三来说，服务企业的实际服务质量可能会高于企业制定的服务标准，这对于服务质量的提高有利，我们称其为正向差异，是对服务企业有利的差异；而如果服务企业的实际服务质量低于企业制定的服务标准，则此时的差异为负向差异，它显然不利于服务企业。这种差异越大，服务企业实际为顾客提供的服务水平同企业制定的服务标准之间的差距也就越大，其最终结果自然是不能满足顾客原有期望，使顾客满意度下降并对本企业产生不信任感，从而成为其他竞争企业的顾客。

服务质量差距模型见图8-3。

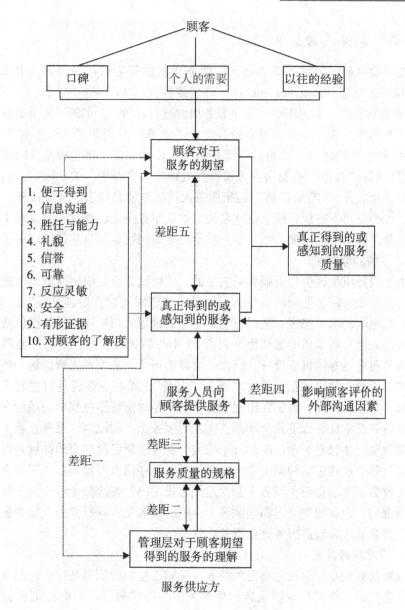

图 8-3 服务质量差距模型

(资料来源:Leonard L. Berry, Valarie A. Zeithaml, A. Parasuraman: Five Imperatives for Improving Service Quality, *Sloan Management Review*, 1990, 29)

（二）服务质量差距管理

帕拉索拉曼、贝里等学者指出，服务质量的优劣可以从可靠（Reliability）、敏感或响应（Responsiveness）、可信或胜任（Assurance）、移情（Empathy）和有形证据（Tangibles）五个服务属性进行评价。"可靠"是指服务性企业为顾客提供正确、安全、可靠的服务；"敏感"是指服务人员愿意帮助顾客，及时地为顾客服务；"可信"是指服务人员的知识、技能和礼节能使顾客产生信任感；"移情"是指服务人员设身处地为顾客着想，关心顾客，为顾客提供个性化服务；"有形证据"是指服务人员的服装和仪表、服务设施、服务设备、促销资料等有形证据。也就是说，如果服务企业能够改善顾客对于上述五个服务属性的满意程度，那么服务质量差距的问题也就自然得到解决了。

1. 了解顾客需求

由于服务质量评价是由顾客来主导的，所以服务企业必须清楚地知道顾客需要的是什么、顾客期望的是什么，然后才能够因地制宜地满足顾客。例如，对于购买电器的顾客来说，他们可能希望电器销售公司能够为他们提供质优价廉的产品；也可能希望电器销售公司有 24 小时的送货服务；更有可能需要电器销售公司有良好的售后服务。所以，电器销售公司必须预先清楚地了解顾客的期望，否则它付出的很多努力可能会"白费"，顾客最终还是对它的服务质量感到不满意。因此，为了在出现服务质量差距时能够迅速找出问题所在，服务企业应该经常反思以下几个问题：①谁是服务企业的顾客，服务企业了解他们的期望吗？②服务企业推出的每一项服务都是消费者所期望的并且是重要的吗？③服务企业通过何种渠道收集顾客信息？这些信息可信吗？④服务企业奖励员工收集顾客信息吗？服务企业欢迎顾客投诉吗？⑤服务企业定期做顾客满意度调查吗？企业如何处理那些顾客不满的反馈意见？⑥服务企业能否做到以顾客反馈意见作为改进服务企业服务质量的依据？

2. 满足顾客需要

既然服务企业知道谁是自己的顾客，又知道他们的期望是什么，那么接下来服务企业的工作就是按照顾客的需要为他们提供服务。以电器销售公司为例，如果电器销售公司了解到顾客期望质优价廉的产品，就应该尽量给他们减价，采取优惠措施；如果顾客看重的是售后服务，就应该尽量为他们延长保修服务的期限；如果顾客是工作繁忙的"白领"，就应该尽量安排在晚间给顾客送货。这些服务细节都会直接影响顾客对于服务质量的评估。所以，如果服务企业能够在这些方面多加考虑，服务质量差距的问题是可以缩小的。

3. 制定服务质量标准

服务企业要缩短服务水平与顾客期望之间的差距，必须按照顾客的需要建立完善的服务管理体系、设立统一的服务标准、制定明确的服务组织目标，并让所有的服务人员认真执行。因此，为了检查服务企业的服务管理工作，服务企业的管理者应该经常反思以下问题：①服务企业的服务理念是什么？它的标准化解释是什么？②服务企业的服务理念能够让大多数员工接受吗？③各个工作岗位都采用了规范化和标准化的服务操作吗？④服务企业的服务标准是从顾客的角度来进行设计的吗？⑤服务规范设计是否与顾客所期望的和企业的服务理念相一致？⑥每个服务岗位都有科学的服务规范和要求吗？信息与服务流程畅通吗？

4. 为员工创造良好的服务条件

服务企业员工的素质、受教育程度以及服务企业的服务文化等也是影响服务质量差距的因素。因此，服务企业的管理者能否为员工创造良好的服务条件与制定服务质量标准同样重要。例如，广州琶洲新馆在落成之前就开始有计划地对员工进行上岗培训，顺利地完成了广交会分馆分期举办会展的任务。因此，要保证服务人员按照服务企业的要求和计划去执行任务或提供服务，避免在执行过程中出现偏差，服务企业的管理人员应该注意以下几点：①避免服务标准过于复杂或苛刻；②避免服务理念过于抽象，以至于员工难以理解或产生歧义；③重视员工培训，增强员工服务的技能水平；④对服务工作进行全面的实时监控，发现问题立即解决；⑤建立先进的信息技术管理系统，保证服务管理的高效性；⑥建立以顾客为导向的服务文化。

5. 不要刻意提高顾客的期望值

服务企业的员工应该尽量实事求是——只做那些自己该做的和能做的，千万不要为了"笼络"顾客而胡乱地承诺提高服务标准。随意的、虚假的许诺只会提高顾客的期望值，等他们发现该承诺没有兑现后，他们对于服务企业的失望以及愤恨将会加深。所以，要消除服务质量的差距，服务企业必须按照他们的实际情况、实际服务标准和水平来为顾客提供优质的服务。

二、会展服务质量监控

在会展服务企业中，由于服务的无形性、差异性和异质性，使得管理人员对于服务质量的监控相对于制造业要困难得多。然而，只要会展企业承认顾客对于企业基本要求的合理性，愿意设立一套符合供给双方利益的服务质量评价标准，并通过贯彻这一标准实施质量体系认证，证实其有能力满足顾客的要求、提供合格的服务，那么，不但会展企业的市场行为可以得到规范，而且顾客的合法权益可以得到保护；与此同时，会展企业的整体服务管理水平也会有所提高，会展企业的市场竞争力会增强，而会展企业的最终盈利目标也可以得到保证。因此，会展企业要从具体的方面着手，把好服务质量监控关。

（一）制定以顾客为中心的质量标准，互利供给双方关系

由于顾客感知的服务质量是评估会展企业服务标准的重要指标，所以会展企业制定的服务质量标准必须以考虑顾客满意度为出发点，构建符合顾客需要的服务质量测评系统。与此同时，会展企业还要有针对性地引导员工通过提升服务水平，达到改善顾客的服务感知和提高服务质量考评的目的。为了使该质量标准管理系统达到供需双方"双赢"的目的，会展企业应该定期邀请顾客到企业做客，让他们为该服务质量标准的设计、研究、修改和制定提出宝贵的意见。

（二）邀请同行专家指导，质量标准在同行中起领导作用

会展企业应该邀请同行专家莅临指导，并通过科学的方法把服务过程的计划、组织、指挥、协调和监督等方面程序化和系统化；通过把不同范畴和领域中的会展企业的服务过程方法与管理系统方法实施标准化操作，使最终出台的质量标准必须在特定的领域起着带头和示范作用，让相同领域中的其他会展企业有一个共同的标准可以遵循和模仿。

（三）全员参与，让所有员工贡献自己的力量

服务质量标准必须是基于"服务事实"的要求来进行修改和完善的。该标准最终能够成为决策方法，除了顾客的看法与意见占据很重要的分量以外，会展企业全体员工的参与所贡献的力量也不可忽视。由于服务过程是一个服务销售者和服务消费者共同参与的过程，服务程序、服务方法以及服务质量的评价标准可以说是一个由服务供需双方共同"研制"的，该标准的最终制定和出台是供需双方共同协调的结果。因此，该服务质量标准应该是会展企业全体员工智慧的结晶，否则，任何员工难以执行的质量标准，其管理与监控的成本将非常大。

（四）持续改进服务质量，不断更新

服务质量监控要有所成效，会展企业管理人员必须认同服务质量标准的可改进性和可更新性。随着市场需求意识、质量要求意识、服务管理水平、员工

服务技能与思想、市场竞争力以及市场科学管理机制等方面的变化，会展企业应该建立自我发现问题、自我改进和自我完善的机制来实施企业的全面科学化管理，而服务质量的监控也必须通过服务质量标准的持续改进和不断更新，才能够精益求精，日臻完善。

三、服务补救

追求产品质量"零缺陷"是每一个企业希望的生产目标，然而，不管是标准化的工业生产还是个性化的服务提供，生产企业或者是服务企业都无法确保生产过程永不出错。对于没有统一服务质量标准的服务企业而言，发生"生产事故"的概率更是比工业制造业大得多，既然如此，会展企业就更加需要有服务补救的概念，以便把"生产"出错时对于顾客和企业所造成的损失减到最小。

补救是指当服务传递系统发生故障时，服务企业的员工被要求采取某种方式对顾客的投诉和失望做出的相应反应。这种故障包括饭店房间被预订满、飞机航班延迟几个小时、速递公司发错了邮件或货物等。服务过程中的错误是无法避免的，但决不能让顾客一直不满意。服务补救是服务业中新的管理哲学，它把赢得顾客满意从成本层面转变为价值层面。

众所周知，没有毫无缺陷的服务系统，失误是难免的。关键问题是，要意识到服务的失败并不意味着自动放弃顾客。当服务失败时，顾客对企业的信心需要服务企业采取措施来平衡。服务企业可以采取补救行动使顾客在一定程度上感觉好一些，但也可能使事情变得更糟。据说，服务补救有这么一种奇怪的特性：一项成功的服务补救可能产生比第一次就提供正确服务还要好的效果。为了更好地挽留住顾客，服务人员必须认识到顾客接受服务补救的条件和方式。服务补救绝对是经济划算的。因为，减少5%的顾客流失率就能增加25%~95%的利润。企业拥有长期顾客，随着时间的推进会为企业带来越来越多的利润。

（一）顾客抱怨的原因及期望

1. 顾客抱怨或不抱怨的原因

顾客抱怨或不抱怨是基于多方面原因的。有一些顾客比其他人更可能抱怨。作为个体，这些消费者相信投诉总会有积极的结果且对社会有益，而且其个人对服务的标准支持其抱怨行为。他们相信，自己将会由于服务企业服务失误而获得某种形式的赔偿；得到公正的对待和良好的服务是应该的，并且在服务失误时，某些人本应该把它做好。在有些情况下他们认为有一种社会责任在促使其抱怨,帮助其他人避免遇到相似的情况或者惩罚这家服务供应商。只有极少数消费者拥有"抱怨"的个性,他们仅仅是喜欢抱怨或是制造麻烦。

那些不大可能采取任何行动的消费者怀有相反的信念,他们通常将抱怨看作对其时间和精力的浪费。他们不相信经过其行动,对自己或对别人会有任何积极的事情发生;有时候他们甚至不知道怎样抱怨,他们不理解或可能没意识到还有倾听其抱怨的开放渠道。在有些事例中,未抱怨者可能会使用"感情对抗"来处理其消极活动,这种对抗类型包括自责、否定和可能寻求社会帮助。他们可能感到那些错误在某种程度上是由其自身的原因造成并且得不到赔偿。

服务失误的重要程度同样会影响人们是否抱怨。如果服务失误没有给顾客带来致命的后果或者顾客与服务失误没有什么牵涉,那么他或她就不大可能抱怨。举例来说,消费者对那些昂贵、高风险和涉及自我的服务(如度假服务、航空旅行和医药服务)的投诉多于对那些廉价的频繁购买的服务(如汽车快餐服务、出租车服务和电话服务)的投诉。后面这些服务显然不太重要,不足以花费时间去抱怨。不过,虽然这种经历对顾客可能一时不太重要,但当再次需要这些服务时,一次不满意的经历可能驱使顾客转向竞争对手。

2. 顾客抱怨时的期望

当顾客确实花费时间和精力来抱怨时,他们一般抱有很高期望。他们期望能迅速得到帮助,期望对其不幸遭遇及引起的不便进行补偿,期望在服务过程中得到亲切对待,尤其想要得到正义和公平。服务补救理论专家史蒂夫·布朗(Steve Brown)和史蒂夫·塔克斯(Steve Tax)总结出三种顾客在投诉后所寻求的特别公平类型:结果公平、过程公平和相互对待公平。

(1)结果公平。顾客希望结果或赔偿能与其不满意水平相匹配。这种赔偿可采用实际货币赔偿、一次正式道歉、未来免费服务、折价、修理或更换等形式。顾客希望得到公平的交换,也就是说,顾客有着以下几种期待:

1)顾客期待着服务企业为其错误而采取某种行动的付出至少等于他们已经遭受的损失,对公司来讲必须是"罪有应得",能够起到一定的警示作用。

2)顾客希望的公平还包括希望得到的赔偿与其他顾客经历同样类型服务失误时得到的一样,他们同时赞赏公司给其一些赔偿选择。例如,一名酒店客人到达酒店时发现预订的房间已经没有了,作为补偿,这时他可以选择退款或者是更换到更好的房间。

3)如果顾客得到过度赔偿,他们也会不舒服。例如,在达美乐比萨公司早先服务的承诺中,如果送货司机比承诺的时间晚到30分钟,公司将不收取比萨的价款。许多顾客对这种水平的补偿感到不舒服,尤其是在送货司机仅仅晚到几分钟的情况下。这个案例中,"惩罚大于罪行"。一段时间后,达美乐公司将其补偿变得更加合理,即送货迟到降价3美元。再后来,时间保证也降低了,因为员工为及时送货而开快车,结果引发了更多的问题。

(2)过程公平。过程公平是指顾客希望抱怨过程涉及的政策、规定和时限公平。顾客希望很容易进入投诉过程,并且希望事情被快速处理,最好是通过他们第一个接触的人。顾客欣赏那些适应能力强,能努力迎合其个人状况的服务企业。

过程公平的特点包括清晰、快速和无争吵。不公平过程使顾客感觉到缓慢、拖延和不方便。当然,如果要求客户必须提供服务企业的过错证明,否则就是顾客错误或是在撒谎,这样也会使顾客感到不公平。

(3)相互对待公平。除对公平赔偿、无须争吵及快速程序的期望之外,顾客希望得到有礼貌的、细心的和诚实的对待。为什么在某些情况下员工会漠不关心或者粗暴地对待顾客?多数情况是由于员工缺乏服务培训和授权。一名沮丧的、无权补偿顾客的一线服务员很容易做出漠不关心的反应,尤其是在顾客本身就很愤怒或粗暴的情况下。

(二)服务补救策略

现在很多服务企业已经知道服务补救的重要性,可是对于如何做好服务补救却一筹莫展。一般来说,失败的服务补救和不采取任何服务补救措施的结果是同样糟糕的,有时甚至会产生更坏的影响。因此,对服务质量和顾客期望的双倍背离,服务企业就要尽一切努力予以避免。服务企业若想挽回在服务提供方面已经失望的不满意顾客,可以采用以下几种方式:道歉、紧急复原、移情、象征性赎罪和动态追踪访问。每一种补救方式都是建立在前一种方式的基础上的。另外,服务企业还应该注意服务补救的方式和方法。

1. 服务补救的方式

(1)道歉。向顾客道歉是服务补救的开始。当服务企业意识到顾客的不满时,就应该有人出来向顾客道歉。道歉在一定程度上就是意味着承认错误。例如,对于在快餐店长时间排队等候的顾客,在顾客刚要开口发火时,服务人员可以先道歉,并表示理解顾客此时的心情;另外,在上菜品时将顾客点的小包薯条换成大包以表示对顾客的补偿。

但是,服务企业必须承认的是,他们有时确实是无能为力的。比如,因计算机故障,银行不能对顾客进行服务等。失败的危险在服务企业经营中是存在的,因为服务是易变的,只有服务企业接受"失败有时是会发生的"这一客观存在的事实,它才能向员工阐明向失望的顾客道歉的必要性。道歉的举动虽然很小，但是顾客就会深切地感受到他们对于组织的重要性，这也为重新赢得顾客的好感所做的后续工作做好铺垫。

（2）紧急复原。紧急复原是道歉的自然延伸，也是那些对服务不满意的顾客所期望的。顾客在对服务表示不满后，就会希望服务企业可以做一些事情以消除引起不满的根源。紧急不仅表明服务企业采取行动要迅速，也表明了服务企业对顾客的重视和对自身错误的深刻认识以及企业自身的纠错能力很强。复原意味着服务企业为纠正错误而做的努力。当一个服务企业采取紧急复原措施的时候，它就向顾客表明了服务企业很重视顾客的抱怨。与得体的道歉一样，紧急复原行动令顾客知道顾客满意对服务企业很重要。如果一个服务企业对顾客的不满或抱怨视而不见或反应迟钝，或无法向顾客表明其在对此采取一些行动，那么顾客就会感到服务企业并不重视他们的感受，顾客也就会和其他不满的顾客一起成为服务企业的流失顾客。

（3）移情。当完成紧急复原的工作以后，这时服务企业就需要对顾客表示一点移情，这也是成功的服务补救所不可缺少的。服务企业要对愤怒的顾客表示理解，理解因服务企业的服务未能满足顾客的要求而给他们带来的损失。但是要注意的是，移情不仅仅是简单地承认失败（这项工作可以由道歉来完成），更重要的是努力地去理解为什么顾客会对服务企业感到失望，并找出失望的具体原因。如果服务人员能够站在顾客的角度，他们就能很好地理解顾客的失望，并对顾客表示理解。移情的回报是令顾客意识到服务企业实际上是很关心他们的困境的，而且也在积极地采取措施来减小损失。一般来说，顾客只要能意识到这一点，许多愤怒就会烟消云散，这也可以为服务企业和顾客的相互理解与尊重打下良好的基础。倘若移情努力不是真诚的，它就会使顾客重燃怒火。伪装的移情就好似恩惠或施舍，它只会使顾客更加愤怒。因此，服务企业也要注意提高员工的倾听和移情技巧。

（4）象征性赎罪。对顾客表示理解和同情是很重要的，但是这时顾客仍未得到补偿。所以，在移情之后还要以一种有形的方式来对顾客进行一定程度的补偿，或许可以把赠送礼物当作象征性赎罪的形式。礼物可以以赠券或其他的形式来赠予，如一张免费的电影票或音乐会的入场券、一次免费旅行等。之所以称之为象征性赎罪，就是因为服务企业提供给顾客的不是服务的替代品，而只是为了告诉顾客，服务企业愿意为他的失望负责，愿意为因服务的不周对顾客造成的损失做出一定的补偿。但是，如果服务企业赎罪的成本相对过高，就会对组织的底线有负面影响；而如果赎罪的支出过少，则又无法发挥它的象征性价值。所以对于服务企业来说，确定顾客的接受临界点也是一项重要的工作。

(5) 动态追踪访问。在做了一定的补救后，服务企业还要看其挽回顾客好感的努力是否有效果。通过对象征性赎罪进行动态追踪访问，服务企业可以测量出所采取的措施是否得到了顾客的认可，是否在一定程度上缓解了顾客的不满。如果服务企业的努力并没有达到预期的目标，那么在服务补救程序中就要加入新的手段。动态追踪访问有多种形式，可以由服务的类型和服务补救的情景而定。比如，可以是象征性赎罪以后的电话回访或者是一封信或电子邮件，还可以是服务结束后对顾客的口头询问，等等。这样做的目的就是确定服务企业的赎罪努力是否得到了认可，顾客的不满或抱怨情形是否得到了扭转。而且，动态追踪访问能够使服务企业获得一次对补救计划自我评估的机会，并可以找出需要进一步改进的环节。

一般而言，采取上述服务补救方式的服务企业是能够期望在克服顾客不满的道路上阔步前进的。当然，以上这五种方式并不是每一次顾客不满意时都要全部用到。有时，顾客的不满意只是对一点点问题感到失望，比如餐厅的洗手间过于拥挤等，这就只要成功地运用服务补救的前两种方式，就能做好服务补救了。如果服务失败的结果对顾客造成了伤害，那么就可能要用全部五种方式。这就要视具体情况来确定。但是不管是哪种情况，服务企业都要让顾客意识到服务企业对他们关心的问题是很重视的。

2. 服务补救的方法

服务企业进行服务补救通常有以下四种基本的方法：

（1）逐件处理法。逐件处理法强调顾客的投诉各不相同，需要服务管理者逐件去处理，并且对具体情况做具体分析与处理。这种方法容易执行且成本较低，但是它也具有一定的随意性。例如，最固执或者最好斗的投诉者经常会得到比通情达理的投诉者更令人满意的答复。这种方法的随意性会产生不公平。

（2）服务系统响应法。服务系统响应法是使用服务管理的制度与规定来处理顾客投诉的。由于采用了识别关键失败点和优先补救标准这一计划性方法，它比逐件处理法更加可靠。只要响应管理制度与规定不断更新，这种方法就非常有益，因为它提供了一致性和及时性的响应模式。

（3）早期干预法。早期干预法是服务系统响应法的另一项内容，它试图在服务失误影响顾客以前干预和解决服务流程的问题。例如，一名发货人发现由于运输货物的卡车出现故障影响了出货，他就可以马上通知顾客，在必要时顾客可以采取其他的方案。

（4）替代品服务补救法。替代品服务补救法是通过提供替代品来进行的服务补救，从而利用竞争者的错误去赢得其顾客。有时，处于竞争中的服务企业支持这种做法。例如，在一家实施超额预订的饭店里，服务人员由于客房爆棚而不得不把超出客房预订的顾客送到与其竞争的其他饭店。如果竞争对手可以提供及时和优质的服务，它就可以充分利用这个机会来赢得顾客。但是，由于竞争者的服务失败通常是保密的，因此，这种方法实际实施起来比较困难。

（三）会展企业服务补救体系的建设

会展企业在服务运营过程中为了能够更好地运用服务补救策略，必须注重对服务补救体系的建设。会展企业服务补救体系的建设通常可以从以下几个方面着手进行：

1. 关注补救服务的设计

服务失败出现后，会展企业应迅速推出补救服务，纠正失误，力争使不满意的顾客重新成为自己的顾客。

首先，要了解顾客投诉的目的。不同的顾客怀有不同的目的前来投诉。有的是出于经济上的原因，希望得到经济补偿，这是较为常见的；有的是出于心理上的原因，希望通过投诉来求得心理平衡，满足自己能受到尊重和照顾的心理需求。许多情况下，顾客投诉的目的是综合的，既有经济上的需求，又有心理上的需要。

其次，提供能满足顾客投诉目的的补偿服务。虽然顾客会有不同的投诉目的，但补偿服务的设计仍需假设顾客同时具有多重目的，即：既有经济上的需求，又有心理上的需要。对顾客进行补偿，特别是经济方面的补偿，则需考虑顾客的投诉成本。投诉成本是指顾客在进行投诉行动时所付出的费用、精力和时间，如顾客因投诉而产生的交通费用、因服务失败而引起的经济损失、因与服务组织联系而产生的通信费用、为投诉而耽误的工作和生活时间等。很多服务企业在补偿顾客时常犯的错误就是仅仅"退赔服务"，而没有考虑投诉成本，这样做只会打消顾客投诉的积极性，很多顾客以不再光顾作为对这种赔偿做法的回应。

因此，当服务失败出现、顾客投诉时，许多服务企业不仅提供"退赔服务"，而且予以额外的补偿。例如，有些餐馆规定，若顾客用餐时发现某道菜存在严重质量问题，则可获得所有餐食免费的补偿；还有许多服务企业，设有专门的免费投诉电话。这些做法可称为超额补偿。超额补偿不仅能弥补顾客因遭遇服务失败而遭受的损失，而且还要从心理角度满足顾客的投诉目的。超额补偿表达了一种歉意，一种为服务失败而为顾客提供额外"礼物"的真诚致歉。有时，服务失败引起的经济损失并不大，甚至微不足道。在这种情况下，顾客前来投诉，很明显，不是为经济损失，而是为寻求一种心理平衡，一种为自己讨回公道的心理。服务企业此时切忌不可仅仅以赔偿服务损失了事，而应在表示诚挚歉意的同时适当予以一定的额外经济补偿。

最后，实施首问负责制，亦即顾客遇到的第一个人就能马上解决问题。西方服务企业非常强调解决投诉的即刻性。顾客投诉时心情很急切，一进入服务企业就希望很快有人能意识到问题的存在并解决问题。对于顾客投诉的小问题，一线员工就能解决；对于顾客投诉的大问题，也必须有一个迅速传递信息的渠道，使有权处理者能迅速来到现场解决问题。切忌互相推诿、投诉无门、手续复杂、处理迟滞。

2. 会展企业服务文化的建设

会展企业要有服务补救的意识，必须从培养会展企业服务文化做起。企业文化指的是企业全体员工的共同理念、行为准则和价值观念。对会展企业来说，企业文化的核心应该是服务文化。换句话说，会展企业文化是为会展企业内部员工和外部顾客提供优质服务，应该是全体员工最重要的信念、行为准则和价值观念。

与工业企业相比，会展服务企业的质量管理工作难度更加大，更加复杂。在服务人员和顾客高度接触的会展服务企业里，顾客感知的服务质量不仅受服务结果的影响，而且受服务过程的影响。在会展企业里，不仅不同的顾客对服务质量有不同的要求，而且同一位顾客在服务过程中对服务质量的要求也会发生变化。因此，会展服务企业很难像工业企业那样采用流水生产线，为顾客提供严格的标准化服务，管理人员也很难为每项服务工作规定明确的质量标准。这就要求会展服务人员自觉地以优质服务作为自己的行为准则，灵活地满足顾客的具体需求。也就是说，会展服务企业必须明白，服务质量是由顾客来评价的，而不是由会展企业来评价的，一旦顾客提出确切有理的不满或投诉，会展服务企业必须实施补救性服务，以弥补顾客的损失，并重新争取顾客的满意。

会展的服务质量好坏，与会展企业服务文化直接相关。重视会展企业服务文化的培养，有助于提高员工的服务态度，产生良好的服务行为。例如，2004年6月"北京国际汽车展"期间，中国展览集团公司在企业中提倡奉献精神，在董事长的带头作用下，连续作战近半个月，经受住了日观众流量近10万人的压力，成功地接受了新建成的电子门禁系统运行考验，受到了相关单位的好评。

3. 做好会展服务人员的管理工作

世界酒店业巨头美国马里奥特集团的创始人 J. W. Marriott 曾经召集下属开会，讨论有关股东、顾客和企业员工三者之间哪个最重要的问题？而他最后给予的"标准答案"是：企业员工第一，顾客第二，股东第三。他认为，在服务企业经营中，"没有满意的员工，就没有满意的顾客"。究其原因是：员工是最贴近顾客和最了解市场需求的，只有他们受到重视，他们的利益受到照顾，他们才会认真地对待顾客、满足消费市场的需求；顾客的需求得到满足，他们就会到该企业进行重复消费，企业就能够因此而生存并获取应得的经营利润，而股东才能够因此获利。在会展服务企业中，服务的生产者就是服务人员，服务产品质量的优劣，跟他们在提供服务前、服务过程中和提供的售后服务都有着直接和间接的关系。因此，服务人员的管理工作将直接影响会展服务企业的服务质量。

4. 关心员工

服务人员的工作态度和行为方式会对顾客感知的服务质量产生极大的影响。许多研究结果表明，服务人员的自信心、工作满意感和适应能力可提高服务人员的服务能力，进而提高顾客感知的服务质量。也就是说，关心员工的成长可以减少发生"服务事故"的概率或者降低"服务事故"的"后遗症"，达到服务补救的目的。

首先，要树立服务人员的自信心。如果想要拥有一支优秀的服务人员队伍，会展企业必须重视服务人员的价值，公平地看待服务人员的身份地位，尽可能多提供一些培训和实践机会，让员工通过服务工作积累经验、提高服务能力和增强自信心。

会展服务企业首先应该摒弃"顾客是上帝"或者"顾客永远是对的"这些片面的和过时的管理思维，不要再以奴性的教育模式培养服务人员，应该以"人才是服务企业的核心竞争力"的战略思维来管理员工，让服务人员正确地认识自己的价值和对待自己的职业和地位，让他们认识到自己是企业服务团队中的一分子，他们的态度和行为都会影响到顾客对于服务质量优劣的评估，而他们的每一份贡献都将直接或者间接地影响到企业的存亡。为此，会展企业管理层应该更多地关心服务人员的心理和感受，多聆听员工的心声，严肃地、正确地处理员工遭遇顾客无理取闹和不公平对待的问题。与此同时，会展企业管理层应该重视员工的培训规划，要宽容地对待员工"技术犯错"的问题；管理人员应该坚信服务能力的提升是通过不断的经验积累而来的，他们应该不断为员工提供实践的机会，协助员工克服服务工作中的困难，指导员工纠正服务中的错误，让员工们有更多的机会去锻炼自己。而服务人员的服务能力提高了，他们的自信心也就自然会加强。

其次，培养服务人员的工作满意感。美国学者布朗和彼得逊认为，员工的工作满意感包括员工对管理人员、同事、顾客、工作、工资和晋升机会等方面的满意感。员工对管理人员感到满意，说明他们信服领导的权威，表示他们愿意服从管理人员，同时也表示他们会按照管理人员的安排来办事；服务人员对同事和工作感到满意，说明他们满意他们的合作伙伴和工作环境，并愿意在目前的氛围内提供服务；服务人员对顾客感到满意，说明他们认为自己与顾客之间的地位是平等的，同时他们也愿意为该类顾客提供优质的服务；员工对工资待遇和晋升机会感到满意，说明他们满意现状，并愿意安心在目前的工作条件下工作。上述这些都说明了一点：服务人员的工作满意感是激励员工认真工作的动力，是支持他们安心工作的信念，同时也是促使他们为顾客提供优质服务的重要因素。

工作满意感越强的员工愿意安心留在企业工作的概率就越大；而忠诚的员工对于服务流程很熟练并积累了服务经验，这自然会提升他们的服务质量；优质的服务质量对于"回头客"的吸引力也越大，企业也会因为"回头客"的增多而得利。因此，会展企业应该尽最大的努力提高员工的工作满意感，以便留住优秀员工，为企业创利。

再次，锻炼服务人员的适应能力。服务人员的适应能力指的是服务人员根据顾客的要求，调整自己行为方式的能力。适应能力连续区域的一侧是服务人员按照事先确定的服务标准，为所有顾客提供完全相同的服务；另一侧是服务人员根据顾客的具体要求，灵活地为顾客提供个性化的服务。

会展企业除了要加强员工的自信心和工作满意感以外，同时要提供各种各样的机会锻炼员工的适应能力，让他们能够随时随地满足不同顾客的需求。对于会展服务企业的员工而言，顾客的喜好几乎成了服务质量的评定标准，因此，服务人员应该具备较强的适应能力，以满足不同顾客对于服务标准的不同要求。例如，对于已经快误点的火车乘客而言，如果检票人员坚持乘客必须先买票再上车，那么该乘客对于铁道公司服务质量的评价一定是不及格的；相反，如果检票员先"放行"，然后再让列车上的乘务员为乘客补票，那么，相信该乘客一定会认为铁道公司的服务质量好。所以，会展企业应鼓励和加强培养员工的适应能力，让他们因地制宜地为不同要求的顾客提供优质的服务。

最后，要给予员工一定的授权。美国企业管理学家鲍恩（David E. Bowen）和劳勒（Edward E. Lawler）认为，授权指的是管理人员与服务第一线的员工分享信息、知识、奖励和权力。要采取授权措施，管理人员必须抛弃传统的监控式管理模式，改变组织结构、管理方针和管理方法，发动员工参与管理，发挥员工的创造力，增强员工的工作责任感，鼓励员工做好各项工作，使得员工形成授权意识。

在服务消费的过程中，由于顾客是亲临服务现场接受和消费服务的，因此他们对于服务差错的感觉是非常敏感的，同时对于服务人员纠正该差错的要求也是很苛刻的。也就是说，服务人员是否愿意按照顾客的意见、是否遵照顾客的意思来修改服务流程和服务方法，都会直接影响顾客对于服务质量的评价。因此，会展服务企业的管理人员必须授予服务人员一定程度的工作决策权力，让他们做好补救性的服务工作，纠正服务差错，恢复顾客对于服务企业的信任感。与此同时，给予服务人员一定的授权也有助于员工一次性地做好服务工作，灵活地满足顾客的需要，使得服务实绩超过顾客的期望。

授权措施对于服务补救起着正面的影响和作用。例如，一位搭乘新加坡航空公司的乘客发现耳机失灵，于是他向空中服务人员投诉。乘务员检查后告知是座位的电源接触零件出了问题，而当时整架飞机乘客爆满，没有空余的位置让那"倒霉"的客人调换。当该客人正准备发作——投诉航空公司的服务时，只听到乘务员非常有礼貌地说："我代表新加坡航空公司向您道歉，由于零件故障而让您不能享受我们的娱乐节目，实在是对不起！为了表示我们的歉意与诚意，我们公司会为您提供一张价值50美元的现金购物券，以弥补您的一点精神损失。"接着，乘务员就去服务舱把50美元现金券拿来交给了该乘客，客人"转怒为笑"。一场"可大可小"的"服务事故风波"也就因为被授权的服务人员的灵活处理而消失得无影无踪。

本章小结

会展服务质量管理是会展服务管理的精髓。会展服务质量的概念与有形产品质量的概念不同，会展服务质量概念比较复杂，服务质量是由顾客决定的。服务质量的构成因素包括服务设施和设备、服务材料、显性的服务与隐含的服务。会展服务质量的特性包括可靠性、反应性、保证性、移情性、有形性和补救性。

会展服务质量取决于顾客对会展服务质量的感知程度。影响顾客满意度的因素有三个：顾客经历的服务质量、顾客期望的服务质量和顾客感知的服务质量。而顾客满意度就是顾客对服务的期望值与顾客实际感受到的服务之间的对比。影响顾客期望形成的因素包括会展企业的市场沟通、会展企业的形象、其他顾客的口碑宣传、顾客自身的状况等。一般来说，顾客感知的服务质量包括两个基本方面：技术或产出方面的质量，功能或过程方面的质量。

会展服务质量评估的方法有：开通服务质量监督热线；定期进行市场调研；制定具体标准，严格规定员工认真执行；设立专职部门进行内部监督；请权威机构和行业专家进行监督；等等。会展服务质量评估一般按照选择评估标准、收集信息、统计分析、得出评估结果的程序进行运作。会展服务质量评估是一项复杂的工作，必须按照一定的程序科学地进行。

服务质量的管理十分重要，可以根据服务质量差距模型进行管理。会展企业要做好服务质量监控就应该从以下几个方面着手：首先，制定以顾客为中心的质量标准，使供需双方达到"双赢"局面；其次，邀请同行专家指导，使质量标准在同行中起领导作用；再次，要求全员参与，让所有员工贡献自己的力量；最后，要做到持续改进服务质量，不断更新。会展服务企业必须树立全面服务质量管理观念，制定标准化的服务程序，尽可能利用机器代替人，建立与顾客之间的沟通渠道，管理与顾客接触的服务人员，消除顾客的风险顾虑。在服务出现差错时，需要及时进行服务补救，从而提高顾客感知的服务质量。服务企业若想挽回在服务提供方面已经失望的不满意顾客，可以采用以下的几种方式：道歉、紧急复原、移情、象征性赎罪和动态追踪访问。服务企业进行服务补救通常有逐件处理法、服务系统响应法、早期干预法和替代品服务补救法四种基本的方法。会展企业服务补救体系的建设通常可以从以下几个方面着手进行：第一，关注补救服务的设计；第二，会展企业服务文化的建设；第三，做好会展服务人员的管理工作；第四，关心员工。服务补救是服务业中新的管理哲学，它把赢得顾客满意从成本层面转变为价值层面。

本章关键词

服务质量　期望服务质量　感知服务质量　服务质量评估　会展服务质量监控　服务补救

复习思考题

1. 阐述对会展服务质量的概念特性。
2. 影响顾客期望形成的因素有哪些？
3. 顾客感知的服务质量包括哪些内容？
4. 会展企业可以通过什么方法来评估服务质量？
5. 会展企业应如何做好服务质量监控管理？
6. 阐述服务质量差距模型及其管理重点。
7. 服务补救的方式有哪些？
8. 举例说明如何将会展服务失败转变为一件有利的事情。

游客对上海世博会服务项目的重要性感知

会展作为新兴的朝阳产业在我国国民经济中的作用日益重要，随着国际会展市场竞争的日趋激烈，会展服务质量已成为会展主办单位争夺市场、招揽参展商和赢得游客满意、获得可持续发展的基石。王亮认为，分析游客对上海世博会服务项目的重要性感知，可以找出游客最为关注的服务项目和相对不是很重要的服务项目。主办方和承办方对游客最为关注的服务项目做到真心、用心、贴心，就可望提升会展服务质量。

为了比较准确地了解游客对上海世博会服务项目的重要性的感知情况，王亮选择了上海世博会的导览图的发放、志愿者的服务、饮水点的设置、展出项目参与体验程度、高峰时客流的控制疏导、休息区的设置、展品讲解人员服务、意见反馈渠道、避暑降温系统应用、便利店的分布、园区娱乐表演、安保人员服务、展示科技文化的进步、手机短信实时提醒服务、展馆工作人员服务、客流疏导人员服务、展示内容便于理解程度、指示标志信息、意见处理的及时性、园区环境、卫生间的便利性、可以购买的纪念品、网上预约服务、信息咨询服务、餐饮服务、园区交通、租赁人员的服务、展馆信息的公布、安检验票人员服务、现场预约服务、网上世博会服务等31个服务项目来进行问卷调查和测量，让游客对31个服务项目的重要性进行评分。

评分结果：31个服务项目平均得分在3.65～4.54，分布在"一般"至"很重要"之间，对"不重要"和"很不重要"的选择为零。说明被访的游客对这些项目的重要性感知度较高。31个感知的服务项目的标准偏差均小于1，表示被访的游客对上海世博会服务方面的意见和态度上的偏差较小。

平均得分最高的五个因子是：导览图的发放4.54分、志愿者的服务4.54分、饮水点的设置4.41分、展出项目参与体验程度4.0分、高峰时客流的控制疏导4.0分。这些特征因子不仅平均得分极高，而且标准偏差都比较小（介于0.500～0.541之间），说明游客对上海世博会服务项目的期望比较高，而且个体评价的差异较小。

对平均得分最高的五个因子，王亮分析如下：

第一导览图的发放：上海世博会作为首次在中国举办的综合性博览会，占地面积广（包括浦东和浦西园区），展览的国家众多，游客到园区内一下子难以找到自己想参观的展馆，所以难免会认为导览图的发放非常重要。

第二志愿者的服务：该服务能够解答游客的各种疑问，志愿者也在一定程度上充当了园区工作人员的角色,在游客举目无亲需要帮助的时候总能伸出援助之手,这样一个无私奉献的团体,是游客"会说话的导览图"。游客对志愿者服务的重要性认知度如此之高也值得一些其他的会展主办方考虑是否应该在办会展时引进志愿者服务。

第三饮水点的设置:世博会期间正值上海比较热的月份,游客自己不能带饮用水进入园区,在参观世博会时对水的渴求明显高于对食物和其他方面的需求,饮水点的设置无疑也是他们最为看重的方面。

第四展出项目参与体验程度:游客参观世博会的动机显示,大多数游客希望在参观时能亲身体验科技的进步和各国文化,上海世博会不因仅仅把一些科技方面的成就和各国风俗文化"推销"给游客,而更多的应该增加一些参与体验性的项目,使游客在体验的过程中感受到科技的进步与文化的独特。

第五高峰时客流的控制疏导:游客认为很重要,主要是因为上海世博会参观的人数比较多,大多数的热门场馆都要排队,等候时间漫长,怎样能够合理地控制人流,使游客能在比较短的时间能尽可能地多参观一些场馆,是游客最为看重的,也是世博会管理者应该慎重考虑的。

比较而言,平均得分较低的四个因子为:网上世博会服务3.65分、现场预约服务3.69分、安检验票人员服务3.94分、展馆信息的公布3.96分。被认为是不太重要的服务项目。虽然这些服务项目平均得分低,但是它们的标准偏差却相对较高,介于0.592~0.674之间,表明游客对这些服务项目的重视程度比较低,个体评价差异也比较大。

对平均得分较低的四个因子,王亮也做了分析(略)。

王亮认为,游客最为关注的是和自己切身相关的服务,这些服务质量的好坏在更大程度上会影响游客对世博会的评价。相反,对接触不到的服务或接触时间较短的服务,游客的容忍度会大一些。所以,对于世博会及其他会展管理者而言,那些游客最为关注的服务一定要做到真心、用心、贴心。做好了游客最为关注的服务项目,就可望提升会展服务质量。

[根据王亮《基于游客评价的会展服务质量管理研究——以上海世博会为例》(硕士毕业论文)的相关章节编写]

■讨论题

1. 你认为王亮选择31个服务项目作为调查内容是否科学?有补充吗?
2. 你认为王亮对平均得分最高的五个因子的分析是否准确?
3. 你同意"做好了游客最为关注的服务项目,就可望提升会展服务质量"的观点吗?理由何在?

第九章　会展服务外包与管理

学习目标

①了解服务外包的产生及其作用；②了解会展服务外包的主要类型；③了解会展服务承包商的类别和选择方法；④了解会展服务外包发展的宏观环境；⑤掌握会展服务外包管理。

第一节　服务外包概述

会展服务外包是服务外包在会展行业的具体运用。

服务外包又称为外包服务，是指依据服务协议，将某项服务的持续管理或开发责任委托授权给第三者执行。服务外包得以实现的基本保障是计算机技术、通信技术和国际互联网络的应用。

学习这部分内容对于在会展实务中提升会展管理质量与效果具有积极意义。

小链接9-1

服务外包中心

新华网武汉9月24日电（记者：沈翀、周梦榕）　23日召开的中国国际机电产品博览会上，武汉市政府提出将在"十一五"期末把武汉建设成为国际知名的服务外包中心，并促进服务外包产业的产值超过800亿元。

武汉市人大常委会副主任杨云彦说，近年来服务外包处于由发达国家加快向发展中国家梯次转移阶段，成为新一轮国际产业转移的主要形式，有迹象表明跨国公司对中国的发包呈现快速增长的趋势。有着明显区位优势的武汉的服务外包产业也取得了迅速发展，去年这里被国家商务部、信息产业部、科技部确定为"中国服务外包基地城市"。

他说，目前武汉承接到的服务外包业务包括五个方面的内容。在软件外包上，武汉在空间信息技术、制造业信息化、信息安全、网络通信等领域的软件技术具有显著特色，目前年销售收入已达到4000万美元；在业务流程外包上，武汉也有了较大的发展，呼叫中心座席总数达到了4000多个；在第三方物流外包服务上，武汉依托现代装备制造业、商业和光电子产业的发展已经具有一定规模；在金融后台服务和人力资源外包业务发展上，武汉也具有很大的潜力。

记者了解到，武汉已采取一系列措施推进服务外包产业的发展，包括专门制定出台了促进服务外包业发展的政策意见、设立服务外包产业发展专项基金、加强地方知识产权保护体系建设等。截至去年，武汉从事服务外包的企业超过70家，从业人员达到4000人。

（资料来源：瑞吉斯会展资讯网，www.regius.com.cn）

一、服务外包的产生背景

服务外包的产生背景体现在以下四个方面：

（1）服务外包是发达国家继大量的制造业转移后的一种新尝试。20世纪70年代以来，制造业全球重组带来了大量的蓝领外包，在发达国家的跨国公司成功地大量地转移制造业之后，就开始了将其非核心的服务职能向海外特别是新兴市场国家和地区进行转移新尝试。20世纪90年代初，服务外包集中在美国大企业与印度中小公司之间，以IT服务和软件领域为主。20世纪90年代后期，在经济全球化、社会分工细化、企业竞争加剧、信息技术进步、政府政策促进等因素的共同作用下，服务外包逐渐发展成一个新的产业组织形态。

（2）服务外包是企业竞争要素发生变化的新要求。企业竞争的关键由一般技术转向核心技术，促使企业把一般技术的生产和服务外包出去，集中力量开发核心技术，以最大限度地保持企业的竞争力。20世纪90年代，管理哲学领域发生了一个重要的变化：为了提高市场渗透力并增强竞争力，组织开始将重点集中于自己的核心业务。为了有效地竞争，企业应该关注：什么是自己做得最好的，以及什么可以增加自身价值。

（3）服务外包是企业竞争空间发生变化的新要求。企业竞争的空间由区域转向全球。企业要在全球市场保持和扩大占有率，必须利用国外资源，服务外包就成为一种有效模式。

（4）信息技术使服务外包得以实现。信息技术的飞速发展，为服务外包提供了技术基础。信息技术特别是网络技术的发展，使服务外包从可能成为现实、从少数行业发展到诸多行业、从小范围发展到全球。

二、服务外包的基本概念

（一）服务外包的定义举例

毕博管理咨询公司将服务外包定义为：服务外包就是指企业为了将有限资源专注于其核心竞争力，以信息技术为依托，利用外部专业服务商的知识和劳动力，来完成原来由企业内部完成的工作，从而达到降低成本、提高效率、提升企业对市场环境的迅速应变能力并优化企业核心竞争力的一种服务模式。

（二）服务外包的目的分析

从以上定义可见，服务外包的目的与"外包"（Outsourcing）一词的直接含义相同，即"外部寻源"或"外部资源利用"。利用的方式是将本企业生产或经营过程中的某一个或几个环节交给其他（专门）公司完成。换句话就是，通过购买第三方提供的某些服务，来完成企业内部的某些工作。要特别注意，购买某些服务本身不是目的，而是手段。

（三）服务外包的本质概括

服务外包是指企业在充分发展自身核心竞争力的基础上，整合、利用外部最优秀的专业化资源，从而达到降低成本、提高生产效率、增加资金运用效率和增强企业对环境的迅速应变能力的一种经营战略、商业模式或管理模式。

三、服务外包的主要功能

服务外包具有以下功能：

（1）降低成本。企业在管理系统实施过程中，把非核心的部门或业务外包给相应的专业公司，能大量节省成本，解放公司的财务资本，使之用于可取得最大利润回报的活动。据美国麦肯锡全球研究所估计，同质同量的服务外包到发展中国家，平均可以降低成本65%～70%。

（2）节约时间。把非核心的部门或业务外包给相应的专业公司，与企业自行成立部门、招聘人员、学习执行相比，还可以大幅度缩短时间，使外包企业能更专注于核心业务。

（3）提高质量。外包企业通过外包，在与专业供应商合作过程中能获得他们的先进技术、工具和能力，可望大幅度提高服务质量。

（4）拓展业务。外包使一些新的经营业务得以实现。一些小公司和刚起步的公司可因外包大量运营职能而获得全球性的飞速增长。

（5）转移风险。与服务外包同步，企业部分风险得到转移，至少可以由外包公司和承包公司共同承担风险。

（6）引入竞争。外包服务的功能首先在于将市场服务竞争机制引入会展管理事务中。将市场竞争引入会展服务管理，可以为会展服务提供广阔的发展平台。从企业角度来看，服务外包作为继生产外包之后的一种经营战略、商业模式或管理模式，大幅度发展是一种必然趋势。从国家层面来看，服务外包所具有的信息技术承载度高、附加值大、资源消耗低、吸纳就业能力强等特点都是符合社会发展和社会进步要求的。美国著名的管理学者杜洛克曾预言："在10年至15年之内，任何企业中仅做后台支持而不创造营业额的工作都应该外包出去。""做你最擅长的（核心竞争力），其余的外包"已经成为一种不可逆转的趋势。

四、会展服务外包的主要类型

（一）综合服务外包与单一服务外包

综合服务外包是指在会展活动的前期管理、现场管理、展后管理工作中，将多项非主体性服务工作打包交给某一合作机构。其中，非主体性工作是指可以不由会展组织机构独立完成的工作。

单一服务外包是指在会展活动的举办过程中，将某种单一的服务性工作外包给该行业的某些合作机构。例如，将会展活动现场的礼仪服务外包给某家礼仪服务公司，将会展活动现场的广告宣传服务外包给某家广告公司。

（二）免费服务外包与收费服务外包

1. 免费服务外包

免费服务外包主要包括展前的咨询服务、展出期间的部分现场专业服务和展后的延伸服务。所谓免费，并不是真正不收费，而是其费用已经包含在参展费或参观门票当中，所以参展商或观众可以直接受用。会展服务承包商在提供服务的过程中所产生的劳动力工资、消费物品的成本、空间使用和各种租赁的费用，均由相应的参展商或组展商支付。

展前的咨询服务，包括向参展商发出邀请函，提供住宿、餐饮、娱乐等方面的资讯，向公众发布会展信息及提供会展通讯热线服务。

小案例 9-1

据 2006 年上海中国国际皮革展的一则报道

中国国际皮革展自 1998 年首次举办以来一直备受青睐，成为中国国际参与度最高的展览会，这是其他同类型工业展览所望尘莫及的。中国国际皮革展依然是一次首屈一指的盛会，届时中国的顶级采购商将在展会上接触来自世界各地的领先皮革公司并开展商务合作洽谈。展位续订的数目最能显示一个展览会成功与否。上届参展商中有 90% 早于数月前已预订本届展位，这充分说明了该展览会的影响力，同时，也反映了前几届展会能促成买卖双方签订订单和建立良好联系。2006 年，中国国际皮革展将有 1200 多家展商参与，与采购商面对面沟通交流（上届展会共有 1088 家参展商参与，吸引了 14382 名采购商）。该展览会国际参与度高的另一项佐证是国家和地区展团的参与。据亚太区皮革展有限公司高级项目经理段佩玲女士透露："目前已有 18 个展团确认参展，日本的和歌山县制革事业协同组合也将首次组织自己的展团。未来几个月内，将有更多的展团确认展位。"这 18 个展团分别来自澳大利亚、巴西、法国、德国、印度、意大利、日本、韩国、巴基斯坦、西班牙、中国台湾、泰国和土耳其。

（资料来源：《中国国际皮革展 9 月迎宾》，载于《国际商报》，2006 年 6 月 15 日）

以上小案例中对参展商情况的掌握，就反映了在开展前期的服务外包，这种服务外包，有的就是通过相关的资讯营销公司来完成的，而这种情况完全由办展机构承担问讯费用，被邀对象不用支付咨询费。

展出期间现场的部分专业服务，包括为参展商和观众提供商务服务、现场咨询服务、现场场所服务等。展后的延伸服务，包括展后的跟踪服务与后续会展相关信息咨询服务等。

2. 收费服务外包

收费服务外包主要包括会展过程中办展合作机构提供的展务服务。它们需要参展商或观众支付一定的经费，而且，这种费用的最终核算支付通过承办机构与合作机构之间按预、结算合同规定的方式完成。

会展收费服务外包可体现在：其一，为会展承办机构、参展商、观众提供的广告宣传资料的制作与现场布置服务。如南京嘉智广告营销策划顾问有限公司，在2008年北京奥运会火炬传递阶段，就推出了"江苏移动奥运火炬彩信传递活动"，通过彩信的方式使江苏移动有近3000万客户近距离接触和传递奥运火炬，其省领导也参与活动之中，可见这种机构对奥运会的宣传功效十分巨大。其二，为参展商与客众提供的住宿、餐饮、娱乐、礼仪服务。其三，为会展提供的突发事件应急处理服务。其四，为参展商、客众提供的经济贸易服务。

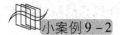
小案例 9-2

上海华凯 AV 设备租赁公司的收费服务

上海华凯 AV 设备租赁公司提供各类液晶显示器、液晶电视机、等离子电视、投影仪、LED 显示屏、笔记本电脑、台式电脑、电视墙、舞台音响、舞台灯光等 AV 设备租赁。公司在会展、会议当中提供：洽谈桌椅、会议布置、舞台搭建、展具租赁等业务，按照客户的意愿提供优质的服务；所提供的设备型号新，成色优，音质好，货源充足，价格合理，能满足各类客户的不同需求并保证达到客户所期盼的现场效果。主营业务：AV 设备租赁：等离子电视（42～63 英寸）、液晶电视（32～42 英寸）、LED 显示屏（7.62 点距）、投影仪（2500～12000 流明）、舞台音响、舞台灯光、笔记本电脑、台式电脑。展具租赁业务：洽谈桌椅、会议桌椅、吧台、吧椅、吧桌、沙发、茶几、饮水机、冰箱、冰柜、资料架、咨询台、玻璃柜、护栏、舞台搭建、会议布置、背景墙制作、写真、喷绘。欢迎各界朋友来电垂询！

（资料来源：上海会展网，www.shanghaiexpos.com，2008 年）

这就是一家典型的通过招租方式向会展承办机构提供设备服务的公司。而这在会展外包服务中占据相当的比例。因为现代会展，没有一个组织可以承担一个会展所需的全部设备，而可行的经济方式就是外包，这就是外包服务存在的合理性和必然性。

（三）境内服务外包与离岸服务外包

按供应商的地理分布状况，服务外包可分为境内服务外包和离岸服务外包。

境内服务外包指外包商与其外包供应商（也叫外包承包商）来自同一个国家，因而外包工作在国内完成，甚至在本地区本城市完成。离岸服务外包则指外包商与其供应商来自不同国家，外包工作跨国完成。因为离岸服务外包的首要目的是降低成本，所以离岸服务外包的发包商通常来自劳动力成本较高的国家，如美国、西欧和日本等，供应商则来自劳动力成本较低的国家，如印度、菲律宾和中国等。

国际性会展活动既有境内服务外包，也有离岸服务外包。

（四）其他类型的服务外包

(1) 按服务外包动机，可将服务外包分为策略性服务外包和战略性服务外包。

(2) 按服务外包形式，可将服务外包分为产品或组件服务外包和项目服务外包。

(3) 按服务外包转包层数，可将服务外包分为单级服务外包和多级服务外包（零阶外包和多阶外包）。

(4) 按服务外包承包商数量，可将服务外包分为一对一服务外包和一对多服务外包。

五、会展服务外包的宏观环境

会展服务外包需要一定的社会、经济、文化条件，才能顺利发展。

第一，社会条件。外包服务的存在需要有一个安全、稳定、法制健全的社会条件。外包服务的各类项目都是通过竞争与合同的方式形成。如果没有一个相对安全、稳定的社会环境，社会法制不健全，那么就会给会展外包服务带来各项可预测或不可预测的风险。所以，社会的稳定和法制化的发展，是会展外包服务顺利成长的基本环境条件。

第二，经济环境条件。会展外包服务要得以迅速发展，需要社会经济的全面发展。不论是农业、工业，还是第三产业、服务业，都需要有一定发展与繁荣，才有可能实现会展的外包服务。在农业、工业、第三产业发展的基础上，还需要现当代经济新行业的发达，如交通行业、会展业、IT行业、电子通信业等，这些新行业、新技术的革新发展，才能使外包服务具有发展的多元化空间。

第三，文化环境条件。会展外包服务的发展需要有大量的知识技术人才。一方面，知识技术人才的大量存在，可以提供高质量的会展外包服务，从而也就具有了从事外包服务所需的各项分支性、延展性服务工作的人力资源;另一方面,大量知识技术人才的存在,形成了发育良好的人才市场,也就为会展服务管理提供了低成本的人力资源。

总之,会展服务外包的发展,需要在一个社会经济稳定、文化市场繁荣的环境下,才能顺利成长。良好优越的环境保障,是会展服务外包管理得以实现其社会价值、经济效益的重要条件。

第二节 会展服务外包的方法

一、订单式服务外包

服务外包的方法,即服务外包内容的归属问题或是办展机构之间的合作问题。会展服务外包的方法有两种:一种是会展承办机构直接通过合同协议方式将服务项目外包给相关的行业协会;另一种是会展承办机构通过公开招标的方式将服务项目外包给相关的公司组织。这两种方法都可称为订单式服务外包。

这种服务外包,首先需要会展承办机构进行策划,确定哪些会展环节需要外包;然后,由会展承办机构通过招商的方式招聘外包公司;最后,双方签订服务外包合同。服务外包企业按订单为会展提供合同规定的服务。

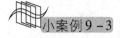
小案例9-3

广交会临近,广州短租房行情看涨

据2006年广交会期间的一则报道:受广交会影响,广州的二手房市场开始活跃,住房短期租赁成为楼市新热点。业内人士认为,今年是第100届广交会,估计前来参展的客商将超过30万人次,远远超过了琶洲附近酒店的吸纳量。目前,由于绝大部分酒店客房已经订满,部分客商将选择短期租住居民住宅。广州市短租单位主要位于靠近琶洲会展中心的海珠东区域,地铁二号线沿线的楼盘也较受欢迎。目前承租比较多的有客村立交旁边的愉景雅苑、佳信花园、粤信广场和会展西岸等。临近广交会,广州酒店客房价格出现不小的增幅,短租也同样"水涨船高"。据新港中路一家房屋中介公司介绍,广交会期间广州 2 居房、3 居房带家具单位的租金一般在 300～500 元/天，一些装修较好、家电齐全和交通便利的则达到 800 元/天。合富置业有关人士说，滨江中路及滨江东路一带交通便利、景观独特，成为不少外籍客商的优先选择，如海珠半岛 1 期和 2 期短租较为活跃。海珠半岛 2 期 2 居房单位平日的长租租金为 2500～3000 元/月，在广交会期间，短租租金可达约 5000 元/月；3 居房平日长租租金约 5000 元/月，在广交会期间，短租租金可达 7000～8000 元/月。位于番禺的一些公寓平日长租租金为 2000～2300 元/月，在广交会期间，类似的公寓单位短租租金可达 700～800 元/日。

（资料来源：新华网，2006 年 10 月 9 日，记者：黄玫）

案例分析：在办展城市出现这种会展的辐射效应后，会展的承办机构就要跟在展区场所周边有房源的房地产公司或是房地产行业协会签订外包合同，以期为客商提供住宿方面的服务。

二、行政管理部门的介入式服务外包

由于有些会展是以城市发展为依托的，因此，当地城市主管部门会主动对会展的有些项目进行行政性管理，这也就是会展外包方法中的行政式外包服务。

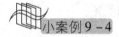
小案例 9-4

国检组肯定世园会安全工作

关于 2006 年沈阳世园会有一则报道："沈阳市政府对世园会的安全工作高度重视，为保障世园会的安全运营做了大量的工作，措施得力。"《沈阳日报》消息称，4 月 15 日至 16 日，国家、省安全检查组对沈阳世园会现场进行了安全专项检查，肯定了沈阳世园会的安全保障工作。……沈阳市政府建立了总体应急救援方案和 26 个应急救援子系统，并相继进行了演练，还专门租借了直升机执行世园会监视、预警和救援任务。沈阳市主管领导向检查组介绍，沈阳世园会在建设初期，就把安全工作放在重要位置，委托中国职业安全健康协会，按照国际先进的事故预防与控制方法，对世园会实施事故预防与控制整体项目研究，从规划、设计、建设到运营筹备各阶段，都进行了跟踪服务，为世园会建设和运行阶段的事故预防与控制打下基础。……按照安全要求和专家建议，市政府投巨资将园区内的火车站迁到园外，并对铁路线进行改造；取消了铁路平交道口；建设了园区第二条连接新、老园区的地下通道；封闭了园区中的内部加油站；在园区内安装了电子监控设备，设立了监控指挥中心。目前，600多人的专业保安人员已经在园内上岗。……根据检查组的反馈，沈阳市副市长刘和表示，沈阳市将借助于4月16日至22日举行的"安全世园会，和谐沈阳城"安全宣传周活动，进一步加大宣传力度，提高全民安全意识。同时，各部门还要进一步排查隐患、消除隐患，加快整改力度，加强应急救援演练，开展重点领域的专项整治工作。

（资料来源："总安全策划科学系统　国检组肯定世园会安全工作"，中国新闻网，2006年4月18日）

案例分析：在这则消息中，我们可知这种安全工作的服务，就完全由省直单位负责到底。这种外包，也就成为城市对外商贸工作的内容之一，它直接以行政管理的方式出现，靠行政系统完成相关的安全保障服务，而不同于前一种商业合同方式。

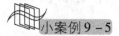
小案例9-5

奥运气象服务筹备工作新闻发布会

李湛军："各位新闻界朋友们，大家下午好！欢迎大家参加奥运气象服务筹备工作情况新闻发布会。今天我们邀请到北京市气象局副局长王建捷、北京市气象局副总工程师王玉彬到我们新闻发布会现场向大家介绍情况。另外在前排就座的还邀请到中国气象局办公室副主任王雪臣、中国气象局北京城市气象研究所所长王迎春、北京市人工影响天气办公室常务副主任张蔷、北京市气象台台长郭虎、北京市气象局办公室主任杨晋辉、北京市气象局业务处副处长梁丰。今天的发布会预计1个小时，下面我们请王建捷副局长介绍情况。"

（资料来源：2008年北京奥运会中国官方网站新闻报道，节选）

案例分析：从这则新闻报道可知，奥运会这种气象服务，完全融入了官方行政式的服务支持方式，如有北京市气象局、中国气象局北京城市气象研究所、北京市人工影响天气办公室以及北京市气象台各单位的主要行政、业务负责人参加新闻发布会，也就体现了政府在奥运会气象服务方面的行政管理工作。

小链接 9-2

2008 年广州国际汽车零部件及用品展

会展描述：广州——中国最重要的汽车及零部件制造基地

市场优势：①广州市在居民收入增加和车市再度"井喷"等因素的影响下，汽车拥有量增长速度达到 34%。②广州市是唯一具有浓厚现代气息的高品位汽车主题文化消费市场，也是全国最重要的轿车制造基地之一。每百户家庭汽车超过 50 辆，汽车拥有和使用率是最高的。③广州已发展成为全国汽车出口总额最大的地区，据统计，本年度汽车销售量达 82 万辆以上，比上年同期增长 42.4%。④本田、丰田、日产，以及韩国现代均在广州设立汽车生产基地，加上逾 200 家汽车零部件企业的周边聚集，使广州形成了一个庞大的汽车产业集群。⑤由于汽车产业的迅速发展，预计到 2010 年，广州的年产汽车量将超过 160 万辆，汽车工业总产值达到 3600 亿元人民币，其中零部件产值达到 1600 亿。广州的目标是承接国际汽车零部件生产的转移，成为汽车零部件的"全球供货商"。

最佳时机——与广交会共享资源

2008 年的汽车工业展地点定在广州国际采购中心展览馆（琶洲会展中心旁），展馆位置交通十分便利，举办日期定在 2008 年 10 月 14 日至 20 日。就时间来说，开展时间与广州的秋交会同期进行，这方便了全球海内外买家在华南区可以进行一站式的采购，对海内外贸易商及采购人员来说可以大大节省采购时间，更为他们带来更多的经济效益与价值。

（资料来源：广州会展指南网，2008 年，节选）

三、支持协办式服务外包

支持协办式服务外包，是指承担服务外包工作的企业是会展承办单位的支持协办单位之一。这就更加增进了承办机构与支持协办机构之间的服务外包关系链，扩大了支持协办机构的自主权限，使之更主动、灵活地做好服务项目。这有利于会展办展单位之间的合作与沟通。

> **小链接 9-3**
>
> 2008 广州药交会第十三届全国药品保健品（广州）交易会
>
> **展会优势**：由海外支持机构组织香港、澳门、台湾地区及东南亚、韩国、日本、欧美专业人士参观。
>
> **强势推广**：一、《中国医药报》《医药经济报》《广州日报》《南方都市报》半年的广告投放，广东卫视、南方电视台、香港《大公报》《华南商报》等媒体全程报道，并在公交车身上做广告及投放大型户外广告吸引专业观众参观采购。
>
> 二、专业媒体宣传：医药交易网\《中国药品》杂志\《医药商桥》杂志\《新医药商情》杂志\《首搜》杂志\《药品销售与市场》杂志\《中国医药采购指南》杂志\医药招商网\医药网杂志\《华药商情》杂志\《药王谷》杂志\《国药品牌》杂志\《百度医药》杂志\医药金桥\《医药采购报》\《药商》杂志\《药品采购》杂志\医药招商在线\点金药网\万国商业网\易方达医药网\药交会\触融医药网\民营企业网\中国医药网\中华药材网\会通网\医谷网\食品产业网\百度医药网\中国药品信息网\医药大全网\药福\大千医药\百信达医药网\百万医药网\东方保健品招商网\搜药\医药商桥\湖北医药网\东方医药商情网\新药招商网\环球医药信息网\北讯医药\健康365\食品商务网\食品搜索网\食品医药网\食品展会网\食品展览网\搜饭网\药易网\医药博览\现代中医药网\医药信息网\医药英才网\营养师服务网\中国医药保健信息网\中国医药商机网\中国医药资讯网\中国有机产品网\《大众健康报》等200多家。
>
> （资料来源：广州会展指南网，2008年，节选）

第三节 会展服务承包商

会展业提供的服务是综合性的服务，需要各个相关行业的配合和贡献，因此，合理选择为会展主办者、承办者、参展商、观众等提供会展服务的服务商就显得尤其重要。

一、会展服务承包商的定义

任何通过与主办者或承办者签订契约,为参展商、采购商或普通观众提供相关产品或服务的公司或个人都可称为会展服务商,也称为会展服务承包商、会展服务提供商。

二、会展服务承包商的类型

会展服务承包商协会(ESCA)把它的成员分为会展总体承包商、专业承包商、合伙人三类。

(一)总承包商(GEC)

总承包商是指由会展经理人指定的提供全方位服务的综合服务承包商,又被称为综合服务承包商(GSC)。与专业承包商只能承包单一服务相比,他们可以承包综合服务。

(二)专业承包商

提供某项专门服务的公司被称为专业承包商。专业承包商根据其在会展服务中的具体功能,可分为以下几种类型:

(1)广告代理机构。广告代理机构为会展的主办机构提供以市场调查为基础、广告策划为主导、创意为中心、媒体发布为手段,同时辅以其他促销手段的全面性广告服务。

(2)网络代理机构。网络代理机构为会展的主办机构提供互联网服务。

(3)旅游代理机构。旅游代理机构为被会展所吸引的游客提供相应的旅游代理服务。

(4)酒店。酒店为参加会展服务的参展商、观众提供住宿服务。

(5)票务代理机构。票务代理机构可为会展的主办机构提供会展门票的分销服务。

(6)保安公司。保安公司为会展提供安保服务,避免偷窃、抢劫、斗殴、恐怖袭击等事件的发生。

(7)物流机构公司。物流机构公司协助会展主办机构运输会展所需的相关物品。

(8)医疗机构。医疗机构为会展举办过程中发生的一些突发事件提供医疗服务。

（9）保险机构。会展活动的举办存在一定的风险。根据美国项目管理协会（Project Management Institute，简称 PMI）的定义，风险是指具有不可确定性的事件或者状况，一旦发生就会给会展活动造成难以挽回的影响。选择保险公司投保，可以转移部分风险，这已成为大型活动组织者的惯例。

（10）食品供应商。食品供应商为参加会展的参展商、观众提供饮食服务，保证会展活动参加者吃得饱、吃得好、吃得安全。

（11）视听设备供应商。视听视备包括数码显示、监控保安、现场大屏幕、计分器等许多专业器材。视听设备供应商为主办机构解决音响系统和特殊视听的需要。

（12）交通服务机构。交通服务机构为会展活动参与者安排交通服务。

（13）鲜花礼仪公司。鲜花礼仪公司为会展活动布置花草植物及会展活动中所需的礼仪、礼宾服务。

（14）展台搭建公司。展台搭建公司为各参展商提供展台的搭建服务。

（15）摄影公司。摄影公司为会展服务提供专业的摄影、摄像服务。

（16）电力供应商。电力供应商保证会展活动期间的电力需要。

（17）参展商指定的承包商。许多会展公司与某些特定的服务公司订有合同关系，这些服务公司便是所谓的参展商指定的服务承包商（EACS）。他们通常是会展设计制作公司或会展装卸公司，与展览公司签有合约并为其提供参展商展出或展位的设计、制作和装卸服务。

（三）合伙人

合伙人指综合服务承包商或专业承包商的供应商。

三、会展服务承包商的作用

会展服务承包商在会展服务的筹办与举办过程中扮演着重要的角色，在一定程度上被视为是一个精心管理、高质量、多能的智囊团。他们的工作效率与质量直接关系到会展的效益与质量。其工作的复杂性直接与会展的规模和所需的服务数量成正比。小型会展只需要综合服务承包商所有潜在资源的一小部分；中等规模的会展所需的服务则主要取决于参展商及其项目经理所需要的服务数量和复杂程度；大型会展通常都需要综合服务承包商来提供全方位的服务和管理，即一支大型的服务团队。会展服务承包商在提供服务的过程中所产生的劳动力工资、消费物品的成本、空间使用和各种租赁的费用，均由相应的参展商或组展商支付。

四、会展服务承包商的选择

（一）承包商选择的基本标准

会展公司或会展项目经理应根据一些基本的选择标准来选择合适的会展服务承包商。

1. 个人经验

对于曾经有过合作经历的综合服务承包商，会展项目经理可以根据自己的经验来做判断。会展项目经理要做出一个合理正确的判断，应慎重考虑以下三点：一是所选择的服务承包商在预订的时间表上能否在展览会期间安排相应服务，是否与其他活动相冲突；二是服务承包商是否有足够的资源来为本次会展提供相应的专业服务；三是综合服务承包商提供的服务成本的大小。许多有经验的会展项目经理倾向于服务承包商以1~3年为周期提供一次服务，目的是为了使账单与行业价格相一致，同时对双方关系的价值做一个评估。

2. 便利程度

目前，许多大型的综合服务承包商可能在多个地区设有办事处或代理商，甚至还有着国际业务联系，因此，地理位置是否方便已不是会展项目经理选择会展服务承包商必须考虑的重要因素，但在服务内容与质量相当的情况下，从节约成本的角度考虑，展览会项目经理更倾向于就近选择综合服务承包商。例如，地处北京的展览公司在上海新国际博览中心举办展览会，组展商的项目经理会从成本控制及便利程度等方面来考虑选择上海本地或在上海设有办事处的会展综合服务商。

3. 有无推荐和声誉

对于没有合作经历的综合服务承包商，无论是当地的服务商，还是区域性或者国际性的服务承包商，项目经理在做出选择与决策之前，都必须对其进行一番调查研究。项目经理对综合服务承包商的调查可通过以下几条途径进行：一是通过在展会现场观察综合服务承包商的服务操作来获得反馈；二是从其他项目经理那里获得对某些承包商公正的评价和推荐；三是通过集中访谈、电话采访、问卷调查等方式从参展商那儿获取对某些综合承包商的评价与推荐。综合承包商的良好声誉及是否有相关人员推荐是会展项目经理选择综合承包商的重要标准之一。

4. 对展览场馆的熟悉情况

如果会展综合服务承包商熟悉会展场馆的情况,便能够更有效或者更早地参与到展览会的策划过程中来,甚至服务承包商还能够对场地提出有创意的建议。

5. 现有资源

所选的综合服务承包商应是会展项目经理在展前、展中和展后的左右手。因此,选择合适的对象作为某一展览会的服务承包商至关重要,它必须是项目经理乐意授权、能够在多方面协助展览会项目组并且能够与展览会项目组建立起长时间信任关系的商家。为此,项目经理应将在平时参加或出席国际会展管理协会主办的国际会议或是地方性会议过程中结识的服务承包商的代理人及其信息资料,做成资源库,并合理利用会展服务承包商协会、国际会展管理协会和当地会展旅游局的信息资源,为自己选择合适的综合服务承包商。

6. 无形品质

挑选一个合适的综合服务承包商还需注意他们的无形品质。例如,是否富有创意;是否乐于提供专业意见;是否具备团队合作性;是否具有积极主动的精神和坚持不懈的服务意识;作为代表、咨询顾问、助手、管理者和问题的解决者,是否具有良好的人际沟通能力;等等。

(二) 承包商选择的注意事项

作为会展项目的经理人,在选择服务承包商的过程中,还需特别注意以下几个事项:

(1) 活动中有什么工作和服务是需要服务提供商来帮助完成的?

(2) 哪些可供选择的服务提供商可以胜任这些工作,谁又是最合适的服务供应商?

(3) 业主、主办方、会展活动参加者以及其他利益相关者是否会赞同你的选择?

(4) 所选的服务供应商是否真的能够使活动的运营工作更加顺畅?

(5) 所选的服务供应商提供的服务是否是在活动的预算范围之内,是否会影响活动的整个预算?

(三) 综合服务承包商的组织

1. 招标和投标

综合服务承包商往往通过投标产生,因此,项目经理通过制作一份招标文件来筛选综合服务承包商是非常有必要的。招标文件的形式虽然各异,但包括的信息是大同小异的，主要包括：

（1）背景和需求界定（组织背景和项目范围）。主要指：活动背景，包括相关的数据信息；需求/问题陈述——为什么需要助手；项目目标——希望完成什么；项目范围（具体要求）——希望服务商提供哪些服务；双方合作领域，即活动主办者希望如何建立关系；等等。

（2）投标要求。如组织背景、项目负责人及其相关资历、活动的优势及特色、保险范围、服务/项目管理手段概述、其他服务、费用控制、选择服务商的时间表和进程安排（何时选择服务商、如何选择以及投标的最后期限）等。

2. 确定承包商并签订合同

通过对综合服务承包商投标文件的评选与审核后，可以与服务承包商签订合同，以保证服务的质量。

例如，2006年10月18日，上海世博运营公司正式向社会公布中国2010年上海世博会第一批向参展者推荐的服务供应商，其中由上海市多媒体行业协会展览展示多媒体技术委员会推荐，最终确认的展览策划设计类企业达22家。

第四节　会展服务外包管理

服务外包是与会展活动共进退的过程。从将项目外包给合作机构到项目的实施都贯穿着管理的内容。服务外包涉及会展承办机构与服务外包项目承包机构或会展合作机构对服务外包项目的共同管理与责任包干，也涉及管理的效益分配等问题。

一、会展服务外包管理的主要内容

会展服务外包管理的主要内容包括外包服务管理的责任、外包项目管理与外包服务衔接问题。

首先，明确服务外包项目的责任人。会展承办单位与外包项目承包机构，从一开始订立合同协议，就要将外包服务的内容划分明细，一目了然，而不能含糊。承包机构在拿到外包服务项目的订单后，应根据业内规则落实任务，从而形成一人一事或一人多事的管理责任体系，也就落实了服务项目的责任人员。

其次，抓好服务外包的项目管理。会展服务外包的项目选择是对服务项目进行市场调研，收集信息和数据，然后进行整理论证，得出可行性分析结果，进而确立外包服务的项目，最终按服务项目的操作要求进行立项。然后，确定外包服务项目的规划，这个工作由相应的外包服务承包机构完成，在这期间，会展承办机构与外包服务项目承包机构要就服务的可行性、操作性进行商谈，反复讨论，达成基本一致的意向。其中，外包服务项目合同是会展承办机构与外包服务承包商之间关于服务项目订立的法律性文件。合同双方就会展服务项目问题要进行详细磋商，形成的合同文件具有约束力。因此，凡有关服务的事宜，都要尽可能考虑周到。外包服务项目的执行，就全由承包机构按合同、按其特色方式完成。外包服务项目的评估，需要由绩效评估、项目实现的程度、信息反馈、与其他项目的协调程度几个部分组成，评估合格后，外包服务项目结束。

最后，注重服务外包项目纵向与横向的衔接性。会展部分服务项目的外包，难免会产生条块分割的弊端，从而导致项目承包机构之间相互推卸责任，或者出现"三不管"的漏洞。这无疑会影响会展的声誉。那么，作为会展的承办机构，就需要全面担负这种协调工作，尤其是处理好诸多外包服务项目承包机构之间在展期中的合作协调问题，以杜绝服务内容与工作上的相互摩擦与推卸。外包服务项目之间有纵向的衔接，即该项目贯穿了展期的全过程。例如，布展的服务项目，从设计、现场布置到收展就是一个完整的流程，这中间附设的咨询服务就内在于布展的全过程。外包服务项目之间还有横向的衔接。例如，住宿、餐饮与娱乐服务，广告宣传，电气设备的装卸，等等，这之间的协作工作也需要承办机构妥当处置。

二、会展服务外包管理的个性特征

第一，会展服务外包管理具有标准性。外包服务在质量方面，应遵循国际会展管理的统一标准，从外包服务的项目到外包服务的效益评估，再到服务效果反馈，都有一定的质量标准。

第二，会展服务外包管理具有适宜调整的灵活务实性。会展活动是一个具有相对变化的序列，其外包服务内容很可能会随参展商或观众的实际需求而发生变化，这就需要管理具有灵活性。过于僵化的外包服务管理，必然会影响会展主办单位掌握会展所带来的各类型商机。一方面，会展规模、规格在不断变化；另一方面，社会经济需求也在不断变化。这些变化就促进会展外包服务随市场、随需求的变化而调整。外包服务的灵活性，需要承办单位不断提出适应经济商业环境变化的新外包策略，也就是同一种展会可以有不断调整变化的外包服务承包单位，或者随外包服务内容的扩展，将原来由一个外包服务承包商包揽的业务，分发给几个不同的外包服务商业企业机构。

第三，服务外包管理的特色化。每一种或每一次会展，都应有各自的特色，这种特色也表现在外包服务管理方面。有的外包服务，以细节见长，能为参展商与观众提供周到的细节服务，尤其是表现为服务项目承包商与会展承办机构在项目合作方面井井有条、环环相扣、协调有方；有的外包服务，以宏观整体见长，将承包服务、承包商的服务特色作为会展服务的有机组成部分。

三、会展外包服务的品牌管理

会展外包服务需要注重品牌管理。而要实现品牌管理，会展外包服务必须具备以下几个要素：

（1）良好的服务团队。只有形成一个高效合作的专业化良好团队，才能使外包服务形成品牌优势，并具有相对稳定性。专业化的服务，才能使服务内容与质量得到真正的保障，而不会导致出现服务内容的空缺，服务质量低效、低劣的负面情形。良好的服务团队，既包括会展的主办、承办单位，又包括会展的协办、支持单位，还包括与承办单位有合作协议的所有外包服务机构。有的团队是纯商业性外包服务团队，有的团队是企业机构与国家政府行政单位的混合型服务团队。

（2）服务的规模。服务的规模是会展规模的重要组成部分，也是会展服务品牌形成的重要条件。因此，会展承办机构在选择外包服务项目的承包商时，应充分考虑对方的品牌资质。只有具备多个良好品牌资质的服务团队，才有助于形成外包服务的商业规模，也才能形成品牌效应。

（3）服务的持续性与灵活性。会展的外包服务，无论是服务项目，还是合作伙伴的服务情形，都要随市场的变化而具有持续、灵活的特性。只有这样，才能使服务品牌持续而灵活地应对市场信息的各类变化，从而有助于维护品牌的信誉度。

本章小结

会展服务外包是服务外包在会展行业的具体运用。服务外包又称为外包服务，是指企业为了将有限资源专注于其核心竞争力，以信息技术为依托，利用外部专业服务商的知识和劳动力，来完成原来由企业内部完成的工作，从而达到降低成本、提高效率、提升企业对市场环境的迅速应变能力并优化企业核心竞争力的一种服务模式。20世纪90年代后期，在经济全球化、社会分工细化、企业竞争加剧、信息技术进步、政府政策促进等因素的共同作用下，服务外包逐渐发展成一个新的产业组织形态。

会展服务外包有综合服务外包与单一服务外包、免费服务外包与收费服务外包、境内服务外包与离岸服务外包、策略性服务外包与战略性服务外包、单级服务外包与多级服务外包、一对一服务外包与一对多服务外包等多种类型。服务外包的主要功能是降低成本、节约时间、提高质量、拓展业务、转移风险、引入竞争等。

会展服务外包需要一定的社会、经济、文化条件，才能顺利发展。服务外包的方法分为订单式服务外包、行政管理部门的介入式服务外包、支持协办式服务外包。

任何通过与主办方或承办方签订契约，为参展商、采购商或普通观众提供相关产品或服务的公司或个人都可称为会展服务承包商或会展服务提供商（供应商）。会展服务承包商协会把它的成员分为会展总体承包商、专业承包商、合伙人三类。会展服务承包商在会展活动的筹备与举办过程中扮演着重要的角色，在一定程度上被视为是一个精心管理、高质量、多能的智囊团。他们的工作效率与质量直接关系到会展的效益与质量。其工作的复杂性直接与会展的规模与所需的服务数量成正比。选择会展服务承包商的基本标准有个人经验、便利程度、有无推荐和声誉、对展览场馆的熟悉情况、现有资源、无形品质等。

服务外包是与会展活动共进退的过程。服务外包涉及会展承办机构与服务外包项目承包机构或会展合作机构对服务外包项目的共同管理与责任包干，也涉及管理的效益分配等问题。会展服务外包管理的主要内容包括外包服务管理的责任、外包项目管理与外包服务衔接问题。服务外包管理具有标准性、适宜调整的灵活务实性。会展服务外包还需要注重品牌管理。

本章关键词

服务外包　服务外包承包商　综合与单一服务外包　境内与离岸服务外包　订单式服务外包　支持协办式服务外包　服务外包管理

复习思考题

1. 服务外包的含义是什么？
2. 服务外包有哪些主要类型？

3. 举例说明服务外包有哪些作用或功能？
4. 为什么说会展服务承包商在会展活动的筹备与举办过程中扮演着重要的角色？
5. 举例说明会展服务外包管理的主要内容是什么？

2016中国－东盟博览会旅游展服务项目公开招标

为贯彻落实习近平主席关于共建21世纪"海上丝绸之路"的战略构想，中国－东盟博览会欲打造升级版，延伸展会价值链，提供综合服务功能，在办好主展的同时，选择双方互补性强、合作前景好的旅游等领域举办系列专业展，提升综合服务功能，把"政策沟通、设施联通、贸易畅通、资金融通、民心相通"落到实处。鉴于中国－东盟旅游合作前景广阔，桂林正在加快建设国际旅游胜地，第11届中国－东盟博览会中方组委会议定，从2015年起每年在广西桂林举办中国－东盟博览会旅游专题展，得到商务部批复。旅游专题展由中国国家旅游局和广西壮族自治区人民政府共同主办，邀请东盟10国旅游主管部门参展参会并轮流出任主宾国。2015年5月2成功举办第一届。主题为21世纪"海上丝绸之路"旅游发展与合作。展览内容包括旅游形象类、旅游商品类、旅游消费类、旅游科技类。有效促进了中国和东盟各国的旅游交流合作。

为了全面提升展会质量，广西云龙招标有限公司受桂林市博览事务局的委托，于2015年12月21日就2016中国－东盟博览会旅游展招商招展、展览组织、运营、管理及专业论坛组织实施等服务项目采用公开招标的方式进行招标。

招标公告的主要内容如下：

受桂林市博览事务局委托，根据规定，现就2016中国－东盟博览会旅游展招商招展、展览组织、运营、管理及专业论坛组织实施等服务项目进行公开招标，欢迎符合条件的供应商前来投标。

一、项目名称：2016中国－东盟博览会旅游展招商招展、展览组织、运营、管理及专业论坛组织实施等服务项目采购。

二、项目编号：JGHLFGG2015A0＊＊＊

三、采购方式：公开招标

四、采购内容、数量、单位及采购预算总金额

名　称	数量	单位	采购预算总金额（元）
2016中国-东盟博览会旅游展招商招展、展览组织、运营、管理及专业论坛组织实施等服务项目	1	项	7000000.00

具体采购需求详见招标文件。

五、投标人的资格要求

1. 符合《中华人民共和国政府采购法》第二十二条规定的供应商资格条件，依法在工商行政管理部门登记注册，具备法人资格，从事本次采购服务并且具备大型展览、旅游活动组织、策划和配套服务能力的供应商。

2. 本项目不接受联合体投标。

3. 本项目不接受未购买本招标文件的供应商投标。

六、招标文件的发售方式

1. 发售时间：2015年12月21日至2016年1月4日，上午8时～12时，下午14时30分～17时30分，双休日和法定节假日不办理业务。

2. 售价：招标文件工本费每本250元，售后不退，邮寄另加邮费50元。

七、投标保证金

投标保证金金额：柒万元整（人民币，须足额交纳）。

投标保证金的交纳方式：（略）

八、投标截止时间：

投标人应于2016年1月11日上午9时00分前，逾期送达的投标文件不予受理。

投标文件递交起止时间：2016年1月11日上午8时00分至9时00分。

联系人姓名、手机、邮箱：（略）

广西云龙招标有限公司于2016年1月11日公告招标的中标结果。主要内容如下。

一、采购项目名称

2016中国-东盟博览会旅游展招商招展、展览组织、运营、管理及专业论坛组织实施等服务项目采购（采购项目编号：GLZFCG2015A0339）。

二、采购项目简要说明

2016中国-东盟博览会旅游展招商招展、展览组织、运营、管理及专业

论坛组织实施等服务1项,具体内容详见招标文件。

三、招标公告媒体及日期

本项目于2015年12月21日在http：//www.ccgp.gov.cn（中国政府采购网）、http：//www.gxzfcg.gov.cn（广西壮族自治区政府采购网）、（桂林市政府采购网）、http：//（广西云龙招标网）上发布招标公告。

定标日期：2016年1月11日。

四、评标信息

评标日期：2016年1月11日

评标地点：广西云龙招标有限公司评标一室、评标三室（广西桂林市中山北路25号3楼）

评委：陈亚伦、王亚蓓、陈丽荣、何培谦、朱远武、戴林、黄佳慧

五、中标信息

中标供应商	中标金额	中标供应商地址
厦门建发国际旅行社集团有限公司	陆佰玖拾捌万元整（￥6980000.00）	厦门市思明区环岛东路1699号建发国际大厦十层A单元

中标标的基本信息：

序号	中标标的名称	数量及单位	单价（元）	项目实施时间
1	2016中国－东盟博览会旅游展招商招展、展览组织、运营、管理及专业论坛组织实施等服务	1项	6980000.00	2016年5月27日至2016年5月29日（暂定），最终确定时间以双方签订合同时间为准

六、中标公告期限

自中标公告发布之日起1个工作日。

七、联系事项

采购代理机构：广西云龙招标有限公司

采购人：桂林市博览事务局

地址、联系人、联系电话等：（略）

中标供应商应自接到通知之日起七个工作日内，办理中标通知书领取手续，如不按期办理领取手续，按违约处理。

投标人认为本项目中标结果使自己的权益受到损害的，可以自中标公告期

限届满七个工作日内以书面形式向广西云龙招标有限公司提出质疑，质疑电话（略）。

逾期将不再受理。

■讨论题
1. 该案例中的会展服务承包商属于何种类型？有何特点？
2. 该会展服务承包商对 2016 中国–东盟博览会旅游展承担哪些服务？
3. 试对中国–东盟博览会旅游展的主办单位提出如何管好承包商的建议。

第十章　会展服务人员管理

①明确会展服务人员的各种类型；②掌握会展服务人员管理的一般方法；③掌握外部服务人员管理的特殊方法；④了解会展服务人员的能力结构和知识结构。

第一节　会展服务人员的分类

一、广义和狭义的会展服务人员

（一）广义的会展服务人员

1. 划分依据

广义的会展服务人员以行业属性（或产业属性）为划分依据。第一章已经明确界定会展业属于现代服务业，以此为依据，可以把在会展业工作的大部分人员（除一定级别以上的管理干部之外）都划为服务人员，就像人们习惯把在制造业工作的大部分人员统称为工人、把以第一产业为经济来源的大部分人员统称为农民一样。

2. 主要类型

按广义概念，把在会展业工作的大部分人员都划为服务人员。那么，这些服务人员的分类就可以用中世航会展研究所所长刘宏伟的思路来概括。刘宏伟按工作内容将会展业的人才分为研究、策划和实施三个大的层次，以及核心、辅助、支持三种类型。会展策划师和高级运营管理人员等属于核心人才，他们在行业中层次最高，专业性最强；会展设计、搭建、运输、器材生产、销售等人才属于辅助型人才；翻译、旅游接待等人才则属于支持型人才。对会展业人才进行划分之后，我们可以比较明显地看出，研究、策划、高级运营管理等与服务有较大差距。由此引出狭义的概念。

（二）狭义的会展服务人员

狭义的会展服务人员以本书第一章界定的狭义的会展服务工作为划分依据。狭义的会展服务指在某项会展活动中，由主办方或承办方向该会展产品的消费方所提供的各项服务。这里的服务与会展项目的整体运营有明显的差别。例如，任何一个会展项目，在前期的市场调查、构思创意、策划论证、申请立项过程中，不可能向消费方提供什么。可见狭义的会展服务实际上并不包括会展项目的研究、策划、营销、管理等，而主要指事务性工作。从事这些事务性工作的才是会展服务人员。但要特别注意，会展服务人员的工作贯穿会展活动的前期、当期和后期。

本章运用狭义的会展服务人员概念，探讨相应的管理方法。

二、内部和外部的会展服务人员

（一）内部的会展服务人员

内部的会展服务人员指在会展主办方、经营方或承办方所在的单位或公司里有固定工作的服务人员。理论上认为，这类服务人员应该比较稳定。经过一段时间的实践，可以成为会展项目中某种服务工作的内行或负责人。但事实上，在会展公司和企业里，尤其是缺乏品牌会展项目的公司和企业里，这类人员极其不稳定，跳槽率很高。内部人员的性质和地位随时可能改变。通过科学有效的管理，稳定这些人员，使各项服务工作都有内行或负责人，对提高会展服务的质量尤其重要。

（二）外部的会展服务人员

外部的会展服务人员指针对某个会展项目的特定需求专门招聘录用的服务人员，主要包括临时工、见习生、实习生、志愿者等。下面对后三种会展服务人员进行介绍。

1. 见习生

见习生指毕业后拿到劳动手册、未找到正式工作前，应聘见习岗位，以期在实践中积累工作经验、提高综合素质，从而提高未来的就业竞争力的大学毕业生（也包括中专毕业生或职校、技校毕业生）。

据新华网 2009 年 6 月 22 日《上海世博会千名见习生招募启动》等文章报道，为配合国家人力资源部、社会保障部、教育部等 7 部门联合启动的 3 年百万高校毕业生就业见习计划，减轻大学生的就业压力，给暂时未能找到工作的大学毕业生提供社会实践机会，世博局借鉴国外的成功做法，于 2009 年 6 月推出首批行政保障、运营服务、业务支持 3 大类 28 个见习岗位，涉及行政文秘、档案、中文、计算机、通信技术、法律、新闻传媒、外语、市场营销、舞美、建筑工程、公共关系、师范教育、心理学、管理学等专业。经过层层选拔、脱颖而出的首批 130 名见习生于 2009 年 8 月 10 日与上海世博会正式签约；接受培训后，秋季正式上岗，主要服务于世博局机关。2010 年年初，世博局又开展了第二批见习生招募和培训工作，两批岗位总需求约千人。招聘对象为所有上海高校的大学毕业生，也包括户籍在外地的上海高校毕业生。在见习期间，见习生可享受市政府给予每月 576 元的见习生活费，市政府为每个见习生办理"见习综合保险"，主要用于见习过程中见习生自身及造成他人人身意外伤害的保障。除此之外，世博局给予交通费和通讯费补贴，另外办理相应的保险，并提供必要的保障。在见习期间，世博局与见习生不签劳动合同，不缴纳"四金"，保证见习生待遇将不低于上海市最低工资标准。继世博局之后，不少单位相继录用见习生。如团中央首批青年就业创业见习基地之一的招商银行上海分行就委托上海市对外服务有限公司面向社会招聘"招商银行上海分行世博金融见习生"，包括业务辅助操作岗、大堂引导服务岗等。

世博局录用见习生，既有益于缓解就业压力，也标志着为世博会的实际运营发现、储备和培养人才，还为我国会展业人才聘用与管理做出有益的尝试。

2. 实习生

实习生指为了提高动手能力、增加才干、促进对理论知识的理解和记忆，按教学计划的要求，短期参与社会实践的大、中、专、职各类学校的在校学生。

以奥运实习生为例。北京奥组委为解决工作人员不足问题，吸取往届奥运会主办国的经验，吸纳志愿者和实习生为北京奥运会服务。因为志愿者基本都是在赛时才到场参与工作，一些前期筹备工作和延续性比较强的工作，就需要实习生来承担。据了解，奥运实习生，一般录用的是高等院校本科和研究生一、二年级的学生，有固定的工作时间、固定的服务时长，很好地填补了正式工作人员和志愿者之间的真空。

小链接 10-1

见习与实习的区别

见习不等同于高校毕业生所熟悉的实习。其一，见习有生活补助，分别由地方政府和见习单位各出一部分钱；其二，见习单位虽然没有义务为高校毕业生缴纳社会保险，但需为其办理人身意外伤害保险；其三，高校毕业生如果在见习期间或期满后被见习单位正式录用，见习时间可作为工龄计算；其四，公共就业服务机构、人才服务机构将为参加见习的高校毕业生免费提供人事档案托管服务。

（资料来源：摘自中国实习生网，www.51shixi.org）

3. 志愿者

志愿者也叫义工、义务工作者或志工（Volunteer）。联合国将其定义为"不以利益、金钱、扬名为目的，而是为了近邻乃至世界进行贡献的活动者"；即指在不为任何物质报酬的情况下，能够主动承担社会责任，不关心报酬而奉献个人的时间及精神的人。百度百科根据中国的具体情况，将志愿者定义为："自愿参加相关团体组织，在自身条件许可的情况下，在不谋求任何物质、金钱及相关利益回报的前提下，合理运用社会现有的资源，志愿奉献个人可以奉献的东西，为帮助有一定需要的人士，开展力所能及的、切合实际的，具一定专业性、技能性、长期性服务活动的人。"国际上，志愿者的发展可追溯至第二次世界大战之后。我国的志愿者活动以青年志愿者为起始和核心。1993年年底，共青团中央决定实施中国青年志愿者行动。这是一项与国际接轨、与社会主义市场经济同向并轨的跨世纪事业，致力于帮助有特殊困难的社会成员，推动社会保障体系的建立和完善；致力于消除贫困和落后，消灭公害和环境污染，普及科学文化知识，促进经济社会协调发展和全面进步；致力于建立互助友爱的人际关系和良好的社会公德，推动社会主义精神文明建设；立足于社会关注、党政关心、青年能为的社会公益事业，是动员和组织青年参加社会主义精神文明建设的有效载体，是新形势下共青团工作服务社会的新探索。

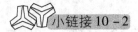 小链接 10-2

江泽民在杰出青年志愿者的来信上做出重要批示

中共中央总书记、国家主席江泽民近日在杰出青年志愿者的来信上做出重要批示:青年志愿者行动,是当代社会主义中国一项十分高尚的事业,体现了中华民族助人为乐和扶贫济困的传统美德,是大有希望的事业。努力进行好这项事业,有利于在全社会树立奉献、友爱、互助、进步的时代新风。希望你们在新的世纪里继续努力,发扬我国青年的光荣传统,不懈奋斗,不断创造,奋勇前进,为实现中华民族的伟大复兴做出新的更大的贡献。

(资料来源:《中国青年报》,2000年1月18日)

青年志愿者行动实施以来,得到了广大青年的积极响应,得到了党政领导和社会各界的充分肯定,受到了人民群众的普遍欢迎,产生了良好的社会影响。更重要的是,以青年志愿者的志愿服务为表率,越来越多的社会各界群众加入到志愿者的行列,正在成为一种新的社会风尚。

会展志愿者是为各种各类会展活动提供自愿服务的人。志愿者行动的服务领域有农村扶贫开发、城市社区建设、环境保护、抢险救灾、社会公益、大型会展活动等。在这里,有两点需要注意:一是,会展志愿服务仅仅是志愿者行动的一个领域;二是,随着我国会展业的超常规发展,服务于大型会展活动的志愿者将会越来越多。

下面以广交会和上海世博会为例。

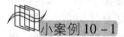
小案例 10-1

广交会的第一支志愿翻译服务队

广交会期间,世界各地的商人都云集在广州,语言沟通成了他们的一大难题。海珠区志愿者们根据现场的情况,自发组建了几支志愿翻译服务队,在停车场、车站、入口等地方,为外国商人提供翻译服务。他们协助各国外商寻找酒店和车辆,为外商引路,帮助外商与警察和保安沟通,极大地解决外商在广州的语言沟通问题,有些志愿者甚至帮助外商与国内厂家成功交易。这支由600多人构成的海珠区青年志愿者队伍是广交会的第一期会展服务志愿者,他们红色的身影每天都活跃在场馆的四周,他们真诚的微笑成为广交会上亮丽的名片。

(资料来源:根据大洋网2007年10月23日登载的《会展志愿者亮相广交会》一文改写)

小链接 10-3

中国 2010 年上海世博会志愿者

中国 2010 年上海世博会志愿者是指由中国 2010 年上海世博会志愿者工作组统一招募的，在上海世博会园区内外自愿无偿地开展各类志愿服务活动的所有志愿者。世博志愿者岗位类别分为两个大类：园区志愿者、园区外志愿者；分为三支队伍：世博园区志愿者、世博城市服务站点志愿者、世博城市文明志愿者。

（资料来源：根据上海世博会官方网站和上海世博会志愿者网相关资料编写，2010 年 7 月）

另外，在北京、上海、广州三大会展城市之外，会展志愿者活动也日益高涨。2006 年 10 月 16 日举办的"第十届宁波国际服装节"，就招募了 653 位志愿者，其中首次招募了 60 位国际志愿者。重庆市会展专业的在校大学生就在学校相关部门和重庆会展行业协会的指导下，自发组建了会展志愿者服务联盟协会。协会以志愿服务为宗旨，以"服务社会、锻炼自我"为目的，大力弘扬"奉献、友爱、互动、进步"的志愿者精神，主要为重庆的会议、展览专项活动提供公益服务，促进重庆的经济建设，推动重庆会展行业的人才培养。

三、固定和临时的会展服务人员

（一）固定的会展服务人员

固定的会展服务人员有两个概念。一是长期固定的会展服务人员，即多年在主办某会展活动的政府机构或会展公司工作，是该单位的在编人员或签约人员。二是项目固定的会展服务人员。项目固定包括多种情况：可以是分到项目组的该单位在编人员，其固定工作不受项目能否继续进行的影响；可以是某个会展项目专门招聘录用的项目固定人员，其根本性质还是外部人员，项目结束时自动解除工作关系；也可以是政府部门派到某个会展项目组工作，项目结束后即返回原单位原部门。

（二）临时的会展服务人员

临时的会展服务人员也有两个概念。第一个概念指不在会展主办方、经营方或承办方单位的人员编制之内、视需要临时招聘录用的服务人员。根据服务岗位的不同，有服务期限的长短之分。服务期限长者可达半年、1年甚至更久，短的只有十几天、几天甚至几小时。对临时服务人员需求量最大的是会展活动的现场，即会展活动的当期。第二个概念是业内跨单位跨地区抽调的临时支援人员。

要特别注意，临时会展服务人员不等于一般会展服务人员。临时指的是非在编或双方没有签订就业合同。除了临时工，上面介绍过的见习生、实习生、志愿者等都属于临时服务人员，其中大多数都是高层次的专业服务人员。例如，义乌市人民政府会展管理办公室和深圳会展中心招聘的临时工作人员。

小案例 10-2

义乌市人民政府会展管理办公室招聘临时工作人员

因工作需要，义乌市人民政府会展管理办公室拟招聘临时工作人员2名（男、女各1名）。报名条件：身体健康，遵纪守法，品行端正，30周岁以下，大专以上学历，具有一定的文字写作水平，会展专业毕业优先。报名时间：2009年4月13日至14日。报名者请随带本人身份证、学历证书等原件及复印件。地址：义乌市海洋商务楼1204室（海洋酒店对面）。电话：85179005。

义乌市人民政府会展管理办公室
二〇〇九年四月十日

小案例 10-3

深圳会展中心招聘第十一届高交会临时工作人员

因工作需要，第十一届高交会面向社会公开招聘临时工作人员。职位描述：会务、成果交易、邀请函兑换、证件申办、交易洽谈及统筹、会议室排期等。要求：熟悉Windows系统及Office办公软件，有一定工作经验，口头表达能力强，善于沟通协调，组织能力及责任心较强，耐心细致，吃苦耐劳，有一定的工作经验。工作地点：深圳市。学历要求：大专以上。招聘人数：若干。工资待遇：面议。

深圳会展中心
2009年11月21日

四、专业和一般的会展服务人员

(一) 专业的会展服务人员

专业的会展服务人员录用要求与一般的会展服务人员相比,除了都有道德标准之外,最大的特点是还有学历要求、专业要求、综合素质要求等。用一句话概括,就是属于高层次人才。专业会展服务人员招聘要经过严格的考试和遴选,上岗要经过严格的培训,有的还要经过试用。

从大的角度,可以把专业的会展服务人员分为两种:一种是管理人员(包括各级管理岗位的助理),另一种是技术(广义)人员。

管理人员包括会展项目经营过程中所设的全部管理部门和管理岗位。仅以北京大学奥运会赛时实习生和亚运会组委会场馆器材部实习生为例。

小链接10-4

北京大学87名奥运会赛时实习生分三批全部上岗实习

北京大学87名奥运会赛时实习生分三批全部上岗实习,分布在包括国家体育馆、国家游泳馆、乒乓球馆、总部大厦、老山自行车馆、顺义奥林匹克水上公园等在内的25个场馆。场馆管理部实习生的岗位为场馆运行秘书长助理,媒体运行部实习生的岗位包括主新闻中心助理、场馆媒体运行副经理、摄影副经理、媒体服务副经理等。

小链接10-5

亚运会组委会实习生(志愿者)招募

招募部门:场馆器材部(综合处)。部门介绍:亚组委核心部门之一,负责亚运会前期所有比赛场馆的建设和改造工作。工作起止时间:2010年5月至2010年7月。招募需求:行政助理(若干名)。

技术人员多种多样,可以说,会展项目经营过程牵涉到多种专业知识和技能,如文秘类、语言类、工程类、艺术类、设计类、物流类、电脑类、金融类、法律类、厨政类、医护类、园艺类、礼仪类等。仅以广州亚运会外语类和体育展示类实习生为例。

小链接 10-6

第 16 届亚运会外语类实习生招募公告

招募时间：2010 年 4 月 26 日至 5 月 10 日。职位需求：亚组委宣传部实习生 15 名，亚运志愿者新闻中心 3～5 名，亚运会志愿者通讯社外语人才 20 名。招募对象为英语、日语、韩语、法语等外语系毕业生或在读生。招募方法：本次招募实行网上报名，有意应聘者请对照条件，如实填写《亚运外语实习生报名表》，于 5 月 10 日前把简历发送至 yayunhuiwaiyu16th@163.com（邮件标题需注明：外语志愿者申请 + 姓名）。投了简历的同学请密切关注相关网站对初审合格者的面试公告。

亚组会志愿者部
2010 年 4 月 26 日

小链接 10-7

招募广州亚运会体育展示实习生的通知

体育展示是指向现场和电视观众展示体育的方式，即通过现场的播报员、解说评论员、音乐、现场大屏幕、计分屏、各类表演、灯光等元素，保障竞赛顺畅进行，并将赛场包装为类似于舞台的表现形式。体育展示服务于竞赛，直接面对现场观众，并将赛事通过电视屏幕展现在全世界面前，是一场体育赛事最直观的展现，也是一场体育赛事能否给全世界留下深刻、美好印象的关键因素。

为顺利完成广州亚运会 42 个大项以及 27 项测试赛的体育展示工作，广州亚运会体育展示需要在高校招募中英文播报、评论、导播、音响师等不同专业岗位的实习生 800 余名，组建 54 支体育展示团队，所有团队将在亚运会上岗前接受形式丰富的培训及测试赛的实战演练。

根据第 16 届亚运会体育展示人力资源计划，拟在暨南大学招募以下岗位实习生：体育展示英文播报员/评论员、体育展示中文播报员/评论员、体育展示音响师、体育展示助理音响师、体育展示视频导播、体育展示视频操作员、体育展示视频编辑等。岗位招募人数最终将根据考试成绩确定。

广州亚组委
2009 年 12 月 9 日

另外，很多会展活动的现场服务人员也属于专业会展服务人员。例如，广交会审图组、采购代表组、办公室组、咨询导向组、问卷调查组的实习生，采购商报到处的验证员、电脑员、制证员、过塑员、收款员等。

（二）一般的会展服务人员

一般的会展服务人员录用要求与专业的会展服务人员相比，除了都有道德标准之外，最大的特点是没有学历要求、没有从业经历要求，而注重身体素质、性别、年龄等方面的要求；用一句话概括，就是属于低层次的体力劳动者。常见岗位如场馆保洁、餐饮卫生、物品搬运、布展（搭建）撤展、各种杂活小时工（计件工）等。

第二节 会展服务人员的选拔和培训

一、会展服务人员的选拔

会展服务人才是会展能否成功的关键因素之一。因此，各会展主办单位特别注重会展服务人才的选拔。会展服务人才选拔的基本程序包括制订选拔计划、制定选拔策略、甄选、录用、选拔评估五个步骤。

（一）制订选拔计划

会展企业的人才选拔计划通常包括选拔人数、选拔标准、选拔对象、选拔时间和选拔预算等内容。

在选拔过程中，会展企业通常会吸收到比空缺职位更多的求职者。但究竟吸引到的申请者应该比录用的人数多多少才合适，这就需要计算接纳申请者的比例，使选拔的面比较合理，避免选拔面太小而选不到合适的人、选拔面太大而增加选拔的时间和成本。估算产出比的一个有效工具是"选拔产出金字塔"，利用这种方法可以知道，最终要获得一定数量的人员必须吸引多少个申请者才能有所保证。

例如，某会展公司需要在明年选拔2名服务管理人员，而在劳动力市场上，接到录用通知的人与实际报到的人数比为2：1，被邀请面谈的应聘者与被提供职位的应聘者的比例为3：2，被邀请参加面谈的人与实际参加面谈的人的比例为4：3，而这些被邀请面谈的人又是从最初被吸引的申请者中产生出来的，假如其比例为6：1，那么这个公司最初吸引的申请者应为48人。

（二）制订选拔策略

选拔策略是为了实现选拔计划而采用的具体策略，具体包括选拔地点的选择、选拔时间的确定、选拔渠道和方法的选择等。

1. 选拔地点的选择

为了节省开支，会展公司应将其选拔的地理位置限制在最能产生效果的劳动力市场上。一般来说，高级服务管理人员应在全国范围内选拔，中级服务管理人员应在跨地区的劳动力市场上选拔，一般服务人员常常在会展企业所在地的劳动力市场上选拔。

2. 选拔时间的确定

一般说来，选拔日期的计算公式为：选拔日期＝用人日期－培训周期－选拔周期。

例如，某会展公司的用人日期为2009年7月1日，培训周期为2个月，选拔周期为一个半月，则按上式计算，应从2009年3月15日开始着手招聘。

3. 选拔渠道的类型和选择

任何一种确定的选拔方案，对应聘者的来源以及企业应采取的选拔渠道都要做出选择，这是选拔策略中的主要部分。

（1）选拔渠道的类型。选拔渠道有内部渠道和外部渠道两种。说到选拔，大多数人想到的是从外部选拔员工，而忽略了公司的现有员工也是一个重要的来源。内部渠道选拔包括两种：第一种是内部提升。当企业中有比较重要的职位需要选拔工作人员时，让企业内部符合条件的员工从一个较低的职位晋升到一个较高的职位的过程就是内部提升。第二种是工作调换。它也称为"平调"，是指员工的职务和职别不发生变化，工作岗位发生变化。工作调换可为员工提供从事组织内多种相关工作的机会，为员工今后提升到更高的职位做好准备。但是，由于选择范围有限，内部渠道选拔往往无法满足组织用人的需要，尤其是在公司初创或需要大规模选拔员工时，仅通过内部渠道选拔无法解决人力资源短缺的问题，必须借助于外部的劳动力市场。外部选拔渠道主要有：媒体广告、职业介绍机构（公共职业介绍机构、专职猎头公司）、学校招聘、员工推荐、顾客推荐、网络招聘。

（2）选拔渠道的选择。利用哪种招聘渠道首先取决于会展企业的自身情况，如企业性质、企业规模、办展方向、办展方针、公司现有人力资源的状况（结构、数量）等；其次取决于会展企业所在地的劳动力市场状况。一般情况下，技能及管理层次越高的职位，越需要在大范围内进行选拔，如在区域性的、全国性的人才市场甚至跨国范围内进行。发达国家的一些研究表明，职位的类型是决定使用哪一种选拔的重要因素。例如，对于服务管理职位来说，使用最多的是内部选拔、报纸广告，其次是专门的中介机构（如猎头公司等）；对于专业和技术职位来说，使用最多的是校园招聘，其次是报纸、专业杂志广告；对于展位销售服务人员，使用最多的是报纸广告。

总之，任何一种选拔渠道都既有优点又有缺点，公司应全面考虑各种因素，综合利用各种渠道，这样才能尽可能地选拔到需要的员工。

4. 选拔中的组织宣传

企业在"推销"自己提供的职位时，应该向求职者传递准确有效的信息。一般来说，职位薪水、工作类型、工作安全感等是影响人们选择工作职位和工作单位的最重要因素；然后就是晋升机会、企业的综合实力等。此外，企业的管理方式、企业文化、工作条件、同事、工作时间也是不可忽视的因素。企业应该以诚实的态度传递信息，否则，不仅不能给企业带来好处，反而可能会产生负面影响。

（三）甄选

甄选候选人是选拔过程中的一个重要组成部分，其目的是将不符合职位要求的申请者排除。主要的甄选手段包括面试、智力测试、个性测试、情景模拟测试等。甄选过程就是根据既定的标准对申请人进行评价和选择，它是选拔过程中的重要阶段。企业能否最终选择到合适的人选，很大程度上取决于这一步。甄选一般包括资格审查和初选、面试和测试三个方面的工作。

1. 资格审查和初选

资格审查即人力资源部门通过阅读申请人的个人资料或申请书，将明显不符合职位要求的人员排除，然后将符合要求的应聘者名单与资料交给用人部门，由用人部门进行初步选择。初选工作的主要任务是从合格的应聘者中选出参加面试的人员。

2. 面试

对于公司初选的应聘人员，真正直接了解其具体情况并对众多的应聘者做出比较，最直接的方法就是面试。面试在会展企业的人员选拔中起着非常重要的作用。

根据面试的组织形式，可以将面试分为结构式面试、非结构式面试和压力面试。结构式面试是指在面试之前已有一个固定的框架（或问题清单），面试主持人根据面试框架控制整个面试过程，严格按照问题清单对应聘者进行提问。非结构式面试没有固定的模式，面试主持人只要掌握组织、职位的情况即可，问题多是开放式的，着重考察应聘者的理解和应变能力。压力面试是向应聘者提出一个意想不到的问题，通常具有敌意性和攻击性，借此考察应聘者的反应。压力面试主要考察应聘者承受压力、调整情绪的能力，同时还可测试应聘者的应变能力和解决紧急问题的能力。

另外，有两种较新的面试形式，即 BD 面试和能力面试。BD 面试即行为描述面试，它是基于行为连贯性原理发展起来的。通过这种面试可以了解两方面的信息：第一，应聘者过去的工作经历，判断他选择本组织的原因，预测应聘者未来在本组织的行为模式；第二，了解他对特定事件所采取的行为模式，并将其行为模式与组织空缺职位所要求的行为模式进行比较。能力面试着重考察的是应聘者如何去实现所追求的目标。能力面试的过程大致如下：先确定空缺职位所需的责任和能力，明确它们的重要性；然后，询问应聘者过去是否承担过类似的职位，或是遇到过类似的情景；若有类似经历，则再确定他们过去负责的任务，进一步了解一旦出现问题时他们所采取的行动，以及这项行动的结果。

3. 测试

测试是在面试的基础上对应聘者进行深入了解的一种手段。其主要目的是通过这种方式，消除在面试过程中面试主持人的主观因素对面试的干扰，提高选拔的公平性，剔除应聘资料与面试中的伪信息，提高录用决策的准确性。

常见的测试类型包括以下三种：

（1）智力测试。智力测试所测试的能力不只是一个单独的智力特征，而是一组能力，包括观察能力、记忆能力、想象能力、思维能力等。但是要注意的是，智力测试的结果所反映的只是一个人相对于平均智力水平的程度，不能绝对化，如果绝对化，智力测试就会进入误区，有可能招到高分低能的人员。因此，智力测试要与其他测试方法结合使用。

（2）个性测试。虽然个性并无优劣之分，但却是施展才华、有效完成工作的基础。许多研究都表明，个性特点与工作行为关系极大。会展公司对员工的吃苦耐劳精神、主动性和创造性以及沟通能力等都有较高的要求，所以个性测试对于会展人员的招聘具有重要意义。常用的个性测试方法主要有自陈式测试和投射式测试两类。

1）自陈式测试。自陈式测试常常借用由美国卡特尔教授提出的"卡特尔

16种个性特征问卷"进行。该测试由187个问题组成,通过对应聘者作答情况进行分析,得出个人个性特征剖面图,以此进一步分析个人的心理健康、创造力和成长能力等状况。

2)投射式测试。投射式测试依据的原理是,人的一些个性特征与倾向性深藏于意识深层,而自己没有明确认识到。投射式测试向被测者呈现一些意义不明确的图形,被测者根据自己的体验来形容看到什么,即将自己的个性特点投射到刺激中去。测试本身不显示任何目的,受试者不会有意做出虚假反应,测试结果较为可信。

(3)情景模拟测试。情景模拟测试是根据被测试者可能担任的职务的特点,设计一种与实际工作近似的情景,让被测试者置身其中处理有关事务,以此来测试其素质和能力。这类测试的主要形式有:

1)无领导小组讨论法。该方法由美国管理学家迈克尔·米修斯提出,是指一组被测试者开会讨论一个实际经营中存在的问题,讨论并不确定由谁来主持会议,只是在讨论中观察每个被测试者的发言和表现,以便了解他们的心理素质和潜在能力。此种方法可以测试被测试者的领导能力、说服能力和协调能力等。

2)公文处理模拟法。这是一种专门为招聘到合格的管理人员和部门领导者而设计的方法。在测试时,向应聘者提供在担任职位的工作中可能遇到的各类公文,有下级呈上的报告、请示、计划、预算和统计部门的备忘录,上级的指示和批复,各种来电、传真,等等,要求被测试者在规定的时间和条件下进行处理,并根据他们处理公文的速度、质量和处理公文的轻重缓急等指标进行评分。这种方法比较科学和公平,近年来采用较多。

3)访谈法。访谈法主要有三种形式,分别为电话沟通、接待来访者和拜访有关人士。电话沟通可以反映受试者的心理素质、文化修养、口头表达能力和反应能力等;接待来访者和拜访有关人士可以考察其待人接物的技巧、驾驭谈话和处理问题的能力,以及应付各种突发事件的能力等。

4)企业决策模拟法。此方法的具体做法是:应聘者4~7人组成一个小组,该小组就是模拟中的企业,小组在协商的基础上规定好每人应担任的职务,各个"企业"根据组织者提供的统一的"原材料",在规定的时间内"生产"出自己的产品,再将这些产品"推销"给组织者。这种方法可以测试应聘者的综合素质,如进取心、主动性、组织计划能力、沟通能力、群体内协调能力、创造能力等。

另外,招聘测试还包括体格测试、兴趣测试、专业技能和知识测试等,各种测试都各有侧重点,应根据企业的具体情况、招聘职位的特点和要求,科学地选择测试方法,并注意各种方法的综合应用。

（四）录用

对经过甄选合格的候选人，应做出录用决策，这一决策包括聘用和不聘用两个方面。对决定聘用的求职者要发出正式通知，并与之签订劳动合同；对不予录用者也要致函表示歉意。

（五）选拔评估

选拔评估包含两个方面的内容：一是选拔结果的成效评估，主要是从成本和效用两个方面来分析；二是录用人员的评估，主要是从录用人员的数量和质量角度进行分析。

1. 选拔的成本效用评估

（1）选拔成本。选拔成本包括选拔总成本和选拔单位成本。选拔总成本是指本次选拔所花费的所有成本，还包括间接费用，如间接相关人员的工资。选拔单位成本指的是每选拔一名员工所花费的费用，即选拔总成本与录用人数之比。选拔总成本和选拔单位成本越低，录用效果越好。

（2）成本效用评价。这是对选拔成本所产生的效果进行分析。它主要包括：招聘总成本效用分析、人员录用成本效用分析。计算方法如下：

$$招聘总成本效用 = 录用人数 \div 招聘总成本$$

$$人员录用成本效用 = 正式录用的人数 \div 录用期间的费用$$

在公式中，分子越大，或分母越小，成本效用越大；反之，成本效用越小。

2. 录用人员的评估

这一评估是对录用人员从数量和质量两个方面进行评估，是判断选拔工作质量的另一个重要指标。录用人员评估主要的计算公式如下：

$$录用比 = 录用人数 \div 应聘人数 \times 100\%$$

$$招聘完成比 = 录用人数 \div 计划招聘人数 \times 100\%$$

$$应聘比 = 应聘人数 \div 计划招聘人数 \times 100\%$$

录用比越小，相对来说，录用者的素质越高；反之，则可能录用者的素质较低。如果招聘完成比等于或大于100%，则说明在数量上全面或超额完成计划。如果应聘比越大，说明发布招聘信息的效果越好，同时说明录用人员可能素质较高。

二、会展服务人员的培训

据上海会展业抽样调查表明，在职会展服务管理人员中未受过会展专业教育的占50%以上，只有52%的人接受过会展培训（见表10-1）。从严格的角度讲，我国"科班"出身的会展服务人才微乎其微。

表10-1　上海会展服务管理人员接受会展专业教育培训调查反馈

调查题	是	否	弃权	数值类型
贵单位从事会展业务的服务管理人员是否接受过会展专业教育	23	25	5	总数
	43.40	47.17	9.43	比例（%）
贵单位从事会展业务的服务管理人员是否接受过会展知识的培训	28	16	9	总数
	52.83	30.18	16.98	比例（%）
贵单位今后是否需要会展管理专业毕业的学生来充实员工岗位	41	5	7	总数
	77.36	9.43	13.21	比例（%）

（资料来源：上海师范大学旅游学院《关于会展人才市场调查报告》）

可见，会展企业对服务人员进行上岗、在岗、脱岗、转岗的培训非常重要。一般说来，设计或建立一个有效的培训开发项目，要经历三个阶段，即评估阶段、培训阶段和效果评估阶段（见图10-1）。

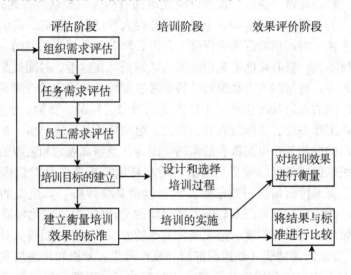

图10-1　员工培训过程模型图

［资料来源：（美）威廉·P. 安东尼：《人力资源管理：战略方法》（第四版），中信出版社2004年版，第321页］

（一）评估阶段

1. 会展企业的组织需求分析

组织需求分析（Organizational Demand Analysis）是贯彻"知彼知己，百战不殆"的战略方针的先决条件，是实施组织经营战略的一项重要的基础性工作。培训需求的组织分析主要是通过对组织的经营战略、组织的发展目标、组织现有资源和可获资源、组织特质与环境分析（如组织所处的市场环境、组织所在行业的竞争状况、组织所在行业的发展趋势等）因素的分析，找出组织存在的问题与问题产生的根源，以确定员工培训计划，并确定通过培训期望必须解决的问题。

培训需求的组织分析涉及能够影响培训规划的组织的各个组成部分。一般认为，组织分析可以分为三个重要步骤。第一，组织经营战略和发展目标分析。明确清晰的组织经营战略和发展目标，既对组织的发展起决定性作用，也对培训规划的设计与执行起决定性作用，组织经营战略和发展目标决定培训目标。比如说，如果一个组织的目标是提高产品的质量，那么培训活动就必须与这一目标相一致。第二，组织现有资源和可获资源分析。如果没有确定可被利用的人力、物力和财力资源，就难以确立培训目标。一般认为，通过对经费、时间和人力的分析，就可了解一个组织资源的大致情况。首先，组织所能提供的经费将直接影响培训的范围和深度。其次，培训需要相当的时间，如果时间紧迫或安排不当，极有可能造成粗略的培训结果。在这里，时间就是金钱。再次，就是人力。对组织人力状况的了解非常重要，它是决定是否组织培训的关键因素。组织的人力状况包括：工作人员的数量、年龄、性别、学历、经历、技能水平、工作态度、工作绩效等。第三，组织特质与环境分析。组织特质与环境对培训的成功与否也起重要的作用。因为，当培训规划和组织的价值不一致时，则很难保证培训的效果。组织特质与环境分析主要是对组织的系统结构、文化、资讯传播情况进行了解，主要包括系统特质（如组织的输入、运作、输出、次级系统互动以及与外界环境间的交流特质）、文化特质（如组织的软硬体设施、规章、制度、组织经营运作的方式、组织成员待人处世的特殊风格）、资讯传播特质（如组织部门和成员收集、分析和传递信息的分工与运作等）对上述问题和特性的了解，从而有助于管理者及培训部门全面真实地了解组织。

相对于一般企业，会展企业培训需求的组织分析更加重要。原因主要有两点。第一，我国会展业处在起步阶段，会展企业多为年轻企业，缺乏培训积累和培训经验；第二，会展企业的业务工作内容宽泛，行业竞争激烈，对诸多服务外包必须进行严格管理。

2. 会展企业的任务需求分析

任务需求分析从职位角度确定培训需求,具体分析两个方面的内容:职位职责,包括各项工作任务及其难易程度等;职位的任职资格,即履行该职责需要具备何种素质条件,如需掌握的知识、技艺、能力等。这方面的分析应以企业人力资源管理中的职位分析为基础。如果企业已经制定有现成的职位分析文件,可直接作为培训需求分析的依据;如果尚未制定,则需要通过其他方法来收集有关职位的信息。通过任务需求分析,可确立判断现职位员工和新录用员工是否需要接受培训以及应接受何种培训的客观标准。

3. 会展企业的员工需求分析

员工需求分析是从员工角度来考察培训需求。如用公式来表示就是:目前或日后的职位所需达到的绩效 – 员工目前的实际工作绩效 = 员工的培训需求。也就是说,职位规定的工作绩效要求是衡量员工培训需求的标准,员工目前的实际工作绩效水平是决定其是否需要接受培训的个体依据。职位规定的绩效要求与员工现有的实际绩效水平之间存在的差距,就意味着需要对员工进行培训。具体操作时,应在评定员工绩效后,进一步分析导致绩效差距的原因,尤其应分析员工的知识、技艺、能力等素质,具体了解哪一方面的素质不符合职位资格要求,素质差距有多大,以便决定其需要接受何种培训以及何种程度的培训。(见表10 – 2)

表10 – 2 培训需求确认

项 目	要求具备的	现在已有的	应被开发的
知 识			
技 能			
能 力			
态 度			
行为方式			

4. 培训目标的建立

了解员工培训需求的目的是确定培训目标。培训目标由三个层次构成:①企业的培训总体目标,旨在提高企业人员的整体素质与效益,促进企业战略目标的实现;②某一部门或某类员工培训的群体目标,如企业销售部门的培训目标、管理人员的培训目标、工人的培训目标等;③针对个别员工培训的个体目标，旨在提高其个人素质、改进其工作行为、提高其工作绩效等。这三个层次之间的关系是，群体目标和个体目标的价值取向应从属于总体目标，而总体目标则应分解并体现于群体目标及个体目标之中。尽管总体目标具有主导意义，但目标设计工作的重心应为群体目标和个体目标。

群体和个体培训目标的内涵通常是对员工素质或工作绩效的期望性规定。也就是说，培训的直接目的就是为了提高员工的素质，以适应和胜任职位工作。培训目标首先必须对受训者通过培训应提高哪些方面的素质以及达到何种水平做出规定，也可对期望提高的工作绩效做出规定，工作绩效即实际工作行为成果。通常说来，生产线员工或其他操作性员工，其培训目标可以工作绩效来规定，管理人员的培训目标则多以素质因素来规定。

确定培训目标时须注意：目标内涵应与职位工作相关，即依据职位的性质、特点及要求来规定培训目标；目标水准应合理，不宜太高或过低，应既具促进作用又具可行性；目标内涵的文字表述应尽可能准确、具体，具可操作性，易于评价培训效果；培训目标应尽可能获得受训者的认同，使其对受训者产生积极的激励作用。

5. 建立衡量培训效果的标准

培训是有成本的，因此所有的管理者都对培训的效果很关注，从而要对培训建立一整套衡量的标准。一般来说，培训的标准分为五个层次：受训者对培训的感觉好吗（受训者的反应）？受训者能回忆和理解他们所学的概念吗（学习）？受训者将这些概念应用于他们的行为了吗（行为改变）？这些改变的行为影响了公司的成果了吗（结果）？受训者给公司和他们的工作留下了更多积极的氛围吗（态度）？

表10-3提供了一种衡量培训效果的标准，可以用做日常培训评估的参数；但是由于这张表格相当繁杂，因此，在使用时可以根据需要有所选择。

表 10-3　培训评价标准和衡量方法

我们想知道的	可被衡量的	衡量的尺度	所要考虑的（数据来源）	可选择的数据收集方法
Ⅰ. 受训者是否满意？如果不，为什么？ a. 概念不恰当 b. 培训场所设计 c. 受训者不恰当的定位	培训期间受训者的反应	适当 威胁 学习的轻松程度	受训者的评论 对教员的评论 对练习的问题	观察 采访 问卷
	培训之后受训者的反应	感觉到"价值" 适当，或者学习动力	"对项目的行为方式"关于项目概念的问题	观察 采访 问卷
Ⅱ. 教学素材是否教会了概念？如果没有，为什么？ a. 培训场所的结构 b. 课程： ——表达 ——案例 ——练习	培训期间受训者的绩效	理解 应用	学习时间 做练习的成绩 表达	观察 文献检索
	培训结束时受训者的绩效	理解 应用 设施 内容的衔接	讨论 文件 结果	观察 文献检索 采访 问卷
Ⅲ. 所学习的概念是否被应用？如果没有，为什么？ a. 概念： ——不相关 ——太复杂 ——太矫饰 b. 工具不适合 c. 环境不支持	绩效改进方案	分析 行动计划 结果	讨论 文件 结果	观察 文献检索 采访 问卷（关键事件）
	解决问题的技能	提出问题 计划的行为 采取的行动	讨论 文件 结果	观察 文献检索 采访 问卷（关键事件）
	正在进行中的管理方法	宣传的努力 语言 人员管理程序	讨论 会议 文件	观察 文献检索 采访 问卷（关键事件）
Ⅳ. 概念的应用对组织有积极的影响吗？如果没有，为什么？	问题的解决	问题识别 分析 行为 结果	讨论 文件 结果	采访 文献检索 问卷（关键事件）
	问题的预见和防范	潜在问题的识别 分析 行为	讨论 文件 结果	采访 文献检索 问卷（关键事件）
	衡量绩效并明确特定的培训场	产出衡量 时间间隔或诊断衡量	绩效资料	文献检索

（资料来源：K. Brethower and G. Rummler：Evaluating Training, *Training and Development Journal*, 1979, May, pp. 14～22）

（二）培训阶段

培训阶段主要包括设计和选择培训过程以及培训的实施两个阶段。

1. 设计和选择培训过程

设计和选择培训过程是整个会展企业服务人员培训过程中的关键，一旦培训项目选择失败将直接影响培训的效果。（见表10-4）

表10-4　培训过程的设计和选择

		技能的需求		
		基本技术	人际交往技巧	概念形成等综合技巧
所需技能水平	基础知识		工作轮换 多样管理 学徒式培训 工作指导培训	角色扮演 敏感度培训 礼仪课程	工作轮换 多样管理 情景模拟 案例讨论
	技能开发		工作轮换 多样管理 情景模拟 督导协助培训	角色扮演 敏感度培训 工作轮换 多样管理 情景模拟	工作轮换 多样管理 情景模拟 案例讨论
	操作效率		工作轮换 多样管理 学徒式培训 工作指导培训 情景模拟 实习与协助培训 督导协助培训	角色扮演 工作轮换 多样管理 学徒式培训 工作指导培训 情景模拟	工作轮换 多样管理 情景模拟 案例讨论

［资料来源：（加拿大）西蒙·多伦：《人力资源管理：加拿大发展的动力源》，中国劳动社会保障出版社2000年版，第268页］

2. 培训的实施

培训的实施可以使用以下方法：

（1）案例教学法。案例教学法是针对某个特定的问题，向会展企业受训服务人员展示真实背景，提供大量背景材料，由受训者依据背景材料来分析问题、提出解决问题的方法，从而培养受训者分析和解决实际问题的能力。此方法是针对某一具有典型性的事例进行分析和解答，始终有个主题，即"你将怎么做"。受训者的答案必须是切实可行的和最好的。

这种方法的适用对象是中层以上服务管理人员，目的是训练他们具有良好的决策能力，帮助他们学习如何在紧急状况下处理各类事件。

（2）暗示教学法，又称启发教学法。暗示教学法的原理是整体性原理。它认为，参与学习过程的不仅有大脑，还有身体；不仅有大脑左半球，还有大脑右半球；不仅有意识活动，还有无意识活动；不仅有理智活动，还有情感活动。暗示教学法就是把这几部分有机地整合起来，发挥整体的功能，而整体的功能大于部分的组合。

（3）研讨会法。研讨会法指由指导教师有效地组织受训人员以团体方式对工作中的课题或问题进行讨论，并得出共同的结论，由此让研习人员在讨论过程中互相交流、启发，以提高受训人员知识和能力的一种教育方法。

研讨会法作为一种企业培训员工的教育方法，以其显著的培训效果，在实际应用中占有非常重要的地位。"集思广益"是研讨会法的基础，只有收集众人之智慧，并相互激发，才可达到 $1+1>2$ 的创造性效果。使用这种方法，关键是要畅所欲言，通过大家自由思考，能出现各种各样的想法，有些甚至是极端的，然后把这些想法协调起来用于解决某一问题。

研讨会法培训适用于会展企业内所有服务人员，其培训目标就是要提高能力、培养意识、交流信息、产生新知。培训方式主要有课题讨论法、对立式讨论法、民主讨论法、讲演讨论法、长期准备的讨论法。

（4）角色扮演法。采用这种方法时，受训者身处模拟的日常工作环境之中，按照其实际工作中应有的权责来担当与其实际工作类似的角色，模拟性地处理工作事务。通过这种方法，受训者能较快地熟悉自己的工作环境、了解自己的工作业务、掌握必需的工作技能，从而尽快地适应实际工作。

角色扮演法培训适用于会展企业的新员工、职位轮换和职位晋升的员工，主要目的是为了尽快适应新职位和新环境。

（5）操作示范法。操作示范法是部门专业技能训练的通用方法，一般由部门经理或管理员主持，由技术能手担任培训员，现场向受训人员简单地讲授操作理论与技术规范，然后进行标准化的操作示范表演。利用演示方法把所要学的技术、程序、技巧、事实、概念或规则等呈现给受训者。受训者则反复模仿学习，经过一段时间的训练，使操作逐渐熟练直至符合规范的程序与要求，达到运用自如的程度。培训员在现场做指导，随时纠正操作中的错误表现。这种方法有时显得单调而枯燥，因此，培训员可结合其他培训方法与之交替进行，以增强培训效果。操作示范法是职前实务训练中被广泛采用的一种方法，适用于较机械性的工种。

(6) 模拟训练法。模拟训练法侧重于对操作技能的培训，它把受训者置于模拟的现实工作环境中，让受训者反复操作装置，解决实际工作中可能出现的各种问题，为进入实际工作职位打下基础。

(7) 敏感性培训法。最主要的敏感性培训就是文化敏感性培训。提高对会展企业服务人员文化敏感性的培训，一方面能使员工对自己的文化属性和环境做到自觉和自知；另一方面，这种培训还能提高管理人员对异国文化在知识和情感上的反应能力。无疑，获得文化敏感性最有效的方法来自于一个人在国外环境中的生活或工作经历。

文化敏感性培训有两个主要内容：一是系统培训有关本企业文化背景、文化本质和有别于其他文化的主要特点；二是培训会展企业服务人员对他国文化特征的理性和感性分析能力，掌握他国文化的精髓。

目前，许多大型跨国公司采用课堂教育、环境模拟、文化研讨会、外语培训等多种方式进行系统的文化敏感性培训。

(三) 效果评估阶段

效果评估阶段主要是对培训效果进行衡量，并将结果与标准进行比较。

1. 对培训效果进行衡量

(1) 受训者反应。参与者对培训项目的反应是对项目进行评估的第一个层次。需要收集的有关受训者反应的信息包括他们对培训项目的总体评价，以及对培训项目所使用的设施、培训人员和培训内容的评价。这些信息主要通过在培训项目结束时发给参与者的问卷中进行收集。

(2) 学习效果。对项目进行评估的第二个层次是衡量学习的效果。目标非常明确，就是要看受训者是否掌握了在培训项目中所学的事实、方法、技术和流程。有很多测试方法，例如，绩效测试或者书面测试等，可以用来确定培训者所获得的能力水平。另外一个方法就是让受训者在一个仿真的练习中，或者在一个角色扮演中用实例来展示他们的知识水平。无论使用哪种方法，测试一般都在培训项目一结束后就举行。

(3) 行为。对一个培训项目所引起的行为表现的评估，主要看参与者是否在工作中表现出行为的改观。主要通过受训者的主管和同事来收集、评价受训者工作表现的资料，他们与这些受训者接触非常近，因此可以对受训者的工作绩效做出评价。受训者对在培训中学到的相关行为使用得越多，培训项目就越有可能成功转化为工作中的实际效果。

(4) 成果。评估的最后一个层次是成果评价阶段。这个阶段研究培训计划对组织造成了什么影响。在这个层次上收集的对培训项目进行评估的资料可能要包括成本的节省、计划和实际的利润、销售量的增长、事故数量的下降、员工工作态度的改善、员工流动率和缺勤率的下降、产量的上升等。在这个层次上的评价应该直接与开始时的培训项目需求评估阶段联系起来。如果这些成果和期望是相匹配的，培训项目就可以被认为是成功的。如果它们并不相配——更准确地说，如果没有达到希望的目标——就需要对培训项目进行调整。这些调整会渗透进培训项目的需求评估阶段，从而一个培训过程又会重新开始。

2. 将结果与标准进行比较

可以根据下面的程序来对培训项目的效果进行纵向的比较衡量：随机地将组织中一些拥有相似职业或工作水平的员工分成两组，一组员工接受培训，另外一组不接受培训；进行一次预备考试来衡量两个组的绩效/知识，以确定他们现有的绩效/知识水平；对一个组进行培训；精确地对培训成本进行衡量，包括聘用指导者、购买培训工具以及员工从工作中离开的时间等；在培训完成后每过一个固定的时间段对两个组的绩效/知识进行跟踪考察；将从培训中获得的收益，如更高的绩效和更加完善的工作知识等，与培训的成本进行比较；将受过培训的这一组在跟踪考试中所表现出的绩效和工作知识与没有受过训练的那一组或者控制组进行比较。

第三节　会展服务人员的考核和激励

一、会展服务人员的考核

职位考核是指在机构内部确定一个职位相对于其他职位价值的系统化过程。其基本目的是建立职位之间的关系，以承认其相似性、不同性和对机构的贡献。职位评估可确定职位等级，形成具有内部公平性的职位结构。因而，它是确定职位薪酬的客观基础。

职位考核有四种传统方法：排序法、分类法、评分制方案和要素比较法。排序法是四者当中最简单的方法，它将机构中所有的职位按其重要性的大小依次排列。分类法是首先确定许多职位等级或类型，然后将各个职位划分到预先确定的类型中。评分制方案确定各个职位的重要因素，并给每一个职位一个分值，各个职位按照确定的因素和分值进行比较。要素比较法首先确定职位的要素，然后在同样的要素上对各个职位进行比较。

排序法和分类法通常称为非量化法，因为它们没有将工作价值之间的区别予以量化；评分制方案和要素比较法通常称为定量法，因为它们将一个职位同另一个职位进行定量区分。

表10-5说明了评估人员如何评估所列的职位，又如何对排列顺序进行平均而得出最后结果。

表10-5 职位排序

职 位	委员会成员的评估					平均顺序	最后顺序
	A	B	C	D	E		
1. 会展管理者	9	9	10	10	10	9.6	10
2. 会展服务人员	8	8	8	7	8	7.8	8
3. 场地管理者	7	6	6	6	5	6.0	6
4. 场地服务人员	4	5	3	4	4	4.0	4
5. 会展旅游服务人员	5	4	5	5	6	5.0	5
6. 总服务承包商	6	7	7	8	7	7.0	7
7. 会展策划者	10	10	9	9	9	9.4	9
8. 文秘	2	3	2	2	2	2.2	2
9. 财务服务人员	3	2	4	3	3	3.0	3
10. 会展交通	1	1	1	1	1	1.0	1

二、会展服务人员的福利

（一）员工福利的定义

员工福利可以从广义和狭义两个层次进行定义。广义的员工福利包含三个方面：企业员工作为国家的合法公民，享受政府的公共福利和公共服务；企业员工作为企业成员，享受企业的集体福利；除工资外，企业为员工及其家庭提供各种实物和服务形式的福利。狭义的员工福利，是指企业为满足劳动者的生活需要，在工资收入以外，向企业员工及其家庭成员所提供的待遇，包括物质福利、带薪休假、专项服务等。狭义的员工福利又被称为劳动福利或者职业福利。

（二）会展服务人员福利的特点

会展服务人员福利作为会展企业报酬的一种重要形式，主要有以下特点：

（1）集体性。绝大部分的员工福利是由会展企业员工集体消费的，除去少部分福利形式针对某个特定的群体以外，员工福利的主要形式是举办集体福利事业（如员工食堂、俱乐部等），员工主要是通过集体消费或共同利用公共设施的方式分享员工福利。

（2）均等性。员工福利是会展企业支付给员工的外在性间接报酬，员工在履行了劳动义务之后，都有享有会展企业各种福利的平等权利。换句话说，员工福利的享受与员工个人的工作绩效不直接挂钩或根本无关，员工是以作为会展企业的某种组织成员的身份而享受有关福利待遇的，具有一定的机会均等和利益均沾的特点。

（3）补充性。员工福利是对按劳分配的补充。在按劳分配制度下，由于员工个人劳动能力、个人贡献以及家庭负担的差异不可避免地造成部分员工生活困难、个人消费品的需要难以满足的现象。员工福利可以在一定程度上缓解员工生活富裕程度的差别，作为工资的补充解决员工的生活困难。

（4）有限性。员工福利仅仅是对员工生活中有限的、特定的需求的满足，不能像工资一样满足员工的基本需求。

（5）补偿性。员工福利是对员工所提供的劳动的一种物质补偿，是对员工工资收入的一种补充形式。当然，享受这一权利的前提是履行了劳动义务。

（6）差别性。在不同的会展企业之间，由于经济条件的限制，各个会展企业向员工提供的福利待遇会有些差别；即使是在同一会展企业之中，在某些福利项目上，也因员工个人的劳动贡献不同而有所不同。

（三）会展服务人员福利的作用

会展服务人员福利能起到如下作用：

（1）增加会展企业招聘和选拔的优势，吸引会展外部优秀人才。求职者在决定是否加入一个行业时，其考虑的因素多半是行业和企业的知名度、工作本身是否有挑战性与薪资、福利等。因此，只要会展企业妥善做好福利规划，不仅可以避免外部恶性"挖墙脚"，而且可以将人事预算做最有效率的运用。

（2）加强核心员工的留任意愿。在企业逐渐将不具有核心竞争优势的业务转型为外包之际，组织内部人员的精简是可以被预期的，此时存在于组织内部的核心人员便是未来企业创造价值的精英分子。根据"二八定律",企业20%的核心员工创造了企业80%的利润,组织内部资源分配应该向这部分核心员工倾斜。建立一套符合会展企业特性又有所侧重的福利规划,不仅可以适度提升员工的士气,而且可以留住核心员工为公司发展共同奋斗。

(3)树立良好的会展企业形象,传递会展企业的文化和价值观。现代会展企业已经不再是单纯的商业组织,会展企业的任务不再是单纯地向社会提供产品,实现利润,它还需要履行诸多的社会责任,员工福利就是其中很重要的一项。员工福利可以体现会展企业的管理特色,传递会展企业对员工的关怀,创造大家庭式的工作氛围和组织环境,获得较高的员工认同度;也会在社会大众中树立良好的形象,对会展企业的长远发展很有利。

三、会展服务人员的激励

(一)激励原则

1. 因人而异

激励取决于内因,是员工的主观感受。由于不同员工的需求不同,相同的激励政策起到的效果也会不尽相同。即便是同一位员工,在不同的时间或环境下,也会有不同的需求。所以,激励要因人、因时、因地而异。

在制定和实施激励政策时,首先要调查清楚每个会展企业员工真正需要的是什么,并将这些需要进行整理、归类,然后来制定相应的激励政策帮助员工满足这些需求。

2. 奖惩适度

不适度的奖励和惩罚都会影响激励效果,同时增加激励成本。奖励过重,会使员工产生骄傲和满足的情绪,失去进一步提高自己的欲望;奖励过轻,会起不到激励作用,或者让员工产生不被重视的感觉。惩罚过重,会让员工感到不公,或者失去对公司的认同,甚至产生怠工或破坏的情绪;惩罚过轻,会让员工轻视错误的严重性,从而可能还会犯同样的错误。

3. 公开公平

公平性是会展企业激励管理中一个很重要的原则,员工感到的任何不公的待遇都会影响其工作效率和工作情绪,并且影响激励效果。取得同等成绩的员工,一定要获得同等层次的奖励;同理,犯同等错误的员工,也应受到同等层次的处罚。如果做不到这一点,管理者宁可不奖励或者不处罚。

管理者在处理员工问题时,一定要有一种公平的心态,要一视同仁,不应有任何的偏见和喜好,也不能有任何不公的言语和行为。

(二) 激励方法

1. 物质激励

经济人假设认为,人们基本上是受经济性刺激物激励的,金钱及个人奖酬是对人们努力工作最重要的激励,企业要想提高员工的工作积极性,唯一的方法是提高其经济性报酬。虽然随着人们生活水平的显著提高,金钱与激励之间的关系渐呈弱化趋势,然而,物质需要始终是人类的第一需要,是人们从事一切社会活动的基本动因。所以,物质激励仍是激励的主要形式,如采取提高工资的形式或任何其他鼓励性报酬、奖金、优先认股权、公司支付的保险金,或在服务人员做出成绩时给予奖励。

2. 目标激励

目标激励,就是确定适当的目标,诱发人的动机和行为,达到调动人的积极性的目的。目标作为一种诱因,具有引发、导向和激励的作用。一个人只有不断产生对高目标的追求,才能引发其奋发向上的内在动力。每个人实际上除了金钱目标外,还有权力目标或成就目标等。目标激励就是要将每个人内心深处的这种或隐或现的目标挖掘出来,并协助他们制定详细的实施步骤,在随后的工作中引导和帮助他们努力实现目标。当每个人的目标强烈和迫切地需要实现时,就会对会展企业的发展产生热切的关注,对会展服务工作产生强大的责任感,从而能自觉地把工作做好。这种目标激励会产生强大的效果。

3. 员工参与激励

现代人力资源管理的实践经验和研究表明,员工都有参与管理的要求和愿望,创造和提供一切机会让员工参与会展企业管理是调动他们积极性的有效方法。适用于会展企业服务人员的参与方式主要有以下几种:

(1) 直接参与式。直接参与式管理,是指在组织决策中,员工分享其直接监督者的决策权。它最明显的特征是对共同决策的使用。当组织中的工作变得非常复杂,管理者不能了解员工所做的一切,且单靠个人系统很难解决问题时,允许最了解工作的员工直接参与管理决策,这样不仅可以更有效地解决问题,而且可以提高员工的工作积极性、自主性和满足感,起到激励作用。

但这种方式并不适合于任何会展企业,员工参与管理的能力、参与时间、参与问题与员工利益的相关性、组织文化等因素都会影响员工直接参与管理的成效。

(2) 质量控制环。质量控制环是由在同一领域进行工作的3～15个人组成一个小型团体,他们定期举行会议,讨论分析并解决影响其工作领域的问题。

在质量控制环管理者的带领下,其成员聚集在一起,运用头脑风暴法提出问题以及提高绩效的建议,讨论后,便选择一个观点或问题进行工作。与解决问题有关的各种职责被分配给成员,在得出解决办法之前他们要碰几次面。得出解决办法后,他们通过管理代表向管理层提出建议。这种激励方式适合会展企业的策划部门,管理层一般保留建议方案实施与否的最终决定权。在许多情况下,管理部门唯一要做的就是提供资金。

4. 培训和发展机会激励

随着知识经济的到来,当今世界日趋信息化、数字化、网络化。知识更新速度的不断加快,会展企业服务人员虽然在实践中不断丰富和积累知识,但仍需要对他们采取资格认证考试、进高校深造、出国培训等激励措施,来充实他们的知识、培养他们的能力,给他们提供进一步发展的机会,满足他们自我实现的需要。

5. 荣誉和提升激励

荣誉是众人或组织对个体或群体的崇高评价,是满足人们自尊需要、激发人们奋力进取的重要手段。从人的动机看,人人都具有自我肯定、争取荣誉的需要。对于一些工作表现比较突出、具有代表性的先进员工,给予必要的荣誉奖励是很好的精神激励方法。荣誉激励成本低廉,但效果很好。

6. 负强化激励

按照激励中的强化理论,激励并不全是鼓励,它可以采用处罚的方式,即利用带有强制性、威胁性的控制技术,如批评、降级、罚款、降薪、淘汰等来创造一种令人不快或带有压力的条件,以否定某些不符合要求的行为。

第四节 外部会展服务人员管理的特殊方法

会展产品是一种服务产品,服务产品的特殊性,要求会展经营方对提供会展服务的全体人员,尤其是提供会展现场服务的全体人员进行严格的、精心的、有序的管理。只有管好了服务人员,才能保证会展产品的质量。但会展经营方内部的服务人员有限,往往在服务外包的同时,还要大量招聘短期服务人员来满足特定会展项目的需求。这样,对外部会展服务人员的管理就成为一个全新的课题。

会展经营方对外部会展服务人员的管理,可以参照对内部会展服务人员的管理，因为在理论上有很多相通之处。上一节探讨的会展服务人员的选拔、培训、考核、激励就有很多可以借鉴的地方。但外部服务人员只承担短期的、临时的工作，又有其特殊性，在管理上还有许多要特别讨论的环节。

一、科学预测服务人员的需求

（一）基本概念

1. 预测基础

科学预测所需服务人员（即计算服务供给），包括预测服务人员的类型、数量、性别、专业、学历、年龄、特长、工作时间等。这种预测以会展项目的服务需求预测为基础。本书第六章第五节已经介绍了服务需求预测，要求会展经营单位（如某会展项目的组委会、经营公司、承办单位等）选择一些专门的方法对特定会展项目的服务需求进行预测和分析。如选择定性预测方法中的消费者意向法、部门经理意见法、营销人员意见法、专家意见法、集思广益法，定量预测方法中的时间序列预测法、回归分析预测法等，尽量准确地预测服务需求。

2. 预测难点

以服务需求预测和分析的结果为依据，就可以进一步推算会展活动前期、当期、后期所需的各类服务人员的数量。这牵涉地区或国家的行业劳动定量标准、定岗定编标准。一般来说，越是成熟的行业越没有问题。但会展业作为新兴行业，可以用来推算的各种标准都没有形成，甚至连一种大多数企业可以公认的约定俗成都没有形成。可见，所需服务人员的推算比服务需求的预测难度更大。

3. 预测偏差

现实中往往出现双向偏差，即服务人员不够或服务人员过剩。具体表现为较小的会展项目由会展经营单位或会展服务提供商以固定工资和业务提成面向社会招聘临时服务人员时，往往是单个服务岗位的工作量过大、服务人员总量不够、层次过低。这是充分考虑服务成本和经营成本、精打细算的必然结果。而由政府负责的大型会展服务项目，特别是可以面向社会招聘志愿者的项目，则可能出现单个服务岗位工作量不饱满、服务人员过多的现象。这首先与会展项目经营者缺乏管理经验有关，其次与中国人口总量大和人力资源价廉有关，再次与中国文化中"油多不坏菜""人多好办事"等传统观念有关；但不可否认，还与缺乏经济约束和经济杠杆有关。实际上，任何会展项目使用志愿者提供服务，都需要成本（包括管理成本、时间成本、经济成本等）。从志愿者招聘、录用、培训，再到上岗（如上岗必须提供的标志性服装、标志性帽子或袖套、岗位工作餐等）、考核、鉴定，每一个环节都需要人力和物力的支撑，能够节约的仅仅是志愿者的劳动报酬。稍不留神，使用志愿者人数过多，就可能得不偿失。

所以，对所需服务人员的科学预测是必须认真研究和解决的课题。

（二）实践聚焦

1. 奥运会的赛时实习生需求

据北京大学新闻网 2005 年 9 月 19 日登载的《北大将海选奥运实习生》一文介绍，2005 年，北京奥组委决定与北京市的 16 所高校合作培养 706 名赛时实习生。人员分配是：2006 年招收的硕士研究生 446 名，在校大学本科生 118 名、高职生 142 名，涉及外语、新闻传播、物流、法律、计算机等 9 个专业。其中，高职生全部锁定在北京信息职业技术学院。这些服务人员需求计划是根据北京奥组委媒体运行部、信息中心、国际联络部、技术部、法律事务部等 12 个部门提出的用人需求制定的。提出需要 104 名实习生计划的媒体运行部副部长高长力说，赛前 1 年左右到位的实习生，将从事媒体服务、摄影服务、奥林匹克新闻服务等专业性较强的工作。

2. 需求预测方法

以此推断，2008 年北京奥运会 706 名赛时实习生需求预测至少用了部门意见法。在部门意见法中具体使用的是部门专家意见法、部门集思广益法、部门经理意见法，是否使用了其他方法，尚未找到翔实的资料。

二、实行服务人员的联合遴选

（一）基本概念

所谓联合遴选，指会展经营单位（如某会展项目的组委会、经营公司、承办单位等）与目标单位以合作的方式共同进行会展服务人员的招聘和录用工作。会展经营单位可以提出相应条件，全权委托目标单位进行招聘和录用工作，也可以要求目标单位协助，为招聘和录用工作提供各种便利条件并部分参与招录工作过程。这种情况可以面向高校、居委会、企业、社区等，其中以面向高校的最为典型。

(二) 实践聚焦

1. 广交会的做法

有"中国第一展"之称的广交会10多年以来都是采取与目标单位合作招录短期服务人员的模式。最典型的是大学和大专。广交会和广州的10多所院校多年合作，已形成规律。每届广交会开始前1个多月，广交会人事科向各高校教务处下达实习生指标、岗位、要求（如外语要求、专业要求等）、工作时间、工作地点，以及各实习岗位的培训时间、培训地点、培训内容、参加人、授课人、联系电话等。由各校教务处根据教学计划对相关院系和专业进行实习指标的再分配，对实习人员以及带队老师等信息进行总汇，并反馈给广交会。虽然，这种安排没有"奥运会赛时实习生"的遴选那么严格，但关键岗位、包括各组的小组长等都是经过个人报名、公开竞争，或由班主任和辅导员反复比较、择优推荐。校方作为知情者，各种安排都能够做到尽量合理。

2. 奥运会的做法

2005年9月，北京奥组委为满足奥运会临近时的高峰用人需求，与北京大学、清华大学等首都16所高校签署的《培养奥运会赛时实习生合作备忘录》也是合作招录会展服务人员的一种创新模式。

3. 世博会的做法

以志愿者遴选为例。上海世博会宣传及媒体服务指挥部志愿者部下设站点志愿者组，承担综合协调小组日常事务、协调推进城市站点志愿者工作。由世博会志愿者工作组认定的各区县、高校及其他世博会志愿者工作站具体落实志愿者招募管理、站点勘察落地和运行保障等各项任务。

4. 其他做法

例如，2006年10月16日，"第十届宁波国际服装节"招募志愿者，为确保招募质量和招募工作的规范，经协商并得到政府支持，在浙江工商职业技术学院、宁波大学等6所高校建立了首批宁波市大型会展活动志愿者招募基地，开全国针对大型会展项目建立志愿者招募基地的先河。以首批招募基地为基础，宁波市每年还将继续设立招募基地，为浙江投资贸易洽谈会等其他大型会展活动储备志愿者人才库。

小链接 10-8

世博会志愿者的义务

（1）遵守中华人民共和国法律法规和组织方制定的相关规定。

（2）履行经本人签署的志愿服务承诺。

（3）参加组织方统一安排的选拔、培训和相关活动。

（4）服从组织方的指挥和调配，服从所在团队的管理，确保规定的岗位最少服务时间。

（5）遵守相关工作的保密制度。

（6）因特殊原因需提前退出志愿者工作岗位的，应提前3天以书面形式向世博会志愿者管理机构提出申请，征得同意后方可退出。

（7）珍惜和维护中国2010年上海世博会的声誉，不得利用志愿者身份从事与世博会志愿服务活动宗旨、目的不符的行为。

可见，联合遴选服务人员是得到普遍认可的方法。

（三）主要优点

对会展主办方来说，合作招录服务人员有许多好处，主要表现为招录效率高、招录成本低、招录质量好。

例如，北京奥组委对"奥运硕士"的英语水平有一定要求，签约高校的招生简章，对相关专业无一例外地在"报名条件"中明示：考生应具备熟练的或者较强的英语听、说、读、写能力。有的学校还特别提出，英语听、说、读、写能力良好者优先录取。北京大学则由研究生院统筹负责奥运会赛时实习生的遴选与培养工作，通过网络信息发布、公开报名、书面通知等多种方式，面向全校2006级硕士研究生进行了广泛深入的宣传动员，通过英语水平测试、综合素质测试等多重考核，从454名报名者中，最终遴选出符合岗位要求的87名赛时实习生。由合作院校把关，给北京奥组委用人提供了方便。

三、开展服务人员的对口培训

（一）基本概念

有了会展服务人员的联合遴选，后面的各项工作就可以顺理成章地开展。前期对口培训就是其中非常重要的一项。

所谓对口培训，指会展服务人员提供单位按照录用单位的具体要求，结合即将参加的会展项目和具体服务岗位，制订培训计划、确定培训内容，在服务人员上岗之前提前完成培训，力争实现会展服务人员与特定会展项目和具体服务岗位的无缝对接。

(二) 实践聚焦

1. 广交会的对口培训

在广州，与广交会长期合作的院校，送学生参加实习之前，都会结合课程进度，增加广交会的案例教学，或增加广交会基本知识的专题讲座，或要求学生完成一定学时的广交会知识的自学。同时，广交会负责安排专人到各校为实习生做专题报告。在实施这些对口培训之后，对各实习岗位再进行上岗培训。

2. 奥运会的对口培训

北京奥组委与北京16所高校签署了《培养奥运会赛时实习生合作备忘录》之后的一项重要工作是，双边共同制定赛时实习生培养方案。各校首先分别确定了学校、教务部门和院（系）负责人，为赛时实习生的培养工作提供有力的组织保障。以原硕士研究生培养方案为基础，兼顾北京奥组委的需求，对课程设置进行适当调整，适当增加与实习工作相关的课程。例如，中国传媒大学要为北京奥运会培养体育播音员，学生的课程中就增加了奥运会项目知识、奥运会历史和文化、比赛场地情况等。又如，针对我国高校新闻传播专业媒体运行课程较少而奥运会媒体服务必不可少的现状，从2005年9月开始，北京大学、中国人民大学、北京师范大学和北京语言大学四所大学，都在英语专业和新闻专业的研究生课程中开设媒体运行的专业课程和专题讲座。在北京师范大学2006年招生公告里，"奥运新闻"已成为报考方向之一。再如，北京大学还成立了奥运会赛时实习生指导委员会，为实习生制定特殊的指导性培养方案，包括请北京奥组委开设两学分的实习生必修课《奥运专题讲座》，委托政府管理学院和新闻传播学院为实习生开设《奥运行政管理专题》与《奥运媒体运行专题》两门必修课，以及奥运会场馆管理、奥运会媒体运行、跨文化交流、北京奥运会面临的挑战、奥运会与涉外礼仪等专题培训，使赛时实习生快速掌握奥运相关知识，很好地融入奥组委的工作环境之中。

3. 对口培训的意义

新华网于2009年8月4日发表的张舵等撰写的《在奥运中成长——奥运会赛时实习生一周年感怀》一文中提到，中国人民大学奥运研究中心主任金元浦认为，"赛时实习生项目"让学校教育有针对性地服务于实践工作，让不同专业的学生充分发挥自己的学科特色，这是奥林匹克教育史上一项重要的创举，在中国具有开拓性的意义。

这种具有开拓性意义的培训，与专业学习结合，学时饱满，时间充足，授课规范，考核严格，培训效果好，需要认真总结和推广。

四、进行服务人员的双轨管理

（一）基本概念

所谓双轨管理，指会展服务人员聘用单位和提供单位在充分协商的基础上，兼顾双方单位情况、会展项目情况、服务岗位情况，制定大方向一致又各有特色的管理制度，双方管理人员相互沟通、共同管理。

（二）实践聚焦

1. 广交会的双轨管理

广交会与合作院校多年来一贯实行这种管理模式。合作院校教务处全面负责实习生的管理，院系具体执行。首先，需要进入广交会实习的专业必须在新生进校之前将实习时间列入教学计划，在具体实习的上一学期提交实习教学执行计划书，在制度上给予保证。其次，每一次实习都必须制定详细的专业实习指导书并组织实习生认真学习、全面领会。实习指导书的主要内容包括实习班级、实习目的、实习内容、实习方式、实习时间、实习地点、实习纪律、实习日记规范、实习报告撰写、实习小结要求、实习成绩评定方法、实习组织领导机构、实习学生名单和联系方法、指导老师信息等。其中，实习成绩由指导教师根据学生实习期间的表现、实习单位的鉴定、实习日记、实习报告等对照学院和学校的相关要求进行评定。最后，学生所在系必须根据广交会的要求，配备指导老师，实施全程跟踪管理，在专业知识和理论上进行指导，并对日常工作和规章制度的执行进行监督，并协调处理各种临时出现的矛盾和问题。广交会也按实习岗位和服务内容安排专人对实习生进行直接指导和管理，实习结束时，给每一位实习生出具实习鉴定。双轨管理使大量临时聘用的服务人员的工作更加有序，保证了广交会每一个服务细节的服务质量。

2. 奥运会的双轨管理

以北京大学奥运会赛时实习生管理工作为例。北京大学专门成立了奥运会赛时实习生指导委员会，该委员会在研究生院培养办公室设秘书处，为双轨管理提供组织保证。从赛时实习生培养的实际出发，委员会为实习生制定了三阶段式的培养方案，具体包括学习阶段、实习阶段、论文写作与答辩阶段。对二年制实习生因为延长学制而面临的后续问题，北京大学决定解决学生延期期间的奖学金和住宿问题，让同学有用武之地，无后顾之忧，全身心地投入到奥运志愿工作中。同时，探索新的管理体系。打破奥组委工作人员与北京大学学生两个部门的界限,成立基层组织,将实习管理落到实处。具体做法是,将在一个或相近地点工作的实习生组建成一个小组,在87名实习生中成立了8个基层小组,实行自我管理与自我服务。其间,继续发挥班级的重要作用,班级应及时汇总实习生学习与工作中存在的困难与问题,将学校与奥组委的反馈及时通报给每个实习生,保证沟通的顺畅。研究生院还应不定期召开实习生座谈会,了解他们在实习岗位的表现与进展,倾听实习生的困惑与问题,及时与奥组委沟通,努力为实习生创造更好的实习环境。双重管理激励着北京大学奥运会赛时实习生以个人扎实的专业基础、不懈的艰苦努力和无私的奉献精神服务奥运,先后16次获得奥组委相关部门的正式发函表彰。

3. **世博会的双轨管理**

以见习生为例。按常理来说,实习生可以由所在学校与会展服务人员聘用单位共同管理,但见习生没有单位,双轨管理就不可能实行。但世博会一手抓政策,一手抓档案,依然实现了非常严格有序的见习生的特别双轨管理。在政策上,如上海市政府出台的《2009年上海世博会事务协调局见习生培训管理办法》等;在档案管理上,将世博见习生的资料和他们在见习期间的表现都全部录入上海市对外服务有限公司的人才信息库,见习结束后,根据表现推荐就业机会。通过这种方式,非常巧妙地把国内人力资源服务行业的领军企业——上海市对外服务有限公司当作了管理的另一方,从而实现了一种特殊的双轨管理。

小链接 10-9

上海市对外服务有限公司简介

上海市对外服务有限公司经过24年的发展,已成为国内人力资源服务行业领军企业。作为中国人力资源服务行业的旗舰企业,上海市对外服务有限公司为企业提供了以中国员工为服务对象的一站式服务,覆盖了员工在企业服务的完整生命周期,包括人才招聘、背景调查、录职体检、人事代理、人才派遣、职能外包、福利管理、薪酬管理、员工关系、人才培训和再就业服务。迄今为止,已向1万余家外商投资企业提供了数十万名专业人才。

从总体上看,会展外部服务人员类型复杂、数量庞大、来源广泛,对会展项目的服务质量有重大影响。虽然近年的大型会展活动都在不断摸索和实践对他们的管理,但仍然处于探索的初级阶段,需要全面认真的探讨和研究。

第五节 会展服务人员的需求分析

会展经济为一门独特的行业，自有其内在的运行规律和要求。会展业服务人员的培养与开发，就必须符合这一运行规律和要求。

分析现状，可以使我们更清醒地看到造成我国会展业竞争劣势的原因。要适应趋势，克服劣势，发挥优势，促进会展业与国际接轨，必须把加强会展服务人才的培养作为我国发展会展业的"重中之重"。为此，首先要了解我国会展服务人才的需求状况。

一、会展服务人才需求单位

根据会展产业架构和国内外会展业发展情况，可把会展服务人才需求单位分为以下六类：

（1）政府机构、会展行业协会和会展专业组织。需要会展服务人才负责会展业发展，包括起草规划、制定法规、协调控制、行业培训、认证评估、政策指导、活动策划、宣传营销、国际交流及招商引资等。

（2）饭店、酒店公寓、会展中心和各类文博馆。需要会展服务人才提供住宿餐饮、场所设施、策划组织、营销服务、商务文秘、联络通讯、观光娱乐、交通安排及员工培训等。

（3）目的地管理公司、旅游公司或旅行社。需要会展服务人才负责会展营销、奖励旅游、活动策划、预算管理、组织联络、交通食宿、安排落实、旅游购物、员工培训等。

（4）会展公司及会展服务公司。需要会展服务人才进行策划开发、预算融资、财务管理、选择场馆、会展营销、观众组织、展台搭建、场馆布置、器材出租、展品运输、接待服务、商务印刷、信息通讯、翻译文秘、现场管理、内外公关、会展安保及员工培训等。

（5）会展教育、科研、咨询和出版机构。需要会展服务人才负责会展教育、科研、咨询和出版业务等。

（6）大中型企事业单位。需要会展服务人才策划组织企事业的各种会议、参展、奖励旅游及各种活动庆典。

二、会展服务人才需求素质

会展业的国际化、专业化、规模化、品牌化、科技化、多元化的趋势要求会展服务人员队伍应是一支受过高等教育、具有优秀素质的专业化队伍。表10-6所示的是上海会展服务人员需求层次调查反馈的情况。

表10-6　上海会展服务人才需求层次调查反馈

您认为贵单位需要的会展人才学历应该是					
数值类型	大专	本科	研究生及以上	各层次都要	弃权
单位总数	17	21	3	12	2
比例（%）	30.91	38.18	5.45	21.82	3.64

（资料来源：上海师范大学旅游学院《关于会展人才市场调查报告》）

会展服务人才应具备下列能力：人际关系能力、市场推广能力、组织协调能力、外语沟通能力、策划能力、创新能力、电脑操作能力和定量分析能力。一些国际会展专家认为，会展人才应当具有以下特征：热诚、投入、努力、勤奋、细心、富有创意、求知欲与好胜心强、不怕麻烦、耐心、坚持；还要有精力和干劲、好的记忆力、丰富的想象力和良好的人际关系。表10-7所示的是上海会展人才应具备能力调查反馈的情况。

表10-7　上海会展人才应具备能力调查反馈

	您认为贵单位需要的会展人才各项能力要求					
	数值类型	很强	较强	一般	弱	很弱	弃权
人际关系能力	总数	31	20	0	0	0	2
	比例（%）	58.49	37.74	0	0	0	3.77
市场推广能力	总数	30	21	0	0	0	2
	比例（%）	56.60	39.62	0	0	0	3.77
组织协调能力	总数	26	25	0	0	0	2
	比例（%）	49.06	47.17	0	0	0	3.77
外语沟通能力	总数	25	26	0	0	0	2
	比例（%）	47.17	49.06	0	0	0	3.77

（续表10-7）

您认为贵单位需要的会展人才各项能力要求						
	数值类型	很强	较强	一般	弱	很弱	弃权
策划能力	总数	22	29	0	0	0	2
	比例（%）	41.51	54.72	0	0	0	3.77
创新能力	总数	21	30	0	0	0	2
	比例（%）	39.62	56.60	0	0	0	3.77
电脑操作能力	总数	12	36	3	0	0	2
	比例（%）	22.64	67.92	5.66	0	0	3.77
定量分析能力	总数	8	38	5	0	0	2
	比例（%）	15.09	1.0	9.43	0	0	3.77

（资料来源：上海师范大学旅游学院《关于会展人才市场调查报告》）

三、会展服务人才需求知识

会展业是一个整合度极高的行业，涉及会展营销、会展筹办、与客户接触、会展协调管理等各个方面。这就要求会展服务人员尤其是会展项目经理等高层管理人员，既要懂管理、懂市场，还要懂技术、懂外语。会展业的健康快速发展需要大量高水平的管理型人才和高素质的服务人才为前提和基础。

会展业有其自身的发展规律和运行规则，会展服务人员没有全面的知识，不可能举办出色的会展。因此，我国会展业迫切需要一支具有专业知识的人才队伍。高校会展管理专业应开设哪些课程的调查反馈也反映了我国会展业对服务人才需求知识的意见（见表10-8）。

表10-8 上海会展服务人才市场对会展管理专业应开设哪些课程调查反馈

您认为学校应该为会展管理专业开设下列哪些课程？		
选项	总数	比例（%）
会展销售与服务	45	84.91
展览会策划与管理	42	79.25
会议策划与管理	39	73.58

(续表10-8)

您认为学校应该为会展管理专业开设下列哪些课程？		
选项	总数	比例（%）
展览设计与布展	39	73.58
会展专业英语	36	67.92
会展概论	30	56.60
会展场馆与管理	29	54.72
会展法规	29	54.72
会展信息管理	29	54.72
会展融资与财务管理	26	49.06
目的地管理公司（DMC）的经营和管理	19	35.85
奖励旅游的策划与管理	18	33.96
节庆活动的策划与管理	15	28.30

（资料来源：上海师范大学旅游学院《关于会展人才市场调查报告》）

总的来看，我国会展企业最需要的是会展专业知识；其次是专业基础知识或相关知识。此外，调查还反映了会展人才所需知识与所在单位性质和业务活动范围有关，比如：政府部门和饭店最希望会展人才了解会议策划与管理及展览设计与布置的知识，会展公司最希望所需人才知道展览策划与管理、销售与服务的知识，而旅行社最希望所需人才学习会展销售与服务及会展英语。

本章小结

会展服务人员可以分成广义和狭义、内部和外部、固定和临时、专业和一般的会展服务人员。广义的会展服务人员以行业属性（或产业属性）为划分依据；狭义的会展服务人员以狭义的会展服务工作为划分依据。内部的会展服务人员指在会展主办方、经营方或承办方所在的单位或公司有固定工作的服务人员；外部的会展服务人员指针对某个会展项目的特定需求专门招聘录用的服务人员，主要包括临时工、见习生、实习生、志愿者等。固定的会展服务人员分为长期固定的会展服务人员和项目固定的会展服务人员；临时的会展服务人员指临时招聘录用或业内跨单位跨地区抽调的临时支援人员。专业的会展服务人员属于高层次人才，一般的会展服务人员属于低层次的体力劳动者。

会展服务人才选拔的基本程序包括：制订选拔计划、制定选拔策略、甄选、录用、选拔评估五个步骤。会展企业对服务人员需要进行上岗、在岗、脱岗、转岗等培训。会展服务人员的考核有四种传统方法：排序法、分类法、评分制方案和要素比较法。排序法是四者当中最简单的方法。会展服务人员福利具有集体性、均等性、补充性、有限性、补偿性、差别性等特点。会展服务人员的激励原则是因人而异、奖惩适度、公开公平。激励方法有物质激励、目标激励、员工参与、培训和发展机会激励、荣誉和提升激励、负强化激励等。

会展外部服务人员类型复杂、数量庞大、来源广泛，对会展项目的服务质量有重大影响。管理的特殊方法是科学预测服务人员的需求、实行服务人员的联合遴选、开展服务人员的对口培训、进行服务人员的双轨管理等。

根据会展产业架构和国内外会展业发展情况，可把会展服务人才需求单位分为：政府机构、会展行业协会和会展专业组织；饭店、酒店公寓、会展中心和各类文博馆；目的地管理公司、旅游公司或旅行社；会展公司及会展服务公司；会展教育、科研、咨询和出版机构；大中型企事业单位。会展业的国际化、专业化、规模化、品牌化、科技化、多元化的趋势要求会展服务人员应是一支受过高等教育、具有优秀素质、知识全面的专业化队伍。

本章关键词

会展服务人员分类　会展见习生、实习生、志愿者　会展服务人员选拔　会展服务人员培训　会展服务人员考核　会展服务人员激励　外部会展服务人员管理　会展服务人员的知识与能力

复习思考题

1. 结合某个会展项目对会展服务人员进行分类。
2. 说明会展服务人才的选拔流程。
3. 针对某个会展项目制定服务人员的培训方案。
4. 针对某个会展项目选择服务人员的考核方法。
5. 会展服务人员的福利有什么特点？
6. 针对某个会展项目选择服务人员的激励方法。
7. 针对某个会展项目提出外部服务人员的管理方法。

广州亚运会志愿者的招募与教学保障机制

一、背景资料

我国志愿者活动概况:为推动青年志愿服务事业的发展,团中央于1994年12月5日成立了中国青年志愿者协会;随后,各级青年志愿者协会也逐步建立起来。1998年8月,团中央青年志愿者行动指导中心正式成立,负责规划、协调、指导全团的青年志愿服务工作,承担中国青年志愿者协会秘书处的职能。至2009年第24个"12·5"国际志愿者日到来之际,自1993年年底共青团中央发起实施的青年志愿者行动,累计已有超过4.03亿人次的青年和社会公众为社会提供了83亿多小时的志愿服务;中国90%以上地、市、州、盟,80%以上的县、区、市以及1968所高校成立了青年志愿者协会。目前,中国已有规范注册的志愿者3047万人。此外,广东、山东、福建等17个省区和宁波、成都、深圳等7个副省级城市以及抚顺、银川、淄博3个市相继颁布实施了志愿服务地方性法规。目前,有关部门正在积极推动志愿服务全国性立法。

北京奥运会志愿者数量:因北京奥运会、残奥会服务的观众比往届多,服务标准有所提高、服务时间比较长等原因,服务奥运会的志愿者为7万多人,服务残奥会的志愿者为4万多人。其中,服务残奥会的4万多人中绝大部分是从服务奥运会的志愿者中产生的。所以,志愿者总数在10万人左右。

上海世博会志愿者数量:上海世博会是继北京奥运会后,中国迎来的又一国际盛会。按照规划,世博园区志愿者总需求为7万人,世博会城市志愿服务站志愿者不少于10万人,与此同时,整个上海还需要数以百万计的城市文明志愿者。

二、亚运志愿者需求

广州亚组委公布:广州亚运会赛会志愿者总需求约为6万人,亚残运会赛会志愿者总需求约为3万人,广州亚运会城市志愿者总需求约为50万人。

广州亚运会赛会志愿者主要在场馆进行志愿服务。根据亚运会运行的实际需要,部分赛会志愿者的工作岗位具有流动性,不在固定场馆进行志愿服务。赛会志愿者的服务领域主要包括礼宾接待、语言翻译、安全保卫、医疗卫生、观众服务、交通服务、沟通联络、竞赛组织支持、场馆运行支持、新闻运行支持、财务管理和文化活动组织支持,以及其他广州亚组委指定的领域。

广州亚运会城市志愿者分为服务站(点)志愿者、社会志愿者和观众拉拉队志愿者三大类。其中，服务站（点）志愿者的主要任务是亚运会赛事前后在城市志愿服务站（点）提供交通指引、信息咨询和语言翻译三项基本服务；社会志愿者的主要任务是亚运会赛事期间在全市各行业提供平安亚运建设、交通秩序维护、扶危助困、生态环保、公园系统志愿服务、加油站志愿服务等；观众啦啦队志愿者的主要任务是提供赛场文明宣传、观赛志愿服务和啦啦队志愿服务等。

三、亚运志愿者招募

广州亚组委先后在中山大学、华南理工大学、广东外语外贸大学等共计43所高校建立了亚运会、亚残运会志愿者招募培训基地。广州地区各大高校将制定相应的选拔测试方案和工作团队，按规定时间完成对本校志愿者申请人的统一测试工作，考核内容包括英语能力、综合知识、专业测试和心理素质等。

四、志愿服务与教学保障机制

广东省教育厅巡视员李小鲁表示，教育厅已要求各校建立学生志愿服务与教学保障机制。凡在亚运会、亚残运会中承担明确岗位的学生志愿者，累计请假时间4周学时以内，经确认后可视为全勤；如在赛事中承担特殊任务，累计服务时间4周学时以上的，由学生所在学校与对接场馆主管部门共同制定解决方案。各校将把此次参加亚运志愿服务活动计算为学生素质拓展教育学分，制定评价标准，对学生评优表彰、学期鉴定、就业、考研做参考，表现特别突出或做出重大贡献的学生志愿者，将给予一定的政策优惠。

（资料来源：根据北京奥运会、上海世博会、广州亚运会官方网站相关资料编写）

■ 讨论题

1. 试比较北京奥运会、上海世博会、广州亚运会志愿者需求数量并分析其需求预测的准确度。
2. 如何评价亚运会学生志愿服务与教学保障机制？
3. 试对大型会展活动的志愿者或其他外部服务人员的管理提出一些建议。

主要参考文献

[1] 王守法. 现代服务产业基础研究 [M]. 北京: 中国经济出版社, 2007.
[2] 刘重. 现代服务业发展与预测 [M]. 天津: 天津社会科学院出版社, 2005.
[3] 刘北林. 现代服务学概论 [M]. 北京: 中国物资出版社, 2008.
[4] 汪永太. 现代服务业管理 [M]. 大连: 东北财经大学出版社, 2008.
[5] 韩顺平. 服务企业竞争战略研究 [M]. 南京: 南京大学出版社, 2004.
[6] 马克思. 剩余价值理论 (第一册) [M]. 北京: 人民出版社, 1967.
[7] 俞华, 朱立文. 会展学原理 [M]. 北京: 机械工业出版社, 2005.
[8] 龚平, 赵慰平. 会展概论 [M]. 上海: 复旦大学出版社, 2008.
[9] 张晓娟. 会展概论 [M]. 大连: 东北财经大学出版社, 2008.
[10] 马勇, 肖轶楠. 会展概论 [M]. 北京: 中国商务出版社, 2004.
[11] 马勇, 梁圣蓉. 会展概论 [M]. 重庆: 重庆大学出版社, 2007.
[12] 杨春兰. 会展概论 [M]. 上海: 上海财经大学出版社, 2006.
[13] 张健康, 任国岩. 会展概论 [M]. 北京: 高等教育出版社, 2004.
[14] 马洁, 刘松萍. 会展概论 [M]. 广州: 华南理工大学出版社, 2005.
[15] 过聚荣. 会展概论 [M]. 北京: 高等教育出版社, 2010.
[16] 胡平. 会展管理 [M]. 上海: 华东师范大学出版社, 2006.
[17] 华谦生. 会展管理 [M]. 广州: 广东经济出版社, 2008.
[18] 马勇, 冯玮. 会展管理 [M]. 北京: 机械工业出版社, 2006.
[19] 黄向, 李正欢. 会展管理: 原理、案例 [M]. 广州: 暨南大学出版社, 2009.
[20] 傅广海. 会展与节事旅游管理概论 [M]. 北京: 北京大学出版社, 2007.
[21] 胡平. 会展旅游概论 [M]. 上海: 立信会计出版社, 2006.
[22] 王天佑. 饭店管理概论 [M]. 北京: 北京交通大学出版社, 2006.
[23] 向国敏. 会展实务 [M]. 上海: 上海财经大学出版社, 2005.

[24] 龚维刚. 会展实务 [M]. 上海：华东师范大学出版社，2007.
[25] 杨劲详. 会展实务 [M]. 大连：东北财经大学出版社，2008.
[26] 丁宁. 服务管理 [M]. 北京：清华大学出版社，北京交通大学出版社，2007.
[27] 柴小青. 服务管理教程 [M]. 北京：中国人民大学出版社，2003.
[28] （美）詹姆斯·A. 菲茨西蒙斯，莫娜·J. 菲茨西蒙斯. 服务管理：运作、战略与信息技术 [M]. 张金成，范秀成，译. 北京：机械工业出版社，2007.
[29] （美）理查德·诺曼. 服务管理 [M]. 范秀成，卢丽，等，译. 北京：中国人民大学出版社，2006.
[30] Leonard L Berry, Valarie A Zeithaml, A Parasuraman. Five Imperatives for Improving Service Quality [J]. Sloan Management Review，1990，29.
[31] 蔺雷，等. 服务管理 [M]. 北京：清华大学出版社，2008.
[32] 柴小青. 服务管理教程 [M]. 北京：中国人民大学出版社，2003.
[33] 牟红. 会展服务管理 [M]. 北京：机械工业出版社，2007.
[34] 应丽群，牟红. 会展服务管理 [M]. 北京：机械工业出版社，2007.
[35] 袁成. 会展管理实训教程 [M]. 北京：科学出版社，2009.
[36] 王云玺. 会展管理 [M]. 上海：上海交通大学出版社，2004.
[37] 刘松萍. 会展服务与管理 [M]. 北京：科学出版社，2009.
[38] （美）Milton T Astroff, James R Abbey. 会展管理与服务 [M]. 宿荣江，主译. 北京：中国旅游出版社，2002.
[39] 许传宏. 会展服务与现场管理 [M]. 北京：中国人民大学出版社，2008.
[40] 金辉. 会展营销与服务 [M]. 上海：上海交通大学出版社，2003.
[41] 郑建瑜. 会展场馆经营与管理 [M]. 上海：上海人民出版社，2005.
[42] 郑建瑜，马勇. 大型活动策划与管理 [M]. 重庆：重庆大学出版社，2007.
[43] （芬）克里斯蒂·格罗鲁斯. 服务管理与营销：基于顾客关系的管理策略（第2版）[M]. 韩经纶，等，译. 北京：电子工业出版社，2002.
[44] 李海洋，牛海鹏. 派力营销思想库：服务营销 [M]. 北京：企业管理出版社，1996.
[45] 汪纯孝，蔡浩然. 服务营销与服务质量管理 [M]. 广州：中山大学出版社，1996.
[46] 汪纯孝，岑成德，温碧燕，等. 服务性企业整体质量管理 [M]. 广州：

中山大学出版社，1999.

[47] 崔立新. 服务质量评价模型 [M]. 北京：经济日报出版社，2003.

[48] 吴虹，马勇. 会展项目管理 [M]. 重庆：重庆大学出版社，2007.

[49] 许传宏，马勇. 会展项目策划与组织 [M]. 重庆：重庆大学出版社，2007.

[50] 刘有千. 会议营销与服务 [M]. 北京：中国劳动社会保障出版社，2007.

[51] 肖庆国，武少源. 会议运营管理 [M]. 北京：中国商务出版社，2004.

[52] 丁霞. 会展策划与管理 [M]. 北京：高等教育出版社，2006.

[53] 戴光全，马聪玲. 节事活动策划与组织管理 [M]. 北京：中国劳动社会保障出版社，2007.

[54] 华谦生. 会展策划与营销 [M]. 广州：广东经济出版社，2004.

[55] 陈鲁梅. 会展策划与管理 [M]. 北京：化学工业出版社，2009.

[56] 冯丹. 展览现场管理 [M]. 北京：中国劳动社会保障出版社，2007.

[57] 吴克祥. 酒店会议经营 [M]. 沈阳：辽宁科学技术出版社，2001.

[58] 郑向敏. 酒店管理 [M]. 北京：清华大学出版社，2005.

[59] 徐桥猛. 现代酒店管理 [M]. 北京：高等教育出版社，2004.

[60] 唐少清. 现代会展操作实务与案例 [M]. 北京：清华大学出版社，2008.

[61] 李天元. 旅游学 [M]. 北京：高等教育出版社，2006.

[62] 胡平. 会展旅游概论 [M]. 上海：立信会计出版社，2006.

[63] 刘大卫. 会展业人力资源管理 [M]. 北京：中国人民大学出版社，2008.

[64] 张静抒. 会展人力资源管理 [M]. 上海：上海交通大学出版社，2008.

[65] 任国岩，骆小欢. 会展组织与管理 [M]. 北京：高等教育出版社，2004.

[66] 宋玉芳. 奥运会志愿者管理研究 [M]. 北京：北京体育大学出版社，2008.

[67] 李颖川. 北京2008年奥运会志愿者的组织管理模式与评价体系的研究 [M]. 北京体育大学，2007.

[68] 杨顺勇，曹扬. 会展手册 [M]. 北京：化学工业出版社，2007.

后　记

　　《会展服务管理》是会展管理专业及会展相关专业的一门核心课。在整个会展项目的经营运作过程中，服务贯穿始终，无处不在，是会展活动得以完成和实现的保证。

　　针对课程的重要性，本书的编写力求内容体系的科学完整，并达到一定的理论深度。跳出了基本按实际操作来安排教材章节和内容的普遍做法，追溯到有紧密联系、可以为我所用和必须为我所用的服务管理理论源头，并将其与会展实践相结合。

　　全书共分为十章：会展服务导论、会展前期服务、会展当期服务、会展后期服务、会展辅助服务、会展服务管理的基本理论、会展服务设计、会展服务质量管理、会展服务外包与管理、会展服务人员管理。前五章以会展服务的实务与操作为主（可以算作上编），后五章以会展服务的理论与方法为主（可以算作下编）。

　　实务与操作部分按直接服务和辅助服务分类编排。导论总体介绍会展服务的性质与特点、主体与客体、分类等。直接服务分为三个阶段。前期服务包括报名服务、文案服务、场地服务、物流服务等。当期服务包括报到服务、参会服务、记录服务、活动服务、值班服务、保洁和安保服务、医疗服务、参展顾问服务、一站式服务等。后期服务包括清场退场服务、送往服务、信息和资料服务等。辅助服务包括房务服务、餐饮服务、票务服务、旅游服务、礼宾服务、翻译服务、广告服务等。面对纷繁复杂的会展服务，采用全面点到、重点展开、大项完整、其余概括的编写方法。使学习者既能全面掌握，又能分清主次。

　　理论与方法部分按学习和理解顺序进行编排。基本理论包括服务管理理论的形成与发展、重要服务理念、服务管理内容与难点、原则与研究方法、服务需求预测与供需协调等。会展服务设计包括流程设计、传递设计、场所设计等。会展服务质量管理包括服务质量认知、期望与感知服务质量、服务质量评价、质量差距管理与补救等。会展服务外包与管理包括服务外包认知、服务外包的方法、会展服务承包商、会展服务外包的管理等。会展服务人员管理包括会展服务人员的分类、选拔和培训、考核和激励、需求分析、外部会展服务人员（包括会展实习生、见习生、志愿者）管理的特殊方法等。这部分主要根据如何全面提升会展服务的水准和质量来构思和编写。

全书具有明显的创新特色。课程内容体系更加科学和完整，很多内容都是首次在同类教材中出现。结构上把实务与操作放在前面，理论与方法放在后面，有两个原因。第一是为了收到更好的学习效果。会展行业太新、会展服务太复杂，只有全面认识后才能更好地接受相关理论。第二是为了适应不同的学习对象。本科层面和管理人员可以全书讲授，专科层面和操作人员可以分主次学习。教师可以根据学生的具体情况灵活安排两大部分的课内学习和课外阅读。

全书由张玉明老师编制、确定纲目并统稿。第一章和第九章（第三节）由姜倩老师撰写；第二章（第一、二、三节）、第三章（第三、五节）、第四章、第六章、第十章（第一、四节）以及综合案例一、二、三、四、五、六、八、九、十由张玉明老师撰写；第二章（第四节）由唐文林老师撰写；第三章（第一、二、四、六节）由茹虹玮老师撰写；第五章由彭思量老师撰写；第七章和综合案例七由于丹老师撰写；第八章由陈玲老师撰写；第九章（第一、二、四节）由张颖华老师撰写；第十章（第二、三、五节）由胡林老师撰写。

教材在编写过程当中，参考借鉴了中外各种相关成果，在此一并表示衷心感谢。2008年，在中国会展经济研究会教育分会组织的"会展核心教材大纲讨论会"上，会展专业核心教材编委会的邬适融、俞华、过聚荣、许传宏、郑耀星、丁萍萍、曹扬等专家和老师都对该教材的内容体系提出过非常宝贵的修改意见，也借此一并深深致谢。

本书主编：张玉明
2016年4月于广州